我在西汉姆开启了自己的职业足球之路。

2006年4月22日,这是我在热刺生涯表现最好的比赛之一,我过掉三名阿森纳球员,可惜球打在边网上。

效力热刺的时候,我和C罗有过3次交手,他是世界上最出色的球员之一。

我在曼联球员合同上签字，并与大卫·吉尔合影留念。

我正式加盟曼联，与弗格森爵士合影留念，接过16号球衣。

2006年8月26日，对阵沃特福德的客场比赛，我第一次为曼联在英超首发出场。

2007年1月13日，曼联3比1战胜阿斯顿维拉，我打进了曼联生涯首粒进球。

2007年4月10日，欧冠1/4决赛次回合，曼联7比1击败罗马，我梅开二度，这是我首次在欧冠中进球。

曼联夺得2006/2007赛季英超冠军，这是我职业生涯首个英超联赛冠军。

2012/2013赛季，曼联提前4轮夺得英超冠军，我高举队旗，激情庆祝。

2016年5月21日，曼联时隔12年再夺足总杯冠军，我和鲁尼举起冠军奖杯。

曼联赢得2016/2017赛季联赛杯冠军，赛后，我和队友在更衣室庆祝。

莫斯科雨夜，欧冠决赛点球大战，气氛令人窒息。我的左手搭着费迪南德，右手搭着维迪奇，盯着草地，大脑一片空白，只是站在那里。

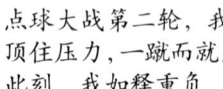

点球大战第二轮，我顶住压力，一蹴而就。此刻，我如释重负。

我们是欧洲冠军！曼联再次站在欧洲之巅！

2009年欧冠决赛中，我与队友合力防守梅西。与梅西交手有种奇怪的感觉，通常我不会欣赏对手，但梅西是个例外，我对他是心服口服。

2011年5月28日，我们与巴萨再次在欧冠决赛相遇，遗憾的是，笑到最后的依然是巴萨。这支拥有梅西、哈维和伊涅斯塔的球队，是我所交手过的最出色的球队。

2001年5月25日，我永远也不会忘记这一天，我迎来了英格兰队的处子秀，这是我生命中最值得骄傲的时刻。

2006年世界杯1/8决赛，我第一次代表英格兰队参加世界杯比赛，我的表现还不错。

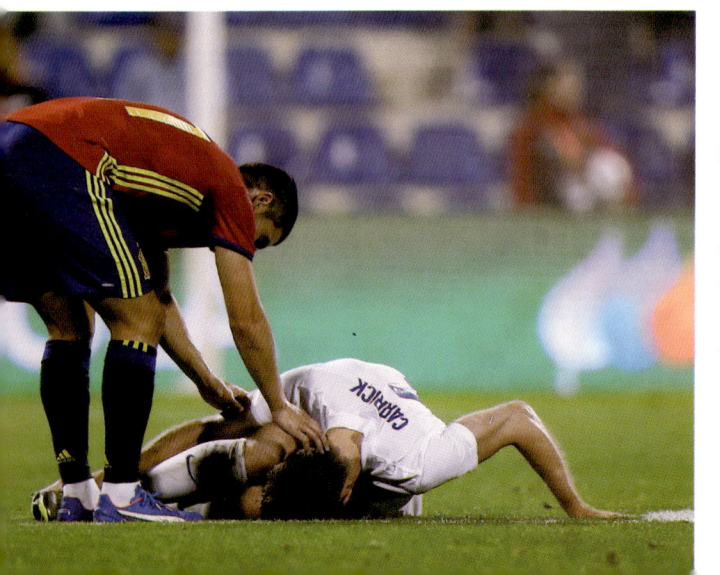

2015年11月，我最后一次代表英格兰队出战。比赛临近结束时，我被对手铲伤了脚踝。从此，我再也没有入选英格兰队。尽管我的英格兰队经历并不算成功，但我仍感恩能够获得这样的机会。

老特拉福德告别战，弗格森爵士高举奖杯完美谢幕。

在这个赛季的夺冠历程中，我为弗格森爵士奉献出最好的自己，这也让我感到荣幸。

纪念赛曼联08代表队合影。

纪念赛卡里克全明星队合影。

纪念赛开赛前,我与弗格森爵士一起献花,以悼念曼彻斯特恐怖袭击遇难者。

格雷姆上场了,我们为此等待了很久很久。当看到我俩并肩作战,我想父母肯定感到无比自豪。

我不想在发言中漏掉任何一个想感谢的人,所以我一直在说着感谢的话。

2013曼联夏季巡回热身赛，我与费迪南德、莫耶斯、吉格斯在悉尼歌剧院前合影。

2018年5月13日，曼联主场对阵沃特福德的比赛，我的告别战，路易丝和杰西陪我一起出场，双方球员列队向我致意，我无比激动。

俱乐部年度最佳球员颁奖晚宴上，穆里尼奥给我一件印有我名字缩写的教练服。

2021年11月23日，我以曼联临时主教练的身份，带队征战与比利亚雷亚尔的欧冠小组赛。

2022年10月，我出任英冠球队米德尔斯堡主教练，这是我第一次担任一线队的正式主教练。

我和丽莎迈入婚姻的殿堂了，感谢丽莎，感谢她一直以来为我所做的牺牲。

我和丽莎参加慈善晚宴。

我、丽莎、孩子们一起庆祝夺冠。

MICHAEL CARRICK
BETWEEN THE LINES

BETWEEN THE LINES
by Michael Carrick
Copyright © 2018 by Editions de l'Archipel
Copyright licensed by Editions de l'Archipel
arranged with Andrew Nurnberg Associates International Limited
Simplified Chinese edition copyright:
2023 Gold Wall Press Co., Ltd.
All rights reserved.

生为红魔

Between the Lines

卡里克自传
Michael Carrick

[英]迈克尔·卡里克◎著
夏熙明 张敏铧 容文礼◎译

金城出版社
GOLD WALL PRESS
中国·北京

图书在版编目（CIP）数据

生为红魔：卡里克自传 /（英）迈克尔·卡里克著；夏熙明，张敏铧，容文礼译. - 北京：金城出版社有限公司，2023.9
书名原文：Between the Lines: My Autobiography
ISBN 978-7-5155-2425-2

Ⅰ.①生… Ⅱ.①迈… ②夏… ③张… ④容… Ⅲ.①迈克尔·卡里克 - 自传 Ⅳ.①K835.615.47

中国版本图书馆 CIP 数据核字（2022）第 247511 号

生为红魔：卡里克自传
SHENG WEI HONG MO: KALIKE ZIZHUAN

著　　者	［英］迈克尔·卡里克
译　　者	夏熙明　张敏铧　容文礼
责任编辑	王思硕
责任校对	李明辉
责任印制	李仕杰
开　　本	710 毫米 × 1000 毫米　1/16
印　　张	23.5
字　　数	315 千字
版　　次	2023 年 9 月第 1 版
印　　次	2023 年 9 月第 1 次印刷
印　　刷	天津旭丰源印刷有限公司
书　　号	ISBN 978-7-5155-2425-2
定　　价	79.80元

出版发行	金城出版社有限公司　北京市朝阳区利泽东二路3号　邮编：100102
发 行 部	（010）84254364
编 辑 部	（010）64391966
总 编 室	（010）64228516
网　　址	http://www.jccb.com.cn
电子邮箱	jinchengchuban@163.com
法律顾问	北京植德律师事务所　18911105819

目录

第一章　红魔之魂　　　　　　　001
第二章　童年时期　　　　　　　007
第三章　成长阶段　　　　　　　013
第四章　青训计划　　　　　　　032
第五章　西汉姆的方式　　　　　060
第六章　热刺生涯　　　　　　　089
第七章　自我证明　　　　　　　103
第八章　赢球习惯　　　　　　　126
第九章　慕尼黑和莫斯科　　　　143
第十章　罗马折戟　　　　　　　156
第十一章　温布利重逢　　　　　176
第十二章　三狮军团　　　　　　203
第十三章　一个时代的终结　　　225
第十四章　大卫·莫耶斯　　　　249
第十五章　路易斯·范加尔　　　256
第十六章　穆里尼奥　　　　　　275
第十七章　心脏病患　　　　　　286

第十八章　下一个挑战　———————— 301

附录一　我和太太的对话　———————— 313
附录二　我和父母的对话　———————— 325
附录三　我和弟弟的对话　———————— 341
附录四　我和挚友的对话　———————— 347

致　谢　———————— 352

第一章　红魔之魂

我不只是为曼联踢球，我为曼联而生。我的全部生活都围绕着这里，无论何时何地，曼联一直都在我的脑海里、在我的心底里。我无时无刻不热爱着曼联，迎接着曼联为我所设定的挑战。你们也看到了，当你为这样一家伟大的俱乐部效力时，压力与期望无处不在。有一些球员能够很好地应对压力，享受压力带来的乐趣，有一些球员却会被压力所击溃。现实就是如此残酷无情。

在我加盟曼联之前，我原本以为自己在比赛当中已经倾尽所有。但是来到曼联之后，我才发现，自己的所谓付出，其实还远远不够。2006年7月31日，星期一，我的人生彻底发生了改变，因为我成了这家超级豪门的一员。

曼联的历史充满传奇色彩——巴斯比宝贝、慕尼黑空难、乔治·贝斯特、博比·查尔顿爵士、布莱恩·罗布森、"92班"、亚历克斯·弗格森爵士、"1999年三冠王"等。历史、传统与文化让老特拉福德球场成为一座足球"圣殿"。当离开热刺来到这里的时候，我瞬间就被这里的巨大影响力和浪漫氛围所感染。我开启了一段自己从未想象过的旅程。很荣幸能够为这样的豪门效力，这种机会是可遇不可求的。为了成为最好的球员，我做出了巨大的牺牲，而承担相应的责任也让我倍感自豪。

我只是来自沃尔森德的普通人,没有特别的地方,就是一个很平凡的人。但是现在我能来到曼联,这家俱乐部支撑着许许多多来自不同阶层的球迷的信仰,能为它效力的那种感觉真的让我难以置信。

曼联为人们的生活带来一种美妙的情感。我非常喜欢看到球迷们忘情庆祝的场面,他们与周围的人分享着自己的热情,这就像他们的生活支柱。在老特拉福德,每周都有75000名球迷坐在看台上支持我们,每当看到这样的场面,如在梦中。在这里,不存在"你"和"我"。所有人都是"我们",都是这个整体的一分子。最初,我只是球迷,穿上曼联球衣的球迷。渐渐,我身上的责任和压力变得越来越大。我学会了所有与曼联相关的歌曲,深入了解俱乐部的历史。我对曼联的热情日益高涨,我暗自许下心愿,终有一天能够与随队前往客场的球迷们,肩并肩站在一起。每一个客场比赛,我都听到球迷们高声地歌唱,因此我也渴望加入他们当中。2016年1月17日,这个机会出现了,那是客场挑战利物浦的比赛,利物浦是我们的最大宿敌,由于伤病,我无法参加这场重要的比赛。刚开始,俱乐部担心我在球迷区内会有安全隐患,因此他们希望我到包厢里看比赛。

我这样回答:"谢谢你们的关心。但我希望和球迷们在一起。"

那时,菲尔·琼斯也受伤了。当他听说这件事以后,就问我:"你要和球迷们在一起吗?"

"是的,百分百确定,我要在球迷区那里。"

"那太棒了!我也和你一起去!"

就这样,琼斯带上他的小伙伴们,我和自己的兄弟格雷姆以及我的好朋友阿莱士·布鲁斯一同前往球迷区。我们在斯坦利公园下车,走向球场。在此之前,我在安菲尔德参加过很多场比赛,不过都是搭乘球队大巴来到球场,安保也是十分严密。当我们快步走向客队看台的时候,我轻声地对格雷姆说:"现场的气氛还差点意思。"当然,我不是希望有打斗或类似的冲突发生，但我希望能在现场感受更强烈的情感。进场之后，我感到格外兴奋。那一天，我戴着一顶绒毛帽，围着一条围巾，因此球迷们没有立刻就把我认出来。我不想错过任何细节，所有的事情我都看在眼里。从球场的广场到看台下面，都挤满了人。有几名曼联球迷打量了我一下，他们带着猜疑的眼神拍了拍同伴们的肩膀。真的是卡里克吗？他们的表情至今让我记忆犹新。

是的！这就是我想要的体验。我看了看球票上的座位号，再看了看球迷们的表情，然后欢声大笑。在这里，我们一直站着！我们在看台上留出一块区域，所有人都簇拥在一起！这种感觉真的太棒了！开赛前，球迷们的歌声响彻云霄。随着开场的一声哨响，他们的声音就变得更加嘹亮。那种狂热的气氛超出了我的想象！当鲁尼取得进球之后，球迷们的情绪一下子被点燃了。大概在我身后有 20 排的球迷，都快要跳到我的身上！太刺激了！这就是我来到球迷区的目的——只有足球比赛，才能为你带来这种瞬间迸发的激烈情感。

在安菲尔德，我享受着这段与曼联球迷待在一起的珍贵时光。我们齐心协力，支持球队，希望他们可以收获胜利。在我的人生中，我得到过的最好的一次称赞是在 2017 年。在我的纪念赛场刊上，加里·内维尔写道："也许很多人都不知道，迈克尔对任何事情都全情投入。无论何时何地，当我们赢得一些成就、当我们在开派对，他都会在那里。他是歌声最嘹亮的那一个，也是最后离开的那一个。他在尽情享受着这里的一切。"

我的两个孩子——路易丝和杰西，和我一样都是曼联的忠实球迷。随着年龄的增长，路易丝对曼联的感情也越来越深。现在，她也在踢足球，她对于球员们的了解甚至比我还多。她有丰富的足球知识，还经常谈论比赛战术。她爱曼联和足球。在学校里，她要学会如何应对自己的身份（作为卡里克的女儿）。遗憾的是，现实世界里没有任何隐藏的角落，她要直面挑战，勇敢地战斗。我是她的依靠。杰西就像我那样，自学会走路的第一天开始，就不停地拿着足球到处踢。

对他们来说，老特拉福德就像是他们的家。虽然他们也去过温布利大球场，但是杰西一直闹着让我带他去看曼联的客场比赛。2018年1月20日，我驾车带他前往伯恩利。我们来到了特夫摩尔球场，杰西问我："父亲，就是这里了吗？"看来他不但没有小看这里，还被这里的一切所深深吸引，这是一件挺有趣的事情。

"是的，杰西。沿着路直走就可以进入球场啦。"

"噢，好的！"他边回答，边加快脚步走进特夫摩尔球场。我们需要走过球员通道，才能找到自己的座位。当时，我的队友们正在热身，杰西挨个与他们击掌鼓励。在卡灵顿训练基地，杰西和我的队友们多次见面，他们的关系就像是真正的队友一样。我们还要走过更衣室，当我们走进更衣室的时候，里面空无一人。穆里尼奥还走过来和他闹着玩。之后，杰西坐到了德赫亚的位置上，看着场刊，与装备负责人一起唱着他平常唱的助威歌："从艾威尔河畔至西西里岛，我们一直为曼联而战。"杰西喜欢唱歌，装备负责人巴克斯也喜欢，所以他一直在逗着杰西高声歌唱。路易丝和杰西特别喜欢坎通纳的助威歌："让我们杯酒言欢，致敬国王坎通纳……"

他俩知道所有的助威歌，甚至是那些歌颂老队员的曲目。我经常在想，他们是怎么知道这些的？他们应该都是从我身上学到的吧。因为我在小时候也喜欢这些助威歌，他们在耳濡目染中也就学到了。有时候，我还看到他们教自己的小伙伴唱这些助威歌。我在想，就该如此！他们把我对曼联的爱，也分享给他们的小伙伴。当我听到他们像球迷们那样唱着我的助威歌时，总是忍俊不禁。在生命余下的时间里，他们都会跟随着曼联的脚步。

回到特夫摩尔球场，我不确定杰西有没有意识到自己是多么幸运。在我来到曼联之后，我从未见过有孩子被允许进入更衣室。当球员们结束热身，返回更衣室之前，我就带着杰西离开了。特夫摩尔的通道真的很窄，因此杰西和我只能挤着走回看台。每一个球员看到杰西都与他击掌，他的脸就是一幅美丽的画。这就是我的俱乐部，一家充满爱的俱乐部。

在客队看台的中央，有一部分座位是空出来的，那是伯恩利留给他们的工作人员以及客人的区域。由于更衣室就在这个看台的正后方，因此在中场休息时，工作人员可以很快地回到更衣室去完成自己的工作。杰西和我所坐的座位很不错，距离客队球迷区也只有五六个座位的距离，因此杰西就开始放声高唱。不久后，球迷们发现了我，他们开始呼喊："卡里克、卡里克，给我们唱一个吧。"

即使是现在，年过三十的我也会有些腼腆，有些犹豫不决，直到杰西嚷着对我说："父亲，唱一个吧，你必须唱一个。"

"那么你先开个头，杰西，我接着唱下去的。"

"不，不，不，父亲。你要自己来。"

没办法了，我只好站起来，唱道："曼——联，曼联就是我心爱的球队……"唱完之后，我就坐了下来。之后球迷们向我报以热烈的掌声。我爱死这种感觉了！中场休息时，我带着杰西再次来到更衣室，他带着一大包糖果在球员通道里等着。马鲁万·费莱尼走了过来，从杰西的手上拿走了几颗糖果。杰西将歌声带到下半场比赛。在安东尼·马夏尔进球之后，他希望我能把他高高地举起来，这样他就能看到球迷们欢呼的盛况。这是多么美好的一天！

在开车回家的路上，我问杰西："今天过得愉快吗？"

"是的！你知道最美好的那一刻是什么吗，父亲？就是你站起来歌唱的时候！"

走进更衣室、与球员们击掌、遇见穆里尼奥，这些都深深地刻在他的脑海里，我对他的回答报以微笑。这就是最简单的事情吗？当我们回到家之后，杰西飞奔进屋，并且用最大的声音歌唱着他新学会的助威歌："罗、罗、罗梅卢。罗梅卢·卢卡库，他就是曼联的9号。"经过这次客场之旅，杰西的眼里充满了激情，看着他就让我想起了自己的童年。那时候，我的父亲带着我去圣詹姆斯公园球场，观看纽卡斯尔的比赛。我感觉到，自己把对足球的热情传递给了下一代。

第二章　童年时期

对曾经的我而言，足球也许永远不是我的选择。我本来会在轮椅上度过自己的一生。在刚刚学走路的时候，我就被发现不只是内八字腿，还是扁平足。我在沃尔森德长大，那里的医生们担心随着年龄的增长，这些先天缺陷会导致我无法正常行走或跑步，因此他们倾向于手术治疗。在外科医生的办公室里，我的父母面对着两难的抉择——是接受手术？还是维持现状，寄望这些缺陷不会影响我的成长？这个决定是如此艰难。当时外科医生坦言，手术的成功率只有百分之五十，一旦失败，我终身都要与轮椅为伴。父母最终的回答是："不行,这样的冒险不值得。"之后，他们就带着我离开了医院。

感谢他们当年所做的决定。在成长的过程中，虽然我还是有点内八字腿，但跑步一点儿问题也没有。信不信由你，我自己居然把它纠正过来了！几年前，就球鞋纠正器的问题，我找到了一位足科医生。他安排我做了详细的检查，最终只发现我有髋骨过窄的问题。虽然内八字腿困扰了我几年的时间，比如诱发跟腱伤病之类，但这从未阻止我继续踢球。足球一直是我生活的一部分。

在我刚学走路时，我就经常踢球或是踢着球跑来跑去。即使是到玩具商店，我依然选择买一些球类玩具。

我对踢球的第一段清晰记忆,是在某个星期六的夜晚,我来到了沃尔森德男孩足球俱乐部青年队——下面就叫它"青年队"吧。那是1986年年初,当时的我才只有四岁半。

从我家到这家俱乐部需要15分钟的车程,父亲带上我和祖父,开着他的老款奥斯汀公主来到球场。对于他们来说,带着孩子参加人生的第一次正式足球训练,可是一件大事。现在,当我看到父亲带着杰西去踢球时,那种感觉也是如此特别,父亲是真心热爱足球。这就是传承吧!祖父带着父亲去踢球,之后他们带着我去沃尔森德,然后我带着杰西和曼联球迷一起前往特夫摩尔球场。这种对足球的热爱会一代代传承下来。

回到当年,沃尔森德的这家男孩足球俱乐部青年队会为9岁以下的孩子提供全方位的训练之夜。训练从周六下午5点开始,在这几个小时里,你可以和任何人一起玩。你的动作不需要有多么标准,总之就是踢球,一起玩耍。对于像我当时那样的小孩子来说,这是一次无与伦比的经历。我立刻爱上那里,虽然那里有点破败不堪,还散发着一种独特的气味,但它深深吸引了我。在通过一个小小的入口后,你会看到一张小桌子,那就是替补席,紧接着就是一块很大的场地。在一块板上,写着本周日程以及他们联赛的时间表。孩子们和家长们围着那块板,仔细查看谁有上场的机会、联赛积分榜的情况以及要击败哪些对手才能晋级。几张台球桌也被孩子们包围了,他们看着队友们比赛,或者等待着自己的出场机会。还有一些孩子跑到楼上的餐厅,因为那里可以买到热狗或冰激凌。

中央球场是这里的心脏和灵魂所在,这就是梦想开始的地方。从入口走到那里只需要六七步左右。在球场右侧的边上,还有一条观众席,大概有1.5米高。除此之外,人们还可以在阳台上观看比赛。家长们带着自己的孩子,还有他们的兄弟姐妹们都会聚集在阳台上,围得水泄不通。

在那里的第一个夜晚，我在这个枫木楼梯上跑上跑下，接受训练的孩子们都把这里当作神圣之地。我的足球之路就从这里开始。那里大约有30个孩子，而我是其中年纪最小的。我们每五六人排成一列，站在礼堂里面，之后开始折返跑。这是我们的热身运动。那时候，还有五人制的足球赛，组织者是叫鲍勃·斯隆的人。他不是教练，更像是一位年轻的工作人员、一名志愿者，他的工作就是把孩子们从街头足球里带出来，让他们有机会参加正式的足球比赛。斯隆乐于助人，他总是带着一个工具袋，在沃尔森德的大街上，可以经常看到他的身影。在俱乐部的那些夜晚，我们会兴奋地坐在一起。之后，斯隆从工具袋掏出一些东西，然后在黑板写上队名。"你是巴西队""你是德国队""你是纽卡斯尔""你是邓迪联"。斯隆曾经在苏格兰当过足球门将，因此在他写下的球队名字当中，总会出现一些来自苏格兰的球队。队名分配完毕，孩子们跃跃欲试，斯隆就会说："好的，纽卡斯尔对阵阿伯丁，比赛现在开始。"

我已经不记得在第一个晚上，面对的是哪支球队了，但我永远都不会忘记第一次走上球场的感觉。走进球场之前，在观众席的两端还要跨过两个台阶。台阶上站满了等待上场的孩子们，他们在入口处一队接一队地排好。你永远不会站错队。准备登场的时候，你的心情要么过度紧张，要么过度亢奋。我记得走上台阶的感觉，周围的人一个劲给我鼓励。之后泪水开始从我的眼睛里涌出来，因为这个氛围对我来说太过沉重了。

我很想走上球场，但我也很害怕。我看到场上一群七八岁的孩子，他们在我眼中就像是巨人。能否适应这样的比赛，我一点儿信心也没有。这仅仅是第一步，却已经让我失去勇气。父亲走过来安慰我，祖父也在鼓励我，他们给了我信心。当我走进球场，我的情绪逐渐稳定下来。我不再怯场，感觉变得不一样了，我变得从容，就像在家里一样。从这一刻开始，我将一直向前迈进。

我很快就了解到比赛选人的流程。比赛开始之前，你要第一时间跑去抢球。抢到足球，你就可以去踢大概30秒的一个小比赛，然后更重要的是，你就会获得上场比赛的机会。随着年龄的增长，场地空间变得狭小，比赛节奏也变得更紧凑。这里没有高空球，我们的传球只会走地面，传接球的时间也就是一两秒，否则球就会打在墙上。每场比赛是10分钟，半场休息时不会有球队交流，除非有球员受伤，否则只能在此期间换人。替补球员就站在楼梯上观看整个上半场的比赛，同时也在提醒着场上的球员们要更努力地比赛，因为没有人想在半场休息时被换下，这会让你感到羞愧。一旦你在半场休息时被换下，这绝对会是一次精神上的沉重打击。

观众席和球场之间有一个6米左右的网兜，那是用来挡住球，不让球飞出场外的。父母们就在那个位置上为自己的孩子加油打气，其他围观的孩子们把自己的脸贴在网上，一些极度兴奋的孩子们甚至情不自禁地去咬这些网。这就是我的新家。在斯隆决定安排一支U5的球队去参加U8组别的联赛时，我也受邀参加，这让我感到莫名兴奋。他把这支球队命名为"苏格兰"。我们的第一场比赛以0比7落败。斯隆在赛后对我们说："忘记比分，走上球场，尽情享受比赛的乐趣。"这真是至理名言啊！

在祖父去世前的几年，他一直去看我在青年队的比赛。我知道他是一名战争英雄，也踢过足球比赛，我为他而感到自豪。不过，我当时年纪太小，没有问他关于战争或者足球的事情，那一代人也不会主动谈论他们做过的事，对吧？祖父一开始就陪着我踢球，我觉得自己亏欠他太多。父亲也经常来这里陪我。他成了一名志愿者，协助联赛的运作或担任裁判工作。他把自己的时间都用来栽培我。当我还在念书的时候，从豪登的史蒂芬森纪念小学到沃尔森德的西部中学，再到伯恩赛德社区高中，我一直在青年队踢球，一直踢到16岁。五人制比赛为我的足球发展带来巨大影响。由于在不同的年龄段，比赛时间也有所不同，我们的联赛安排在周三晚上进行。到了那一天，我在学校里就会一直想着踢球的事。这一天过得如此之慢，因为我只想着放学就去青年队。如果当天的队伍数量不足以平分进行分组对抗，那么有时候我就得踢两场比赛——这种情况对我而言，就像是过圣诞节一样。

对我来说幸运的是，从 U9 至 U16，几乎每一个夜晚，每隔 5 分钟，就有一场五人制足球比赛开打。在各个级别的联赛当中，几乎都有斯隆的球队，他心中的 1 号种子球队是"巴西队"。在我八岁的时候，我只希望能为斯隆的巴西队踢一场比赛，当时我觉得这就是世界上最好的球队。这支球队的球衣甚至还不是传统的黄色，而是绿色。而什么颜色我并不在乎，只要我们认为自己是巴西队就行了！斯威尼夫妇带领着一支名为"阿迪斯"的球队，他们和斯隆的巴西队之间的比赛，就是青年队俱乐部的德比战。那种感觉就像"今晚为阿迪斯而战！冲啊！""为巴西而战！冲啊！"我为斯隆和他的巴西队踢了几年，之后"转会"到阿迪斯，又踢了几年，那种感觉就像我从曼联转会到曼城那样！

斯隆为青年队付出了 35 年的时光，他在 2013 年去世。我在社交平台上以"#Brazil"这样的标签作为结尾以表敬意，我收到了许许多多的回应，因为他们不仅知道这是什么意思，还了解到斯隆对我们所做的贡献。

在懵懂初开的岁月里，青年队让我们凝聚在一起。这家俱乐部诞生于斯旺·亨特造船厂，很多职业球员在这里起步，沃尔森德青年队因此闻名于世。我记得有一次在电视上看比赛，阿兰·希勒经历一次膝伤后复出，他在圣詹姆斯公园球场为布莱克本流浪者足球俱乐部打进一球。当时评论员就说过，阿兰·希勒就是来自沃尔森德。当时我就在想，自己正追随着阿兰·希勒、彼得·比尔兹利、史蒂夫·沃森、阿兰·汤普森以及李·克拉克的脚步。史蒂夫·布鲁斯也是来自这里。年代更近一些的代表球员还有史蒂夫·泰勒和弗拉泽·福斯特。沃尔森德男孩足球俱乐部培养了许多有天赋的球员，在这里起步并最终成长为职业球员的有超过 60 人。在某些夜晚，我能近距离地接触到那些最终加入纽卡斯尔的职业球员，他们回到社区里，我还能和他们握手，这让我激动万分！我永远不会忘记 1992 年的沃尔森德巡游——我和另外 11 个孩子坐在一辆红色卡车上，带着一条横幅，上面写着"沃尔森德男孩足球俱乐部，足球工业的补给线"，我们一路高声歌唱。在英格兰东北部的足球版图上，青年队的规模算是很大的。在当时看来，从沃尔森德出来的孩子们，注定会成为一名真正的足球运动员。尽管我当时的年纪还很小，不过这样的机会看上去已是触手可及，而我也拼命不想让机会溜走。

第三章　　成长阶段

回望过去，我才意识到自己多么幸运。我的父母从不会争吵或打架，这给了我一个安稳和良好的家庭环境。我和格雷姆都有着快乐的童年，而且我们还有机会去实现自己的梦想，这让我心存感恩。

我家在沃尔森德地区的霍顿，距离圣詹姆斯公园球场有约9.6千米。这是一座半独立式的住宅，我和格雷姆住在楼上，有一张双层床。由于我是哥哥，所以我睡上铺。虽然霍顿当时被认为是贫民区，但我们的生活条件还算不错。父亲总是在努力工作，他是国家核能源站的主管，观察反应堆的设备状况。有时候，父亲需要出差，离家三周才能回家一周；或者是周一到周五都不回家，只有周末才能待在家里。虽然工作劳累，他还是抽空在院子里陪我们一起玩。父亲出差的时候，妈妈就会操劳一些，她要管好整个家。当父亲回到家，孩子们都会围在他的身边，向他展示自己新学到的恶作剧。就这样过了几个小时之后，妈妈才能有和父亲相处的时光。他工作在外，不能有任何闪失，妈妈只能独自操持家务，带着两个天生好动的孩子，还要兼顾在学校里的工作。

由于我们的房子在社区的角落里，所以有一个大花园，这对我们来说真是太棒了。我们用板球棍当门柱，围栏当球网，这就是我们的温布利了。格雷姆和我一玩就玩上好几个小时，不断地传接跑动，短传配合。

当我们回想起这些画面的时候,除了没有门将和比赛评述员,其他细节感觉就像在电视机前观看比赛那么真实。

小时候,格雷姆就是一位很优秀的球员。他很快就和我,还有我那些比他大四五岁的队友们一起踢球。他的加入让我感到自豪。虽然他的年纪要小一些,但小伙伴们也都接纳他。我们组队来对抗另外三四位小伙伴。有时候,格雷姆负责守门,我独自一人对抗其他小伙伴,虽然这会让比赛变得艰难一些,但也可以锻炼我的运球能力,检验我自己的实力。我们一踢就是3个小时,甚至更多,我会想,或许我今天可以尝试开发一下自己的左脚技术。我经常给自己下达一些指令。我用右脚横传,然后是左脚,我尽量让双脚的技术练得更平衡。我还想在传球和切入这两个技术环节上做到完美,我告诉自己:"如果我能够做到这些,我就可以成为一名职业球员,赢得冠军。"我经常会挑战自己。

在家里,我有一个小小的海绵球,我把它踢向沙发,之后它会弹两下,反弹到半空,我就会来一记凌空抽射,然后再重复一次。之后我会挑战自己,增加难度,尝试把球踢到橱柜的门上,又或者是踢向某一个位置固定的靠垫。通常我只给自己一次机会,模拟在真实的比赛里,我想:"如果我可以做到的话,我就有机会为英格兰队效力了。"或者是:"如果我能够做到的话,那么我就能在圣詹姆斯公园进球了。"

我发现自己的左脚经常踢在地面上,因此我调整了自己的技术,更多训练左脚。现在,我看到杰西带着球满屋子跑,这正是我希望看到的。我一直在提升个人技术。我会千方百计想着怎样变得更优秀,为什么我不在射门的时候让球有更多的旋转呢?这样我或许就可以多进两三个球。回到学校,我会练习绕杆的短传。我喜欢传球,感觉球就像我脚的一部分,我们一起去思考如何做下一个动作。如果球离开脚的方式并不是我想要的,那么我会很懊恼。

我需要自己能够完成简练到位、正确无误的技术动作,我在这方面有着极致的追求。由于格雷姆和我会把花园的草坪搞得一团糟，这让妈妈相当烦躁。到了下雨天，我们到街上踢球，因为花园早就被雨水搞得泥泞不堪了。

虽然格雷姆和我的个性不同，但是我们的关系很紧密。我显得更沉着冷静，更理性一些。与之相反，当我们一起踢球的时候，格雷姆显得更冲动，特别是当我从他脚下断球之后，他就像疯子一样，拼命把球抢回来。因为我的手臂更长，所以我会把手顶在他的额头上。他试图反击，却够不着。这个时候，父亲和我都会捧腹大笑，当然，这只会让他变得更加恼怒。不过这种状况不会维持太长时间。妈妈会护着格雷姆："走开，别再戏弄他了。"有一天，我们在沃尔森德的体育中心里面玩，有一个年纪较大的孩子，他叫斯基夫，他推了格雷姆一把，格雷姆一下子撞在木板上。格雷姆跳起来，哭着去追打斯基夫，尽管斯基夫看上去比他要大两圈。看着他那股冲劲，我们都笑了。我就不会这样做，因为我的性格内敛。

格雷姆很暴躁，而对于我来说，没有什么事情可以真正激怒我。我很少会失去冷静的一面。小时候，能够让我感到不高兴的事情就只有件事——当孩子们一起踢球的时候，我们不得不早早回家。为什么？因为一些小伙伴被允许踢到晚上9点，我也知道这个时间点已经很晚了。而我的妈妈会这样说："不，你们要在晚上7点30分之前回到家。我不管其他孩子怎么做，反正这就是你们要做到的事情。"要是没有这样的限制，或许我们可以踢上一整晚都不回家。我实在是太喜欢和小伙伴们一起踢球。

9岁的时候，我开始在青年队踢11人制的比赛。比赛的规则相当标准，不过有时候，我们必须在充满挑战的天气下进行比赛，场地条件会变得非常糟糕。肯·理查德森和阿兰·特雷恩，他们都是像斯隆那样的志愿者。他们带了我两三年的时间，这是我第一次接受正式的足球训练。

理查德和特雷恩都很优秀，前者在纽卡斯尔联队做兼职的同时，还会开着自己的小货车送牛奶。每逢周日，他就清空小货车里的牛奶瓶子，然后载着我们去参加比赛。我们都挤在车斗里，有时候，这辆小货车最多要载 12 个小孩子，其中 1 个小孩子不得不坐在车轮的拱罩上。我们搭车去踢克拉姆灵顿少年杯的比赛。现在回想起来，虽然这么做的安全隐患很大，但是那段时光真的很快乐。能够代表沃尔森德男孩俱乐部去参加比赛，使我感到荣幸。如果把球鞋弄脏了，那么我们甚至会被罚款 10 便士。我记得有一次客场对阵庞蒂兰，天气是雨夹雪，寒风阵阵。当我们领先 3 比 0 的时候，我只想着快点下场，然后穿上衣服，这样我的手脚才可以重新感觉到温暖。这时，场上有一名球员哭了起来。他下场了，因为他觉得太冷，撑不下去了。我都冻僵了。那个时候，我们可没有穿任何的保暖运动内衣！

理查德是一位好教练，他对我也很好，还教会了我战术纪律和团队阵形。而特雷恩就不那么友善，他总是反复对我说："迈克尔，除非你去当门将，否则你永远都不能成为一名球员。"当时，我踢的位置是中锋，我想："为什么我要做门将？"我听到特雷恩对我的父母这样说道："迈克尔的性格太温顺了，除非他去做门将，否则他当不了球员……"而我的父亲只会一遍又一遍地回应："他永远都不会这么做的。"妈妈的立场也很坚定，"不行。"她非常地生气，"我不会让迈克尔当门将，他不会这么做。"身体对抗从来都不是我的强项。特雷恩的想法不是贬低门将的价值，他只是质疑我在场上的侵略性。当俱乐部的其他小球员总是在跑来跑去，打打闹闹的时候，我却不会这么做。现在，我也喜欢去看杰西的比赛，他的风格和我一样。当门将出击的时候，杰西会尝试带球晃过门将。

杰西的踢法很像我的父亲：一脚触球或者停球后马上选择传球。或许我能把这个称作"卡里克风格"吧。我的祖父经常提点我"传球"和"转移球"。他也是这样去教导我的父亲，所以他非常希望我能继承这些特质。祖父和父亲经常对我说："传球，传球，把球传给位置更好的队友。""为团队而战"是我父亲的价值观。他不是一名自私的球员。他所做的一切，都是为了球队。最近，我们在迪拜踢了一场比赛，酒店的员工对阵酒店的客人。我和父亲、格雷姆、杰西是一队。66岁的父亲甚至当选全场最佳球员！

小时候，我就知道父亲很喜欢看我踢球，他一直鼓励我，但是他从来不会表现出太激烈的情绪。我从父母的身上获得了最大限度的爱和支持，他们从来不会错过我和格雷姆的比赛。我们先到球场，然后看到他们也在那里，我们知道他们为我们所做的牺牲，这对我们来说很棒，他们也从来不会给我们任何压力。父亲只会说："享受比赛、努力工作、坚持、尽力而为、做得好。"即使是现在也一样。如果曼联输了，他会说："噢，好的，下次做得更好吧。"他真的没有争胜心，他太温和了。我看着自己，心里想我也有两面：在足球世界里，我有着很强的求胜欲望，不顾一切争取赢得胜利；不过在足球世界之外，我却是很随和。如果我输了一场高尔夫球比赛，只要我知道自己打得不错，那就没什么大不了。我猜这就是我心底里随和的一面，但是我还有另一面，这会在足球比赛里展现出来，我极度渴望胜利。不需要在场上大喊大叫，我也能深切感受到这一点。

我的童年非常快乐，足球总是与我为伴。我不是在踢足球，就是在看足球比赛。我永远不会忘记自己第一次加入球迷大军的经历，那时候我只有6岁。冲出地铁站时的兴奋感，至今仍留在我心中。第一次走进圣詹姆斯公园球场，火爆的气氛瞬间点燃我的身体。纽卡斯尔的主场在山上，那时候我感觉这里就是全世界最好的地方，我瞬间爱上了这里。我们来得很早，父亲总是提前来到球场。

一开始只有我和父亲，那时候格雷姆只有2岁。球场的墙上有一个狭小的洞，我们就在那里排队。那时候，不需要球票，我递过去3英镑，用力推动沉重的黑色旋转门，就进入了这个叫加洛盖特（Gallowgate）的天堂。走在加洛盖特看台阶梯上的那种兴奋感，至今仍让我难以忘怀。我不停回头看着中央的草坪，跟随着这里的球迷一起在阶梯上唱歌。到了看台的顶部，我往下看去，一切都太美了——这个巨大的球场。眼前的一切，让我感到无法呼吸，真的太大了，我有一两分钟说不出话来。"太不可思议了！"我低声对自己说，"就是它了！世界上最好的球场！"父亲把我放在一个混凝土护栏上，这样就能让我看到纽卡斯尔的球员。米兰迪尼亚给我留下最深刻的印象，因为他与众不同。实际上，当时我还不知道他厉不厉害。不过加洛盖特看台上的球迷都对他有很高的期待。他可是第一位为纽卡斯尔效力的巴西人！作为6岁的小孩子，现场的声浪让我如痴如醉。我从未听到过这么大的声势。我一点也不害怕，我真的很喜欢这样的氛围——热情的球迷，高唱着布雷登竞速（Blaydon Races），我能够理解这一切对于纽卡斯尔球迷来说意味着什么，这让我找到家的感觉。我一直在歌唱，背部靠着后面的水泥墙，这让我坐得不舒服。不过我一直觉得很安全，因为我知道父亲就在我的旁边，如果球迷开始躁动，他就会抓住我。我一直记得记分牌前面那个护栏的模样。现场的声浪让人感觉超乎现实，我彻底爱上了这里。

我对圣詹姆斯公园球场有很多深刻的回忆，比如人们经常从场边向场内扔坚果，当然还有一些重大的历史事件。凯文·基冈在1992年回来执教球队时，我只有10岁，圣詹姆斯公园陷入了疯狂状态，所有人都很兴奋。他能为我们带回梦想，不是吗？他之前就曾经拯救了俱乐部，让俱乐部避免降到第三级别联赛的命运，他签下了罗伯·李、史蒂夫·沃森和李·克拉克，比尔兹利很快也回来了。

这真的是一段特别的时光。这里有最出色的足球表演，因为我们在英甲联赛的赛场上所向披靡，而且有很多进球——安迪·科尔状态神勇。我们升上英超联赛，我们重新迎回了美好的时光。整座城市都受到鼓舞。纽卡斯尔踢得好与坏，会影响整座城市的气氛。在那三四年间，这座城市一直显得生机勃勃。

父亲热爱着纽卡斯尔,他现在是赛会俱乐部(Fairs Club)的成员之一。在那里,纽卡斯尔球迷谈论以前的比赛,和那些老球员见面。我知道这样说起来会有点奇怪,但是父亲从来不会为我效力曼联而感到非常自豪,他甚至是对此不是很感兴趣。无论是考文垂的比赛,还是巴塞罗那的比赛,也不管是去现场看比赛,或者只是坐在家里的电视机前看,反正他就是喜欢看球。

长大之后,家里也有电视机了,不过一开始,只能接收四个频道。有一天,父亲下班回家,还带来了一台新的电视机。那可是一个大块头,我们都兴奋地看着这个新玩意。电视机后面那部分又深又宽,屏幕四周包着一个木框。我们把天线接上,那一天正在播放网球比赛,屏幕就是被分成两块场地,一个圆点从一边弹到另外一边。我和父亲、格雷姆一起看了他收藏的一盒录像带,那是关于乔治·贝斯特的比赛,贝斯特是父亲最喜欢的球员。他还喜欢一名纽卡斯尔球员——"超级麦克"马尔科姆·麦克唐纳。除了贝斯特和麦克唐纳以外,我们还有丹尼斯·劳、博比·查尔顿、巴西队和"欧洲最佳500进球"的录像带,这些足球类录像带非常多。父亲还是凯尔特人的球迷,所以他有不少凯尔特人的录像带,他还给我买了几件凯尔特人的球衣。我经常去翻柜子里的录像带,那都是父亲的珍藏品。还有一盒录像带,是关于1989年足总杯决赛利物浦3比2击败埃弗顿,我们反复看了很多次。格雷姆和我会在花园里练习比尔兹利的推射动作。

比尔兹利、约翰·巴恩斯——这些都是利物浦球员,我都记得。我去看利物浦的比赛,是因为我的表兄格雷就是利物浦的铁杆球迷。我穿着利物浦的球衣,胸口印着皇冠涂料(Crown Paints)的那一件,然后是1988年的那一件,胸口印着卡迪电器(Candy)。我喜欢看约翰·巴恩斯的比赛,他的动作很舒展,干净利落。比尔兹利是我心中的英雄。扬·莫尔比也是相当的特别。我真的希望有更多关于莫尔比的比赛录像带，因为我觉得我们的比赛方式有相似之处。当然，他的进球数绝对要比我多。每周日，我们都会看焦点赛事（The Big Match）这个节目，它采取直播的方式谈论所有与足球有关的话题。我永远也不会忘记那个周五的夜晚，利物浦与阿森纳之间的比赛，决定了1989年的联赛冠军归属。我和父亲一起观看这场比赛。他没有说太多的话，一直以来，他的话都不多。

1990年的意大利世界杯，是我第一次看世界级大赛，直至现在，当时的那些画面还会映入我的眼帘。当时，我快9岁了，那个神奇的夏天，我的眼睛几乎没有离开过电视机。有一天，我和格雷姆去了祖母家喝茶，还是会记得准时打开电视机，观看阿根廷对阵南斯拉夫的四分之一决赛。我永远也不会忘记迭戈·马拉多纳在半决赛，面对意大利时打进的那一粒点球。那一届世界杯的每一个精彩瞬间，还有那许许多多伟大的名字，至今仍留在我的记忆里：斯基拉奇、巴乔、沃勒尔、克林斯曼、马特乌斯、卡雷卡！当然，英格兰是我的最爱。无论是在我的花园里，还是在我的梦里，我觉得自己就是加斯科因，一直都是。我有一件英格兰的训练服。我把它看作幸运符，当"三狮军团"面对意大利的时候，我就穿上这件衣服。我深信英格兰能够征服对手，我们本应该能登上世界之巅，因为我们有加斯科因！最后在都灵的半决赛遭遇联邦德国队，我们输掉了点球大战，这个结果简直像是要了我的命。足球、英格兰和加斯科因，对我来说意味着一切，他们的出局让我心碎。

1988年，父亲拿到了温布利的球票，那是利物浦与温布尔登的慈善盾杯赛。那可是温布利的球票！就像是去沃尔森德，然后是去圣詹姆斯公园球场一样，第一次去温布利的感觉相当特别。我们一家四口要在伦敦住一晚，所以我们在北伦敦的酒店订了房间和早餐。我和父亲去球场，母亲就带上格雷姆去逛商场。父亲想要以一种传统的方式带着我完成这一次的温布利之旅，他对我说："来吧，儿子，我们走过温布利公园旁边的通道，然后走上温布利路。"父亲很注重仪式感。他尊重传统，这是一种老派的作风，也是我欣赏他的一点。

我原本觉得圣詹姆斯公园球场已经很大。但是和温布利相比，我觉得这里就像是一只怪兽！我们坐在皇家包厢对面的看台上。我还记得，球员们走出通道时，那些震耳欲聋的声音。那场比赛，约翰·阿尔德里奇打进两球。利物浦击败了温布尔登，他们在上赛季输掉了足总杯决赛，这一次复仇成功。不过这次温布利之旅的结局却很糟糕。我们回到酒店的时候，母亲正在哭泣，她等了我们很长时间，她说："我不想继续待在这里。"房间的环境很糟糕，还有几个黑色的大塑料袋堆放在我们的门口，母亲什么都不敢碰。"好吧，"父亲说，"我们回家。"我们坐上他的轿车，虽然经过7个小时的车程，我们才回到家，但这也是值得的。我们可以不用继续待在那里的，那地方的环境确实太差了，所以我们宁愿待在家里。

小时候，我们每周日都会与救世军一起去教堂。在成长的过程里，天主教的价值观深深地影响着我们。这对于父母来说也很重要，母亲一直参与救世军的工作。所以周日，我们就会去教堂和主日学校。到了那里，我、格雷姆和我们的表兄弟加里直奔社区会堂。在做礼拜之前，甚至是在做礼拜之后，我们会拿出自己带着的海绵球，用凳子作球门，开始踢球。

后来，我发现青年队的学员都不去主日学校，我对这一点相当敏感。最后，我决定找母亲谈一下。我解释说，没有小球员去主日学校，为什么我们就要去？又过了一段时间，11岁的时候，我就不用每周都去主日学校。只有在一些特别的场合，我们全家才会一起去。母亲不会介意，她经常鼓励我们，却从不强迫我们遵循她的信仰。事实上，我的名字就是来源于天主教，因为父亲来自一个坚定的天主教家庭，祖父还曾经是一家天主教学校的管理员。当我的孩子们回到沃尔森德之后，他们也喜欢和母亲一起去教堂和主日学校，听母亲说起她当年领导一家青年人俱

第三章 成长阶段 | 021

乐部，还有在女童军运动中担任侦察员和向导的故事。母亲总会安排好一天的假日行程，大家一起前往斯卡伯勒、斯凯格内斯、巴特林，甚至是科孚那样的地方。不过她的悉心安排总是得不到应有的效果，因为每当我们到达一个目的地，只要看到一片草地，我们就总会大喊："把球拿出来。"母亲笑着说："这就是我的儿子。"我现在会想，在家里都是男孩的情况之下，母亲有没有想过要一个女儿呢？

我爱母亲，更加敬佩她。她是一位伟大的女性，一直都是。她把一切都打理得井井有条。她喜欢给身边的人寄卡片，无论是生日、周年纪念，或是向对方表示感谢和祝贺。她有一个小本子，里面写满了特别的日子和联系地址。她生活的社区就像是她效力的球队，她为此做出了巨大的贡献。她只会考虑别人，而不会考虑自己。我在青年队踢球的时候，母亲会给小伙伴们带来饼干和茶。她还会为我们做午餐。可是身边也会出现一些闲言碎语："噢，林恩这么做，肯定是有目的。"

虽然这会伤害到她，但她已经习惯了。母亲还会冲好咖啡，装进一个大的暖水瓶里，分量够救世军的人饮用了。我们还带上大衣、帽子、手套和背包等很多东西，以防有人忘带，就可以从我们这里借用。

格雷姆和我在青年队过得很开心，这让母亲也是乐此不疲。有时候，当父亲出差在外，母亲带上我们转四趟巴士去到比赛地点。她从无怨言。虽然母亲不会开车，只能带着我们搭乘巴士，但是她会确保我们准时到达比赛场地。她的付出与牺牲，让我没齿难忘。她教会了我们一些原则以及要对金钱负责。以前我会把钱夹在书本里，记得有一天，她在这些书本里把钱找了出来，并存到银行里。"你的晚饭钱都存到银行里去了，每个月就留一点在钱包里，这样你就逐渐学会如何管理金钱。"母亲就是这样对我说的。"如果你在这个月里能把钱存下来，那么这些钱都是你的。记住，到了周五，如果你没有了晚饭钱，那么你就真的是一无所有了。"

我最好的一段童年回忆，就是随沃尔森德男孩俱乐部的 U12 梯队前往荷兰，那里的孩子总是从后场开始倒脚，搞得我们昏昏欲睡。我已经不记得对手是谁，但我记得母亲在场边用她的手提包"威胁"裁判。这种奇葩事情，怎么可能忘记呢！长话短说，我们待的地方有一个湖和一条滑梯，结果我在玩滑梯的时候弄伤了自己的膝盖。我的膝盖有一条大的伤口，需要缝针，还打上了绷带。不过我们是来参加邀请赛的，所以我还是要上场。当时，我们面对的这支荷兰队的球员，他们看起来绝对不止 11 岁，因为那帮人的身形都比我们大一圈。有一个大个子把我推倒，我捂着自己的膝盖。母亲在向裁判大喊，还挥舞着自己的手提包，准备冲进球场。之后，她意识到自己在做什么，就停下来，又走了回去。她从来不会妥协，她肯定会反击！

格雷姆的性格像母亲，而我的性格更像父亲。小时候，我比较害羞，还有点天真幼稚。我身边的小伙伴们到处惹麻烦，打架、敲别人家的门、乱跑或者做一些愚蠢的事情，这些事情我都不会去做的。所以，我从来不担心会被别人抓住。我从不怕父亲，却非常怕母亲。她是一位女强人，有时候很倔强（这一点，我和她很像），但这都是因为她爱我和关心我。每隔几个月，她就发一次脾气，毫无征兆，特别是当足球活动影响了我们的生活。她会大吵大闹："屋子里的足球太多了，我受够了。"之后，她就把门关上，走出去。这时候，我和父亲互相看着对方，苦笑着说："她又来了！"如果我的作业没有完成，母亲就不让我去青年队踢球，"学业优先，足球次之。"这是她的观点。我的父母都很重视教育。有一次，我因为没有做完作业而错过了足球训练。我必须要向理查德解释原因，这让我羞愧得无地自容。这种事情，以后就再也没有发生过了。

史蒂芬森是我读的第一所学校，当时我还没有真正参与足球运动。多布森先生是一名保守且严厉的体育老师。在史蒂芬森，足球队的成绩非常糟糕，也没有真正的球员，所以我在那里的实力还算顶尖，因为我有不错的足球意识，多布森先生把我安排在"清道夫"的位置上。在一场下午进行的比赛当中，我们对阵西部队，他们的带队老师是科林·麦基。麦基先生看了我的比赛之后，邀请我参加沃尔森德镇足球队的试训，这可是一件大事。在那之后，我很快就去了西部队踢球，这是一个明智的选择，一个最好的选择。和史蒂芬森相比，西部队的氛围要好太多了，那里有一帮六七岁的孩子，他们热爱运动，当中就有我最要好的队友——克里斯·胡德、史蒂文·布拉德利和史蒂芬·卢瑟福德。

胡德进入了纽卡斯尔精英中心。我在米德尔斯堡训练了一段时间，保罗·多切蒂和凯文·厄温也在那里。菲尔·沃顿去了哈尔特普尔当学徒，克里斯·索尔曼进入了英式橄榄球联赛球队，然后征战超级联赛，还担任过英格兰队长，现在他是哈德斯菲尔德巨人队的助理教练。史蒂文·布拉德利和史蒂芬·卢瑟福都加盟了胡尔城的英式橄榄球球队，他们也效力过盖茨海德雷霆。我们这批人都取得了不错的成就！1992年，西部队还在阿斯顿维拉体育中心参加过英格兰五人制足球赛决赛。在麦基先生的带领下，我们互相促进。当我成为职业球员之后，我才意识到，能有麦基先生这样优秀的体育老师是一件多么幸运的事情。在我年少的时候，他一直鼓励着我进步。他是阿伯丁人，当我想起他的时候，我的感激之情也油然而生。我和麦基先生一直保持着联系，是他塑造了今天的我。每个周末的晚上和周六的早上，他为我们倾注了大量的时间和心血。

1991年，麦基先生甚至邀请我参加诺森伯兰郡的田径锦标赛。"我们需要人去参加 U12 的 60 米跨栏比赛。"我回答说："噢，我可以去。"那时候，我只有9岁，要和那些11岁的孩子一起比赛，而且我还没有接受过田径训练。这很疯狂，真的，我对这项比赛一无所知，甚至不知道每个栏之间相隔几步，也不知道要穿什么装备，我记得自己穿了一套宽松的锐步运动服和一双比较大的运动鞋，站在那里，我不知道要做什么。站在我旁边的家伙穿了钉鞋，正准备起跑，我还站在那里心想，我怎么会穿宽松的短裤？无论如何，我出发了，我只听到母亲大喊："加油，迈克尔！"我跑得很快，还赢下了决赛，诺森伯兰郡冠军！第二年，麦基先生再次邀请我参赛，我只得了第二名，从此就和田径运动无缘了。

有一天，麦基先生说："有一个郡的板球球队试训，你们都是不错的板球手，谁想去？"起初我们举棋不定。"下午2点，在杰斯蒙德板球俱乐部，你们必须早点离开学校。"早点下课？好的，我们要去！我们前往杰斯蒙德，立马被惊呆了。我们马上意识到自己的穿着不太得体，我们太邋遢，也没有板球棒，在那里显得无所适从。其他的孩子都来自私立学校，穿着整洁，我能猜到他们在想："这些人到底是谁？"我、胡德和其他伙伴硬着头皮，留了下来，借了一根板球棒，决定去试一下。我永远不会忘记胡德是如何击球的，他狠狠地教训了那些看上去很厉害的投手。索尔曼是一位动作很快的投球手。我们再没有获得征召，为郡效力，他们不会允许我们这么做。沃尔森德男孩不是他们想要的类型，我知道自己能打板球，但真的对此一无所知。这项运动无法给我带来舒服的感觉，这不是我的舒适区。感觉我和这个世界格格不入。我还记得自己面对的第一球，球来得太快了，我几乎看不清。然后，我马上决定，这不是我应该做的。

在麦基先生的带领下，我们在学校还加入了橄榄球联盟，一些小伙伴在周六会去打联赛。1995年橄榄球世界杯赛之前，格雷姆有机会代表东北学校去温布利打联赛。但是他对此不太上心。"想打一场橄榄球比赛吗？"他大喊。"什么规则？"我问。"很简单，向前冲，去得分，还有铲球。"这不适合我，真的，这项运动给我留下了不少伤疤。有一天，我们在怀特里湾的沙滩上玩橄榄球，这里离沃尔森德有约11千米远。比赛很激烈，我的鼻子被撞破了。伙伴们看到我一脸都是血，赶紧叫了救护车。我们来到一个小悬崖底，他们把我留在那里。救护人员不得不一路走到悬崖底，找到了我——一个鼻子破了的14岁小孩。

救护人员对我说："你可以自己走的。"最终他还是把我带到北泰恩赛德中央医院，然后给我母亲打电话。我不想自己的鼻子被固定，但是母亲到了之后，要求他们重新把我的鼻子固定好。医生对她说："好吧，但你的儿子有最终决定权。"母亲不答应："对不起，我是他的监护人。那是我的儿子，他只有 14 岁，我要为他负责。"医生没有动摇："迈克尔决定什么也不做，如果我们要谈责任，意外发生时你可不在现场。"母亲至今还留着北泰恩赛德中央医院给西部队发过去的信件，证明我那一天是一个人和朋友们出去玩。

从那以后，我逐渐沉迷于足球世界之中，并开始远离玩其他运动的小伙伴，完全专注于足球。胡德在纽卡斯尔的精英中心，但是他、布拉德利和卢瑟福德都不如我那么沉迷足球。他们更喜欢玩橄榄球。有一次，当我坐在大巴上，跟随曼联在国外打比赛的时候，卢瑟福德给我打电话："你在哪里？"

"伯纳乌！"

"去那里干吗？"

"和皇家马德里打比赛。这是欧冠淘汰赛的首回合比赛！"

"啊，好的，那么祝你好运！我明天再跟你说。"

连欧冠比赛都不知道，真的让人觉得诧异！这可是世界上最重要的比赛之一！我喜欢卢瑟福德。我认为这也没什么大不了，毕竟一个人的生活里不只有足球。

上学总会影响踢足球，但我知道自己必须学习，我也很努力。现在再去看我在伯恩赛德的球探报告，这很有趣，我能发现自己在早年是如何去提升自己的足球才能。"迈克尔对比赛的战术有着良好的理解能力……虽然他竞争意识很强，但他懂得公平竞争。"这是在 1993 年关于我的球探报告。25 年后，我希望自己没有改变。

我不会荒废自己的学业，但是我的雄心壮志，一直是成为一名足球运动员。球探总会来考察我的比赛，邀请我去俱乐部试训。我在 9 岁的时候就去过米德尔斯堡，因为有几个从青年队出来的小队员也去了。厄温和多切蒂是很优秀的小球员。多切蒂的能力很全面——右脚、左脚、克鲁伊夫转身、突破，他在球场上能做很多事情。我只为米德尔斯堡踢了一场比赛，担任中锋，当我的朋友们都被弃用之后，我又待了一年，在 12 岁的时候也离开了。我还保留了一张老照片，1992 年在艾雅苏美公园球场的球员通道入口外和加里·帕里斯特的合照。我继续到其他俱乐部去寻找机会，13 岁那一年，我在艾尔锦标赛收到斯托克城的邀请。我还利用假期去西汉姆训练，认识了一些工作人员，在那里慢慢安定下来。很快，我每个月都会去一次。我继续为其他俱乐部踢球，纽卡斯尔想签下我。作为纽卡斯尔球迷，当精英中心的总监约翰·卡弗邀请我加入 U14 梯队，去北爱尔兰踢牛奶杯的时候，真的让我感到兴奋异常。我同意之后，约翰走进圣詹姆斯的俱乐部商店，买了一套运动服和一双钉鞋，然后把这些装备交给我："接着，你已经准备好了。"现在，每当我和母亲谈起这件往事时还会大笑。裤子太长了，母亲花了一笔钱，在沃尔森德找人改过尺寸。最后，我穿着这套量身定制的运动服，在 1994 年 7 月 28 日，自己 13 岁生日的那天，来到圣詹姆斯报道。比尔兹利下来，送了我一块蛋糕。这样的迎接方式让我倍感温暖，但我讨厌旅行。这是一项精彩的锦标赛，有很多优秀的球员，但是球场外的环境却很糟糕。有一晚在波特拉什，纽卡斯尔的教练们给了我们一些钱，让我们去玩老虎机，还有几名球员借了一辆宝马 MINI，载了一位刚认识的女孩，他们把车开到附近的停车场。这是一次很短的旅途，我爱纽卡斯尔，但我知道自己不会和他们签约。这里的气氛真的和西汉姆无法相比。

回家后，我对母亲说："我喜欢纽卡斯尔，但我不准备去那里。"我的心不再留恋纽卡斯尔。他们没有预备队，所以很难看到进入一线队的途径。但是对于每一名孩子来说，他们所期待的就是在俱乐部能有晋升的途径，能够获得一个机会。虽然我深深地爱着纽卡斯尔，在加洛盖特看台上也度过了很多快乐的时光，但是在纽卡斯尔，我找不到家的感觉。我的心思越来越多放在西汉姆的身上。

一年后，我代表西汉姆，再战牛奶杯，我的身旁有来自青年队的马克·梅里和史蒂文·沃森。我和肖恩·伯恩住在同一个房间，接下来的几年，我们的关系变得非常密切。我们抽签遇到的对手正是纽卡斯尔，教练希望我们都要为这场比赛做好准备。"好吧，我们队里有三名来自北部的球员，而我们即将面对的就是纽卡斯尔。所以你们要拿出最强的实力，为这三个孩子赢下这场比赛。"最终我们5比1击败纽卡斯尔。

这真的很有趣。在童年的大部分时间里，足球充满乐趣。踢球，除了是试训和失败，还有训练和学习，但是最重要的还是热爱。我从来不会问："我今晚一定要去训练吗？"我只会迫不及待地想着去青年队和小伙伴们一起踢球。在西部中学读书的时候，每到课间休息，我们就会谈论足球："你为哪支球队效力？什么时候会有比赛？我会来看的。"由于我热爱足球，才希望成为一名足球运动员，这也是为什么我觉得自己不适合英格兰足球总会在利莱沙尔（Lilleshall）的精英学校，尽管对于优秀的小球员而言，这里或许是一间有利于自身继续成长的温室。14岁的那年，我通过在唐卡斯特的训练表现，获得前往利莱沙尔的两次试训机会。父母把我带到什罗浦郡，我看到这里都是一些更加出色的孩子。他们看上去更了解这个世界的游戏规则，更了解这项运动的游戏规则，更了解整个系统体系的运作模式。当时的我还是太幼稚了，还没有真正长大。七月出生的我算是自己所在年龄组别里最年轻的，真的太年轻了！我们留在了利莱沙尔，我躺在床上，辗转反侧地思考：我真的要离开父母和格雷姆，离开我的小伙伴们，在这个地方待上两年吗？

虽然我渴望成长为一名职业足球运动员，但我需要一个让自己感觉到舒适和安全的地方。因此我在试训里故意表现不佳，因为我的心根本不在这里。我的比赛态度很随意，父母对此也是看在眼里，父亲立刻就知道是怎么一回事了。母亲在一两年之后才告诉我，父亲当时是这样子说的："迈克尔做错了什么？我觉得他不想留在这里。"在回家的路上，我告诉他们："父亲，我不想留在利莱沙尔，我不想离开家，不想待在那里两年。如果真的这么做，我以后都不踢球了。"父母最关心的事情，就是要让我感到快乐。"儿子，如果你不想去那里的话，那就别去了。"父亲说。"母亲，我不想离开家。""那就不去吧。"她这么回答。

经过两场试训的比赛之后，足总会把人数从30人削减到20人。两周后，我收到足总会的通知信，告知我进入了第一预备队名单。一旦有人掉队，这份预备队名单上的人就可以补上。好样的！或许我是利莱沙尔历史上第一个因为没有正式入选而庆祝的人！其实这是一次幸运大逃亡。如果我真的去到利莱沙尔，那我也不知道自己能够坚持多久。在利莱沙尔的场边，父母曾经和其他家长有过交流，他们已经准备好，要让自己的孩子在这里开启足球生涯，并且为这里的生活做好计划。而我一点儿准备也没有。在利莱沙尔，我感觉自己很脆弱。足总会在利莱沙尔推行着一项青训计划，阿兰·史密斯是其中一员。之后，我和他在曼联当过队友，不过我们在唐卡斯特接受训练时已经认识了，那是为利莱沙尔的青训计划在打基础。所以我很了解他，我在想，他已经为利莱沙尔做好准备了，他很了解那里。结果是，他在几个月后就离开了。听到这个消息，我更加确信自己逃过一劫。

尽管放弃了在利莱沙尔的机会，每当看到青年队俱乐部的墙上挂着的那些取得成功的职业球员的照片时，我依然深信自己可以做到梦想成真。我一直希望自己能够成为一名职业球员，对此，我总是那么笃定和执着。我从未说过自己比其他球员更优秀，但是我总是想着证明这一点。看到那些进入利莱沙尔的球员，我告诉自己，我会超越他们。

接下来，我还是带着愉悦的心情去不同的足球俱乐部，训练和观察，一直在努力提升自己的实力。当时，西汉姆也和我保持着联系。在我11岁的时候，我们搬了家。不久后，来自其他几家俱乐部的球探找上门。最后，有多达12家俱乐部，都想签下我。父亲这样跟我说："决定权在你的手上，儿子。这是你自己要挑选的环境，这是你要完成的事。选择一家让你感觉到舒服的俱乐部吧。"在十三四岁的那段日子里，每一个学校假期，我都会去不同的足球俱乐部。那年夏天，我在六周的时间里去了八个不同的地方。我去过阿森纳，他们把我安排在一个很大的宿舍里，虽然我在训练场内看到了伊恩·赖特，但我不喜欢这里。这只是一个让我"大吃一惊"的地方而已。我去了水晶宫，然后母亲带着我搭乘火车去切尔西。俱乐部用一辆小巴士载着我们去了哈林顿，那是切尔西当时在希斯罗附近的一个训练场。在我去踢球的时候，他们让母亲独自一人待在那辆小巴士里很长时间。我觉得他们都把我母亲忘记了。格温·威廉姆斯负责照顾在切尔西的孩子，她让母亲下了车。母亲说："我都遇到了些什么……"当我回到更衣室时，发现手表不见了。好吧，我已经迫不及待地要离开这里了。回到家，我告诉父亲："他们都不给我传球。"我感觉自己就像是一个外人。切尔西给我的第一印象实在是太差了。"我大喊着要球，却从来也得不到球。"我再也不去切尔西试训了。

最后，我选择了西汉姆。他们欢迎我的到来，这也让我的心态放松下来，他们用正确的方式踢球——他们称之为"西汉姆的方式"。

"他们强调两次触球，父亲，他们不拖沓。就是两次触球，节奏明快，传球和跑动。"和其他俱乐部的比赛方式相比较，我更享受西汉姆的踢法。1995年4月，我去考文垂U14代表队试训，之后还去过奥尔德姆、斯文登、诺丁汉森林、埃弗顿、桑德兰和温布尔登。我对父亲说："我已经参加了太多的试训。"我的心只想着西汉姆，要去那里当青训球员。14岁的那一年，我还在东北部进行训练，从14岁到16岁，我在一些足球机构接受训练，这和那些已经签约职业足球俱乐部的年轻球员仍然相距甚远。我们的青训教练是肯尼·沃尔顿，他曾经效力过纽卡斯尔。还有对我影响很大的青训教练是文斯·赫顿，他经常会派我上场，每周都开车载着我前往米德尔斯堡。他们都是优秀的教练，帮助我学到了很多。在成长的过程中，在像沃尔顿和赫顿这样的教练的指导之下，我参加了各种类型的足球赛事，11人制、5人制，各种各样的联赛。除此之外，我还和小伙伴们继续在街道上踢球。这种多样性对我的足球发展非常重要。在无须担心被评判的情况下去实现和探索很有趣。那个阶段，我所做的一切都是为了培养特定的技术动作或跑动。这就像学习一门语言，我想把它变得更加浑然天成。这会有效吗？我这样问自己，然后继续尝试。我总是敢于做假动作和跑位，因为我总是队里最优秀的。在学校里，我会和人数最少或者实力最差的队伍一起，给自己增加挑战性。我更享受这种比赛方式。

不过现在，西汉姆是我关注的焦点。在我要去南方之前，我的职业顾问阿洛特先生给我推荐了一些在雷德布里奇和巴尔金的大学。我很感谢他的帮助，但我从未想过要去上大学，我现在只想着西汉姆的青训足球学院。

第四章　青训计划

我当时只是一个天真烂漫、动作笨拙的14岁小孩。我在中央车站艰难地"爬上"火车，紧紧地抓着自己的球鞋，就像紧紧地拥抱着自己的梦想，我忍不住笑出声。每当假期，我回家待两天，然后去西汉姆，待上一周的时间。我总是重复这样的行程：直接去自助餐吧拿上一包薯片和一杯牛奶，然后回到我的队伍里。一开始，在东北部球探——戴夫·穆尼和比尔·吉布斯的带领下，我们一行有六七个人一起搭乘火车。回想起来，我知道所有这些在火车上的小伙伴们都带着他们的希望，有些人未能成功令人遗憾。西汉姆也想签下同样来自青年队的马克·梅里，他是英格兰青年队队长。梅里来过几次，后来选择了桑德兰。他在一线队踢了几场比赛，却不幸地因为一次意外而提前结束自己的职业生涯。我记得他是一名优秀的后卫，他被队友约翰·奥斯特用气步枪意外射中眼睛，这个悲惨的消息令我不寒而栗。梅里和我一起度过了很多精彩时刻。这无疑是一个残酷的打击。

当火车进入国王十字车站，吉米·汉普森总会站在那里迎接我们，汉普森是西汉姆的青年发展部主管，他真的就像是我们的一位挚友，非常友善。每当看到他在站台上等我们，我都感到高兴。他的性格温和，对人热情，是一个典型的东伦敦人。我总是很期待坐他的车，在前往训练基地的路上听着他喋喋不休地闲聊。他似乎知道东伦敦的每一条捷径,当他开车时,经常会说很多关于西汉姆的话题,热情地向我介绍俱乐部,他总是笑脸迎人,从来不会咄咄逼人。

一开始,我只是在西汉姆试训,俱乐部的态度向来很开放,"来吧,看看你喜不喜欢这里。"我很快就意识到什么是真正的西汉姆。特别是当我和汉普森以及青训总监托尼·卡尔等人见面之后,我感受到了他们的真诚,也认识到他们可以把我带到正确的发展轨道当中。布莱恩·尼科尔斯是当时的U14主教练,他很友好,让我能够立刻融入队中。从一开始,我就感觉自己成了这个大家庭的一分子,在日常的训练和比赛当中享受到快乐。

和我去过的其他俱乐部不一样,西汉姆的一切都让我感到兴奋不已。我很了解他们的历史,父亲告诉过我有关博比·摩尔和西汉姆与英格兰在1966年赢得世界杯冠军之间的所有关联。我很快就了解到从罗恩·格林伍德和约翰·莱尔身上延续下来的快速传球的传统,这两位传奇的名字经常会被提起。俱乐部上下待我都非常真诚,无论是接待处的女士、秘书、食堂或教练组的工作人员。食堂的雪莉和道恩对我特别好,雪莉总是给我留着一些面包卷,从这些小细节上就能感受到他们对我的特别照顾。从酒店接我去训练的地勤人员伊恩·杰克逊,他总是笑嘻嘻的。可惜不久后,他就去世了,我很伤心,当时他只有38岁。

斯坦·伯克、皮特·威廉姆斯和埃迪·吉拉姆,三位装备管理员增添了西汉姆的家庭气氛。吉米·弗里斯是青训教练,他为俱乐部工作了很长一段时间,他一直观察我们的训练,然后和每个人单独交流,"不要动,孩子!"他说的时候就像正要把球传给你。还有一个叫"电话"的人,他是一个残疾人,但也是西汉姆大家庭的一分子。在食堂里,他和每个人打招呼,说着自己的新笑话。"电话"总是在四处打转。

尽管西汉姆给我的待遇非常棒,但不得不说,当时我还是有一些焦虑。毕竟这是我第一次远离家门，独自一人，来到一个新的环境。无论场上场下，我每天都要面临着考验，都要证明自己有能力成为一名职业球员。但我从未感觉到恐慌，因为要成为一名职业球员的信念支撑着我，使我无所畏惧，而且还有我在西汉姆所获得的支持。

在查德维尔希斯，我亲眼见证着从西汉姆出来的许许多多的足球名将：伊恩·毕肖普、特雷弗·莫利、莱斯·西利、唐·哈奇森、伊恩·道伊、约翰·哈特森、伊恩·赖特、斯拉文·比利奇、约翰·蒙库尔、尼尔·拉多克、保罗·基特森、特雷弗·辛克莱尔、斯图尔特·皮尔斯和史蒂夫·托马斯。记得有一天在结束训练之后，哈奇森和体能教练托尼·斯特拉德威克谈到健身训练的成绩。

"在划船机上的训练成绩，我可比你厉害。"哈奇森说。

"你确定？"斯特拉德威克回应，"好吧，咱们来比一比，就1500米。"这让大伙儿的情绪一下子就高涨了。

通常来说，我们会在早上9点30分到10点前来到训练场。不过到了第二天，大家9点就提前来到训练场。所有人都挤在那个小小的健身房里，他们把两个划船机面对面摆在一起。在10分钟时间内划得最远的就是赢家。"开始！"哈奇森发号施令，斯特拉德威克则显得不慌不忙，最终赢下了比赛。哈奇森整个人累趴在地上。大伙儿都在尖叫，整座健身房就像要崩塌一下。

这就是查德维尔希斯，充满着竞争的氛围。我经常要防着朱利安·迪克斯，他可是出了名的狠角色。我害怕与他比拼，他总是毫不留情，现在的身体对抗性与以前相比有很大的区别。那个时候的训练场上，经常会出现凶狠的铲球动作，还总有激烈的争吵。你需要证明自己，你要努力生存下去。这里还有一种饮酒的文化，虽然我会听到一些老队员在训练后就说："我们去酒吧了。"但他们确实是在努力工作。没有正确的态度，你的足球生涯也不会长久。我喜欢这种竞争的环境，但最让我欣喜的是西汉姆对于踢出漂亮足球的追求以及哈里·雷德克纳普对于青训的投入。

在假期里，对于十三四岁的孩子们来说，能够与西汉姆青年队一起训练是一件很光荣的事情。他们的年龄要比我大几岁，完全可以无视我，"一个来自北方的小孩子，他来和我们一起训练，能做什么？"不过他们还是让我参与其中。这里有一些球员已经18岁，和他们待在一个更衣室里让我有点害怕，所以我会一直保持沉默，向他们虚心学习。在我的职业生涯里，我一直会向最好的球员学习，比如弗兰克·兰帕德和里奥·费迪南德。李·霍奇斯是当时的一名新星，来自普莱斯托，他的技术非常棒。我看着他的训练，学习他的动作。兰帕德完全是另外一个级别的球员，我欣赏他的技术，特别是他的凌空射门，他也是一名训练非常刻苦的球员。有些球员只是以完成任务的态度来对待训练，从不付出额外的努力，没有像真正的职业球员那样去对待训练，那么他们的职业生涯也会很快结束。兰帕德总会付出额外的努力，不断鞭策自己，这也是他能够到达顶峰的原因。我经常和他的父亲——老兰帕德——做一些额外的训练。老兰帕德是老雷德克纳普的助教，他总是在训练场上鼓励我们完成更多的射门、跑动、压迫和传接训练。

在一些基本功上，我尝试着模仿兰帕德，他很早就为自己制定了进入一线队的目标。记得有一天，他在做跑动和冲刺的训练，我跟着他一起，竭尽所能地要跟上他的训练强度。有时候，兰帕德会遭到西汉姆球迷的嘲讽："他能够留下来，只是因为他老爸在这里。"这是不公平的。如果球队的表现不佳，似乎兰帕德就是那只替罪羊。如今回顾他的足球生涯，那些曾经辱骂过他的人就会意识到，自己是有多么愚蠢。我觉得，"他能够留下来，只是因为他老爸在这里。"这句话让他攀上顶峰的决心变得更加坚定。

虽然兰帕德是第一个给我带来启发的人，不过随着年龄增长，费迪南德对我的影响变得越来越大。和费迪南德亲近是一件很容易的事，他为人真诚和直率，总是享受着自己所做的一切事情。比赛对他而言是如此简单。只要球在脚下，他就会表现出自信的一面，而且总是显得很从容。他会点燃球迷们的激情，让球迷们为他高声欢呼。我欣赏他那种无所畏惧的态度，当他第一次代表西汉姆登场的时候，他从后场一路带球，秀着各种技巧和假动作，一直跑到中锋的位置。是的，虽然他被拦截了几次，但是这番景象足以让当时还在青年队的我们为之震撼。费迪南德激励着我们，我们都在想："他是怎么做到的？他怎么会有如此强大的信心去做到这一切？"毕竟没有太多的教练会允许球员做这种事情，不过老雷德克纳普就是如此特别。我也知道，他曾经给了费迪南德一点小小的警告，就是要保持攻守平衡。没有太多的中卫，能有费迪南德这样的控球技术，这并不是靠后天培养的，而是需要让他自我迸发出来。幸运的是，西汉姆给了费迪南德这样的机会。

在里奥·费迪南德的身上，有一样东西或许是人们所忽略的，而我却有着亲身的经历。他或许是最讨厌失败的人。无论是头顶网球比赛、电视游戏还是正式比赛——他都会展现出强烈的竞争性，经常大喊尖叫。

我希望每天都能和这样的人结伴同行。我不确定现在的孩子能不能像兰帕德或费迪南德那么努力。在查德维尔希斯，我们有一个老式的室内健身房，还有一个五人制足球场，就在球场两端的墙上画着一个白色的球门。我们会在这里玩一种名为"Ds"的足球游戏。我们在门前划一个像英文字母"D"那样的区域，从球场一端的D区域到另一端的D区域，你只有两次触球机会。在D区域里，球不能被截下来。一旦球弹出D区域，你就会失去一分。这就是考验技术：左脚、右脚、半凌空和凌空射门等各方面的能力。没有技术的球员都玩不转这个游戏。训练结束之后，我们有时候就会踢"Ds"游戏，向后传球，向前传球，磨炼我们的传球技术。直到现在，当和费迪南德谈起这个游戏的时候，我们还会心一笑。

在我真正融入西汉姆之后，我开始明白他们正在打造一名真正的球星——乔·科尔。每个人都在谈论他。我在 U14 的第一场比赛，对阵诺维奇，乔·科尔也在队里。他只比我小两个月，却比我低一年级，他的假动作，他的跑动是我在足球场上见所未见的。我打进了两球，但是大家都被乔·科尔的能力和胆识所吸引住了。其他球员一直在尝试阻挡乔·科尔，但是他们都被他完爆了。他能把球挑过对手的头顶，再向前突进。他是我见到过的第一个有这种技术的球员。他的控球技术很强，能把身体放到正确的位置去保护球，他有足够的力量，这是加斯科因的踢球方式，但乔·科尔比加斯科因有更多的假动作。他能摆脱后卫，把和后卫的接触转化成自己的优势——乔·科尔就是如此天赋异禀！他和我完全不一样，因为我从来都不习惯和后卫有身体接触。我总是尝试和他们保持一两米的距离。

哇，这孩子是谁？第一次见到乔·科尔时，我心里在想。他真的是太棒了。训练的时候，他就是后卫的噩梦。几年后，当乔·科尔进入一线队，皮尔斯可能会踢他，但是他马上做出强硬的回应。他会抱怨，但从不回避挑战。皮尔斯正接近结束自己的职业生涯，他可是出了名的恶汉，他的绰号是"神经病"（Psycho），他用这样的动作去宣告，"请尊重我！你不能对我这样做。"我觉得他也在考验乔·科尔，"继续吧，如果你真的那么优秀，你可以做出反击。"乔·科尔做到了，他就是喜欢踢球，哈里不断鼓励他，"继续吧，乔。太棒了，去吧，踢吧，孩子。"乔·科尔去过利莱沙尔，所以在开始的几年里，我没有在西汉姆看到他。他很优秀，基本上跳过了青年队，直接就进到一线队。他抢走了我和其他人的风头，这很适合我，让我能继续用自己的方式进入一线队。

我能看到进入西汉姆一线队的轨迹。在我 14 岁，还不确定自己未来的时候，发生了一件特别的事情。有一晚，汉普森载我到国王十字车站，坐晚上 8 点的火车回纽卡斯尔。我坐在火车上等待出发，但是所有前往北部的火车都临时取消了。我困在了伦敦，感到非常彷徨。我打电话给父母，他们马上给刚回到家的汉普森打了电话。

"什么？迈克尔还在国王十字站的站台？告诉他留在大钟下面别走开，我去接他。"

父母很担心，因为我一个人在车站，没有手机。只有在我打电话给他们的时候，他们才能联系上我。汉普森回到车站的时候，已经是晚上九点半。

"好的，来吧，迈克尔，你明天早上还要上学。不用担心，我会载你回家。"他说，"这是苏珊给你的。"苏珊是汉普顿的太太，她给我做了一些三明治和小吃。然后，汉普顿给我父母打电话，请他们放心，"不用担心迈克尔，我找到他了，烧点开水吧！"

我们离开伦敦，上了 A1 公路，吉米在凌晨 3 点把我送到纽卡斯尔。大约有 470 千米！他走进我家，和我父母谈了一会，喝了杯茶，然后回到他的车上。

"我要先回去工作了。早上 8 点，我在厄普顿公园还有一个会议。"他解释。当汉普顿坐进车子里再次出发时，父母和我只是互相看着对方，哑口无言。又是 470 千米。汉普顿倒觉得没什么大不了，他甚至没有想过让我在国王十字站附近住一晚酒店，然后赶第二天早上回家的火车。他很关心我，来回几乎是 940 千米的路程，在回去工作之前，他甚至没有足够的时间睡一会儿。汉普顿不想我缺课，他不想我父母或者我担心。他对待我就像是对待他的孩子，那一刻，我告诉父母："你知道吗？西汉姆就是我的归属，他们会照顾好我的。"

在 14 岁到 16 岁的这段时间里，我和俱乐部签约了两年。在那之后，最重要的决定即将到来。我们必须严肃认真对待，因为我要选择在哪里成为一名职业球员。那个时候，父母收到了其他俱乐部提供的大合同，一些来自青年队的小球员也获得了"青年培训计划"提供的两年合同，还有之后三年的职业合同。

"为什么我没有收到过这些合同？"我问。他们从来不告诉我这些合同的事情，他们只想站在足球发展的角度去做决定。即使一些俱乐部愿意给我父母支付50000英镑的费用，我父母也从来没有考虑过他们自己的利益。我真的很敬佩父母能抵受诱惑，尽管他们并不富有，他们有权利接受这些合同。我也不会反对，因为这能改变我们的生活。父亲常年外出工作，所以他很容易就能在俱乐部里获得一份球探的工作。随着年龄的增长，我现在也成了父亲，我更能理解这个决定对他们来说有多重要。实际上在他们看来，这并不是他们的决定。

"你最想去哪里？"他们问我，并强调"你"。

"西汉姆。"我回答。

汉普顿有多关心我，这一切，我的父母都看在眼里，记在心里，所以他们很高兴我能去西汉姆，"他会得到很好的照顾。"母亲说。

我差不多16岁时完成了学业，然后签了两年的青训球员合约，周薪是42.5英镑。到了西汉姆不久，我给托尼·卡尔打了个电话："在布莱克浦有一项英格兰男孩俱乐部锦标赛，我能去吗？"这是我的第一个国家级别荣誉。这项赛事和职业比赛是分开的，球队都来自英格兰各地区的男孩足球俱乐部，我有资格为沃尔森德U16效力，机会难得，托尼解释这和俱乐部的季前赛有冲突，西汉姆要去参加达拉斯杯。

"这对我来说很重要，托尼。"

他知道我已经下定决心参赛，因为我觉得这会为在青年队的这段日子画上一个完美的句号。托尼同意了，这再次展示出西汉姆对球员的关爱。

在与西汉姆签下职业球员合约之前，我还必须去参加在利莱沙尔的英格兰选拔课程。我坐火车到利莱沙尔，父母和我的女友丽莎，也是我现在的太太，开车去接我。丽莎从一开始就跟我在一起，她总是在我身边，支持我。那时候，我们真的很年轻，也很纯洁。

比赛结束之后，西汉姆安排了司机来停车场接我回去，父母把我的行李都带来了，全部放进了西汉姆派过来的车上。母亲肯定觉得很可怕，这就像我要离家出走一样。我还有几周才满16岁，突然之间，最后时刻的那种恐惧感让我手足无措，"为什么你们不让我去考文垂？"我问他们。其中一个来自青年队的小伙伴，史蒂夫·沃森就去了那里，考文垂也给我提供了一份合同。和沃森一起去考文垂，或许对我来说是一个更轻松的选择，因为那里有一张熟悉的面孔。

"母亲，我不想去西汉姆。"不过这句话其实也没什么用。我知道自己会过得很好，因此在流下几滴眼泪之后，我还是坐上了前往西汉姆的车，回过头，已经看到了父母、格雷姆和丽莎回到了车子上。在索尔兹伯里大街的新家，司机把车停了下来。之后我和帕姆、达尼·弗莱彻夫妇住在一起，他们的孩子都已经搬了出去。那天稍晚的时候，我给父母打了电话。对他们来说，这是一段糟糕的旅程，因为母亲和丽莎都哭了出来。

"母亲，这里很不错，我喜欢这里。"

"迈克尔，你不知道你对我做了些什么。这是我一生中最糟糕的一次经历。"

"虽然离开你们有些不舍，但这里正是我想要来的地方。"

我告诉他们，自己过得很好。事实上，对于新的开始，我已经迫不及待了。大多数U17、U18的队员都在达拉斯，所以我先在弗莱彻夫妇的家里安定下来。往下走四层楼，又是一个被安排照顾西汉姆年轻球员的家庭。这名年轻球员叫理查德·加西亚，来自澳大利亚，他是和我同一天搬到这里的。现在回过头想想，这段经历真的很有趣，在乘坐62号巴士前往查德维尔希斯的路上，我和不同的人建立起强大且持久的友谊。

在接下来的七年时间里，加西亚和我形影不离。我觉得自己从纽卡斯尔来到这里，已经算是比较远的，没想到他是从珀斯来的！

加西亚和我都会想家，我们的关系也变得越来越密切，就像兄弟一样，直至今天。他的妻子贾内尔以及两个孩子扎克和劳伦，和我也像是一家人。他们现在已经回到澳大利亚，我非常想念他们。只要时间允许或是每隔两年，我们都会见一次面。我们的关系很特别，也一起经历了许多，即使在2010年世界杯，也是如此，至少他获得了出场机会。我一直认为加西亚的性格很刚烈，和我的冷静形成鲜明对比。他有一头长发，沉醉于绿日、红辣椒和Pearl Jam等乐队的演出。当他在听音乐的时候，我会不屑地问他："这是些什么东西？"不过他也把我带进了音乐的海洋，所以我现在也听一些音乐。最近，我去看了红辣椒的演唱会——这是我参加过最棒的演唱会。

训练的第一天，当球员们都回来时，加西亚径直地走进更衣室，坐了下来。在西汉姆青年队有这样的规定，就是我们要亲自去装备管理员那里拿自己的运动装备。当时加西亚说了一句很没有礼貌的话："好吧，我他妈应该要去谁那里拿自己的运动装备？"所有的球员，尤其是那些"二年级生"，像是安东尼·亨利、加里·亚历山大、亚历克斯·奥莱利和丹尼·弗恩里都盯着他、羞辱他："你以为自己是谁？"这句话让大伙儿都笑了，打破了现场的沉寂。

西汉姆青年队的更衣室是一个特别的地方。最美好的回忆就是和小伙伴们互相开玩笑。这里的精神和友情都是值得称赞的。有一天，绰号"丑八怪"（Ugaz）的克雷格·埃瑟林顿一丝不挂地走进一个可以看见内部的金属板条箱里，然后把医疗室里所有的胶布都拿来当作轮子，这样我们就一路滑行到饭堂。到现在我还记得弗恩里那个扭曲的表情。

当然也不全是快乐的记忆。记得在进入青训计划的第一年，西汉姆青年队与卢顿进行了一场比赛。当时我的状态不怎么好。父亲来观看了比赛，之后我们开车去了别的地方。这时候，父亲问我："那个标志杆写了什么？"

"距离这么远，我怎么能看到。"

父亲没有回答，但之后我发现他对母亲说："迈克尔的状态不妙，他甚至看不到车右边的标志杆上面的字，他的眼睛可能有点儿问题。"母亲也没有说什么，因为我曾经对她说过："我很好，我不需要去检查眼睛。"她打电话给我们的队医约翰·格林，直截了当地说："迈克尔的眼睛有点问题。"格林拉着我，对我说："迈克尔，你母亲给我打了电话，把你的情况告诉了我。"

"什么？"之后我立刻给母亲打电话，"母亲，你打电话给队医都说了些什么？"我是一个有自理能力的人，可以照顾好自己。不过俱乐部真的就给我做了眼部检查，结果显示我的视力确实不理想。在接下来的三个月时间里，我的视力变得越来越差，因此我必须要戴上隐形眼镜。记得第一次戴上隐形眼镜之后，我就在想，我的天，现在没有它们，我什么也做不了。虽然我可以不戴隐形眼镜做早餐，但开车就必须要戴着。没戴隐形眼镜之前，我看球场都是一片模糊，所以我只能靠预判来传球。

西汉姆很好地处理了这个问题。"我们会照顾好你的，"托尼·卡尔说，"我们要对你和你的家人负责。"回想起来，在我的球员生涯里有很多人给我提供了帮助，托尼·卡尔的名字绝对是我第一个想到的。2010年世界杯，英格兰的23人大名单当中有7名球员对卡尔心存感激：我、兰帕德、费迪南德、乔·科尔、杰梅因·迪福、格伦·约翰逊，还有约翰·特里，这些人都来自西汉姆。

在成长的过程中，托尼给了我许多建议。当然，他和汉普森也没有百分百的信心可以帮助我成长为一名职业球员，因为在十四五岁的那段时间里，我身体的成长状况并不达标。我很害怕这样的身体状况会让自己的职业生涯尚未开始，就要画上句号。我在训练当中的表现并不好，太虚弱，我的身体状况很糟糕。膝盖的伤病也让我在训练场上表现挣扎。

"距离达成目标，我还差个十万八千里，"我告诉父母。"我不知道这是怎么回事，我就是不能好好踢球。"西汉姆的教练看着我，心里面嘀咕："迈克尔还能不能有进步？"卡尔也不知道我能不能熬过这个阶段，不过他不会让我感受到他的疑虑。卡尔总是支持和鼓励我。我知道他一直决心要把我培养成才，送进一线队。未来，俱乐部也许会卖掉我，但是他一直看重我。

卡尔要让我们保持状态，在青训计划的第一年和第二年，每周一早上，他都会在训练之前带着球员跑步。绕着球场跑五圈被称为"一英里赛跑"（The Mile），这能让我们在周日放假之后重新振作精神。我们一起出发，要尽可能快地跑完。

有些队员喜欢这种训练，丹尼·巴特利是一名高中锋，他跑得很快，很快就超越了所有人。巴特利的身体素质很棒，后来他成了英国皇家空军的教官。这样的跑步训练，我完成得还不错，通常排在前五或前六。卡尔认为这一招很管用，虽然这种训练方式真的很老派，但既能锻炼体能，也能让我们在精神上更奋进。而卡尔也不是一直都那么和善。我们在"三人跑"方面下了很多苦功，这也是他最喜欢的训练项目之一。卡尔安排这样的控球训练，就是不断传球、传球、传球，然后一个人在后面追。这样的训练教会了我们跑位和时机，这是重要的基本功。

我们是进入青训学院时代前的最后一批学员，成立青训学院之后，整个体系都发生了很大变化。在旧的青训体系里，你必须付出才有回报，这让你形成一种价值观，让你对自己的成就有着额外的满足感。卡尔会安排我们做一些劳务工作：清洗球鞋和更衣室，还有整理比赛装备。卡尔确保我们一直态度端正，这对年轻球员来说很重要，让我们能够保持自己的竞技水平。在西汉姆，我真的意识到自己必须努力工作，才能达到新的高度。这是一个重要的理念，但是到了现在，这种想法几乎要消失了，这让我感到悲伤。

我的生活和职业生涯里，很多时候都在体现着尊重的重要性。这不仅是我父母和男孩俱乐部灌输给我的想法，还有卡尔。在西汉姆青年队，如果我在健身房里看到一线队球员走进来，我会把位置让给他，甚至可能直接离开健身房。他们有优先权。我还没有达到他们的水平，我必须努力去赢得这种权利。

俱乐部的氛围就是激励年轻人上进，所以在青年队，我要清洗球鞋。当我到了预备队，有其他人来清洗我的球鞋。我很感激自己必须付出巨大的努力，才能达到顶级的水平。现在的足球已经忘记了很多规则。在青训学院，规则改变了，年轻球员不用做这些工作，不过我们仍然需要这种渐进式的培养模式，而不是拔苗助长。现在的年轻球员过得更轻松，他们不需要应对严峻的环境。我必须很努力才能爬到顶端。我先是为蒂姆·布莱克尔清洗过球鞋，然后是史蒂夫·博特斯，之后是伊恩·皮尔斯，因为他的鞋童做得不好，所以他把这个工作交给了我。我平常也很爱整洁，所以我会用正确的方式把球鞋洗得很干净。为博特斯清洗球鞋会轻松一些，因为他的球鞋只有 6 码，并不大。

皮尔斯有一双破旧的"马王"（Puma Kings）球鞋，很重很大，12 码，感觉就像有一吨重，虽然我要花更多时间来清洗他的球鞋，但我还是把它们洗得干干净净。皮尔斯在圣诞节答应给我小费，然后耍了我。这是丑闻，不是吗？皮尔斯，如果你看到这段，你知道我是不会忘记的！

在洗球和洗球鞋的地方有一个大水槽，我们用的是冷水，我的手指头都被冻僵了。刷子很脏，你必须小心，不能把球鞋里面弄湿，否则永远都弄不干。这是有技巧的。我有点强迫症，实际上还不止一点点。我喜欢拿着球鞋的感觉，"马王"的这款鞋是最好的，很柔软，设计也很经典。14 岁的时候，我曾经哀求父亲给自己买过一双"马王"，尽管这可能会导致父亲的银行账户被清空。小时候，我对球鞋很痴迷，我能告诉你，每一名球员穿的都是哪款球鞋。我喜欢旧款"猎鹰"（Predators），不是初代那个款式，而是下一个版本。我也喜欢希勒和欧文穿的 Umbro Specialis。西汉姆给了我们一双波尼（Pony），然后是斐乐（Fila），所以我对球鞋的认识也变得越来越广泛。

除了清洗球鞋，我们还要做很多日常的琐碎事，比如在一线队训练前后去搬训练设备，这是一项令人厌烦的工作。这些设备冷冰冰的，还很重，不像现在的那么轻。如果有球不见了，卡尔就要求所有的青训球员一起去找。有时候做完所有这些工作之后，我会穿着新的 Reebok Classic 训练服在食堂上打个盹，这时候就会听到卡尔在大喊："快滚出去，有球不见了。"在冬天里，我负责搬球门，结果手一滑，门架子掉下来，把我的新训练服弄脏了。卡尔很严厉，但他教会了我们怎样把自己的分内事做好。如果有人没有做好自己的工作，就会受到严厉的惩罚。

有人想回南伦敦，如果他们错过了火车或者是汽车，就要多花一个小时。这段生活历练教会了我们要有责任心和团队合作精神。现实是残酷的，你必须遵守纪律。

作为 16 岁的青训球员，在厄普顿公园球场的比赛结束后，我要去清理更衣室。主队的更衣室很令人头痛，因为大家都不急着走。我心想快点吧。如果是晚上的比赛，我会错过去巴尔金的最后一班火车，然后第二天早上又必须赶回来参加训练。这样一来一回，真的是一场灾难。但是我没有选择。我知道这是自己的工作。我更想去清理客队更衣室，因为他们会匆忙离开，这样我们就能很快清理完。我也喜欢看到那些超级球星，我和三四名同样正在参加青训计划的年轻人站在球员通道边上。当阿森纳来访时，我盯着托尼·亚当斯和帕特里克·维埃拉。亚当斯的形象很突出，因为他的气场很强大。在一场比赛结束之后，他走出来，在狭窄的球员通道里看着我们，点点头说："还好吗，小伙子们？谢谢啦！"其实他不需要这么做。他能和我们打招呼，真的让人感到喜出望外。在和亚当斯交谈过后,我很兴奋,我以前从来没有被人叫过"小伙子",在那个年代,这样的称呼也是非常老派的。

当切尔西来做客的时候,我看到吉安弗朗哥·佐拉、路德·古利特和詹卢卡·维亚利。我很欣赏他们的气质。切尔西的比赛令人担忧,从厄普顿公园出来,街道上会有点混乱。我有几次走出球场,身边都有人在打架。有时候,我是刚打完青年队在查德维尔希斯的比赛,穿着运动服就走出来,所以我必须得小心谨慎。西汉姆和切尔西之间的对抗很激烈。这种氛围帮助我变得更内敛、更精明。

我最崇拜的球队是曼联,就是从这里开始,我爱上了这家俱乐部。无论什么时候,只要西汉姆对阵曼联,厄普顿公园球场的气氛就会非常火爆。我看着罗伊·基恩、加里·内维尔、大卫·贝克汉姆和瑞恩·吉格斯,看看他们是怎样走出更衣室,听听他们说些什么,或者只是把全部精力都集中在比赛上。

我尝试发掘怎样才能成为像他们这样的顶级球员。当曼联来到这里,他们穿着西装,看上去就像是来谈生意的。第一次见到亚历克斯·弗格森,给我留下深刻的印象。他就像战争中的一名将军那样走出球员通道,对赢下比赛,充满着绝对的信心。我梦想着为他踢球。19岁的时候,为曼联效力对我而言,确实就是一个遥不可及的梦想,因为当时的我还在努力争取进入西汉姆一线队。见到贝克汉姆,就像在做梦,还有加里·内维尔。不过我最终还是和内维尔一起赢得过联赛冠军,梦想是可以成为现实!但是,在西汉姆,我没有时间做白日梦,因为他们会让我们不停工作,不停奔跑,最终把我们打造成为职业球员。和在学校或者在男孩俱乐部时每周训练一两次不同,在西汉姆,有好几周的时间,每天都会训练到很晚,甚至是一天两练,一开始确实很难适应。在头两三个月,我觉得很难,不过一旦身体适应了这种强度,一切就会变得习以为常。那是一段可怕的日子,一整天都是残酷的训练,不过正是有了这段日子,我才能成为一名职业球员。通常我们都会做双倍的训练，在回家的巴士上，我差点就睡着了。但是我必须得坚持下去，无论多累，我都要去看一线队或预备队的比赛。

西汉姆的竞争环境对于年轻球员心理素质的考验也同样严峻。有时候，刚打完一场预备队比赛，我坐在更衣室会想：这是我的机会，但是我踢得不好，我的下一个机会在哪里？我有这样的实力吗？压力是无止境的。回想起来，我很感激所有的煎熬，这为我的职业生涯打下完美的基础。

每当回想起青年队的日子，都会给我带来甜蜜的感觉，这是我生命中最美妙的时光，我记得所有的伙伴和我们的恶作剧，这些都将永存在我的心中。我记得弗恩里喜欢穿每个人的裆，他把球穿过某人的双腿之间，然后说："哎呀！对不起！"有一场比赛，弗恩里穿了某人的裆，然后像往常那样嬉皮笑脸地说："哎呀！对不起！"他绕到另一边，看了一下替补席，然后和大家一起大笑了起来。

卡尔生气了，直接把他换下。彼得·布拉布鲁克是托尼在青年队的助手。他很有个性，大伙都喜欢他。他很喜欢跟我们玩抢球游戏，有机会就找准目标穿裆。他很喜欢用押韵的俚语，像是公布球员大名单的时候，他会说"迈克尔是香肠卷"(Michael is in the sausage roll)，意思是我今天踢 10 号位。大伙平常都叫我"Spuggy"，意思是来自拜克·格鲁夫（Byker Grove，英国著名的电视剧）的乔德人（纽卡斯尔人的另一种称呼）。布拉布鲁克不知道其中的典故，所以他一直叫我"Boogie"。布拉布鲁克，他是一位传奇。

我们青年队的更衣室里总是不乏谈资，离开球场之后，大伙儿一直喋喋不休。他们无所不谈，自己的社会履历、女孩子、遇到的一些麻烦事。在我眼里，这就像是一个未知的世界。一些二年级生还有自己的汽车。汽车！天啊，我甚至连自行车都还没有。我们都是坐巴士。看着他们跳进自己的标致306s，这只会激励我继续咬牙前进。

有时候，他们会为某些事情而激烈争吵。碰到这种场面，我选择逃避。有些人依然会受到歧视，他们因为自己的行头、长相、大鼻子、下巴、肤色或是出生背景而遭到羞辱。有些人会说出一些过火的言论，弗恩里被激怒了："这些你都没有，不是吗？"其他人会回嘴，然后转变成大吵大闹，弗恩里又来煽风点火："你不能放过他，他刚才说的可是你的母亲。"争吵继续，愈演愈烈。有时候你还没有了解实情，就是纯粹地斗嘴，场面一下子就失控了。

每年在健身房里，我们都会来一次搏斗比赛，一年级生对二年级生。那一次，跟我对上的是史蒂芬·珀切斯，他来自伊尔福德，现在是伯恩茅斯的教练。我不擅长打架，珀切斯也一样，但是当时的环境迫使我们必须要通过这样的考验。我们假装在抱摔，身边的人很吵，其实我们并没有真正去伤害对方。这样的打斗更像是一场仪式，不会有人受伤，只会把你累得筋疲力尽，手脚酸软。二年级生尝试通过这样的方式去宣示自己的威严。

西汉姆青年队里都是一堆硬骨头。我不软弱，但也不是一个外向的人。这里没有人会坐着，像只耗子，沉默寡言，所以我不得不克服自己内敛的一面。如果你无法融入这里的环境，那么你也就无法生存下来。我一开始在想："这很难，我只能回家。"我没有把这些想法告诉过西汉姆的任何一个人，我只能把这一切向丽莎倾诉。我没有手机，所以我们一直在写信，我要告诉她，这里的一切有多么艰难。她的回信给我带来一点鼓舞。丽莎总是能给我所需要的东西，不管我是需要一个人独处，还是需要从别人那里得到一点鼓励，她总能感应到我的需求。有一次，我的情绪低落，我写信给父母："我想回家，我感到厌倦了。"那只是当天的一点小情绪，我是不会放弃的，我继承了母亲钢铁般的决心和意志。

我知道成为职业球员会让自己过上富足的生活，不过在这条道路上，你需要做出巨大的牺牲。远离家乡会让你在情感上备受煎熬,不过正是这样的经历造就了现在的我。六个月后回到家,再次和老同学在一起,我意识到自己成长了很多。西汉姆令我成长为一个男人。当我被扔进了现实世界当中,而我那些在纽卡斯尔的朋友却还沉浸在家庭的怀抱里,继续着自己的学业,过着无忧无虑的校园生活。

老雷德克纳普总会用他那一套独特的方式与我的父母进行交谈。他很精明、热情而友善,他能记住所有青年队球员的名字。在我十三四岁的时候,当一线队打完比赛之后,老雷德克纳普会说:"把他们带来。"

俱乐部的工作人员带着我们这群孩子走进一线队的更衣室。"来看看这些孩子。"虽然没有正式的介绍,但是我们能够在这里找到受欢迎的感觉。这就是西汉姆,这里的年轻球员和一线队有着密切的联系。你能真正享受这里的生活,同时在这里获取到自豪感和满意的成长环境。老雷德克纳普和所有教练员会欣喜地看着一名又一名的年轻球员拔尖并进入一线队。我知道,只要自己足够优秀,就能在西汉姆这里获得机会。

1998年1月3日,我永远也不会忘记这一天。我与老雷德克纳普以及西汉姆达成协议,签下自己的第一份职业球员合同。7月28日,17岁生日的那一天,我和俱乐部签约三年。我一直保留着这份合同,文字已经有些褪色,但你依然可以看清楚数字。从1998/1999赛季开始,我的基本工资是周薪400英镑,到了1999/2000赛季,周薪增加到500英镑,再到2000/2001赛季,周薪是600英镑。西汉姆还同意,每一次代表一线队首发登场,就奖励我700英镑,即使是替补上阵,也有350英镑。我的处子秀就赚了2500英镑,后来在一线队完成10次首发之后,我又得到了10000英镑。我的合同条款还会根据西汉姆在英超的排名提供奖金。如果我们的排名在第16位到第20位之间,每场胜利就能让我得到325英镑;如果是第11位到第15位之间,赢球奖金就是500英镑;如果排名是第6位到第10位之间,赢球奖金是650英镑;如果排名是第2

位到第 5 位之间，赢球奖金是 800 英镑。如果我们能登上榜首位置，那么赢球奖金就是 950 英镑。在英冠，赢球奖金最多只有 300 英镑，如果我们的排名低于第 13 位，那就意味着没有赢球奖金了。青年足总杯的成绩也能给我带来收入：第一轮赛事是 10 英镑，之后每晋级一轮赛事分别是 15 英镑、20 英镑、30 英镑、40 英镑，半决赛两回合都有 50 英镑，决赛是 100 英镑。但是金钱从来都不是我踢球的动力，一直都不是。有机会取得进步对我来说更重要。现在，我知道机会来了。

如果上午 11 点有青年队比赛，老雷德克纳普会过来看一个小时，然后再去厄普顿公园。俱乐部的各个梯队总是紧密地联系在一起，我们只有三个球场，分别提供给一线队、预备队和青年队使用。

1997 年的某一天，我在青年队的球场上训练，老雷德克纳普走过来大喊："托尼，我需要一名中场球员，给我叫一个过来？"

"迈克尔，你可以去。"

就是这样，机会终于来了，这正是我渴望的机会，我可以与一线队一起训练。我那天的表现应该是不错的，因为我后来听说艾亚尔·贝尔科维奇走过去问卡尔我是谁。卡尔对贝尔科维奇说，迟早有一天我会取代他在西汉姆的位置。这样的评价让我整个人感到飘飘然，因为贝尔科维奇本就是一名不可思议的球员。他能够注意到我，这让我确信自己有能力在西汉姆站稳脚跟。在贝尔科维奇加盟凯尔特人之前，我总会近距离观察他的训练和比赛，尽可能从他身上学到更多的东西。虽然我和比他更优秀的球员一起踢过球，但是贝尔科维奇总是能找到好的时机送出一个漂亮的直传球。他乐此不疲，在狭小的空间里完成传球，这应该是我在此之前见过的最精彩的直传球。

由于我的生日是在下半年，我要满 17 岁才能拿到自己的职业球员薪水。因此在那一年的头六个月，我还只是拿着周薪 42.5 英镑的学徒薪水，我感觉这是人生中最漫长的六个月。我不乱花钱，只买一些衣服，还有克雷格·大卫和亚瑟小子的音乐光碟。在弗莱彻夫妇的寄宿家庭里，我和安东尼·哈德森共用一个房间，他是曾效力过切尔西、斯托克城和阿森纳的明星中场阿兰·哈德森的儿子。我永远不会忘记1997年12月16日的那个凌晨，我们的房东走进房间里说出那个坏消息的那一幕。阿兰被汽车撞伤，陷入长期昏迷。这对安东尼来说，实在是沉重的打击，因此现在看到他成为一名成功的主教练，我真的很钦佩他，他差点带领新西兰晋级世界杯决赛圈。

在弗莱彻夫妇的家待了一年之后，我和理查德·加西亚都意识到，我们要找一个属于自己的地方。当时，我们都脑子一热，觉得自己已经是男人了，但这个想法显然有点幼稚，因为我们想要的只是一点独立的空间。在查德维尔希斯，我们找到一间公寓。不过吉米·汉普森知道这个消息之后，他显得很生气。他知道怎样做对我们来说才是最好的，我们这样的行为显然是不妥当的。

老兰帕德也和我们谈过此事，表达了俱乐部的立场。汉普森对此事也很上心，他代表俱乐部在金士顿路买了一幢房子，安排鲍勃和瓦尔·雷森这对夫妇照看我们这群孩子。这幢房子的顶楼有两个卧室、一个厨房还有一个浴室，我们感觉有了属于自己的一个小公寓——这就是我和加西亚迈向独立的第一步！真是太完美了。瓦尔总会把冰箱填满。除了我们以外，还有两个澳大利亚人住在这里，他们是米克·费兰特和史蒂夫·劳里，住在楼下的是伊奇·伊莱克潘。

1999年1月，西汉姆做客老特拉福德球场，伊莱克潘本来有机会成为出战英超比赛的最年轻球员。那是比赛的最后1分钟，我们1比4落后，老雷德克纳普准备把伊莱克潘派上场，他对这名16岁的小将相当看好。然而伊莱克潘还没有做好准备，他的护腿板没有戴上，衣服也还没穿好，甚至连鞋带都没有系上。当他准备好走上球场时，主裁判却吹响了终场哨声。这是一次残酷的经历，之后，他在西汉姆就再也没有得到过上场机会。即使是现在，还会出现主教练让球员准备上场，但是球员却没有做好准备的情况，甚至包括一些老球员也会出现这种错误，鞋带没有系好，或者护腿板没有戴上。我曾无数次听到有一些球员在大喊："我的护腿板去哪了？谁拿了我的球衣？"这样的话真的是让我觉得难以置信。有时候，他们的球衣甚至落在了更衣室里。伊莱克潘的遭遇让我发誓，自己永远都不能出现这种状况。无论能否上场，我都会做好准备，除了护腿板会在上场前才戴上，这样能在比赛前给腿部多点空间。对于伊莱克潘来说，这是不幸的，他就这样错过了属于自己的机会。

一年后，西汉姆又买下隔壁的房子，还用了一个游戏室把两个房子连起来。肖恩·拜尔尼和亚当·牛顿搬了进来，很快这里就住了10个人，这些人都是我从13岁开始就认识的，大家就像是活在美梦中。我们就是一个不可分割的集体。

即使现在，当年在西汉姆的这些人还是我的朋友。加西亚、费兰特和拜尔尼，他们和我依然保持着紧密的联系。加西亚和费兰特在澳大利亚生活，拜尔尼在斯劳做修理工，不过我们的关系依然很亲密。我们所有人都觉得在西汉姆的那段时光真的是很特别。

有一次圣诞节，大家都回家去陪家人，只有我没走，因为我要去一线队训练。父母和格雷姆都过来了，母亲给我们四个做了圣诞大餐，我们一起在四楼的卧室里度过了圣诞节。我和加西亚一起，在那里住了两年，我很喜欢那里。他也获得了一份不错的球员合同，但是我们不会乱花钱。我买了一辆汽车，一辆小的银色1.4升的福特嘉年华（Fiesta），它有木质仪表板和车门饰板，这花了我7000英镑，买辆二手车很明智。我很想开车，我的驾照考试也很顺利。虽然在考试的时候，我充满信心，但我还是犯了一两个错误，原本这会让我无法通过考试。当我正准备进行停车操作的时候，教官开始谈论起西汉姆的上一场比赛，我心想："别说了，伙计。别让我分心，我正在考驾照，我的手心都出汗了。"这位教官解释说，他曾经在厄普顿公园当过服务员。真的是一个幸运日！我很快就通过了考试。我甚至觉得，不管怎样，我都会通过这次考试。因为我只需要一点时间和这位教官面对面去谈一些关于西汉姆的事！

我很快就觉得嘉年华的空间太小了，我决定把它送给父亲。

"不，不，不，我不能拿它，孩子，我有一辆车了。"

"父亲，拿去吧。你可以卖了这两辆车，然后再买一辆更好的车。这辆车还能用，就是要做一下保养，然后卖掉它或者随你想怎样处置都行。"

"噢，好吧，谢谢你，儿子。"父亲把车拿去做保养，这花了他400英镑。轮胎有点被压花，需要新的制动盘和刹车片，父亲觉得很破费，不过他是在两年之后才告诉我这些事情。

"你有没有意识到自己的开车习惯不太好？"后来父亲终于忍不住要告诉我。"这辆车甚至不适合再开出去了，轮胎都走偏了。"父亲知道如果不提醒我一下，他会更担心。

"对不起，父亲。"我觉得自己让他感到失望了。这件事就像是一个警钟。在那之后，我的开车习惯变得更沉稳。我开车很快，但也很稳。现在的我不是一个到处开快车的人，那都是只有在年轻时会做的陈年往事了。

在嘉年华之后，我买了一辆蓝色的宝马3系轿跑车，花了20000英镑，很不错的性价比。我不是那种讨价还价的人。"这就是你的出价？"我说，如果我喜欢，我就会买。在那之后，我有一辆X5s。我买过三辆不同版本的X5s。还在西汉姆的时候，我买了一辆两座的梅赛德斯SL 55 AMG，漂亮的硬顶设计，但是车子出了一些问题。我还买了一辆道奇蝰蛇（Dodge Viper），方向盘在左边的——真的很荒谬。戴姆勒·克莱斯勒的销售部在米镇，他们把车开过来。大伙都在围观，加西亚、费兰特和拜尔尼，还有史蒂夫·劳里，他们都很喜欢蝰蛇。"你必须把它买下来。"他们一直在怂恿我。"确实很漂亮，与众不同，我要买下它。"

这花了我 45000 英镑，我也不知道自己为什么这么做。这辆车看上去就像一头野兽，中间有两条橙色的条纹。有一天，我们在罗姆福德，加西亚的家里，然后我们要去我在赛登博伊斯的家，我只开了一辆两座的蝰蛇，但我这里有三个人，我、加西亚和拜尔尼。我们做出了一个愚蠢的决定，我们把备用轮胎拿了出来，让拜尔尼坐进去。回家的路程要花 20 分钟。汽车的声音变得不正常，拜尔尼一直在大喊"停车"，我和加西亚的眼泪都笑出来了。下车后，他几乎都不会走路了。

现在，我看着俱乐部里那些小孩子开的车，我想："你开的是什么车？"如果是在西汉姆，那些老队员肯定会想："他觉得他自己是谁？"那时候，我才只有 20 岁。有一天，我把蝰蛇开进训练基地，把它停在卡尔的汽车旁边。他惊讶地看着我，仿佛在问："这里发生了什么事？"卡尔没有多说什么，但是我能清楚地看到他流露出失望的表情。我意识到自己不该买这辆蝰蛇。后来我几乎没有再碰它，最终以 30000 英镑的价格把它卖掉了。现在回想起这件事，我觉得自己真的是个白痴！

我的最大支出就是要获得属于自己的私人空间。虽然在雷森夫妇那里住得很舒服，但这种公寓式的生活只会让我更想得到一幢属于自己的房子。19 岁那一年，我花了 280000 英镑买了一幢房子，就在布鲁奈尔，跟乔·科尔住在同一条街。加西亚也搬了进来，付我租金，这里很适合我们。我把这视为一种投资行为。父母总是会审慎理财，我也受了他们的影响。

丽莎那时候还在读书，后来在纽卡斯尔读大学，只要有时间，她就会来南方。加西亚的女友贾内尔，现在已经是他的太太，也从珀斯飞过来。一开始，我们忘了把贾内尔介绍给丽莎认识。有一天，加西亚和我出去训练了，丽莎一个人在家里，然后有人敲门，那是贾内尔。丽莎不认识她，开门后看到一个女人站在那里。

贾内尔说："你好！你是谁？"

"我是丽莎,你又是谁?"

"贾内尔。"

丽莎接着问:"有什么事情吗?"有那么 5 秒钟,她们盯着对方就像彼此是竞争对手。贾内尔接着说:"我从澳大利亚过来探望理查德的。"

"我是和迈克尔一起的。"丽莎回答:"好的!没事了!进来吧!"从那个时候开始,丽莎和贾内尔就成了一对好闺密。

我第一次见到丽莎是在沃尔森德的教堂里,当时我的父母和她的父母都去参加除夕派对。我很安静、很腼腆,也没有和她说太多话。她和我很不一样,她很自信,很外向。我就这样直直地看着她,金色的卷发,我从来没有想过自己有追求她的机会。

丽莎是我的队友布拉德利和卢瑟福的朋友,他们都比我外向。我们一起骑单车去沃尔森德公园,打网球或者绕着惠特利湾骑车,然后搭乘巴士回去。

丽莎的兄弟格伦现在是一名歌手,但他也会踢足球,和格雷姆一起在男孩足球俱乐部里踢过球。我们的父母就是在那里认识的。我的学校演出一场名为《窈窕淑女》的戏剧,我的小伙伴克里斯·胡德担任主角,我们有人去看了,布拉德利、卢瑟福、我、丽莎和她的几个朋友。我想跟她约会,但找不到合适的时机。第二天早上,我在上学之前给她打了个电话,她问:"你为什么打电话给我,现在可是七点五十分?"我对她说:"大家说我本该在昨晚就约你出去,但我没有做到,所以我觉得最好在上学前打电话给你。"她告诉我:"好吧,今晚我要去跳舞,明天要打英式篮球,周四我给你打电话。"她真的给我打了电话,她说,几个星期之后,就要初中毕业考试了,所以现在没有时间交男朋友。我们是好朋友,我觉得她只是不想伤我的心。

但之后,我们开始不停打电话,就是闲聊。几个星期之后,当她考完试,她改变了想法。那是在 5 月,然后到了 7 月,我不得不出发前往西汉姆，时间过得飞快。我经常对她说："成功的道路还很漫长，但我已经等不及了，我要飞去看你。"那时候，我的周薪只有 42.5 英镑，我把钱存起来，坐廉价航班飞去看她。我每周给她打一次电话，我们还会写信，给彼此写一些情诗。所有这些，我都会做，丽莎就是我的全部。当我回到家，我们就会在她的家里或者是我的家里聚会。

丽莎继续着自己的学业，获得了工商管理的学位。在我们定居南方之前，她在罗姆福德从事与会计相关的工作。她热爱跳舞和表演、演出过一些默剧，她把这些教给了我们的孩子。为了让腹股沟伤病更好康复，我开始练普拉提，丽莎也很喜欢普拉提，还报了学习课程。在我效力西汉姆和热刺的那段时间里，无论男女老少，她都会上门教身边的人练习普拉提。她知道，即使我转会到其他俱乐部，她也可以靠这门手艺谋生。为了和我生活在一起，丽莎做了巨大的牺牲。她不得不离开自己的家人，放弃了她原有的事业。

在西汉姆，加西亚、我和其他队友的关系一直很好。每当进行的青年足总杯赛事的夜晚，我们都会在中午 11 点聚集到罗姆福德的一家面包店，每人各买一份香肠鸡蛋三明治和培根鸡蛋三明治，回到球队后狼吞虎咽地开吃，然后小憩一会，之后就到厄普顿公园准备比赛。但说实话，那些略显油腻的三明治其实并不健康。但在那个阶段，我们从未考虑过饮食或营养的问题。我们没有获得过这方面的教育，不过近年来，这方面的改变还是非常明显的。

到了夜晚，我们在罗姆福德的社交活动非常频繁。有些人在周三，甚至周四晚上还会外出，但是我只专注于周六将进行的比赛。即使是在年轻的时候，我就意识到了赛前准备的重要性。当然，我也需要放松一下，减缓每周的压力。一开始，我们去一家叫作"狂吠之犬"（Barking Dog）的酒吧喝上几杯；然后是"高尔夫人"（The Golfer），那是在贝克顿的一家可以喝酒的卡拉 OK，就在老滑雪道的旁边。最初，我们唱一些普通的歌,那里可是西汉姆球迷的集聚地,所以通常最后都会和球迷们来一首大合唱。接下来,我们前往伊尔福德的一家叫作"第5大道"的酒吧。这就是我在周六晚的娱乐。

但是,我来南方是为了踢球的。在登上顶峰的这条道路上,我迈出的第一步就是青年足总杯。对于西汉姆的每一名年轻球员而言,这项杯赛都充满着致命的诱惑力。

记得在1996年,西汉姆杀进了青年足总杯的决赛,对手是利物浦——弗兰克·兰帕德和里奥·费迪南德对上边克尔·欧文、杰米·卡拉格和大卫·汤普森。所有人都在谈论这场比赛。西汉姆在厄普顿公园输了一个0比2,但是在安菲尔德球场,我们还有次回合的较量,老雷德克纳普安排我随队出征,让我多吸取一些经验。西汉姆最终以1比2的比分落败,这个结果让所有人感到很失望。青年足总杯的影响很深远。1999年3月的青年足总杯第五轮赛事,我在对阵约克郡的比赛里罚丢了一粒点球,老兰帕德在赛后几乎要揍我一顿了,但最终我们还是晋级,杀入决赛,对手是考文垂。首回合赛事,我们在客场3比0完胜对手,当时所有人都赞美我们是一支优秀的队伍。一线队的球员也在打听次回合比赛的事情,并祝我们好运。老雷德克纳普和俱乐部里的每一个人都在给我们加油打气。次回合赛事热身的时候,我看着四周,居然来了这么多的球迷,这让我不敢相信。厄普顿公园只开放了三个看台,俱乐部还以为三个看台已经足够容纳到场观战的球迷了。由于很多球迷被拦在球场外,所以比赛的开场时间被推迟了。最后俱乐部不得不临时开放东看台,可他们没有把十字转门也一起打开,所以球迷们只能穿过球场走上看台。比赛开始之后,还有不少球迷陆陆续续走上看台。现场的组织一片混乱。当时的气氛我至今还记得,所有人都在放声歌唱,感觉这就是一场重要的足总杯比赛。

我们非常团结,斗志高昂。我经常回想起那支球队,因为队内除了乔·科尔之外，还有很多优秀的球员。门将是史蒂夫·拜沃特，在我的球员生涯里，我从未见过如此自信的球员。拜沃特流露出实实在在的自信，而不是自负的感觉，在提拔到一线队之后，他对着一线队的球员说："你们都过不了我这一关。"在当时的那个年纪，他就是一名出色的门将。西汉姆从罗奇代尔签下了拜沃特，他当时很优秀，可惜的是，严重的手腕伤病影响了他的表现。舟状骨（拇指下面的一块骨头）的多次伤病严重打击了拜沃特的信心。拜沃特很有趣。防守角球的时候，他对我们说："别担心，伙计们。我像火车那样冲出去，稳稳摘下球。"当球飞过来的时候，他会大喊大叫，然后把球接住。

我们踢的是漂亮足球，托尼·卡尔总是鼓励我们从后场发动进攻。我们打的是三中卫阵形，特雷尔·福布斯、斯特文兰德·安格斯和伊莱克潘都很强壮，专注于防守，还愿意把球传给队友。安格斯只有15岁，我记得西汉姆的人把他称作"下一个里奥"。真的，他的速度很快，很强壮，左右脚的技术都很娴熟。即便如此，他在西汉姆的一线队里还是没有捞到过任何上场的机会，之后他去到剑桥联，度过了几年的美好时光。

我们在两个边路有很强的实力，也有速度。牛顿接管了整条右路，能上能下，相当于一名翼卫。拜尔尼是左翼卫，不过他在决赛前受伤了，萨姆·泰勒顶替了他的位置，有着不错的表现。我知道他如今还在西汉姆，为俱乐部的基金会工作。现在回想起来，感觉这场比赛就像是在昨天刚打完一样，我的心情依然很激动，他们不仅是我的队友，更是真正的伙伴。我们享受着比赛带来的快乐，为自己的未来全力打拼，所有人不分彼此。费兰特是一名擅长控球的中场球员，左右脚的技术都很好。我们还有优秀的乔·科尔。加西亚顶在锋线上。贝尔蒂·布雷利是一名灵活的左脚球员，很有才华，可惜他没有获得太多的机会，只能效力一些业余联赛球队，像是海布里奇雨燕和杜金流浪者。

我们几乎就是在球场上乱冲乱撞，享受着比赛带来的快乐。有一次，我的凌空射门打在横梁上，转过身，我和费兰特都忍不住大笑。真的，我的这脚凌空射门，踢得比我之后进球的那一脚射门更好。进球的那脚射门是一次左脚射门，来自加西亚的助攻。那个晚上的一切都进展得很顺利。无论是作为生活上的伙伴，还是作为球场上彼此的队友，我们总是团结一心。即使到了今天，那场 6 比 0 的大胜依然是我足球生涯里的最佳时刻之一。第二天，有人给我看了《泰晤士报》的相关报道，上面写着"卡里克和科尔都是自巴斯比宝贝和弗格森的 92 班之后，英格兰足坛上最具天赋的青年队之一"。这样的评价真的让我受宠若惊，不过我们确实配得上这样的赞誉。这是青年足总杯，虽然不是欧冠，但我们感觉，这就是最好的冠军奖杯。一周后，我们还赢得了 U19 联赛冠军。西汉姆的那一拨球员就是你能看到的最优秀的年轻团队之一，我们一直有着很好的团队氛围。

结束次回合赛事后，第二天我们就回到训练基地，在球场上慢跑热身。伊恩·赖特在练习射门，他的性格总是很活跃的。当我们跑向球门的时候，他就开始歌唱并大喊，称赞我们有很好的表现。看到他有这种反应，让我们觉得不可思议，这也证明他对我们有多赞赏。

西汉姆就是这样的俱乐部，人与人之间充满着纯粹的温情和欢乐。赖特的这种反应让我们感到特别高兴，给我们带来了更强的动力和信心。我们跑远之后，我看到他继续练习射门，他是一名多么棒的射手！在我的成长过程当中，他就是我的足球英雄，我被他在球场上展现的个性所吸引，他能为球迷带来欢乐和激情，特别是他的进球庆祝动作。格雷姆和我经常模仿他的进球庆祝动作。我喜欢赖特，他为我们感到高兴，这种感觉非常特别。这样的反应也足以证明我们所取得的成就。两个月后，我不再是站在一边观察赖特训练的年轻球员，而是能和他一起训练的一线队球员。

第五章　西汉姆的方式

我没有想到，在距离新赛季开始还有不到一个月的时间，我却站在克罗地亚的一座森林里，面前站着一名当地的军阀，手里拿着一支半自动手枪。

老雷德克纳普开始逐渐增加我在一线队的出场时间，其中有一场联盟杯比赛，我们要做客奥西耶克。巴尔干半岛的战争刚结束不久，奥西耶克就像是一座死城。这让我和从青年队里提拔到一线队的其他年轻球员大开眼界。我们只能留在市中心的酒店里，无处可去，如果我们关了灯，那么整座城市就会陷入黑暗。酒店墙壁上的弹孔让我们看到了战争的伤痕。我们每个人都被安排住进一个小单间，不过安格斯和福布斯要住在一起，他们不想独自一人待在这个令人毛骨悚然的地方。一个老太太整晚都沿着走廊走来走去，她一会儿消失，几分钟后又回来了。这吓坏了我们所有人。

比赛日的当天早上，伊戈尔·斯蒂马奇想带我们去四周转转，因为他来自克罗地亚。我和特雷沃·辛克莱尔、克雷格·福利斯特、保罗·基特森、沙卡·希斯洛普、史蒂夫·洛马斯和蒙库尔就跟着斯蒂马奇，他找了一位熟人载着我们四处逛，感觉就像穿越战区。我们下车的地方应该是一条主干道，到处都能看到弹孔，路面都是坑坑洼洼的，还有半塌的房子。我们身处的地方与塞尔维亚接壤，那正是战区的中心地带。

在回酒店的路上，开在前面的那辆车忽然停了下来，我们的车也跟着停了下来。司机停好车，带我们来到车尾，当他打开后备厢的时候，我惊呆了，里面装满了枪。我尴尬地笑了笑，其实心里害怕极了，但也有些兴奋。事实上，我们这个车队的其中一位司机就是当地很有势力的军阀。这位将军和他的部下把一些瓶子放到50米开外的墙上，然后开始练习射击。他们用的都是轻型自动步枪，装备精良。结束射击练习之后，这位军阀关上后备厢，然后把我们送回酒店，当我们下车的时候，他显得若无其事，就像刚刚陪我们在早上出去散步一样。毕竟这是比赛日，想象一下！在欧战比赛日的当天早上目睹真枪射击是什么感觉！

关于这次的奥西耶克之旅，我还有另一段非常悲伤的记忆。马克-维维安·福在对阵奥西耶克的比赛中进球了，虽然我不是很了解他，但是我知道他是一个性格很好的人，脸上总是挂着笑容。他的身体很强壮，因此在2003年听到他因突发心脏病而去世的消息时，我简直不敢相信。像他这么特别的人，身体素质这么好，既强壮，又敏捷，突然之间就倒下了，令人无法想象。这真的是一个悲剧。

西汉姆通过赢得国际托托杯的冠军，从而获得联盟杯的参赛资格，俱乐部给我们所有人都发了奖金。当我去查银行账户时，我眼前一亮，发现多了20000英镑！18岁的我从未见过这么多钱！即使是一线队的球员也感到很兴奋。太棒了，但是金钱不能满足我，我需要更多的上场时间。我觉得现在的年轻球员都无法在这方面保持很好的心态。我只执着于上场比赛，我知道经济上的回报会随之而来，我去西汉姆的原因之一，是我知道老雷德克纳普信任年轻球员。他提拔了兰帕德，然后是费迪南德、乔·科尔，几个月后，我也进入了一线队。就是这四名21岁以下的年轻球员，成为西汉姆日后的支柱。没有太多的主教练敢这么做，他是在用自己的主教练职位进行赌博。

第五章　西汉姆的方式

1999 年 8 月，老雷德克纳普给了我处子登场的机会，那是对阵布拉德福德的比赛，我替换费迪南德上场。"上吧，孩子。"他说，"上去好好踢。"老雷德克纳普的理念就是："展示自己，从错误中吸取教训。要勇敢，不断地要球。"不管我们承受着多么巨大的压力，他始终要求我们"要积极去拿球"。我欠老雷德克纳普太多，他对我的教导，还有对我的信任，在我身上的冒险。即使我丢掉球权，只要我采取正确的方式或是在做转身摆脱防守球员的动作，那么他就从来不会责骂我。

　　西汉姆的比赛方式是鼓励球员敢于展现出自己的天赋和才华、敢于冒险。在对阵布拉德福德的比赛中替补出场后不久，我们在前场右路，替补席前面的位置上获得一个界外球。球落在我的脚下，我转身后来了一记挑传，把球交给迪卡尼奥。"噢，多漂亮的一个球啊，很棒。"我听到老雷德克纳普在一旁大喊。我不知道他是真的喜欢这个传球，还是为了鼓励我。但这不重要。我非常尊重他，而他也信任我，这足以意味着一切。

　　英超赛场上的竞争非常激烈。我太瘦弱了，站在我面前的是尼尔·雷德费恩和斯图尔特·麦考尔这样的强力中场球员。部分布拉德福德的球员试图用言语来震慑我，或者故意踢我，这就是当时的比赛环境。幸好身边的队友都会保护我。在一次我被铲倒之后，洛马斯走过来对我说："不用担心，他甚至不配帮你系鞋带。你比他强多了。"洛马斯当时完全可以这样想："他只是个小孩，我可以让他独自一人去解决战斗。"但是他没有这么做。我永远也不会忘记，西汉姆阵中像他这样的老球员在球场上是如何保护我的。

　　蒙库尔是另外一名经常给予我鼓励的老球员。我喜欢蒙库尔，他是我见过的双脚技术最好的球员之一。到现在，我也不知道哪只脚是他的惯用脚。蒙库尔知道我日后会取代他在中场的位置，但是他依然待我就像自己的儿子般亲切，他是我的引路人，没有把我当成一个竞争对手。

　　"当我在热刺效力的时候，曾经有人对我说：'看，既然你拥有这样的能力，那么你就要把球控制在自己的脚下。'"蒙库尔对我说："你也得这么做，迈克尔。无论是比赛，还是训练，你要看自己能有多少次触球机会。从现在开始，你要更多地拿球。"他是对的，我应该让比赛进入到自己喜欢的节奏当中，我接受了蒙库尔的建议。"敢于拿球"成了我的比赛座右铭。在球场上，蒙库尔给我的帮助更多，他甚至主动把球传给我。他本来有能力在球场上去阻挠我，或者不把球传给我。如果一支球队里面，老球员不想被年轻球员取代，不想让年轻球员出头，那么对于年轻球员而言，他们的足球道路肯定会变得更困难，但蒙库尔显然不是这种人。我永远不会忘记蒙库尔的那次驾车经历。进入俱乐部的头两年，季前备战的时候，我们经常和一线队一起去艾诺森林，进行跑步训练。经过一个休赛期之后，大伙回到俱乐部，身材肯定有些走样。我们通常排成一队，青年队的球员和一线队的球员混在一起。回来的路上有一个环岛，那里以前是一家保龄球馆。当蒙库尔的车开过来的时候，所有人都往左边开，尽量避开他。蒙库尔的车子直接穿过环岛中间的花花草草，飞到环岛的另一边，把那里弄得一团糟，他自己也在傻笑。在西汉姆，你总会有各式各样的神奇经历。

1999年底的某一天，老雷德克纳普把我叫到他的办公室。"我觉得外租到别的球队，对你来说是一个不错的选择。离开这里，去踢更多的比赛。租借期是六周。"他对手下的几名球员都做了同样的安排：兰帕德去了斯旺西，费迪南德则去了伯恩茅斯。"回去收拾一下，然后出发前往斯文登吧。"老雷德克纳普说，"吉米·奎因会照顾你的。"老雷德克纳普在伯恩茅斯曾带过奎因，他相信奎因会给我上场时间，帮助我取得进步，更重要的是进一步打磨我。人们很容易会忽略职业球员的这一面，当被外借到别的球队，球员渴望证明自己。这就是我，我的个性，对获得成功充满渴望。在现实的足球世界里，我现在只能靠自己，无处可逃。我必须接受老雷德克纳普给我的这次挑战。我坐上自己的小嘉年华，开车回到家，把我的球鞋、护腿板和我日常用品扔进两个袋子里，然后出发前往西部。我没有问任何问题,因为我很清楚哈里的想法。

在克里克莱德的旅馆里,我见到了奎因。这是一个漂亮的科茨沃尔德小镇,和巴尔金有很大的区别。奎因当时和他的助手阿兰·麦克唐纳一起——现在,麦克唐纳已经去世了——他们两人和自己的妻子正在旅馆的酒吧里喝酒。

"你好吗,迈克尔?"奎因问,"你的房间在楼上,要喝点酒吗?"

"我只要一罐可乐就行了,谢谢。"

"不喝啤酒吗?"

"可乐就行了,谢谢。"在新教练的面前,我要展示出更专业的一面。我不喜欢啤酒的味道。如果我在晚上出去应酬的话,我会喝一杯加冰的皇冠伏特加,但也仅限于应酬。

显然,我给奎因留下了不错的第一印象,因为之前有一名我认识的西汉姆青年队球员,也是来到斯文登,他很有天赋,但是私生活却很不检点,还爱喝酒。他告诉我,奎因把他推进自己的办公室。"我和迈克尔说的第一句话是:'你要喝点酒吗?'你知道他是怎么回答的?'不,我只要一杯可乐。'瞧瞧他的态度,他来到这里,就是努力工作。你要向他学习,才能做到最好。"每得到一次机会,我都展现出最专业的态度,斯文登给了我很大的帮助。这段外借的经历教会了我,比赛不仅是身体的对抗,还是对球技的检验。我的比赛态度太友善,动作太干净,我需要在球场上获得更多的磨炼。

走进斯文登的主场——乡村球场(County Ground),这让我大开眼界,我在这里体验到不同的足球文化。无论在球场内,还是在球场外,这支球队都在拼命地挣扎求存。斯文登在英甲赛场上表现不佳,俱乐部的财政也出现危机。球队没有自己的训练场,所以我们只能在乡村球场集合,在自己的车上换衣服,然后开车到路边的一块场地上进行训练。所有球员都要把球衣带回家里清洗,这是我从未见过的景象。我是租借到这里的球员，装备管理员同情我，会帮忙清洗我的球衣，不过这里的条件和西汉姆比起来真是差得太远了。

父母还买了一套俱乐部的训练服给我。对于某些球员来说，他们不只是为自己的足球生涯，为留在斯文登而战，他们更是在为自己的生活而战。他们还要拿钱回家，供养家人，所以每一次的赢球奖金都至关重要。这就是真实的足球世界，每个周末的三分都有着生死存亡的意义——这种感觉就是如此强烈，我需要在这样的环境下继续成长。之前的我就像生活在西汉姆的象牙塔里，租借到斯文登的这段经历足以把我惊醒。我保持着一贯的专注，这段经历让我意识到，足球世界里没有什么是可以打包票的，我比以往任何时候更渴望获得成功。在斯文登的糟糕的环境里，我知道自己必须更快适应这里的一切，否则就会受到伤害。所以在球场上，我必须为自己而战。斯文登的经历磨炼了我。对阵诺维奇的比赛，我完成了在这里的首秀。在当地权威媒体《斯文登广告人》的报道当中，我读到了奎因对我的评价："我知道他很棒，但我真的没有意识到他这么棒。"奎因很友善，我很感激他的赞赏。不过我知道自己要表现得更坚强，才可以在如此残酷的足球环境中生存下来。

斯文登是工薪阶层的社区，就像沃尔森德，人们都非常勤奋。每一个人都会给俱乐部施以援手，因为这里真的没有太多的工作人员，只有奎因、麦克唐纳和队医迪克·马凯。尽管奎因已经40岁了，但有时候他还要上场打前锋。在对阵诺维奇的比赛里，他换下了大个子球员伊菲·奥诺拉。像奥诺拉、澳大利亚门将弗兰克·塔利亚、右后卫马克·罗宾逊，还有在中场中路和我搭档的小个子左脚球员斯科特·利奇，他们可能会想："这个从英超过来的花哨小子是谁，谁会觉得他能成为明日之星？"不过他们还是很欢迎我，无论如何，起码我从来都不是那种华而不实的球员。他们意识到我在和他们一起战斗，我融入了这支球队。我不想让他们觉得我只是在那里随随便便地度过六周的时间，然后就回到英超赛场上。

在斯文登，我见识到最原始的足球，比赛是非常耗费体力，身体对抗很激烈。可是有时候，似乎连幸运女神也不愿眷顾斯文登。我已经数不清楚，奎因和奥诺拉有多少次射门击中横梁和门柱。我们在12月的一个寒冷的日子里做客曼城，这是我在斯文登打的六场比赛里的最后一场。随队出征的斯文登拥趸在缅因路球场角落的临时支架上，迎着寒风去观看比赛，丽莎和父母也在人群中。丽莎平常喜欢把自己包裹得严严实实，不过这一天，她只穿着一件小外套，整个人都被冻僵了。她要和这里的球迷打成一片，我很欣赏她总是很懂得照顾旁人的感受。

现场突然刮起大风，但缅因路球场的氛围丝毫不受影响，现场来了超过30000名球迷。我们遭遇一场惨败，伊恩·毕肖普和凯文·霍洛克给我很好地上了一课，他们太强壮了，临场发挥也比我好得多。但是我学到了很多，我在这里打进了两球，对手分别是查尔顿和沃尔索尔。

老雷德克纳普很快就让我回到西汉姆，这让我感到很兴奋。在我们出征纽卡斯尔的路上，他对我说："明天你会上场。"圣詹姆斯公园！那是我最初爱上足球的地方！我试图保持冷静，但我的小心脏都快跳出来了。完成处子秀已经够特别了，还要在加洛盖特看台前完成这个处子秀，这真的让我意想不到。我迫不及待给父母打电话。我们这家人遇事通常都能保持冷静，不会心慌意乱，情绪失控不是我们的风格。深呼吸，在内心深处，我们都意识到这个安排多么有意义。对我父母来说，在圣詹姆斯公园看儿子踢球，简直就是梦想成真。赛前，我一直在想，这对我和我的亲朋好友来说意味着什么。我无法入睡，我忙着倒计时，计算着每一分每一秒，迎接这场在圣詹姆斯公园球场进行的比赛。

过度兴奋让我胡思乱想，我在想，自己会不会在比赛里打进制胜球，我真的想得太多了。我知道纽卡斯尔是一支强队。他们有加里·斯皮德坐镇中场，锋线上有希勒和邓肯·弗格森。但我没有想太多关于这些球员的事情，我只想着这个舞台，想着自己的处子秀。我要回家了，谁来看比赛？学校的人。他们会坐在哪里？我的家人也会来。不能让他们失望。热身时，在看台上我看到了一些熟悉的面孔，有邻居和同学。这些情景都让我的心跳不断加快。

开球的时候，我的精神已经透支；到了半场休息的时候，我的身体也开始疲惫。

我心想，看来下半场我是无法再上场了，我完了。我盯着地板，不知道自己还能不能继续踢下去。我喝了很多葡萄适，吃了很多能量棒，希望这些能给我带来一些帮助。我踢的是4-4-2阵形中的右中场位置，史蒂夫·波茨在我身后踢右后卫。亚历山大·皮斯托内是纽卡斯尔的左后卫，他不断助攻向前，他们的左边锋凯文·加拉赫也有很强的奔跑能力，所以我一直要退到半场去协助防守，填补空当。弗兰克进球了，然后是斯蒂马奇的头球破门拯救了我们，比分变成2比2，我很庆幸球队拿到一场平局。我在场上的表现也不完全是一场灾难。客场拿到1分对西汉姆来说太棒了，因为我们的客场成绩并不理想。老雷德克纳普给了我一个象征"做得好"的手势。那一天让我得到了一个重要的教训，一个终身受用的教训：不要因为任何场合而分心，只是专注于比赛。圣詹姆斯公园的处子秀也给我带来了信心，不管怎样，我能成为一名职业球员。我为自己能成为安静的斗士而感到自豪。当人们审视我的职业生涯，他们会说我很冷静，但我也是一名斗士，我从不放弃。

我的青训生活再次出现变化。"我觉得再次外借到别的队对你有好处，迈克尔。"老雷德克纳普说。"伯明翰想要你。"伯明翰？他们当时的主教练是特雷弗·弗朗西斯，安迪·约翰逊也在那里，我在英格兰U18踢球时认识他，于是我又坐上那辆可靠的、稍微有点生锈的嘉年华，再度开启租借之旅。那天的交通异常堵塞，我开车走在M6公路上，额头一直冒冷汗。我原本要在伯明翰国际会展中心附近的酒店里与弗朗西斯进行第一次见面，但是现在我要迟到了。我讨厌迟到，因为父母一直教育我，准时守信代表着尊重和良好的规划。

"噢，上帝，终于到了。"当我见到弗朗西斯和约翰逊的时候，他们等了我快一个半小时。感谢上帝，弗朗西斯很友好，也很热情。

"我带你去吃晚餐。"约翰逊说，他还帮助我安定下来。弗朗西斯把我们带到了市中心的一家豪华餐厅，反正我是这样觉得，我不太习惯在这种地方用餐，我甚至看不懂餐单上的头盘和菜式。我该怎么做？我该点些什么？看着看着，我看到有关于鱼的菜式，所以我就点了这个。

"这是龙利鱼，先生。"服务员说。

"好的，很棒，我就要这个。"我回答，感觉像是我人生中一直在吃这种龙利鱼。

"你想把它切成片吗？"弗朗西斯问。

"不用，没关系。"我其实并不知道他为什么这么问。鱼和土豆？类似鳕鱼和薯条那样吗？我不会弄错吧？我能行的。服务员上了龙利鱼，我切开它，里面全是骨头。我尝试着把这些鱼骨切碎，弗朗西斯盯着我。

"你确定不想切片？"他问。

"好吧，我需要，你介意吗？"

切片对我来说是一个新名词，但这显然代表着是把这些鱼骨剔除掉。弗朗西斯把服务员叫来，让服务员切片。不过这条鱼已经被我弄得一团糟了，当一块块碎鱼肉放回到我面前时，我感到很尴尬。

然而我在伯明翰的糟糕开局还没有结束。在这里，我一直都感觉不到在斯文登的那种舒适感。不可否认，弗朗西斯是个好人，伯明翰的更衣室里也有一些优秀的球员。斯坦·拉扎里迪斯曾经效力过西汉姆，他现在还住在拉夫顿，所以他和大卫·霍尔兹沃思会载我来往俱乐部和住所。我将永远记住他们的善意，但我在那里一共才踢了83分钟的比赛，主场对阵朴茨茅斯，我甚至没有获得替补上场的机会。

那场比赛之后发生的事情，让我感到更加失落。那段时间，我收到通知被征召进入英格兰U18代表队，出战与法国队的比赛。接下来，我发现自己要担任队长了，我之前从未当过队长。不过弗朗西斯在对阵朴茨茅斯的比赛结束后告诉我，我必须参加周二晚上对阵特兰米尔的预备队比赛，所以我不能去英格兰队。我没有反驳，我当时太年轻了，我尊重教练的决定，但是我的内心很愤怒。当我打电话给父亲抱怨时，我的怒气还没有消退，我做了一些自己过去从未做过的事情，我开始在电话中对着父亲说脏话："这是一个该死的笑话。"我之前从来没有试过对着父母说脏话。即使是现在，如果母亲看到我说脏话，她也阻止我。不过我真的是气坏了。"我不敢相信，父亲，他不让我走。"父亲尝试让我冷静下来，不过当我打电话给吉米·汉普森的时候，我还是很生气。

"为什么我要在伯明翰踢预备队的比赛？"我问。汉普森把话转达给老雷德克纳普，然后给我打回电话。老雷德克纳普当时不知道我会成为英格兰U18代表队的队长这件事，他以为我只是因为要踢预备队比赛而在抱怨。"告诉他好好在预备队踢球，适应那里的环境。"这就是老雷德克纳普给我的回答。

所以我只好参加了对阵特兰米尔的预备队比赛。在一次争抢头球落地时，我感觉自己的脚踝重重地扭了一下——这导致我休息了一个月。躺在担架上的时候，我永远也不会忘记那种孤独、无助和愤怒的感觉。在一场预备队的比赛里受伤是毫无意义的，因为我原本要代表英格兰出战国际比赛的。

经过四五周的休息之后，我回到西汉姆，在2000年5月2日做客阿森纳的英超比赛中获得上场机会。这是我的足球生涯走到那个阶段所遇到过的最大一次考验——面对一支顶级球队，拥有着多名最佳球员，他们真的是很恐怖的对手。这支阿森纳无所不能——传球、跑动和身体对抗，十八般武艺，样样精通。虽然他们有时候也有一些凶悍的动作，踢得极具侵略性，但是他们确实是一支才华出众的球队。看看他们！他们有大卫·希曼、托尼·亚当斯、雷·帕洛尔、帕特里克·维埃拉、马克·奥维马斯、丹尼斯·博格坎普、埃曼努尔·佩蒂特……这些都是欧洲足坛上数一数二的风云人物。我享受这样的比赛，能够来到像海布里这样一座特别的球场，置身于火爆的现场气氛当中，与这些大名鼎鼎的球员进行较量。别误会，我从未支持过阿森纳，不过我爱看伊恩·赖特效力阿森纳时的比赛。海布里有一种高高在上的感觉。球队的大巴停在阿文奈尔路，走过几个台阶来到接待处，穿过大理石殿，看到赫伯特·查普曼的半身雕像，我们来到了更衣室，我记得那里是有地暖的。海布里是一座相当好的足球场，历史悠久，非常漂亮，让我感觉自己置身于一座贵族殿堂。

换好衣服之后，我们下楼来到了一条狭窄的球员通道里，像亚当斯这样的球员，也不得不和我们挤到一起。当他叫我的时候，感觉我们在厄普顿公园的那次相遇只是发生在几秒钟之前。当值主裁保罗·德金带领我们入场，我们抬起头，面对着欢呼声、灯光以及当下的这次巨大挑战。我的想法始终如一：之前所付出的努力，都是为了这一刻。拿出好的表现，并赢得比赛。我一点儿都不紧张，就是有点兴奋过头了。虽然球场有点儿小，但我还是喜欢海布里。在球场上，你没有任何的喘息机会，尤其是当维埃拉过来紧逼的时候。我必须要战斗，才能赢得队友的尊重，并且向维埃拉、向阿森纳的球员们证明自己不是可以被随意欺负的小孩。

在球场上，维埃拉就像是一头怪兽，他的四肢都很强壮，一米九的身高，劲爆的身体素质，球风还很硬朗。这一次的相遇，考验的就是我在球场上的抗压性，这正是我在斯文登的那段租借经历所带来的提升。我必须要有足够强硬的态度，才能与维埃拉对抗，否则我就像个孩子一样被击垮。现代的足球已经发生改变，变得不再那么热血。在那个年代，球场犹如战场，那是一个毫不留情的地方。

当我直面维埃拉时，我问自己：我在这里要怎么做？要和维埃拉对抗吗？我必须拉他的衣服，阻止他转身摆脱我，维埃拉马上给了我一个死亡凝视，他仿佛在说："你是谁？"我？我就是一个18岁的毛头小子，尝试给你点阻碍，尝试把眼前的这位世界冠军拉到泥潭。维埃拉依然在球场上昂首阔步，而我则用尽办法阻挠他，不停拉拽他的球衣，纠缠他。比赛里的每一秒，我都在学习如何在中场的缠斗中立足。我非常敬仰维埃拉，所以我才要倾尽全力与他竞争。很遗憾，这样的情景在现代足球里已基本绝迹。虽然我本就不是一名凶悍的球员，但我也不惧怕身体对抗——飞铲、拉扯、推搡，那些在当时看来平常不过的动作，现在或许就被红牌罚下。"看看你，要和维埃拉竞争？以卵击石！"乔·科尔在场上嘲笑我。他说的是实话，我当时的实力确实与维埃拉有很大的差距。不过就像在学校踢球的那段日子一样，我不会示弱。如果我不敢直面维埃拉，那么他就会小瞧我。这就是我当时对维埃拉说过的话："我会一直在这里，不会逃避。或许你的表现比我好，赢得了这场比赛，但你永远也不会吓倒我。"在那之后的岁月里，我逐渐展示出这一点。

每一场比赛都是一个新的挑战。2000/2001赛季的揭幕战，面对丹尼斯·怀斯是一段不太好的经历。这位切尔西中场球员是真的让人讨厌，他经常有过分的动作，他在激怒我，结果让我在比赛里还领到了一张黄牌。他踩我的脚趾，一直在背后夹着我的手臂。怀斯还对我来了几次凶狠的铲球，就是要让我认识他的凶悍，我不得不还以颜色。你要认识到这就是一场战斗，不能让怀斯占据上风。在我的球员生涯里，我很讨厌人们这么说："看啊，迈克尔·卡里克的身体对抗还不够好。"在那之后，我总会在比赛里有一些精彩的铲球。

那个赛季还记录着我第一次遇到那个最难缠的对手——罗伊·基恩。我们曾经在厄普顿公园与曼联交过手，不过对我来说，个人表现最好的一场比赛是在2001年1月做客老特拉福德的那场足总杯赛事。我与基恩正面交锋，这也证明了我有能力与像曼联这样的强队抗衡。从沃斯利·

万豪酒店前往老特拉福德的大巴上，我无法相信，有着成千上万的曼联球迷聚集在球场四周。我意识到曼联不仅是一家足球俱乐部，他们是一个"宗教"。我看着那些球迷匆匆忙忙走进老特拉福德，就像是走进教堂，急着去参加祷告，我开始理解曼联对这些人来说意味着什么。

在通道里拥挤的人群当中，我看到父母站在那里，还有史蒂夫·拜沃特的父亲大卫以及乔·科尔的父母——乔治和苏。他们一直都在我们的身边支持我们，陪伴我们。大多数的比赛，我的父母都喜欢在我走下大巴的时候向我挥手。我也向他们挥手，然后昂首走进老特拉福德，我很兴奋，也很好奇。我希望曼联派出强阵，我想和最强的对手交锋。看着球队名单，我才意识到这支球队有多强大：巴特斯、加里·内维尔、斯塔姆、西尔维斯特、艾尔文、贝克汉姆、罗伊·基恩、巴特、吉格斯、谢林汉姆和安迪·科尔。这是一个超强的首发阵容，替补也很强：约克和索尔斯克亚都在。

老雷德克纳普警告我们要小心曼联，因为前一年，他们为了参加在里约的世俱杯而放弃了足总杯的卫冕机会。这一次，他们特别想赢下这项赛事。

走出角落里的球员通道，看台一直延伸上去，像是无穷无尽，这座球场的规模让我感到震惊。想象一下每周都在这里踢球的感觉吧！很快我被介绍给弗格森爵士认识。在比赛里，曼联总是能直取对手的要害，我一直在想，这群家伙太无情了，这支球队太强大了！他们充满信心，甚至让人觉得是自负。基恩在碾压乔·科尔，但后者也无所畏惧，做出反击。我从来没有和基恩发生过任何冲突，我总是把他视作诚实的竞争对手，很强硬，但也很公平。当我做出一次漂亮的铲断之后，基恩会站起来，回敬我一次铲球。他就像斯科尔斯、巴特和维埃拉一样。如果我带着公平的态度去比赛，就算是一次凶狠的铲球，他们也会懂得欣赏。他们只会用同样的态度给予回应，这就是老派的、诚实的战斗，没有恶意。我没有胆怯，只是忘我地战斗，只是想拼抢每一次球权，每个人都拼尽全力。在这些日子里，你必须踢得聪明，用正确的方式去保护自己。

在比赛场上与巴特竞争，我才立刻意识到，我的天啊，他这么强！为什么他得不到更多的赞美？巴特的传球，充分利用了球场的宽度，就像斯科尔斯和贝克汉姆一样，人们没有完全意识到他是一位多么棒的传球手。他能传球，跑动也积极，他一直在跑动，能上能下，活动范围从本方禁区到对方禁区，要追上他，简直就是一场噩梦。很高兴我能带着胜利离开老特拉福德，迪卡尼奥打进制胜球。我还在想，这就是我想踢球的地方。当然，那是一个遥远的梦想，但我向自己保证，我要变得更强，有朝一日，我将有机会为曼联效力的。

回想起来，我觉得能在职业生涯的早期获得许多有益的指点，这是多么幸运的一件事情。在西汉姆的更衣室，我身边都是一些拥有着优异品质的人，比如门将希斯洛普，他总是乐于助人。辛克莱尔也一直支持我，当我们去踢客场比赛的时候，丽莎甚至和他的太太娜塔莉一起住过几次。迪卡尼奥的状态起伏很大，好的时候，他显得势不可当，可是不好的时候，他变得不可控制。我还记得在 2000 年 2 月，迪卡尼奥给老雷德克纳普打手势，要求被替换下场的那个经典画面。我们当时 2 比 4 落后给布拉德福德，迪卡尼奥遭到冈纳尔·哈勒和大卫·韦瑟罗尔的侵犯，不过主裁判尼尔·巴里没有吹罚点球。这让迪卡尼奥出奇愤怒，他摇了摇手指，走向 50 米开外的替补席，然后走出场外，要求被换下，这就像无声抗议。

"我踢不下去了。"他对着老雷德克纳普大喊，"裁判疯了，马上把我换下去。"我当时好像坐在替补席的最前排，看到这一幕，我几乎不敢相信自己的眼睛。

"不，保罗，拜托，我们需要你！"老雷德克纳普对他说："我们要输球了，快回来把。"迪卡尼奥最终回到比赛中，还有进球。

第五章 西汉姆的方式 | 073

乔·科尔把比分扳平，兰帕德在最后时刻把比分改写成5比4。这是拜沃特在西汉姆的处子秀，他转身去看大屏幕回放兰帕德的进球，然后与球迷一起疯狂庆祝。布拉德福德重新开球，拜沃特在本方禁区的边角上大脚解围，球飞在空中，他当时有点慌张，然后他意识到自己把球踢飞了，他高举双手在球场上跳来跳去，像是在说："冷静下来，没出什么乱子。"老雷德克纳普简直要疯了。我们完成了自我救赎。对于一名18岁的球员来说，这真的是一段非常特别的经历！

迪卡尼奥会出现人格分裂的情况：前一天，他在训练中还显得很职业，但是到了第二天，他整个人可能会不对劲，大吵大闹着离开。"保罗！"老雷德克纳普会对着他大喊。第二天，他又回来了，就像什么事情也没有发生一样。老雷德克纳普只能忍受迪卡尼奥的这些毛病，因为他能够在场上给球队带来巨大的奉献，特别是在厄普顿公园。我经常听到老雷德克纳普哄着迪卡尼奥，告诉他，他对俱乐部、对自己以及对球迷而言有多重要。我喜欢看着老雷德克纳普是如何管理手下的这些球员，他就是这方面的艺术大师。根据不同球员的心理状况，他会调整自己的应对方式。迪卡尼奥的心理状况需要小心应对，这就像拆弹。吉米·布拉德就是完全不同类型的球员，我还记得有一天，他向老雷德克纳普请假去钓鱼。你能想象得到老雷德克纳普的回答吗？布拉德来自业余联赛球队格雷夫森德和诺思弗利特（Gravesend & Northfleet），他还没有完全理解职业比赛的要求。

老雷德克纳普经常在比赛前一刻才公布球员大名单，下午3点开场的比赛，我们会在1点30分回到更衣室中开会。他把先发阵容写在更衣室的黑板上面，然后回到隔壁的办公室。如果有哪名主力球员当天无法上场，他就会冲进老雷德克纳普的办公室，我们隔着墙都能听到里面会大吵大闹。这就是西汉姆的特色和文化，对于自己的想法和感受，从不遮遮掩掩！

斯图尔特·皮尔斯是我最尊敬的球员之一。给我留下最深印象的是他的奉献精神。每天，他都会从遥远的威尔特郡开车来到俱乐部。为什么他一直要这样子做？是什么在激励着38岁的他？我不敢相信，即使伤病摧残着他，但他在球场上依然保持着拼命三郎的作风。2001年3月对阵切尔西，那是他球员生涯最后阶段的一场比赛，他在比赛第11分钟就因为扭伤脚踝而被换下。

在更衣室里，我看到他的踝关节已经是青一块紫一块，当时我想他最少需要四到六周的时间来养伤——我这么想真是太乐观了。和所有人一样，我早已深知他多么顽强，但令我感到震惊的是，四天后他就回来了。我们在足总杯遭遇热刺，他肯定在想：这应该是我最后一场杯赛了。所以，他用绷带紧紧缠着自己的踝关节，然后说："我要上场。"没有人有异议。当皮尔斯下定决心做一件事情的时候，没有人可以阻挡他。当皮尔斯准备去主罚一个定位球的时候，场上的其他球员互相望着，都感到不可置信。他的比赛方式真的是简单粗暴，他甚至还进球了。即使在每天的训练当中，他也会全情投入。他讨厌失败，我也明白了他的绰号叫"神经病"的原因。在训练的时候，我也领略到他暴脾气的一面，他的一些凶猛铲抢已接近让对手严重受伤的程度。他的性格鲜明，这是我天性中的软肋，也是我想向他学习的原因。皮尔斯热身的时候，会把所有的细节做得很仔细。在更衣室里，他把一个闹钟放到自己的位置上，这样他就可以准确地把控每一个流程。有一天，蒙库尔把闹钟弄坏了，这让皮尔斯非常生气。他就是一个完美主义者，容不得一点小小的瑕疵。

反之，蒙库尔才是一个疯子，更衣室的大玩家。还记得在查德维尔希斯的一个寒冷冬天，斯坦·布克，就是俱乐部的那个装备管理员，他在自己的小房间里数着袜子和一些其他物品。布克对于装备的管理非常尽责，想从他那里多拿一顶帽子，比把他的右臂卸下来还要难。蒙库尔一直想多要一顶帽子，却都被皮克严厉拒绝。"太混账了。"蒙库尔生着闷气，他只是穿着袜子和球鞋就冲出去跑圈。蒙库尔在热刺继承了加斯科因的球风，他还是深受西汉姆球迷的爱戴。

在厄普顿公园，我们的表现很棒，因为球迷们距离球场很近。向陡峭的看台望过去，感觉球迷们就在我们的头顶上。以前的那个死忠看台也给了客队很大的震慑力。即使为西汉姆效力，那里的气氛也吓倒我了。我从来没有走进过死忠看台，当我们表现不好的时候，我感觉自己也没少挨骂。

"卡里克，你就是一坨屎。"

"滚回去北方吧。"

"你在场上踢得什么？"

"自己掂量掂量吧，卡里克。"

这些话都让我感到无地自容。

厄普顿公园对那些有表演欲的球员来说是再合适不过的，这个人就是迪卡尼奥。到了客场，形势就完全不同，心理层面上，你需要更冷静、更沉着，这显然不适合西汉姆。里奥·费迪南德在 2000 年 11 月转会到利兹联之后，我们的零封次数急剧下降。我猜费迪南德实在是太出色了，人往高处走，他离队也是在所难免。尽管有这样的心理准备，不过失去了最好的球员，仍然给我们带来沉重的打击。我能理解西汉姆的态度，我也知道俱乐部有多渴望留住他。他们给了费迪南德一份更好的合同，但是他们也懂得足球世界的生存之道。当时的利兹联与西汉姆相比，是属于另一个级别的，强留费迪南德只会是一个不解风情的决定。那个阶段的西汉姆，他们就像是一对善解人意的父母，培养出费迪南德这样的球员，细心爱护他们，也能了解他们要离家的原因。西汉姆认为自己有责任照顾这些球员，从俱乐部的董事会到基层的每一名职业，从特里·布朗主席到主教练老雷德克纳普都是如此。利兹联正在为英超和欧冠冠军荣誉而战，所以西汉姆很难留住费迪南德，1800 万英镑的转会费在当时看来也已经是非常不错了。

2001年5月，也就是费迪南德离队的六个月后，老雷德克纳普也离开了，这件事让我感到震惊。或许他在西汉姆的结局早已埋下伏笔。我很快就学会了在足球世界里，你只能顺其自然。这里很残酷，也很现实。

作为职业球员，当主教练离开的时候，你要做的就是向他道别并感谢他的付出。我一直非常尊重老雷德克纳普，是他给了我机会，帮助我更加相信自己的能力。但现在，我有了新的引路人——格伦·罗德。我很了解格伦·罗德，因为他是西汉姆青训部门的负责人，他带出了一批年轻人，比如加西亚、米克、拜尔尼等，我、乔·科尔有一部分时间也接受过他的指导。我们都爱他。不过当格伦接手球队之后，我们之间却出现了一堵无形的墙。我们都知道，格伦不可能再像以前那样友好了，我们之间需要保持一些距离。在格伦带队的第一个赛季，一切都进展得不错，最终我们在联赛里排名第七。

那年的7月，俱乐部给了我6号球衣，那是博比·摩尔曾经的球衣号码啊！我自然无法拒绝："好极了！这太棒了！"我能理解这个球衣号码对于西汉姆的意义，球迷们会这样对我说："6号！博比·摩尔穿过的号码！"就个人而言，我从来不会因为无法使用哪一个号码而感到沮丧，也从来没有感受到球衣号码背后所带来的压力，但我真的很尊重这件6号球衣。

进入2002/2003赛季，在格伦的麾下，我原本对前景感到乐观。直到2002年8月24日对阵阿森纳的主场比赛，我认为这是格伦时代的一个转折点。比赛开局阶段，我们踢得很好，2比0领先，不过亨利还是那个在任何地方都能进球的亨利，维尔托德在比赛剩下两分钟的时候扳平比分。整个厄普顿公园都很泄气，我们差点击败了上赛季冠军。在此之后，我们再也找不到开局阶段的势头，球迷很失望。当比赛顺利时，他们很有激情，他们是很棒的观众，因为他们很关心球队，他们只是希望看到西汉姆有出色的表现；当比赛进展不顺时，他们的反应也很直接。

第五章　西汉姆的方式

西汉姆球迷开始批评格伦,有些人甚至向他家的窗户扔石头。这种行为太出格了,这不是足球,这不再是对俱乐部的爱。没有一名足球教练的住处应该遭到攻击,这种行为越过了底线,令我感到恶心。这危及了他们的生活,让他们的家人受到了威胁。想象一下,如果碎掉的玻璃伤害到他的孩子会怎么样?球迷可以去厄普顿公园表达他们的愤怒,但抗议要有抗议的限度,你必须尊重他人,没有人应该遇到像格伦这样的事情。

西汉姆的更衣室里依然有着像大卫·詹姆斯和克里斯蒂安·戴利这样的斗士,他们的声音总是很响亮,我们还有洛马斯、蒙库尔、辛克莱尔、迪卡尼奥、哈奇森、尼格尔·温特伯恩以及托马斯·雷普卡这些老球员。不过我担心如果我们再输掉几场比赛,格伦将很难再镇得住这批个性鲜明的球员。个人表现方面,我让格伦失望了,因为我没有带来足够多的奉献。在那个赛季之前,我开始受到腹股沟伤病和疝气问题的困扰。我依然在战斗,踢了一场又一场比赛,但最终在 2002 年 1 月,我在做客圣玛丽球场的比赛中被换下,因为我感觉很不舒服。每次我用脚外侧踢球,我的跖骨都会产生难以忍受的痛感。外科医生史蒂芬·斯诺克斯为我做了手术,他在左右两侧都放置了一些网格,并预计我将缺阵六周。我急于复出,因为我想帮助格伦和我的球队,尽管不舒的感觉还没有完全消退。我复出的第一场比赛是在厄普顿公园对阵曼联,我们 3 比 5 输了,我不知道自己是怎样度过那场比赛的。我的感觉不好。后来我代表英格兰 U21 踢了对阵葡萄牙的比赛,我们 2 比 4 输了,我还记得在完成一次传球时,同样的地方再次产生强烈的痛感。我不得不再次接受手术治疗。

在做手术之前,我还不知道那些网格已经剥落并卷起来了。夏天的第二次手术,这个问题依然没有得到解决,西汉姆球迷对我失去了耐心。我和西汉姆球迷的关系不错,我知道他们希望看到球队里有年轻球员冒起。他们把青训球员看作自家人,但我知道自己在这里的"蜜月期"结束了,我们最终还是会像其他球员那样遭到球迷的批判。那个时候,在格伦的执教下，球队已经下滑到接近积分榜的垫底位置，我踢得也不好，死忠看台上的球迷不会原谅这一切。作为年轻球员，我原本可以逃避，但我告诉自己——最好的回应就是继续做正确的事情，用自己的努力去终结这一切。兰帕德受到很多的批评，但是他依然表现得很坚强，所以我也要做到同样的事情。出现这种状况令人感到沮丧，我真的很喜欢西汉姆的球迷，因为他们的张扬，总是能带给我们巨大的欢乐。

我逐渐成为很多球迷发泄怒火的对象，我能感觉到厄普顿公园里正酝酿着一场暴风雨。"迈克尔，明天你要打替补了。"格伦对我说，这是对阵热刺的客场比赛，我永远也不会忘记那一天——2002年9月15日，这是一场大战，也是我第一次被踢出先发阵容，或许这在当时也是一个正确的决定。我一瘸一拐，腹股沟的伤病还没痊愈。三月中旬之后，我已经无法为球队的保级大战提供任何的帮助。西汉姆的表现直线下滑，2003年4月在厄普顿公园对阵米德尔斯堡的比赛中，球迷终于爆发了，格伦在赛后还因为昏迷而被送到医院。手术期间，医生在格伦的脑部发现了一个良性的肿瘤。感谢上帝，格伦得到了很好的治疗，他脱离了生命危险。这是最重要的。他是一个好人，只是在错误的时间里出现在了错误的位置上。格伦的意外对我们在足球场上的处境变得更加险峻，西汉姆陷入一片混乱，球队无人领导。但是必须有人站出来接管球队，德高望重的俱乐部传奇特雷弗·布鲁金在赛季的最后三场比赛里临危受命。布鲁金的沉着冷静和彬彬有礼的君子风范或许让人觉得有些意外，不过他还有着钢铁般的意志，这正是我们所需要的。布鲁金深爱着西汉姆，但要想保级，我们还需要做到更多，我们需要一个奇迹。

赛季的收官战，西汉姆面对伯明翰，我们还要看博尔顿对阵米德尔斯堡的比赛结果，才能知道自己能否保级成功。虽然有伤在身，我还是在一大早和伊恩·皮尔斯一起前往圣安德鲁球场。我们坐在看台上，比赛前一刻，迪卡尼奥的进球将比分扳成2比2平，但是博尔顿在锐步球场赢球了，这意味着我们只能接受降级的命运。当我们离开看台时，两边的西汉姆球迷都在嘘我和皮尔斯。还有人踢我们，尽管我一直在为他们踢球！他们应该是忘记了这一切。我们没有机会为自己辩护，我们只能尽快逃离那里。

在更衣室外的走廊里，我们看到了西汉姆其他球员，每个人看上去都很沮丧，现场一片寂静，大家都没有说话。回到更衣室，所有人都觉得很痛苦，我们让俱乐部和球迷失望了。有一些球员在夏天会离开，当我回到训练基地，准备参加季前赛的时候，那里只有十名左右的球员。我们失去了一些重要的球员，迪卡尼奥去了查尔顿，卡努特去了热刺，莱斯·费迪南德去了莱斯特城，辛克莱尔去了曼城。格伦·约翰逊从青年队被提拔到一线队，踢了那个赛季的最后4个月后，就和乔·科尔在夏天一起去了切尔西，与三年前加盟切尔西的兰帕德重聚。里奥·费迪南德早就远走高飞了，感觉就像西汉姆的一个时代的结束。赛季结束后不久，迪福递交了转会申请，我能理解为什么他想离开，但是他挑的时机并不好，我猜他之后也意识到这点。看着队友们离开，看着球队失去了这些天才球员，我真的难以接受，但我不会责怪他们。他们必须为自己的职业生涯打算。我没有参与球队的保级大战，我在那个赛季的表现简直就是一场灾难，所以我觉得自己有责任留队，帮助球队走出困境。出于内疚和忠诚，我决定留队。

纽卡斯尔确实向我抛出过橄榄枝，但他们没有钱。"我们会为你出价200万英镑，但必须要等待到下一个转会窗，所以你必须等等。"他们这样对我说。这种球员交易方式看上去很奇怪，就像是他们不完全确定要得到我，所以我决定继续留在西汉姆。

回到训练基地备战季前赛，我发现俱乐部还是沉浸在悲伤的气氛当中。看到人们失业，感觉很可怕，他们都是球队降级的受害者。我不知道那些熟悉的面孔去了哪里。"噢，他们都走了。"我得到的只有这种伤感的回答。我讨厌去想这会对他们的生活和家人所带来的影响，我下定决心保持健康，帮助西汉姆升级。但我的腹股沟还是有同样的问题，我担心这种疼痛感永远也不会消除。8月，我前往莱斯特城拜访大卫·劳埃德医生，他采取了新的治疗方式。这需要在患处打一个孔，会令我缺阵两周，他还在我的腹股沟上面放置了网格。劳埃德医生有自己的秘方可以释放韧带承受的压力，这一连串的治疗取得了成效。从那之后，我一直都感觉很好。

格伦回到了俱乐部，我敬佩他的坚韧。他本来可以撒手不管，在那一切发生之后远离这个烂摊子。然而，他热爱比赛，想念比赛，所以他回来了。我很喜欢格伦的训练课，他是很棒的教练，但令人感到伤心的是，在经历了三场糟糕的比赛之后，他就被西汉姆解雇了。

布鲁金再度成为临时主教练，在2003年10月4日客场对阵德比郡的比赛开始前，他找到老球员罗伯·李，询问罗伯·李对于我的看法，我当时仍处在手术后的康复期。

"你觉得迈克尔准备好复出参加明天的比赛吗？"布鲁金问。李这样回答："是的，我们需要他。你必须派他上场。把他直接放回到球场上。"罗伯·李原本以为他将和我在中场搭档，不过布鲁金接着说，"哦，谢谢罗伯。你是对的，那么明天你担任替补。"然后他就走了。李马上把这件事告诉我，这真的有点滑稽，不过他可笑不出来。我们赢了德比郡，不久后，阿兰·帕杜在2003年9月来到这里，成为球队的新任主教练。我喜欢帕杜的训练，很有趣、很激烈、组织得也很棒。帕杜执着于自己的足球理念，因为他很有自信，这种自信正是那时候的西汉姆更衣室所需要的。他的个性鼓舞了球队，他对我很好，尝试让我尽可能地多去拿球，但我发现自己在那个赛季缺乏动力。我已经是22岁了，我不想留在英冠赛场上，这里远离聚光灯，感觉自己的职业生涯到了一个十字路口。看到最新公布的英格兰队大名单，感觉很沮丧，我没有入选。看到格伦·约翰逊和乔·科尔在切尔西有着出色的表现，这也让我感到难受。我是不是已经落后了？我不断问自己，我的职业生涯将去往何方？

英冠比赛的身体对抗很激烈，铲球满天飞，这里的球队都想在对阵西汉姆时证明自己，他们想让昔日的巨人进一步陨落。即使在这里能够幸存下来，你也会留下一些伤疤。12月对阵斯托克城的比赛，对方球员约翰·尤斯塔斯抬脚飞铲，铲中我的脚踝。半场休息的时候，医生把皮肤缝合并固定住。我本可以离场，但我不想这样被踢出去，所以我坚持比赛，就像在一场战争中浴血奋战，但是比赛结果却并不理想。终场哨响起时，西汉姆球迷所表达的不满情绪给了我们更大的打击。我的脚踝几乎失去了知觉，到处都是血。我已经拼尽全力，但却陷入孤立无援的境地，我经常问自己，我还能做点什么？我是不是足够好？

西汉姆球迷根本不知道我的痛苦。他们只是在大喊："你没有努力，你没有激情。"好吧，我知道自己即使拼尽全力，还是会被骂。听到球迷批评我"没有激情"，这真的让我感到很伤心。我踢得不好，并不代表着我不在乎。当球迷在喊着"你没有激情"，这是一个最让我感到生气的情景之一。

不过当西汉姆球迷在支持我们的时候，他们确实能带给我们更多的能量。当我们在升级附加赛的半决赛面对伊普斯维奇的时候，厄普顿公园里那些不可思议的欢呼声，至今仍然在我脑海里萦绕。我们在客场0比1落后，回到厄普顿公园，我们有机会实现逆转，我看到了希望，我们下定决心闯进决赛。聚光灯下的厄普顿公园格外美丽，开车前往球场时，街道上的靓丽灯火让我倍感兴奋。这样的大战总是让人觉得热血沸腾，当马蒂·埃瑟灵顿和克里斯蒂安·戴利进球之后，这种感觉更为强烈，尤其是埃瑟灵顿在禁区边角打进了一个世界波时。

我们出发前往加的夫城，出战对阵水晶宫的决赛。这场比赛对我的职业生涯产生深远的影响。我的合同还有一年才到期，我知道如果我们获胜，那么我就将留在西汉姆。回到英超，完成任务之后，为什么我要离开呢？西汉姆很缺钱。在那个时候，升级有大约3000万英镑的收入，这意味着球队不需要再出售任何球员。当我们走进千禧球场的时候，我估计大约有35000名西汉姆球迷来到现场为我们加油助威。他们知道这场比赛对于俱乐部的重要性，我也一样，我的想法很明确：赢了，我就留下来；输了，我就要离队。为了帮助西汉姆升级，我付出了一切。我为鲍比·萨莫拉创造了一次机会，可惜他没有把握住。我们尝试扳平比分，比赛剩下7分钟的时候，我本该得到一粒点球。当时我杀入禁区，带球突破米克尔·雷格特伍德，他踢到了我的脚踝——这百分百是个点球，毫无疑问。我被踢倒了，脚踝有明显的伤痕，也表现得很痛苦，但是主裁判格拉汉姆·波尔示意比赛继续。我的脚踝受伤了，和租借效力伯明翰时所遭遇到的伤势一样。我想站起来，但是脚踝太疼了，有那么几分钟，我简直动不了。我们已经用完了全部的换人名额，所以我只能坚持踢完最后10分钟的比赛。裁判的一个糟糕判罚影响了一名球员和一支球队的未来。如果波尔判罚点球，我们也许能逆转局势，甚至取得胜利，西汉姆能升级，那么我就会留队了。

为了忘掉这些不好的事情，丽莎和我去了迪拜。我在卓美亚古堡运河酒店的游泳池边上看到的第一个人是伊恩·道伊。我还是无法忘掉附加赛里所发生的事情，尽管我已经去到5500千米之外的地方。我和他简单地聊了几句，祝贺他并隐藏了自己的伤痛，还有个人未来的不确定性所带来的忧虑。我和西汉姆都陷入了可怕的困境之中。如果我们能够重返英超，那么很多人都有机会重新得到工作，但现在这一切都落空了。听起来很无情，但我必须要为自己考虑——我的未来和我的雄心。我有一个不错的赛季，入选了英冠年度最佳阵容，所以我决定和自己的经纪人大卫·盖斯谈谈。

17岁的时候，我就被介绍给盖斯认识。那是在我签订第一份职业合同之后，我觉得自己需要一些指引。我的父母希望我能得到一些帮助，因为这对我们来说仿佛进入一个新的世界。在一些比赛结束后，有些经纪人在停车场等我和接近我的父母，给我开很多空口支票，不过我对他们都不感兴趣。我喜欢通过自己的直觉做出重大的决定，保持耐心，把事情做到实处。我认为这一切只取决于我自己的表现，和经纪人的那些承诺无关。我要对自己负责。盖斯很健谈，他是职业会计师，他在理财方面对我的帮助，让我马上对他投下信任一票。

那个年代，很多人涌进西汉姆的训练场，向我们推销各种各样的投资产品。投资有风险，这也不是我所擅长的领域。对我来说，最重要的是我告诉他自己最感兴趣的东西。他更着重长远收益，这很重要。回想起来，我才意识到能在职业生涯早期聘请盖斯作为我的经纪人，那是多么幸运的一件事。我的整个职业生涯都和他在一起。他更像是我的亲朋好友，而不是"经纪人"。

盖斯是西汉姆球迷，不过我们都知道，这只是球迷身份而已。我想回到顶级联赛的舞台上，而西汉姆需要钱。这段时间里，西布罗姆维奇和朴茨茅斯都想引进我，道伊则努力想把我带到水晶宫。但我从来没有和他们有过深入的接触，因为我觉得这些转会都不对劲。埃弗顿也对我感兴趣，我和大卫·莫耶斯通了电话，但最后还是不了了之。几周后，朴茨茅斯再次抛出橄榄枝。老雷德克纳普在那里，时任俱乐部首席执行官彼得·斯托里也是我在西汉姆的老熟人。我还是在努力备战新的赛季，随着新的赛季即将打响，我也同意和老雷德克纳普见面。

"我只想着回到英超，拥有一个美好的赛季，然后再看看有什么事情发生。"我对盖斯说。2004年8月6日，距离新赛季拉开帷幕还有几天的时间，我和老雷德克纳普、斯托里在希斯罗附近的一家酒店里见面。在路上，盖斯接到了大卫·戴恩的电话，这让我们很吃惊。戴恩是阿森纳的大人物，他和阿尔赛纳·温格的关系非常密切。我们没有聊得很深入，也不知道他们到底对我有多感兴趣，但这毕竟是阿森纳啊！就是一个电话，也足以带给我们惊喜。我们继续着自己的行程，与老雷德克纳普以及斯托里见面。"明天就来朴茨茅斯吧。"老雷德克纳普说，"来体检。"看起来一切都尘埃落定，我准备去朴茨茅斯了。

回家的路上，我们又接到了来自阿森纳的电话，他们邀请我们去和温格见面。由于通电话的时候，我们已经路过温格在北伦敦的住处，所以我们不得不折返回去。不到一个小时之后，我就来到了温格的住处，坐在前厅里。当时我还捏了一下自己。这是真的吗？阿森纳！我真的有机会与这支勇夺英超冠军的不败之师签约吗？阿尔赛纳·温格的威望正盛，他是一名传奇教练。能够在他家的前厅与他交谈，这种感觉太不现实了。"跟我谈谈你自己吧，迈克尔。"温格说。"你的强项有哪些？弱点又有哪些？"这样的沟通太正式，感觉我在城市服务中心面试工作。这和我此前与老雷德克纳普的交谈方式完全不一样，显得有些拘谨。

"好吧。"我开始谈起自己的强项。在描述的过程中，我感觉有点难为情，因为我不想吹嘘自己，不想在温格面前显得狂妄自大。我能理解为什么他问这些问题，他希望多了解我的特点。我们谈了一个小时左右，都是与足球相关的话题。那个周末，温格还要带队征战社区盾的比赛，不过他还是愿意在我身上花一个小时，这能说明他对我有着强烈的兴趣吗？

在我们准备离开的时候，温格说："让我们把加的夫的事情放到一边，我们在周一再见。"事情进展如此神速，我真的需要几分钟的时间理清头绪。当天夜晚，我躺在床上，和丽莎谈起这件事，我满脑子都在想着转会阿森纳的可能性。我的脑袋在飞快运作。当时的阿森纳在英超赛场上是数一数二的强队，在联赛里，如果拿不到冠军，那至少也会得到亚军。丽莎知道我不善言辞，总会把自己的想法藏在心里，然后独自寻找应对方法。不过这一次不一样，这个决定将影响着我们往后的生活。

阿森纳对我感兴趣，这件事令我沾沾自喜，不过我非常尊重老雷德克纳普，所以我先给他打了个电话。"是这样，哈里，我还不能来，我现在还没能拿定主意。有了新的情况，是阿森纳。对不起，我不能来。"老雷德克纳普显得很冷静，这甚至让我有了罪恶感，他知道阿森纳对我的吸引力。

周六回到训练基地，我听说戴恩和特里·布朗已经向西汉姆报价了，这让我感到震惊。我的天啊！我即将从一支英甲球队（当时的第二级联赛）转会到一支可以打欧冠的英超球队。我还听说维埃拉即将离开阿森纳，这让他们的中场腾出来一个位置。我最快在下周一就会成为阿森纳的一员。之后，我去训练了，当时格雷姆也在，加西亚德还抛给我一条红色的围裙，调侃我："红色？这很有趣！"他也知道了阿森纳对我的报价。

到了周日，我待在家里观看阿森纳的社区盾比赛，对手是曼联。阿森纳可是我即将加盟的球队！我看到那个17岁的小孩——法布雷加斯——出现在了维埃拉的位置上。他的表现让人眼前一亮，不过我当时还不知道这一切将对我产生怎么样的影响。那天晚上，我在家里等着电话，看看阿森纳在明天会为我安排什么行程。阿森纳！我等不及了。但是，电话始终没有响起。第二天，我只能继续回到西汉姆进行训练。在路上，盖斯给我打电话，他说他接到了戴恩的来电，并向我转达了戴恩的消息："对不起，主教练说我们不需要迈克尔了，法布雷加斯才是他想要的球员。真的很抱歉，交易取消了。"法布雷加斯的表现改变了温格的想法。这个消息让我伤心欲绝，因为我的心早已飞到了阿森纳的身上，我已经准备好在阿森纳阵中大展拳脚了。我的脑袋一片空白，阿森纳放了我鸽子，我已经不知道自己现在该怎么做了。

走进训练场的时候，帕杜对我说："我们想和你续约两年，迈克尔。"

"谢谢，但我现在不想考虑这件事。无论是对我，还是对这里的其他人而言，我觉得离开是一个最好的选择。"

"你去不了英超前四的俱乐部,迈克尔,他们不准备引进你。你只能去一些还对你感兴趣的英超俱乐部。续约还是交易,我需要一个答复。"如果我想离队的话,帕杜想让我尽快完成交易。他不希望这件事继续拖下去,这会让他只能在最后时刻才能展开相应的引援工作,我能理解他的想法。但无论是阿兰·帕杜,还是西汉姆,他们都不能强迫我尽快做出决定。我要选择一家最适合自己的俱乐部,而不是那些没落的俱乐部,那只会让我再次陷入困境当中。按照当时的处境,阿兰的判断是对的。我只是在英冠赛场上踢了一年好球,为什么会有能打欧冠的英超球队对我感兴趣呢?阿森纳曾经抛出橄榄枝,这给了我希望。我离开帕杜的办公室之后,我给盖斯打了个电话:"如果我留下来,球队还是冲超失败,这会发生什么?那我就白白浪费一年的时间,我现在就想离开。"但是去哪?我不想去那些降级风险的球队。这件事让我左右为难。

老雷德克纳普没有放弃,很快我又接到他的电话:"我正在过来看你了。"

"哈里,请不要这样。"

"我在车上了。"

"老实说,哈里,你没必要来看我们,我不想让你白跑一趟。"这是真的,我不想让人感觉到我不尊重对方,我只是觉得左右为难,但我最终还是让老雷德克纳普离开了。我只是觉得那个时候去朴茨茅斯是不合适的。

就在这个时间节点上,热刺的体育总监弗兰克·阿内森给我打了个电话:"我们正在引进一些优秀的英国年轻球员,我们想得到你,迈克尔。"我知道保罗·罗宾逊和肖恩·戴维斯已经加盟热刺了,热刺正在崛起,这显然是加盟的好时机。阿森纳的同城死敌想要我!我看了看热刺的比赛方式,心里想,这很适合我。我能够在那里发光发热。我给丽莎打了个电话,然后是父母,他们正在和丽莎的父母一起度假。"哦,顺便

第五章 西汉姆的方式

说一句，我们要去托特纳姆了！"我告诉他们。

"好的，没问题！"他们的态度很轻松。

当然，还有一些细节要处理，老实说，与热刺的交易很奇怪。他们似乎总是喜欢在晚上11点给我们打电话。我躺在家里的床上，盖斯一直给我打电话，通报最新的进展。"我刚刚和阿内森又谈了一次。"这很疯狂。安静了一整天，到了晚上11点，电话开始响个不停，不是阿内森，就是盖斯打来的。

谈判进行期间，帕杜一直把我留在预备队。这至少让我有机会和格雷姆一起踢球，他也加入了西汉姆。我记得格雷姆打电话回家说："父亲，我进入了出场球员大名单，明天晚上对阵诺维奇，迈克尔也伤愈复出了，我将和迈克尔一起踢中场！"

"太棒了，儿子。"父亲总是能保持克制，但这真的是一件大事——我们兄弟俩在同一支球队里并肩作战。在前往诺维奇的路上，俱乐部给我打电话，通知我不能上场，因为转会快要完成了。他们把我剔除出大名单，我只能坐在看台上。和我一样，格雷姆对此极为失望。格雷姆希望我们能一起上场，但是俱乐部告诉我，第二天我就要和热刺签约了。西汉姆不想冒险，如果我受伤了，这笔价值275万英镑的球员交易就会泡汤。我的父母也来看两个儿子同场比赛，但他们发现我就在看台上，坐在他们的旁边。很遗憾，我从来没有在正式比赛里与格雷姆合作。

第二天，也就是8月24日，我终于成为热刺球员。这个夏天发生的事情真的很离奇，我差点加盟了阿森纳，但最终却是加盟了他们的死敌。如果我没有接到阿森纳的电话，我可能在第二天就和老雷德克纳普以及他的朴茨茅斯签约，然而他在11月就被解雇，朴茨茅斯也出现了财政危机，那么我将何去何从？在加盟热刺的过程当中，唯一让我感觉陌生的事情，是我没有和球队的主教练雅克·桑蒂尼有过任何的交集。雅克·桑蒂尼没有参与谈判，但我只想着加盟热刺，所以也没有多想。

第六章　热刺生涯

　　第一次参观热刺的训练基地，我在桑蒂尼完成训练之后和他握了手，并进行了简短的交流。回来后，我难以置信地对大卫·盖斯说道："他不知道我是谁，大卫。"我也不敢相信这一切都来得如此平淡，更确切地说，这里没有任何的欢迎仪式。我的新主教练、带领我进入职业生涯下一阶段的那个人，他居然不认识我，对我毫不了解，看上去他对热刺花了275万英镑签回来的这位新援一点都不感兴趣。盖斯对桑蒂尼的冷漠态度也感到沮丧："你是对的，迈克尔。我也觉得他不知道你是谁。"为什么？这到底是怎么回事？

　　球迷眼中的球员转会，是很轻松的过程，但他们不理解当中的复杂情况，还有随之而来的变化和紧张的情绪。一开始，因为在西汉姆遭遇的腹股沟伤病，我的体检被推迟了。我开始变得紧张，因为这让转会的时间又出现延迟，尽管我觉得自己已经是百分百的康复。我知道伤病已经远离了自己，热刺肯定能看到我可以随意跑动，但是俱乐部的态度让人感到紧张。在压力之下，队医不能错过任何细节。如果我签约了，接着在一个月之后伤势复发导致休战，这就是队医的责任，所以他们要为我做全面的扫描检查，还要根据结果展开深入的讨论。热刺的队医告诉我，俱乐部一直在问他："迈克尔好了吗？或者他还没有完全好？"队医告诉他们："看，他去年为西汉姆踢了43场比赛，他很好。"为了保险起见，热刺又把我送去接受了更多的扫描检查。当然，我通过了所有检查。不过从一开始，我预感在热刺将遇到重重阻碍。

走进热刺的奇格韦尔训练基地，我很兴奋能见到一些自己在西汉姆就认识的球员，比如迪福和卡努特。还有杰米·雷德克纳普，我是在他父亲麾下效力时认识他的。还有肖恩·戴维斯，他是我在英格兰U21的队友。阿内森真的很热情，我和他聊了一会。"去跟主教练谈谈吧。"阿内森对我说。不过我和桑蒂尼之间总是存在沟通问题，而跟我同一天签约的法国后卫诺埃·帕马罗已经和桑蒂尼打成一片，我能看到他们之间的交流很活跃、很友好，两人都带着微笑，就像我所期待的那样，气氛融洽。不过当我走进房间，气氛马上变得尴尬起来。阿内森介绍了我，这不是一个好的信号。难道桑蒂尼还不知道我是谁？我和他握了握手，尝试与他交谈，但是他的英语说得不好，对和我交谈的兴趣也不大。我感觉自己就像是冒名顶替者，带着无助的感觉，我离开了桑蒂尼的办公室。

我和盖斯说了这个情况。我记得父母在我成长过程中的教导，要尊重他人，努力工作，不要抱怨。我能挺过去的。第二天的训练，帕马罗加入一线队阵容，而当我走过去想加入他们的时候，我却被安排到预备队参加训练。所有一线队的球员都看着我，我感觉自己被看低了，甚至感到羞愧。我能做什么？幸好是克莱夫·阿兰在执教预备队，他了解我的情况并努力帮助我。

"继续努力训练。"阿兰说，然后他安排我出战对阵西汉姆的预备队比赛。为了成为更好的球员，我刚从西汉姆离开，结果现在我要和他们的预备队进行比赛。我去热刺，是想要干一番大事业，我也没想过马上就能打上首发，但肯定也没料到自己会落到如此田地。我觉得最好和桑蒂尼谈谈，了解他的想法。不过我还是带着一肚子的闷气，离开了他的办公室，他什么也没说，只是要求我离开。"继续好好训练，现阶段，队里有不少球员都踢得很好。"

俗话说得好，祸不单行。在预备队的训练里，我扭伤了脚踝，这意味着在未来几周，我与一线队彻底无缘了。我开始想，转会热刺是一个错误的选择吗？如果我和西汉姆征战英甲联赛，情况会好一些吗？那段时间，我的心情十分低落，但我不想屈服，所以我下定决心，在队医的帮助下尽快摆脱伤病困扰。在预备队的训练里，我也竭尽全力。我开始有更多的机会去参加一线队的训练，对阵朴茨茅斯的比赛，桑蒂尼给了我18分钟的上场时间；面对博尔顿，我踢了30分钟；面对富勒姆，又踢了7分钟。然而距离我的目标还有很长的一段路。我不理解为什么自己的上场时间这么少，我既不是表现得很糟糕，也没有制造任何的麻烦。我之后才发现，阿内森和桑蒂尼之间存在很大的分歧，我成了夹在中间的替罪羊。很显然，把我带到热刺，更多的是阿内森的决定，和桑蒂尼没有任何关系。这位热刺主教练看不上我，不过我们之间从未发生过口角，我从来没有质疑桑蒂尼。这段经历很痛苦，但是我始终保持着职业的态度。

我确保自己不能给桑蒂尼任何借口来雪藏我。我没有把小事化大，而是继续埋头苦干。一直以来，我很感谢阿内森和桑蒂尼的助手——马丁·约尔。如果我能随一线队训练，约尔总是善言相对，帮我鼓劲。如果我被下放到预备队，他亲自找到我，告诉我要继续努力，因为属于我的时机终究会到来的。

篝火之夜（英国传统节日）盖斯带来了一个惊人的消息："明天你会打首发。"他听到了一些流言，桑蒂尼准备把我放进下一场比赛的大名单，对手是查尔顿竞技。盖斯得到这些消息，然后来通知我，这件事确实有点怪异，之前从来没有发生过这种状况。谢天谢地，我终于有机会向主教练证明自己的能力，还是首发登场。

第六章 热刺生涯 | 091

我立刻打电话给父母,让他们过来看我的比赛。那是几周以来我第一次有了笑容。不过计划总是没有变化快!就在那个晚上,桑蒂尼在执教13场比赛后被炒鱿鱼了!这件事让我啼笑皆非,因为看上去桑蒂尼终于认识可了我的能力,不过他却要离开这里。然后剧情又发生了转变!阿内森把我移出大名单,他不想让人觉得,桑蒂尼一走,我就能首发登场。这让我感到沮丧吗?一点儿也没有,这就是政治。最后,我替补上场,换下小雷德克纳普,不过我们还是输掉了比赛。随着约尔成为一线队主教练,我终于迎来了转机。

马丁·约尔拯救了我,我永远都欠他一份恩情。他给了我在白鹿巷的第一次先发机会,我们的对手是阿森纳,那场比赛最终演变成一场混战。北伦敦德比的重要性,无须赘述。这就是足球文化传承的一部分。热刺与阿森纳的较量,足以让白鹿巷座无虚席。小时候,即使在电视机前观看北伦敦德比,那些热血的场面也让我倍感震撼。德比对于球迷来说,意味着一切。现场的气氛会到达顶点,双方球迷会互相斗嘴和谩骂。利物浦对埃弗顿——震撼,西汉姆对切尔西——更震撼,热刺对阿森纳——往往是最震撼的。过往的历史里,阿森纳总是在联赛里有好的表现,而热刺则被认为是一支杯赛球队,这让我想起了小时候看过加斯科因在1991年的足总杯半决赛中的精彩表现。我想念这种强强对话的比赛,我迫不及待想体验那种胸怀豪情的感觉。在英冠(英甲改制后),你不会有这样的比赛体验。我转会热刺,就是为了寻求这种挑战。在球员通道里,双方球员不会有任何的眼神交流,大家都面无表情。即使对方阵中有我最要好的朋友,我也不会和他们说一句话。如果我带领球队进场,我或许会在球员通道里与对方的队长握手,或者对方球员主动向我走过来,我也会和他握手,但是我从来不会主动和对方的球员打招呼。

我的脑海中只会想着:"第一次铲球,第一次传球。"让自己完全投身到比赛当中去。过去两年,我经历了伤病和球队降级,这是我重返大舞台的机会，我要对位法布雷加斯——那位间接让我无缘加盟阿森纳的球员。这是我们之间的第一次较量，在往后的岁月里，我和这名优秀的球员之间还有过多次交手。在阿森纳阵中，我最欣赏的球员是丹尼斯·博格坎普。有一次，当博格坎普准备摆脱我的时候，我对他做出了一次滑铲，我想我可以把他拦下来了。不过博格坎普把球挑起，转身离开，像在说："之后见。"而我的肢体语言就像在说："做得不错，丹尼斯，这次是你赢了。"那场比赛，我们4比5输了。我讨厌输球，不过重返赛场让我感到很高兴，我还为内贝特和莱德利·金送上助攻。这场比赛让我找回归属感，我回到了正确的轨道上。

北伦敦德比帮助我找到了最好的状态。我记得在2006年4月做客海布里，那是我在热刺阵中表现最好的比赛之一。我不断运球突破，这可不像平常的我。约尔不断鼓励我要敢于掌控比赛，我过掉了三名阿森纳球员，然后想着可以攻破莱曼的十指关，可惜我的射门打在了边网上。

约尔对我的影响很大，是他把我带到新的高度。他的妻子尼科尔曾经对我说："他是你的粉丝。"约尔关心我，非常信任我。到了我效力热刺的第二个赛季，他要求我承担更重要的责任，成为热刺中场的指挥官。那个时候，所有球员都难免与过往的球员进行比较。我被比较的对象是格伦·霍德尔，霍德尔是热刺的传奇球星。我看了很多他的比赛录像，所以很清楚他的实力、他为热刺所做的贡献以及他辉煌的球员生涯。

我在热刺站稳了脚跟，在约尔的带领下，球队也在稳步前进。第二个赛季，我们签下了世界级球星埃德加·戴维斯，这可是一则大新闻！我很清楚戴维斯的辉煌履历，他在阿贾克斯跟随路易斯·范加尔拿到欧冠冠军，在尤文图斯拿到三座意甲联赛冠军奖杯。1998年的法国世界杯以及2000年的欧锦赛，他在荷兰的表现都非常抢眼。

虽然戴维斯的巅峰期已经过去了两三年，但我还是从他身上学到了很多东西，最重要的是他对于胜利的渴望。虽然他已经赢得了那么多的冠军荣誉，但是他从来不会丢失对追逐冠军荣誉的饥饿感。我、杰梅因·耶纳斯和戴维斯，为热刺搭建了一个优秀的小个中场球员组合。亚伦·列侬则在边路飞驰电掣。年轻的时候，列侬的天赋异禀，速度确实很快。我在热刺的第二个赛季，他几乎不可阻挡。我们的锋线也很强，卡努特、迪福以及罗比·基恩都很强，米多也有不错的发挥。莱德利·金是我们后防线的领袖，他的搭档是迈克尔·道森。尽管由于膝伤的原因，金没有参加太多的训练，但是他很顽强，伤病永远也无法击垮他。当我在训练基地看到他通过骑单车的训练方式来保持比赛状态时，我对他充满了敬意。在他的身上，足球变成非常简单的事情，他的两只脚都能传球，敏捷而强壮，冷静而自信。如果他能够一直保持健康的话，谁能知道他将达到怎样的高度？那个时候，他就是和我合作过的最佳球员之一，能力与里奥·费迪南德不分伯仲。真的，如果没有伤病的话，莱德利·金完全够资格为曼联效力。

球场外，我们也是打成一片，这让球队的更衣室里产生了很好的化学作用。罗比·基恩和耶纳斯的性格都很好，莱德利·金、道森和安迪·里德也一样。我和基恩的关系最密切，我们一起约女孩出去吃饭，逛逛市中心，通常我们会去唱歌，因为基恩很喜欢唱歌。他不需要任何人的捧场，情绪一上来，他就唱各种各样的歌曲，特别是那些爱尔兰民歌，他确实是有个好嗓子。

我在热刺过得很开心，这是一家美妙的俱乐部。白鹿巷的比赛氛围很好，看台总是爆满，气氛炽热。我真的相信，球队能在约尔的带领下取得一些特别的成就，我们的目标是晋级欧冠。2005/2006赛季的最后一场比赛，我们做客西汉姆。比赛前一天，我们住进了金丝雀码头的万豪西印度码头酒店，当时的形势很明了：如果我们在最后一场比赛里拿到的积分与阿森纳在对阵维冈的比赛中拿到的积分是相同的，我们将进入联赛前四。这对热刺来说意义重大，击败阿森纳，获得最后一张欧冠入场券，肯定让人感到格外兴奋。我们在万豪酒店一起吃晚餐，一切看起来都很正常，我们吃着惯常吃的食物，开了球队会议，然后上床睡觉。接着就发生了媒体报道中所笑称的"千层面门"事件，真实的情况远比媒体报道中更恶劣。我在午夜中惊醒，就再也睡不着了。我从来没有承受过这种痛苦，感觉就像内脏在燃烧。疼痛感越来越强烈，如同火上浇油。我蜷缩在床上，祈祷自己能熬过去。我只能告诉自己，熬过这个夜晚，明天一早就去看医生。虽然情况很糟糕，但我不想带来惊慌，那不是我的处事风格。早上7点，我已经等不及了，我慢慢走下楼，想去吃点东西，希望能让身体恢复正常。我要了一根香蕉，尽管当时难以下咽，但我还是强迫自己尝试吞下去，我做不到。一些队友陆续走进餐厅，他们看上去也是脸色苍白。他们也失眠了，每个人都感到不舒服。

我不能再待在那里，我又慢慢走回房间，躺在床上。为什么会这样？为什么在这个时候发生这种事？我在那里躺了一个小时，不停告诉自己没事的，能熬过去。我知道约尔和队友们很快就会出发，如常进行赛前备战。在那个时候，我只能从床上走到浴室，重复着同样的动作：摇摇晃晃走进浴室、呕吐，然后回到床上睡觉，辗转反复，但就是睡不着。

我的身体在对着我尖叫，躺在床上，不要下楼，但我必须要去。我咬紧牙关，走下楼，然后走进一间会议室，现在这里更像是医院的候诊室，有七八名队友都受到影响，没有人知道原因。一种病毒？食物中毒？或者更糟……有人蓄意投毒？警察也来了，他们要调查是否存在潜在的犯罪行为。英超的官员也来了，他们立刻和约尔以及主席丹尼尔·列维进行了交流。当约尔重新出现时，他告诉我们："我们要求将比赛推迟一天，或者至少推迟四个小时，让你们有机会恢复过来。"

列维打电话给英超的首席执行官理查德·斯库达莫尔，但后者拒绝推迟比赛。"我们必须上场比赛。"约尔在一个小时之后对我们说。我不能理解英超官方为什么不能妥协。你的准则是什么？两名球员病了？四名？六名？这又能怎样？你在什么情况之下可以说："好的，就这样，比赛取消。"这可不是一场普通的比赛，整个赛季的成败都取决于此，我只想着如何才能为球队做出贡献。

"你能不能上场？"约尔问我。尽管我已筋疲力尽，精神萎靡，我们的肠胃仿佛在说"不能"，但我的良知促使我回答"能"。我不想让任何人失望，我有责任上场比赛。那个赛季，我的传中次数和传球次数都是领跑全队。

"我的情况有点不太妙……但我可以上场。"我对约尔说。对于我的坚韧，他非常感激。现在，他终于凑齐 11 名球员了，我慢慢悠悠爬上巴士，算好自己的座位与厕所的距离。

在厄普顿公园，我正准备去听约尔的赛前讲话，但是肠胃不适让我只能再次冲进厕所里呕吐。我尝试把精力都放在比赛上，但我能做的，只有尽力忍住腹泻和呕吐。我还记得，比赛开始前在更衣室里，我试着大声鼓励队友，事实上，我更多是在鼓励自己。我看上去肯定很虚弱，因为我还记得和耶纳斯对视的那一幕。那场比赛，他因伤缺阵，坐在角落里，对着我苦笑。

现在回想起来，我很感谢迪福在赛后告诉媒体："我真的很敬佩像迈克尔这样的球员，尽管他的身体状况不佳，他还是上场比赛了。"天啊，我真的很辛苦。我跑不动了，无法盯防任何人。我很虚弱，感觉昏昏欲睡，脑袋一片空白。我只能尽量让自己不要在球场上摔倒，而不是专注于比赛。我听到西汉姆球迷在歌唱："阿森纳 1 比 0 领先了。"他们应该在海布里进球了。当维冈 2 比 1 领先的时候，西汉姆球迷静下来了，不过我们知道阿森纳在半场结束前把比分扳成 2 比 2 平。我们这边是 1 比 1，我助攻迪福扳平了比分。

如果两场比赛就这样结束，热刺能进入欧冠了，但是我快站不稳了。我的身体垮了，我只是靠本能在完成比赛。一小时之后，当约尔正在安排戴维斯替补上场的时候，我马上举起手说："你快把我换下去。"我感觉自己就像在挥舞着白旗，投降的感觉很糟糕，但我已别无选择。这是我职业生涯里唯一主动要求被换下的比赛。因为在这方面，我的态度一直很自负。但是在那一刻，我的身体状况实在是太糟糕了。我甚至没有等到约尔的同意，就直接就走下场。

队友们的努力以及我们整个赛季的付出，随着比赛的进程，正在变得毫无意义，而我力不从心，这让我感到很无助。西汉姆进球了，阿森纳赢了，我们失败了，西汉姆球迷不停嘲讽我们。对西汉姆而言，最重要的就是阻止热刺晋级欧冠，所以整座厄普顿公园球场都沸腾起来。所有西汉姆球迷都在看台上载歌载舞，不过这也不会让我感觉到更糟糕了。回到更衣室，这里更像太平间，几乎所有人都坐在那里一动不动，像结了冰一样。我只想蜷缩起来，睡一觉，把所有不好的感觉都忘掉。足球有时候就是如此残酷，如果在厄普顿公园，全员健康，我确信热刺能晋级欧冠。

卫生检查员进入万豪酒店，检查了食物，他们宣称我们不是食物中毒。他们估计我们感染了诸如病毒，和酒店无关。对于外界猜测的一些疯狂的阴谋论，我也有耳闻，但我从来没有产生过这种怀疑。如果有人真的想加害一支球队，这很容易做到，他只需要偷偷在食物里放点东西。这样的事情从未发生过。大家都在谈论"千层面门"，但实情不是这样。"千层面门"只是让故事听起来更吸引人而已。事实上，我们的不适与万豪酒店的千层面毫无关系。

另一件让我感到失落的事情，就是热刺给我提供的新合同待遇不算太好。我在热刺真的过得很开心，圣诞节期间，我们和列维谈到续约以及提升待遇的问题，我当时的合同还剩下两年半的时间。他不同意，在薪酬方面，我们之间存在着很大的分歧。他摆出的姿态让我感到恼火，毕竟从西汉姆过来的时候，我的要价就不高。实际上，我的薪酬和在英甲的时候是一样的。所有人都知道，热刺的薪资架构是很严谨的，但我还是觉得自己应该涨薪。同一时间，莱德利·金也在谋求一份新的合同，所以列维和往常一样，拼命搜紧自己的荷包。他一直以为，我们提出加薪要求，就是想着要离队，但老实说，这是我的真心实话，我不想离开。我在那个时候是百分百想和热刺续约。"如果薪酬合适，我就留下来。"我当时就是这样想的，虽然这句话现在听起来有点不合时宜，但是我想留下来，金钱从来不是我最关心的事情。真的，如果列维在这件事上处理得更合情合理一些，我会留下来的。

在我看来，这是一条需要恪守的原则：球员应该得到与他价值匹配的待遇。而列维似乎并不了解这一点。第二个赛季的成功让我带着积极的心态重返球队。我感觉到，是时候要展现出自己最好的一面，否则我就会掉出大名单，成为"边缘球员"了。我来到了职业生涯的十字路口。毫不夸张地说，这段时期造就了今天的我。我全心全意为热刺效力，没有任何离开的理由。上赛季我们排名第五，我还要去哪里？还有更优秀的球队邀请我吗？反正我觉得不会。

阿森纳再一次展现出他们对我的兴趣，大卫·盖斯和他们的首席球探史蒂夫·罗利是老熟人。他们之间有一些非正式对话，比如"迈克尔过得好吗？他对转会有兴趣吗？"不过我真的可以从热刺转会到阿森纳吗？这是一次棘手的转会，我从来没有认真考虑过这件事。利物浦也向我释出善意，但是他们的态度比较模棱两可。真正让我感到兴奋的是盖斯向我透露，曼联也静悄悄地加入这场转会的战局中。当时在我的脑海里填满了一幅幅为曼联效力的画面，我为曼联效力的梦想真的能实现吗？

带着对未来的期待，我出发征战德国世界杯，把谈判的事情都交给了盖斯。但是曼联与列维之间的谈判并不顺利，这让我感到很沮丧。6月10日，列维拒绝了曼联的1000万英镑的报价，这份报价的金额让我感到震惊，热刺居然没有接受！他们已经赚大了！热刺花了 250 万英镑把我引进球队，加上一些额外的奖金，最多达到 275 万英镑。只过了两年时间，我认为他们对于这样的收益应该很满意，毕竟西汉姆占到的分成并不多。我害怕热刺进一步提价会令这次转会交易泡汤。"1200 万英镑，不能再多了。"我对盖斯说。

之后我听说，随英格兰代表队出征世界杯的那批曼联球员曾经向弗格森爵士汇报，说我的训练状态很不错，职业态度很好。我从来没有留意到加里·内维尔会观察我的训练表现和平常的一举一动。虽然我没有和内维尔交流，但我听说是他向弗格森爵士推荐了我。

列维的态度依然强硬。好吧，我懂了。列维确实是一位优秀、难以对付的商人，他想为自己的俱乐部谋求最大的利益。就像两个人在玩扑克牌，列维只是刚出招，而且他现在是处在上风的一方。代表曼联谈判的是他们的首席执行官大卫·吉尔，他与俱乐部的老板——佛罗里达的格雷泽家族一直保持联络。

我之后才了解到，当大卫·吉尔通知弗格森爵士，列维的要价超过 1200 万英镑的时候，弗格森爵士正在参加高尔夫球的训练课程。不知道这会不会影响弗格森爵士的推杆！我不禁在想，这次交易要告吹了。不过吉尔一直对盖斯说："别担心，我们会把事情谈成的。告诉迈克尔，我们不会抛弃他，我们不会退出谈判。"我原本已经不抱希望，不过在 6 月 30 日，弗格森爵士给我打电话，这让我的心情稳定了下来。当时我正坐在巴登的布伦纳斯公园酒店的花园里，这是提供给英格兰代表队成员的亲属所入住的酒店。我和父母，还有格雷姆一起喝茶，我接到盖斯的电话："一分钟后，弗格森给你打电话。"

真的过了一分钟，电话再次响起。"父亲，是他，真的是他！"在我接通电话的时候，我轻声地说。不管是父母，还是丽莎和格雷姆，包括我自己，都觉得这简直是不可思议。我的心跳加速，在回答之前，我平复了一下心情。他可是弗格森爵士,英格兰足球界里最具威望的主教练,我真的很紧张。我把桌子折起来,挡住自己接听电话,预防其他人能偷听到对话的内容。我知道,记者们已经围在酒店的周围。然后我开始展开与弗格森爵士之间的对话,我的感觉很不错,这只是一次简单的交流,最多就是一分钟。"你好吗?你在踢球吗?"弗格森爵士问。

"没有。"我回答。那是在斯图加特,英格兰对阵厄瓜多尔的比赛之后,虽然我表现得不错,但我知道,对阵葡萄牙的四分之一决赛,我不会打首发。

"未能上场比赛的感觉如何,孩子?"弗格森爵士问。我很感谢他给我的支持。我们简单谈了谈曼联的情况,不过弗格森爵士从来没有在我面前赞美过关于俱乐部的任何事情,这是不需要的,因为我早已为曼联而着迷。我想做的就是让他知道,我是多么热切希望加盟曼联。

"坚持住,迈克尔,"他说。"热刺正在制造麻烦,但是我们会完成这次转会。"这是我人生中最重要的一通电话。我回头看了看父母、丽莎和格雷姆,然后说:"刚才发生了什么?我居然在和亚历克斯·弗格森爵士交谈!"

"弗格森爵士都说了些什么?"母亲问。

"他说我们会完成交易。"这就是我们希望听到的。茶的味道也变得格外香甜。回到英格兰代表队下榻的酒店,我没有告诉加里·内维尔,我要保守秘密。无论如何,我不能把这些事情告诉其他人。我甚至没有把弗格森爵士给我打电话这件事告知自己最好的朋友,尽管他们会来问:"给你打电话的人是谁?"

谈判一直拖到7月,这让我的顾虑变得越来越多。世界杯结束之后,我和丽莎去了夏纳度假,我只想着尽快完成交易。接下来的一周,我就要回热刺进行季前训练,我非常渴望尽快完成转会。我决定给列维打电话,这是我第一次给他打电话,也是唯一的。我从椅子上站起来,坐在木板人行道的一条长凳上，我恳求他。"我真的很想离开，丹尼尔。你能不能接受他们的报价？这很合理。你为我付了 250 万英镑，他们要给你 1200 万英镑。"

其实打这样的电话让我感到很难为情，这似乎在暗示"看，我想离开"。说这样的话，不符合我的性格，但是当时的困境迫使我不得不采取行动。足球生涯很短暂，这种机会一瞬即逝，这是一个完美的时机，我快 25 岁了。现在不去，就永远没有机会了。

"好吧，他们要满足我的要价。"列维这样回答的，就是这么简单。对列维来说，钱是最重要的，所以他不断抬高价格。

"我原本不该来找你，主席先生。我原本不该来请求你让我离开俱乐部，因为我在这里过得很开心——但那是曼联。"

"好吧，曼联要把钱付清。"和列维的争论毫无意义。或许和一堵墙对话，我还能收获到更多的乐趣。"求你了，丹尼尔，这是我想要的。我真的很想走。"他又提到钱，我们结束了这次对话。这是一次文明的对话，我尊重列维为热刺的利益而寸步不让，但我真的很沮丧。

回到奇格韦尔训练基地，我去看了马丁·约尔。约尔是一个性格温和的老实人，和过去一样，他和我一直相处得很好。"看，我真的不想失去你，但我完全理解，"他说。"我肯定不会阻挠你。你配得上这次转会。"热刺没有晋级欧冠，但是曼联可以打欧冠。曼联在近 10 年里多次赢下英超冠军。显然，我的球员生涯将会向前迈进一大步。约尔能认识到这一点，他也需要时间找一位球员替代我，所以列维的拖延，对他也没有好处。热刺的球员也能理解。曼联！任何人都不想错过这种机会。

想到即将离开，我也有些伤心，因为我在热刺有一段美好的时光。最后在 7 月 24 日，盖斯打电话来说："转会完成了。"太棒了！格雷泽家族同意把报价增加到 1800 万英镑。1800 万英镑！我心想，这也太高了，但是转会费和我没有任何关系。我的第一反应就是松了一口气。我听到过一些流言，曼联对比利亚雷亚尔的马科斯·塞纳以及拜仁的欧文·哈格里夫斯也都感兴趣。我还听说，俱乐部内部也有过一些争论，球队是要一名控球型的中场球员，还是要一名更擅长防守的中场球员？不管我是不是曼联的第一选择，我都不介意，能够加盟曼联，就让我感到心满意足。

当这项转会正式公布的时候，我看到热刺和曼联的球迷都提出了质疑，这提醒了我，我还需要继续证明自己。伯尼·金斯利是热刺球迷杂志的编辑，他在接受BBC采访时被问到热刺球迷看到我离开会不会感到很伤心，他的回答很平静："我觉得热刺球迷不会感到失望。这样的价格，我们还有汤姆·赫德尔斯通和迪迪埃·佐科拉在俱乐部，这是一笔很棒的交易。"BBC还采访了曼联球迷协会的马克·朗登，朗登说："我还没有和其他人谈过这个话题，但要是有1860万英镑可以花，为什么要花在卡里克的身上。"那时候，我遭遇到很多质疑。如果我有1800万英镑，我可能也不会拿去把自己买回来。

随着列维的不断抬价，曼联也陷入了进退维谷的境地。当时很多热刺球迷都在说："1860万英镑是一个好的交易。"作为曼联球迷也许会想："他是一名好球员，但是他还没有取得过什么好的成就，对比之下，这个价格太高了。"我和丽莎待在了北方，我知道所有人都在质疑我和我的身价。

第七章　自我证明

第一次在曼联的卡灵顿，将要进行"盒子"训练的时候，我承认自己有点忐忑不安。在8米乘8米的正方形草坪上进行"盒子"训练，这是对我的第一个考验。我有没有这样的技术？我有没有这样的气质？所有俱乐部都会进行"盒子"训练，不过我听说曼联的要求更高。这是一种抢断球的游戏，但是强度更大，五到八名球员相互传球，要一脚传球，两人在中间尝试拦截。如果你抢到球，甚至只是碰到球，你就能和被你完成拦截的那名传球手交换位置。我很快意识到在曼联的"盒子"训练，速度更快，拼抢更激烈，球员也更投入。"盒子"训练能提升技术和团队合作，评判出球员的优劣，那么我是属于那种范畴的球员呢？

我面对的第一个问题是我属于哪一个"盒子"？年轻球员还是老球员？我当时是25岁，两个区域都能去。我走到老球员的那一边，我想更多地接近这批球员，我要向最好的球员学习。我想成为像他们那样的球员，老球员那一边都是曼联的核心球员。我想挑战自己，进入最佳球员的行列。以前，我在玩"盒子"游戏里见过很多花哨的动作，球员们卖弄着各种各样的技艺，我对此不感兴趣，我心想，这有什么意义？我们无法从中得到任何收获。有时候，只是在"盒子"中间走来走去，我就能抢到球。但是在曼联，这里的"盒子"训练有着完全不同等级的强度。

要想在老球员这边的"盒子"游戏中立足，要求很高。整个游戏完全由球员主导，教练员不会参与其中。弗格森爵士就在20米开外的地方静静地看着。我的这些新队友：瑞恩·吉格斯、保罗·斯科尔斯、奥莱-居纳尔·索尔斯克亚、加里·内维尔、内马尼亚·维迪奇、帕特里斯·埃弗拉和我的老朋友里奥·费迪南德，路易·萨哈也在。我第一次来的时候，还看到米卡·西尔维斯特和加比·海因策。需要有一定的资历，才能进入这个区域，当然随着时间推移，这里的成员也在发生改变。朴智星加入进来了，韦恩·鲁尼也够年龄进来了。因为身边的一些球员在他身上完成了穿裆传球，他感到有些恼怒，这会让他在场上来几下飞铲。每当看到他在场中央像个疯子一样来回奔跑抢球，大伙就会起哄。这就是鲁尼。过了两分钟，他就忘掉这一切，露出孩子般的笑容。正是这份激情与专注，成就了他的伟大。

我们在玩"盒子"游戏的时候，不会过分调侃身边的对手。不过斯科尔斯常常戏弄抢球的人，尽管他的本意并不是想羞辱谁，但是他的能力就摆在台面上。当他完成了一些精彩的技巧之后，他就在一边偷笑，一句话也不说。第一天来到这里，我就尝试融入老球员的"盒子"游戏里，我听到他们会给每一次的"盒子"游戏设定一个主题，有时候是"联赛杯盒子"，有时候是"英超盒子""欧冠盒子"，或者是"冠军盒子"。当我走过去的时候，费迪南德慢跑到训练场，大声地喊："今天是'联赛杯盒子'，在这里。"斯科尔斯把球大力踢到我的面前，这是他独有的"欢迎仪式"，脸上带着微笑，他在考验我的同时似乎也在为大家找点乐子。这些"盒子"游戏的竞争氛围可是非常残酷的。费迪南德告诉我，当他以3000万英镑的身价来到曼联之后，罗伊·基恩在"盒子"游戏的时候给他传球，他没有停好，索尔斯克亚断了球。"妈呀！他值多少钱来着？"虽然费迪南德一直对自己很有信心，但是他承认，这句话让他很受伤害。

这些刺耳的批评声提醒着每一名球员，他们在曼联所要达到的水平。"盒子"游戏并不复杂，相当于热身运动，不过这里展现了球队的文化。我逐渐明白，对于曼联的球员来说，为自己赢得尊严就是生活，互相促进，每一天都要渴望进步并享受足球带来的乐趣。饥渴感会让球员进步，勇攀高峰，在老球员的"盒子"游戏中站稳脚跟——融入球队、赢下比赛、赢得冠军，周而复始。

每当有球员连续两次站在场中央去抢球，有人就会喊："噢，又来他！他像是买了季票！又是他来抢球！"虽然这些话无伤大雅，但还是会让人感到羞愧，我很讨厌站在场中央抢球的状况发生在自己身上。斯科尔斯总是喜欢给别人制造难题，他还特别喜欢给我传球。有一次，他把球传到我胸口的位置，我必须处理好，没有容错的空间，感觉像是他故意要把我弄到场中央去抢球。吉格斯喜欢用眼神来迷惑你，让你判断失误，费迪南德的风格刚好相反，他就是直来直往。我发誓，朴智星真的像是有"三个肺"，他还能读取你心里面的想法。在抢球这方面，朴智星的执着让人觉得不可思议。无论你骗过他多少次，没有关系，他还是带着笑容，等待着下一个拦截传球的机会。索尔斯克亚就像无声刺客，他悄悄地把麻烦抛给你，看看你会怎样处理。

弗格森爵士给球员所注入的竞争意识，意味着有一些球员在"盒子"游戏里做出飞铲的动作。别误会，我们不是要伤害队友。不过每天的训练，有一段10到15分钟的时间，大伙儿都会全情投入，为一整天的训练打下基调。

走进"盒子"游戏的场地，我深知自己必须赢得其他曼联球员的信任。我要证明自己有能力为曼联效力，拥有着足够强烈的饥渴感。我的新队友会想："我们今年要争取拿到联赛冠军。你能为我们做些什么？"效力曼联期间，我始终保持着坚定的决心。在往后的日子里，我也会以同样的心态去对待球队的新援，我想，他有多厉害？他能为我们

第七章 自我证明

做些什么？

我愿意为曼联付出一切，然后继续进步，做得越多越好。这就是我渴望加盟曼联的原因。我不介意在交易谈判的最后一刻才谈个人待遇的问题。我猜曼联是在等待，想先明确最终要给热刺支付多少转会费。转会费越昂贵，大卫·吉尔可能就会说："我们没有更多的钱给你了。"我不需要做太多的考虑，就在曼联给我的球员合同上签字了，我赚得比在热刺的时候多。在联赛，我们没有赢球奖金，因为我们是曼联，赢球是必须的。在欧冠，小组赛的每一场胜利都让我们得到一笔奖金，但之后俱乐部修改了条款，我们只有进入欧冠的淘汰赛阶段，才能获得赢球奖金。

在转会谈判进行期间，我看到 BBC 采访了我在西汉姆的老教练——老兰帕德的节目。他形容我是一个"友好、随和的小伙子"，他期待着我更进一步："因为去了曼联，意味着他来到更高的舞台，对他的要求也变得更高。"我非常认同他的说法。在曼联，我需要让自己变得更好，这就是我人生的最大课题。不久后，我了解到弗格森爵士对我初来报道时的评价："他是一个害羞的男孩，需要不断给予鼓励。"我知道他为什么这样说。或许不应该用害羞这个词，我更愿意用安静这个词来形容自己。那个时候，他可以买下世界上任何一名球员。或许我不是他心目中的第一选择，老实说，更大的可能性是我确实不是他的第一选择，他完全可以不需要在我身上花费太多心思。"谁是现阶段世界上最好的中场球员？好吧，我要带走他。"我一直觉得，相比于球迷，教练和球员们会给我更多的赞赏。那时候，大部分的英格兰球迷喜欢拼抢凶狠的球员，而不是送出漂亮传球的球员。那些防守悍将做出飞铲，然后抢回球权，全场球迷的激情就会被点燃。这真的很难理解。不过签下新球员的目的，都是为了让球队的攻守变得更加均衡。要做到这一点，你就要清晰地了解自己在球队的战术体系当中发挥怎样的作用，你的价值在何处，还有你对比赛的理解。

我知道，有些球员无法应对曼联这种豪门球队带来的压力，毕竟它的历史与雄心壮志都摆在这。如果你没有坚忍的意志，你就无法承受这件战袍所带给你的重压。在热刺，即使我每隔三周才有一场表现不错的比赛，也不会有人对我指指点点，他们依然说："不错，迈克尔，你是一名优秀的球员。"在热刺，即使球队踢了一场糟糕的比赛，我们也不会受到太多的批评。但是在曼联，失败是不可接受的。从在这里的第一天起，我必须给队里的每一名球员留下深刻的印象——你可以信任我，我做好了准备，我时刻与你并肩作战。

弗格森爵士向我解释了在曼联阵中对于期望值的定义。我早早就来到卡灵顿，我和丽莎住在洛瑞酒店，一大早就起来了。在汽车里设置了导航，然后出发前往卡灵顿。这份新工作开始的第一天，我绝不可以迟到。之所以要这么早出发，我还有第二个想法，那就是如果能够更早一些走进空荡荡的更衣室，然后看着新队友一个接一个走进来，或许我能给他们留下更好的印象。当我在餐厅里吃早餐的时候，弗格森爵士走进来，我马上跳了起来。"孩子，来我的办公室，我有些话对你讲。"弗格森爵士说。走进他的办公室，我们在他的办公桌旁边的沙发上坐下来。在办公桌那个地方放眼望去，他就能看到下面的几块训练场和供球员使用的停车场。

"欢迎你来到这里，孩子，很高兴这一切都已经处理妥当。"他说。"你会喜欢这里的，这里有好的工作环境，这里的人都很友善。继续努力，我相信你会做得很棒。"从弗格森爵士的口中说出"继续努力"这个词，这是第一次，但肯定不是最后一次。

"在曼联，我们习惯了赢球，你知道吗？你面对不一样的氛围。在曼联，当你像我们一样，赢得过这么多的胜利和冠军之后，每一个人看待你的方式都变得不一样。我们设立了不一样的标准。每一个人都想击败你，每一个人都想撕碎你，每一个人都想质疑你，每一个人都想追赶你。"

我当时对着弗格森爵士给出了一个如此愚蠢的回应："这应该和切尔西差不多。"现在的我回想来，依然不敢相信自己居然会给出这种回答。因为当时的切尔西赢下了过去两个赛季的联赛冠军，我当时只是在想，要成为冠军，就是要击败他们。

弗格森爵士对我的回答，给出了不屑的表情。"不，孩子。这是曼联。我们和其他俱乐部都不一样。"

我当时心想："天啊，我刚才到底说了什么？他现在会对我有意见吗？我在曼联的这个开始真的是太糟糕了。"

在欢迎我入队的时候，弗格森爵士突然说到了"乔德人的旅程会很愉快的"（Geordies travel well）这个词，意思是来自英格兰东北部的人在曼联就会有很好的表现。当中他提到的名字是博比·查尔顿爵士和布莱恩·罗布森。我们的老大（弗格森爵士）就是如此风趣，只要在他的脑海里闪现出某些想法，他就会一直坚持这个观点。如果说有来自纽卡斯尔的球员，在曼联有好的表现，那么弗格森爵士肯定又会说"乔德人的旅程会很愉快的"。

对于他的这种想法，我一点儿也不觉得意外，他做事情总是巨细无遗，因此他肯定对我的背景做过深入的调查，他会向其他教练，甚至是他麾下的英格兰球员了解我的过去。或许正是由于我来自英格兰东北部，这让他觉得我能够很好地融入曼联阵中。我总是仔细聆听着这位传奇教练的教导，也注意到了一些小细节，他总是会说"Manchester United"（曼联），绝对不会只说"United"。毫无疑问，完整的称呼展现出他对于这家俱乐部的尊重。对于曼联，总会让他感受到激情和自豪感，不只是这支球队，而是整个俱乐部；不只是现在，更是这家俱乐部的整个辉煌历史。弗格森爵士总是希望曼联能够按照某种固定的模式，一种优雅的模式运作。他认得俱乐部的所有工作人员，还有这些工作人员的家人以及了解他们的背景履历。这位传奇教练真切关心着每一个曼联人，这也让他们为这家俱乐部倾尽所有。

在我来到曼联的第一个早上，当我正要离开弗格森爵士的办公室时，他问我想要哪个球衣号码。

"老实说，我不太在意这件事。"

"这里有一件16号球衣，你想要吗？"

"可以的，没问题。"罗伊·基恩用过的号码意味着这不是一件普通球衣，其他新援可能向弗格森爵士要求其他的号码。

"你确定吗，孩子？"

"是的。"

我知道，接过基恩的16号球衣将是一个挑战。后来我了解到，弗格森觉得我在这件事上展现出惊人的勇气，我本来可以不与基恩扯上关系。实际上，我接受基恩用过的号码，这更像是一种声明，证明我无所畏惧。我知道穿上16号球衣，肯定会给自己带来一些不可避免的难题。

在曼联的头几个月，如果我表现不好，人们就会说："看，他不是罗伊·基恩。"在那段时间里，我都会被问道："取代基恩的感觉怎么样？"三年后，我每周还是会被问到同样的问题。"好吧，这真的没什么，我只是以平常心对待。"我不厌其烦地回应着。我尝试证明球衣本身只是一块布料，而并不代表着曼联历史的一个重要组成部分。当然，我知道16号球衣会引发关注的，特别是因为基恩是在接受曼联电视的采访时批评队友，之后在一片争议声中离队。但是不管怎样，基恩为俱乐部所做的贡献是巨大的，他为俱乐部留下的遗产是有目共睹的，他是曼联王朝里不可或缺的一部分。我能理解"红魔"球迷们都在等待新基恩的出现，但你永远无法取代像他这样的球员，你只能用另一种方式做到这点。贝斯特、查尔顿、坎通纳、斯科尔斯、吉格斯、费迪南德、内维尔、C罗、鲁尼——你找不到另外一个和他们一样的球员，基恩也一样。

把基恩放到英超顶级中场的行列并不难，虽然我不会说他是当中最强的，因为在我看来，斯科尔斯才是。不过基恩确实是顶级的中场球员。我和他做过对手，曼联的队友都对我说："人们还没有完全意识到基恩的传球有多棒。他总是能够很好地把球传到前锋的脚下。"鲁尼有一次也这样对我说。基恩的技术被忽视了，因为他在球场上展现出很强的攻击性，人们只关注到这些。他的坚韧，足以打动你，他对同伴的要求非常高。费迪南德告诉过我，在他加盟曼联不久后，有一次基恩臭骂了他一顿："向前传球，不要怕冒险。你现在不是在利兹联或者西汉姆，你在曼联。"基恩的遗产就包括总是对自己或是球队有着极高的要求，我知道自己必须直面挑战，不能逃避，我必须勇往直前。

拿到新的球衣之后，我找到球员联络官巴里·摩尔豪斯，他给我派发比赛日要穿的套装。打开小衣柜，摩尔豪斯从里面拿出几件夹克和几条西裤，然后说："这些合身吗？"好吧，尽管不是个人定制，但是也很合身，不过现在可不一样了，球员都会得到个人定制的服务。穿上夹克，胸前口袋上面那个硕大的俱乐部标记让我真正有了加入曼联这个大家庭的感觉，那种油然而生的自豪感，顿时让我觉得自己的形象变得更高大，更有自信，甚至我的后背本能地挺直。这让我回想起在厄普顿公园球场的通道上看到曼联球员走出来的日子，我心想："是的，他们看上去是最优秀的球员。"在曼联，我们为自己在公众场合所获得的关注度而感到自豪。"当你们去机场时，所有人都会看着你。"弗格森爵士说，"你们代表着俱乐部，你们要穿上俱乐部的西装。"老大希望为整个球队塑造出良好的形象——我们不仅要着装整洁，还要穿着得体。我们的形象也代表着俱乐部的气质。

在聊天的过程中，摩尔豪斯告诉我，从巴斯比宝贝的那个年代开始，他就一直随曼联打主客场的比赛。从我来到的第一天，我就注意到，这里的所有员工都是终生的曼联球迷。他们很多人是来自克里夫——在索尔福德的旧训练基地，那能追溯到巴斯比宝贝的时代。这种长期为俱乐部服务的情况带给我不少震撼，接待处的凯茜、洗衣间的女工、厨房的卡罗尔和丽塔，她们都已经为曼联工作了很多年。如果我们在比赛里输球了，甚至是打平了，卡罗尔和丽塔就会大喊："这到底是怎么一回事？"如果我有几天不去厨房，卡罗尔就会来找我："你到底去哪里了？为什么不来吃饭？你想避开我们吗？"当卡罗尔咆哮的时候，没有人能幸免，她可能是曼联唯一敢拧弗格森爵士耳朵的人。

然后我见到了一线队教练麦克·费兰，他曾经是一名中场球员，在曼联踢了五个赛季，他很了解这里的文化。费兰经常对我说："当你上场比赛的时候，对自己有足够的信心。"他不是要我轻视对手，而是要在处理球的时候，表现得更加自信，要给自己鼓劲。"是的，我就是这里最好的球员。把球传给我，我想要球。"穿上这件红色战袍，我感觉："我们就是最强的。我们用正确的方式把事情做好。"你必须要理解，这不是傲慢，如果只是一些下三烂的人摆出这样的姿态，就会令人讨厌，但我们只是展现出对自己的十足信心。

我们总是以正确的态度待人处事。我真的不需要外界的约束来控制自己的言行，父母的言传身教，还有在沃尔森德男孩俱乐部的学习，令我受到了很好的教育。在曼联，内维尔这样的老队员以及弗格森爵士设定了很高的标准，有些事情我们永远不能做，我们甚至不会评论其他球队的球员。如果曼联在两周后前往安菲尔德，你不能在媒体或电视机前说任何挑衅的话。我知道老大有时候在新闻发布会上挑起一些口水战，但是这种情况很少发生，也是有针对性的，只是为了应付下一个对手，但是作为球员，我们从来不会说任何有可能给自己带来麻烦的话。当然也有例外，比如2000年曼联球员包围裁判安迪·德乌尔索，他们的行为过火了，不过这只是因为他们极为渴望赢得胜利。

弗格森爵士的另一个执教特点是多变。有时候，他在边线上咄咄逼人，向第四官员或是裁判施压，但这只是老大争取胜利的一种方式。我们必须争取胜利，如果我们做了某些事情会影响裁判并得到对我们有利的判罚，我们就去做。我们对裁判友好，和他们交朋友，看看这种方式是否有效，或许这能让他投桃报李。其他时候，我们会向裁判施压，告诉他没有把自己的工作做好。偶尔我还会斥责裁判，让他知道我对他做出的判罚感到不满——这不可能总是奏效的，我们只是尝试为自己争取任何有可能得到的优势。外人总是觉得，曼联的底蕴，特别是在老特拉福德，会让裁判感到压力，所以我们得到一些有利的判罚，这完全是胡说八道。客队全力防守，做出很多犯规，所以裁判才给我们任意球和点球，道理就是这么简单。

第一天和弗格森爵士见面，我就知道他是一个天才，特别是他有能力在备战比赛时给整个队伍营造出正确的氛围。他拥有这种超凡的能力，让自己的队员在心理状态上做好准备。比赛前一天，老大在赛前训练之前给我们看关于对手的短视频，最长10分钟，就这么简单。弗格森爵士从来不会告诉我们该怎样踢，我们是他的球员，我们是曼联的球员，我们之所以能够站在这里，是因为他信任我们的实力和态度。

还有，他在赛前的球队谈话也很特别。下午3点开球，我们会在下午1点30分来到更衣室开会，当弗格森爵士讲话的时候，大家显得特别安静。老大把对方的阵容写在黑板上，他会谈到对手的一些强项，还会提到一两名球员的名字，让我们"留意他们"。不过很多时候，他只会提到对方的某一名球员，然后说："不能让他跑起来！不能让他跑起来！"他最喜欢说的一句话是："不能让他跑起来去主导比赛。"

他在赛前讲话的主题是团队合作。他经常和我们分享的一个故事就是大雁迁徙，大雁能排成"V"字形，飞行数万千米，领头的大雁会为后面的伙伴抵挡气流。当最前面的大雁累了，另一只大雁就会取代它。它们相互照应，分工合作。2014年的莱德杯高尔夫球赛上，弗格森爵士也和欧洲队说过这个故事。接下来的一周比赛里，欧洲队的选手说得最多的一句话可能就是"记住那些大雁"。这显然是有效果的，击败美国队之后，罗里·麦克罗伊和欧洲队的其他选手都指着天空。他们都在大笑，因为一群大雁正从他们头顶上飞过！

老大就是一个讲故事的大师，他的故事都是脱口而出，却能够把所有信息都联系在一起，特别是在一些大赛前。2010年在老特拉福德面对阿森纳的时候，俱乐部邀请了曾被困在地下的智利矿工来观看比赛，他们非常顽强，一个拉着一个，爬出地面。弗格森爵士谈到巴斯比爵士也是来自矿工家庭，他强调在地下工作所需的勇气，关于这些智利矿工获救经历，他做了一次鼓舞人心的演讲。这与比赛无关，这只是教育我们要有顽强的意志力，要团结一致面对困难。老大的情绪高涨，他还谈到自己的父亲在克莱德造船厂的工作。弗格森爵士很了解历史，在球队讲话当中，他经常提及过去发生的事件，比如勇敢的士兵为国家和人民所做的英勇事迹。他一开始很平静，但是说着说着就变得非常激动，就像是一名重量级选手爬上了擂台。他用自己的情绪和语言带动着整个更衣室的气氛，最后他说："世界上最容易做到的事情就是努力工作。没有什么事情可以阻止你去努力工作。"有三句话是他经常挂在嘴边的：不要害怕努力工作、专注、发掘自我。

我们都是职业球员，愿意为曼联付出一切，但是弗格森爵士总能激励我们付出更多。他那种永无止境的追求，给所有人定下了基调。不久后，我意识到自己随时都有可能掉队。

我第一次为曼联在英超首发出场，是对阵沃特福德的客场比赛，当时我踢了75分钟，最后我们2比1赢了。我觉得三分到手，应该值得高兴才对。但是老大却不高兴，他对着场上的吉格斯在大喊。吉格斯的回应似乎惹怒了弗格森爵士，他在赛后发飙了。回到更衣室后，他嚷嚷着："我不接受这样的场面！你们的表现还不够好。"老大所传达的信息很明确：不是在客场赢球就完事了，关键是我们的赢球方式和场上表现。

我在老特拉福德的第一场比赛，对手正是热刺。现场对于胜利的渴望，甚至可以说是对于胜利的需求，让我热血沸腾。第一次以曼联球员的身份站在老特拉福德球场的球员通道里，这是我人生一个重要的时刻。和那些几周前一起并肩作战过的队友站在这里，我感觉自己变成了一个三米高的巨人。那一天，我们1比0击败了热刺。从比赛开始到结束，那种自豪感从未在我身上消失过。我意识到，能够拥有这座球场作为自己的主场是多么幸运的一件事情。除了现场的气氛以外，实际上，老特拉福德球场的装饰很低调，更衣室也很普通，没有吸引眼球的布置。在卡灵顿的更衣室里，我发现自己坐在了吉格斯和C罗的中间，旁边还是斯科尔斯，真的太棒了。到了老特拉福德的比赛日，大伙儿所坐的位置会不一样，但我简直不敢相信自己能够与这些世界上最出色的球员肩并肩地坐在一起——他们是真正的球星。过去，我只在电视机前看过他们，或是在球场上与他们交过手，又或是在英格兰代表队里一起训练。现在，他们成了我的队友！

有些球迷经常问我，为什么这个时期的曼联如此令人敬畏？我通常会回答，这是因为球队的活力和手足情，从C罗到弗莱彻，再到鲁尼和费迪南德，整个更衣室都充满着这两股力量。这支球队就是一个大家庭，弗格森爵士就是我们的父亲。慢慢融入球队之后，我就没有那么拘谨了，开始和身边的队友聊家常，比如问吉格斯附近哪里有好的餐厅。当时，丽莎和我还住在罗瑞酒店，偶尔会外出用餐。"你知道附近哪里有好的意大利餐厅吗？"我问吉格斯。他推荐我去一家叫斯托克斯（Stocks）的餐厅，那里的装饰风格很古老，它最终被吉格斯和加里·内维尔买了下来。在曼联，球员之间互相帮助，吉格斯、内维尔和其他球员都会敞开双臂欢迎我的到来。

鲁尼和C罗之间的每一个眼神、每一句交流和每一次传球，我都能看到他们相互之间的默契。在世界杯对阵葡萄牙的比赛里，鲁尼被红牌罚下时，C罗的那一次眨眼并没有破坏他们之间的友情。这就是足球，一切只关乎于胜或负。我们几个人在PSP上玩过一款动作游戏，叫作"海豹突击队"（Socom），这款游戏增进了我们的友谊。每一个人在游戏里都有一个名字，当时我的名字是"浩劫"（Havoc），因为我经常用手榴弹搞大破坏；费迪南德的名字是"Brrrap"；弗莱彻是"凯撒·索泽"（Keyser Söze，《非常嫌疑犯》的神秘头目）；鲁尼是"杰克·鲍尔"（Jack Bauer，电视剧《24小时》的主角）；维迪奇是"阿尔坎"（Arkan）；韦斯·布朗是"韦德宝贝"（Wade baby）；奥谢是"眼镜蛇"（Cobra）；还有理查德森是"仇杀"（Vendetta）。这款游戏需要团队合作，有时候是2对2，不过很快就发展成8对8的大混战。理查德森是我们这群人里面玩得最好的一个，我们经常派他去干掉对手。在比赛日当天，我们从来不打游戏。不过在比赛的前一天，如果我们要前往客场比赛，就在途中玩一下，通常是小规模的4对4战斗模式，激烈程度完全不亚于真实的比赛。有时候，那些年纪大一点的球员，如吉格斯、斯科尔斯和范德萨，他们对这些不感兴趣，觉得我们喊起来太夸张了。他们默默戴上了耳机，把我们隔绝开。我们会喊"正方形队形压迫！""救我！""拉我一把！"又或者是"我在发电机房！"老大时不时转过身来，责令我们安静一点。

　　来到酒店，我们住到相邻的房间里，只要中间隔着的墙壁不会隔断无线信号，我们就会继续战斗，通常玩几个小时，大概到晚上九点或十点，不会通宵达旦。我们有一些进球的庆祝动作，就是来自"海豹突击队"。我记得在对阵国际米兰的时候，维迪奇进球了，他单膝跪下，模仿游戏里发射火箭的动作。因为太投入，我们都玩坏了几台PSP，因为我们都不想输。

　　像"海豹突击队"这样的游戏能让我们尽快融合成一个整体，这和老大的某些做法不谋而合。在我加盟曼联的一个月后，我们在老特拉福德对阵阿森纳。我被放在替补席，或许老大觉得我当时还没有做好准备。在那场比赛之后，我就很少缺席这样的强强对话。"要让对手记住你的脸，踢得更凶一些，看好他们的短传，贴紧你的防守对象。"老大对球员们说。这就是在大赛开始前，我们需要牢记的几个要点，特别是对阵像阿森纳这种擅长地面渗透的对手，弗格森爵士会在赛前部署的时候把细节一一说明。

"小伙子们，今天是一场赛跑比赛。"弗格森爵士说。"你们的跑动要比他们多，拖垮他们，狠狠击倒他们。他们不适应这样的比赛节奏。向前冲！向前传球！"就是这样。我们的赛前动员直达你的心灵深处——没有太多战术上的繁文缛节，关键是你的心态和策略。"我们今天要压制他们。"弗格森爵士还会这样说。我们要豁出去，压迫他们，不停跑动，拼得更凶，不惜体力去铲球，向前推进，向前跑动，及时支援队友。尽管在那一场比赛，我们的这个策略在阿森纳的身上没有奏效。不过通常情况下，面对阿森纳，这个策略都会让我们占据上风。当老大要求"我们今天要有更多的跑动"的时候，我就会对自己说："我们会赢的。"虽然这样给我们的体能带来更大的考验，不过只要我们有更积极的跑动，我们就会击败对手。我们总是有能力在比赛里踢出比对手更大的强度。

我们总是尽力完成老大的要求，这不是因为我们害怕他的责罚，而是因为我们完全信任他。不过在那年的十月面对博尔顿时，由于我们在上半场比赛里表现得有些漫不经心，中场休息时，老大把我们臭骂了一顿。当时，我已经完全融入球队当中，踢了 10 场比赛。那时候，客战博尔顿可不是一件轻松的事情，他们有着不错的竞争力，阵中有斯皮德、伊万·坎波和凯文·戴维斯这样的优秀球员。我在中路直传，助攻鲁尼梅开二度，我们在半场休息时 2 比 0 领先，不过以我们当时的表现，其实应该有四五个进球才对。比赛结束时，我和费迪南德以及吉格斯一起走出球场。"我的天啊！我们今天的状态可真好！"我们的传球、跑动、时机、速度和强度，都几乎做到了极致。能够如此轻松地在客场压制博尔顿，这让我们都感到有些喜出望外，一边退场，一边互相说笑。

但是老大却在场边等着我们，怒骂道："你们都是腿软了吗？最后5分钟的表现真令人不齿。我不能接受。"我坐在那里，惊呆了，不敢看他，只是在想自己到底做错了什么，却什么也想不出来。斯皮德有一个任意球颇有威胁，法耶接应角球，顶了一记头球，顶高了，仅此而已。认真来说，范德萨甚至不需要扑救，但是弗格森爵士还是向我们大发雷霆。"哇，这真的是不一样。"我心想。在西汉姆或热刺，如果我们在半场休息时2比0领先，老雷德克纳普或约尔会一个劲地鼓掌，对我们说"干得好！"而弗格森爵士不会这样做。他要求我们继续进攻。下半场比赛开始，我们回到球场上，我们的表现虽然比不上前45分钟，但是C罗进球了，鲁尼再进一球完成了帽子戏法，比赛的结果是4比0——任务完成。弗格森爵士走进来，只是平静地说："干得好，漂亮。"我感觉自己就像置身于无处不在的风暴当中，随时会爆发并撼动着我们所有人，然后又飞快地消逝得无影无踪。老大给了我们每一个人当头一棒，我至今依然能感受到他所带来的影响。我学会了不断向前，始终保持头脑清晰，弗格森爵士就像轻轻拍了一下我的头，然后走了。赢球之后，他从来不会多说什么，只有简单的几句总结。如果我踢得不好，我立刻得到提醒；当我踢得好的时候，我只会得到这样一句话"干得好，孩子"或者是"干得漂亮"。你可以想到，如果能从老大口中听到这个词语，这会让我感到多自豪。斯科尔斯总能得到老大的赞美，他就像在说："你又做到了，斯科尔斯，你很棒。"

斯科尔斯很少犯错，我的意思是他通常都表现得很棒，但有一次在老特拉福德，上半场比赛他表现得非常糟糕，弗格森爵士叹了口气，平静地说："你到底在做什么，斯科尔斯。"没有人敢笑出声，因为我们都知道这是很严厉的批评。如果是其他人，老大可能会大喊："你到底是有什么毛病？"然后就是一顿臭骂。不过这一次的对象是斯科尔斯，老大只说了这一句话，他应该是真的没有想到，在斯科尔斯的身上会出现如此拙劣的表现。

不只我们这些球员会被挨骂。记得在2007年1月，我们在酋长球场踢的第一场比赛。我们曾经1比0领先，最终却以1比2的比分输掉了比赛。赛后的更衣室里是一团糟，大伙在争论，老大很生气，暴跳如雷，我从来没有见过他的情绪如此激动。当他正在训斥我们的时候，一个老人走了进来。看他的工作服，我们知道他是来做兴奋剂检测的，他想叫一名球员马上去做兴奋剂检测。老大差点要走过来拧断他的脖子："滚出我的更衣室，你以为你是谁？"我甚至以为老大要走过去打他，这个可怜的老人吓得手足无措。虽然他想找的球员就坐在更衣室里，不过他只能默默走出更衣室，老大则继续大骂。

老大有时候也会责骂吉格斯，吉格斯偶尔回嘴，然后回到球场上比赛，就像什么事情也没有发生一样。老大和吉格斯之间没有特殊的关系，我觉得弗格森爵士对所有老球员的态度都差不多——吉格斯、内维尔和斯科尔斯。老大信任这些老球员，他向他们询问对于队里某些球员的看法："他做得怎样？更衣室里发生过什么，球员们的状态怎么样？"像我当时的情况那样，如果他正在考察某一名球员，他也会向他们咨询意见："你对他有什么看法？"老大相信这三名球员能够控制好更衣室。在卡灵顿，老大从来不会走进更衣室，不过他可以完全掌控这个地方，我们都知道，他能看到这里发生的一切。

来到曼联的第一天，我就发现弗格森爵士能够从自己的办公室里看到主训练场和一线队的停车场，如果他看到年轻球员开着一辆路虎那样的豪车，他就会不高兴："开这样的车，你想做什么？"我很认同主教练的这个观点。他需要你学会，生活中的一切都必须是靠自己的努力争取回来的，但不能超前享受。吉格斯、内维尔和斯科尔斯也表达同样的观点，进一步把老大的价值观灌输给队里的其他球员。

真的，在那个年代，当你走进卡灵顿的球员停车场，所有人都会感到很惊讶。不要误解我的意思，那里有一些豪车，但不会有一排排的法拉利、宾利或者阿斯顿·马丁。有些球员会把这类的豪车留在家里，在停车场里都是奥迪、家庭房车、梅赛德斯四门轿车，非常低调，卡灵顿真的不像其他英超球队的停车场，其他英超球队的停车场就像超跑展览厅。每当我们到客场比赛，走进他们的主停车场，就看到他们球员都是开着顶配的超跑，配有遮光窗帘和合金车轮。在曼联，我们开的车更加大众化，真的就像那种商务车，这就是老大喜欢的处世态度。

在弗格森爵士手下效力的时间越长，我就越能理解为什么他是那个年代里最伟大的教练。他的伟大之处在于他对待球员的方式。有一次我离开卡灵顿的训练场，弗格森爵士走过来对我说："周六踢得很好，孩子。那是你的赛季最佳表现。"因为第二天有比赛，我心想："太好了，我可以继续上场。"结果第二天我却担任替补！老大之所以表扬我，是因为他第二天不准备让我打首发。这是一种谋略，但是，他用这样的方式令我即使无法首发上场，也能保持斗志，所以这取决于你怎样看。他经常提前安排好阵容，然后他告诉你，你这一周休息，不过你要为下一场比赛或是接下来周六的比赛做好准备。无论是整个队伍还是个别球员，他都会管理得井井有条。即使他今天弃用你，但是他还是会令你觉得，你就是他心目中最重要的球员。

为曼联效力就像坐在永不减速的火车，它一直高速前进，没有人能令它停下来。这就是老大想要表达的信息，我很快就接受了，那就是"接着进行下一场比赛"。这就是曼联的方式——不要沉浸于过去的胜利。输球总会让你痛不欲生，老大也会不停去琢磨每一次的失利。如果有一场结果很糟糕的比赛，有那么几天，寂静的气氛笼罩着整个卡灵顿，大家都知道老大的愤怒，"这种事情不会再发生。"他的每一个面部表情和说的每一句话都在反复强调着这一点。当曼联遭遇两连败，比如在2007年接连输给罗马和朴茨茅斯，那是一段痛苦的记忆，不过我们立刻反弹，7比1血洗了罗马。在弗格森爵士的麾下，我所效力的曼联队从未遭遇三连败，我们的自尊心备受煎熬，我们必须反击。如果曼联刚吃了一场败仗，你不会想接下来马上与我们交手，因为我们像受伤的动物，不顾一切地想去证明自己。赢了博尔顿之后，我们输给了哥本哈根，三天之后，我们把怒火发泄在朴茨茅斯的身上。我能在每一名队友的身上感受到那股复仇的气息。"好吧，让我们在下一场比赛尽情还击。"每一次输球都让我们变得更加坚韧。"没错，这样的事情不再发生。"我们从不气馁，只会做出更强的回应。

在曼联，我们如同与全世界为敌。无论报纸上写什么或者电视和电台在说什么，无论是积极的，还是消极的，曼联内部都不会去谈论。英格兰代表队却不一样，所有人都在谈论这些话题，因为外界的因素会影响到英格兰代表队的内部氛围。这就是曼联文化的特别之处——没有人真的关心外界的议论。所有人关心的只有我们必须在下一场比赛里赢得胜利。卡灵顿的食堂里有报纸，球员们也会看，但我从来不看曼联的战报或是与曼联有关的任何报道。我只是不相信他们所写的内容，因为在我看来，真相就是老大在想些什么或是队友们的感受。

我就像小孩子走进了糖果店，这里充满了竞争的气息，我总是在不断学习。即使在我刚加盟球队的那些日子里，弗格森爵士从来不会打击我，他只会说："我觉得你可以这么做。"他一直信任我，他也说过，需要我向前进攻，更多射门，不过这不算是战术要求，更多是一种鼓励。"你可以有更多的进球。"在我来到曼联的第一年，我打进六个球，对于一名刚加盟球队的中场球员而言，这个数据还算不错，不过我能感受到来自老大的鞭策，他希望我能进更多的球，为球队付出更多，做到更多的事情——老大就是这么严苛。他言简意赅，却能给你带来巨大的启发：

"当你尝试拦截对方的反击，贴近对方的持球人，你要张开双臂，这会让你的防守面积变得更大。"

我对老大的建议总是深信不疑，所以当我这样做的时候，我甚至不会想着这可能会导致我手球。老大总给我们提出类似的这些小建议，不过他从来不会要求我站在球场上某一个特定的位置，怎么样去防守或是传球。他不会墨守成规，我们在卡灵顿，从来不会做大量的定位球训练。所有战术训练，阵形演练，都是老大的助手卡洛斯·奎罗斯的工作，他指导我们进行战术体系训练，这样的分工收到了很好的效果。

在每一名伟大的主教练身后，通常都有一名优秀的助理教练。弗格森爵士和奎罗斯就是一对黄金搭档。奎罗斯更注重于细节、分析数据和对手的优缺点，而老大更像天生的冒险家。奎罗斯非常热衷于让队里的中场球员助攻到前场，我们为此进行了大量的演练，但是我们在球场上依然拥有很大的自由度。比赛前的一天，我们从不进行技战术训练，只做一些小范围的传接配合训练，一些传中练习，接着有大概15到20分钟的时间，我们进行一场练习赛，强度很大，甚至让弗格森爵士不得不走进场内，大喊暂停："为明天的比赛，留着点力气。"

我记得有一次，萨哈在拼抢一个过顶长传时轻微拉伤了大腿肌肉，老大对着韦斯·布朗大发雷霆，因为布朗铲倒了萨哈，老大觉得是布朗弄伤了萨哈。"好啦，今天到此为止，结束。孩子们。"老大了解布朗的球风，他觉得是布朗放倒了萨哈。布朗的铲球动作非常凶狠，有着老派球员作风的味道——奋不顾身，无论是球还是带球的球员，甚至是边裁，也有可能被他一并铲倒。和他一起训练，我们不受伤，真的是上天保佑！不过他就是这样的球员。事实上，布朗没有碰到萨哈，萨哈只是在尽力想把球停下来的时候弄伤自己了，因为即使在这样的练习赛里，场上的每一名球员同样会竭尽全力。有一次在闲聊的时候，内维尔甚至对我开玩笑说："他们有时候甚至比打正式比赛还要卖力。"

在弗格森爵士的麾下，我对比赛的准备工作变得更加细致。在西汉姆，我会在健身房里做一些针对性的训练，到了热刺，我做得更多。不过直到在曼联，我才真正懂得健身房的训练对于职业球员的重要性，尽管我不会做太多的力量训练，不过这些训练让我的身体可以持续保持巅峰状态。在曼联，我们甚至在每年的1月，进行为期两周的体能训练。即使当时正在不停参加比赛，我们还是要接受高强度的体能训练。"是的，我们在这个周末有比赛，我们会赢的，不过这两周的体能训练是为赛季余下的比赛做准备。"弗格森爵士如是说。我惊呆了。在1月，用两周的时间来做这些？真的是非常高强度的训练。他们疯了吗？我不停问自己。接下来的周一、周二、周三和周四，我们都在拼命训练，通常周五也不会中断，到了周六，我们拖着疲惫的双腿去打比赛。即使这样，我们还是能赢球，紧接着的一周时间，我们又重复做着同样的训练。这样的安排真的让人感到筋疲力尽。在老大的眼里，我们就像一匹赛马那样进行着高强度的训练，这让我们有着最充沛的体能状况去迎接赛季的冲刺阶段。

加里·内维尔深知体能和身体状态的重要性，他感觉这种疯狂训练可以使队里每一名球员的竞技状态都获得提升。他告诉我："我们能够在赛季最后阶段超越竞争对手，因为我们有着更强的活力，我们可以跑赢他们。"

历史恰好能证明，弗格森爵士的球队总是能够在赛季最后阶段有着出色的表现。四月和五月，是属于我们的时间。到了赛季最后阶段，当我们需要冲刺的时候，我们的油箱里总是充满了油。"我们和其他人不一样，"内维尔说，"到了真正较劲的时候，我们能拥有更好的状态，发挥优异的表现。"其他人在这个时候做不到这一点，所以也没有人能在这个时候与我们抗衡。

回想我的球员生涯，如果我在球场上表现得更自私一些，或许我能有更多登上头条的机会，不过这正好证明了为什么我如此适合曼联。我为球队利益而牺牲自我，我不追求赞誉，这就是我的天性，也是这家俱乐部的基因。虽然在曼联，我们拥有着天生的优越感，我们相信自己是最好的，但这样的优越感并不意味着我们只会顾及自己的利益。伟大的足球运动员，如吉格斯和斯科尔斯，他们都是以球队利益为先。我在这里的第一个赛季，就能亲身见证他们的行动。吉格斯几乎会把自己能做的事情都做到百分百完美，拉伸、健身、瑜伽、控制日常饮食——在生活的方方面面，都会做出牺牲。斯科尔斯从来没有骄傲的情绪，他并不追求成为这个世界上最出色的球员。他踢足球，只是因为他擅长踢足球，喜欢踢足球，还有对于曼联的热爱。在卡灵顿的每一天，斯科尔斯几乎都是训练场上表现最出色的那个人。

C罗不一样，他渴望成为世界上最出色的球员。即使在年纪轻轻的时候，这几乎就成为他的人生目标。特别是在C罗生涯的早年，他总是为球队荣誉而战，紧随而来就是收获了大量的个人荣誉。效力热刺的时候，我和他有过三次交手，我尊重他，不过直到加盟曼联，我看到C罗从德国世界杯归来，他完全提升到了另外一个水平，心态也不一样。他变得更成熟，还拥有野兽般的身体，他整个夏天都在疯狂训练。他对于训练的投入程度，让人惊叹不已。他对于个人提升的执着，达到了疯狂的程度。训练前，在来到健身房的第一批球员里，总能看到C罗的身影。他用健身带来拉伸自己的脚踝，然后跑到户外，练习自己的技巧，反复练习自己的罚球和射门。他给自己的脚踝加上轻微的负重，跑到训练场上，在障碍物之间来回盘带控球。他对于足球是如此专注，我知道有些人谈及他的豪车和光鲜的形象，不过我可以担保，C罗不是花花公子。有时候，当你看到别人开一辆豪车，你会想，这也太过招摇了。但这不是C罗的作风，他有着非凡的魅力，靠着自己的实力去获得这些豪车。我在曼联的第一个赛季，C罗的表现还是一如既往的无懈可击。无论在左路、右路还是中路，他都无所不能。

尽管在世界杯里发生了和鲁尼的那段小插曲，不过Ｃ罗依然征服了所有人，最终获选为年度最佳球员。他被踢倒，又站起来；他被嘘，被羞辱，但还是要把球控制在自己脚下。当球在Ｃ罗脚下，他就会一次又一次地突破防守球员。意志坚强、不断突破，他渴望着利用自己的技术创造机会或是取得进球。现今的球场上，我看到太多的球员只会做一些无用的假动作，这只会延误战机。而Ｃ罗完全不一样，他要突破防守球员，只为了创造得分机会。他的球技如此精湛，他为此付出了无尽的汗水，无论向左侧还是向右侧，他都能突破，看着那些边后卫试图阻挡Ｃ罗，我都要为他们感到可悲。内维尔在每一天的训练里都要尝试阻挡Ｃ罗："来吧，罗尼，你要怎么做？来吧！"我经常听到内维尔大喊。大概有一半的机会，Ｃ罗可以击败他，然后对着他笑。不过内维尔会再来一次，Ｃ罗和内维尔总是在互相促进，让彼此变得更好。

如果你要我说出竞争意识最强的球员，我不用多想，马上就会说出加里·内维尔的名字。在训练中近距离观察他，我能看到他有多努力。无论何时进行训练，内维尔都在不知疲倦地奔跑、折返跑和冲刺。"他是一个傻子！"有一次，我听到一名年轻球员说，"他是有什么毛病吗？"内维尔不在乎别人对他的看法，他只想达到自己的最佳水平。他愿意付出一切达到巅峰，然后保持这种状态。我从未见过任何人能像他那么努力。他还是一名伟大的队长，因为他关心这里的一切。老大不会和年轻球员的经纪人交谈，所以内维尔会和青年队以及预备队的每一个孩子见面，代表老大和他们谈合同。内维尔参与所有的事情，尽力达成最好的结果。他为这些孩子们的日后发展给出建议，帮助他们得到最好的合同，这证明了内维尔有多关心他们。

内维尔在更衣室有很大的话语权，而他总是在抱怨，他对着队友抱怨："你没有传好这个球。你跑动得不够多。"他对职员抱怨："这条信息写得不够清楚。"他还对装备管理员抱怨："这套球衣很差。"虽然这些抱怨让大家感到厌烦，不过这也给我们带来帮助，因为内维尔会不断提升标准。如果有任何人降低了标准，那么内维尔就会继续向他们抱怨。

吉格斯从不喋喋不休，他会选择一个合适的时机来表达自己的观点，每个人都会聆听，因为我们所有人都很尊重他。斯科尔斯很安静，不过当他有话要说的时候，大家都知道这是值得聆听的，他的一句话也许可能会影响某一个人。在球队大巴上，我总坐在吉格斯的旁边，对面是斯科尔斯和体能教练斯特拉杜维克。斯特拉杜维克也是从西汉姆过来的，他总是喜欢开玩笑或是对某些人指指点点，像大街上的那些三姑六婆。俱乐部的主厨麦克·唐纳利在比赛后会很忙，在大巴上上下下，送来鸡翅、意大利面和香肠。最开始的时候，我们还有一些碳酸饮料、甜品和巧克力，不过现在的饮食管理更科学，我们在比赛后要补充蛋白质和碳水化合物。

客场赢球之后，坐在那里聊天和吃东西是最美好的时光。没有人会戴上耳机，我们都在聊天，这让我们的关系变得更紧密。在曼联，大家不只是上了大巴，然后安静回家，或者商量晚上做什么？不是这样。我们会谈比赛，分析在比赛过程里做得好的地方和不好的地方——就像是一次球员总结大会，吉格斯和内维尔有着很深入的交流。只是听着他们的对话，就已经让我获益匪浅。他们谈到的一些比赛，是我和格雷姆在电视机前看过的那些比赛。现在，我来到这里，和他们一起踢球，进一步增强我在曼联的荣誉感。当时我和格雷姆说过加盟曼联的梦想，现在已经实现了。

第八章　赢球习惯

在"边际收益"这个专业术语出现之前，曼联已经在这个环节上下了功夫。他们希望能帮助我清除视力上的障碍。每当有人谈论我的视力，我就不高兴，因为当时我的视力就像蝙蝠那样。加盟曼联的时候，他们就很谨慎。俱乐部安排了眼科专家盖尔·斯蒂芬森博士给我做检查，她是一位和蔼可亲的女士，遗憾的是她在2015年去世了。在支架的两端，斯蒂芬森各放了两个圆形状的物体，在轻轻向前推动圆形状物体的同时，她一边问我："哪个物体正在向前移动？"在我回答正确后，她把速度加快了一些，我依然能够说出正确的答案。"你的外部视力和感知水平都很强。"斯蒂芬森说。

在中场中路，我必须保持视野开阔，需要兼顾左右两边的情况。即使我的视力有问题，但我还是能够看到有球员跑过来，毕竟他们不是模糊的物体。斯蒂芬森教了我一些眼部练习动作，我会在热身的时候做，这让我的视野变得更清晰。"找到那些又短又远的物体，然后把我的注意力都集中到那里，从而让眼睛适应球场的灯光亮度。"斯蒂芬森的建议非常有效。比赛开始前，我会盯着一片草地、一些近距离的东西，然后再看一些远端的物体，从而让我的视野更加锐利。斯蒂芬森发现，在视野方面我和加里·内尔维有着明显的区别。在球场上习惯打边路的球员，外部视力可能出现偏差。内维尔的左侧视野比右侧视野强，因为他踢得是右后卫，注意力在大部分时间里都集中在自己的左侧。

没有人能比加里·内尔维有一颗更坚定的红魔心脏，"红魔"的血液似乎从他出生就在他的身上流淌。但不久后，我的生活也和曼联完全融合在一起，所以在更衣室里，不需要有人来告诉我双红会的意义。在 2007 年 3 月 3 日对阵利物浦的比赛开始前夕，我已经可以清晰地感受到本土球员以及弗格森爵士身上那种铆足劲要掀翻对手的劲头。老大在安菲尔德的球队训话，总是最慷慨激昂的。你要知道，这场双红会对他的意义，他的每一个词都会让你变得热血沸腾，你能感受到他想击败利物浦的强烈渴望。他提及关于两家俱乐部的历史恩怨，甚至这两座城市，他们的工业革命历史还有曼彻斯特运河的历史，他的讲话总是强而有力，以至于你还能感受到来自灵魂深层对于这场胜利的饥饿感。"我们必须要赢。"老大说。他时刻提醒着我们对于曼联球迷的责任感，这场 90 分钟的比赛甚至会影响他们第二天甚至是接下来一整月的工作心情。"不要让他们失望了，"老大立下军令状："全力拼搏！"老大一步步点燃起整个热血氛围，每一名身披曼联球衣的球员都知道，要不惜代价拿下这场比赛。"在这里，赢球是最美妙的事情。"

从安菲尔德的球员通道走进球场又是另一番风景。当你穿着曼联球衣来到这里，现场的气氛和你穿着西汉姆球衣或是热刺球衣有着天渊之别，你能感受到利物浦球迷的怒火，他们全都站起来，羞辱我，在看台上大喊："你就是曼彻斯特的娘们儿。卡里克，你就是个废物。你就是一个混蛋。"这些粗言秽语只会引我发笑。一般在热身的时候，由于球场上比较安静，我才能听见他们的叫骂声，他们可能想通过羞辱我向身旁的朋友展示自己的勇气，实际上，这不会对我产生任何影响。有一次，当我把球踢到场外，一名利物浦球迷狠狠地把球扔了回来，球砸在我的胸口上，这让他身边的朋友捧腹大笑，我也以微笑回应。我想让他们知道，这么做就是浪费时间，这样的回应反而让他们感到更无趣。这就是足球世界里所谓的最大宿敌。

我毫不犹豫地把那年三月在安菲尔德进行的这场比赛，列为我曼联生涯的三个最美好的回忆之一。我们当时正处在联赛的榜首位置，压力也与日俱增，这就是内维尔所说的真正属于曼联的时刻。我们在那天遭遇到极大的挑战，甚至可以说陷入绝境。我对约翰-艾尔·里瑟的犯规而领到一张黄牌，在斯科尔斯被罚下之后，我们的形势变得更加严峻。幸好范德萨再次奉献了神级表现，他单手扑出了彼得·克劳奇的头球，力保城门不失。我们以为带着一分离开也算不错的结果，所以我们只想着把比分保持到全场比赛结束。进入4分钟的补时阶段，当时吉格斯在利物浦禁区外的左侧被放倒。C罗准备主罚这个任意球，我们在对方禁区里只有四名球员——奥谢、维迪奇、萨哈和费迪南德——而我就站在禁区外围守候，等待远射的机会。太戏剧性了！雷纳的扑救脱手，奥谢补射破门，现场陷入一片混乱。我们在最后时刻，在Kop看台（利物浦的死忠球迷看台）的前面赢下胜利，没有比这样更美好的结果了。奥谢转身从我身边跑过，然后穿过整个球场，跑到客队球迷区庆祝胜利。弗格森爵士站在场边，忘情庆祝。终场哨声响起，我们一窝蜂地向客队球迷区跑了过去。我先和吉格斯、内维尔以及费迪南德一起庆祝，然后拥抱了维迪奇和鲁尼。内维尔还把自己的球衣脱掉，扔给球迷。弗格森爵士走到安菲尔德球场的草坪上，就像一位征服者，巡视着自己的领地。他向"红魔"球迷鼓掌致敬，我们的球迷已经陷入了疯狂状态，因为在安菲尔德赢球对他们而言就是意味着一切，在这里全取三分就是意味着一切，那种感觉就像拿到了英超冠军。当时，切尔西排在第二位，他们肯定希望我们输球，但我们咬牙坚持到了最后一刻。我们向联赛冠军又迈进了一大步。能够在最大宿敌的主场赢球，那种感觉来得更加甜蜜。

总会有一些胜利具有更重大的意义。不用谈球迷，单单看着这场胜利能够给老大、俱乐部的老员工，还有后勤工作人员所带来的狂喜，你就能明白到这一点。我看着客队看台上的这些"红魔"球迷，他们就像在开着狂欢派对。尽管我来到这里才九个月的时间，但是我感觉曼联也已经成了自己的信仰。当我看到内维尔与球迷庆祝的那一幕，我知道，曼联就是他的生活、他的家庭、他的朋友、他的一切。内维尔把鲜活的曼联人形象呈现在我的面前。他天生就有着这种敢于挑战世人的气质，而我也非常欣赏他的这种特质。内维尔对于曼联的激情也感染了我，在我的手机里，其中最珍贵的一张照片就是在这场比赛结束之后，我和内维尔、吉格斯以及费迪南德在球迷面前的合照。我一次又一次地翻看这张照片，当时的感觉真的很特别。内维尔、吉格斯和斯科尔斯是发自内心地对曼联充满着激情，他们同时也感染着队里的其他球员。索尔斯克亚、奥谢和布朗也是如此；弗莱彻、鲁尼和费迪南德，那就更不用说了。尽管阿兰·史密斯来自利兹联——我们的另一支死敌球队——但是感觉他就像是出生在索尔福德，从头到脚就是一个曼彻斯特人。虽然埃弗拉和朴智星都不在曼彻斯特长大的，但是他们都深深爱着这片土地。埃弗拉深受年轻球员和外籍球员的尊重，他经常到安德森这些年轻球员家里做客，必要的时候给予他们帮助。埃弗拉为人开朗，很懂得享受生活，朴智星是他最好的朋友。或许这是世界上最让人感到意外的一个三人组，我说的就是埃弗拉、朴智星和特维斯——他们形影不离，每天的训练都会聚在一起做传球练习。一个法国人、一个韩国人、一个阿根廷人，上帝才知道他们是在用什么方式沟通。不过在曼联，他们都关爱着彼此。

  安菲尔德的胜利让我们一只手已经摸到了英超冠军奖杯，2007年5月5日，C罗在对阵曼城的比赛里罚进点球，这迫使切尔西在第二天做客酋长球场的比赛中必须击败阿森纳，否则我们将获得冠军。

  过去的我从未如此接近夺得冠军荣誉，我不知道要做些什么。所以我去了卡灵顿，让自己平静下来，然后回到我和丽莎在柴郡的公寓。丽莎出去参加单身派对了，公寓里只剩下我和格雷姆，我们一起看切尔西的比赛。这是一个重要的时刻，我们必须做好准备，我们把大厅的摆设收拾好，让自己可以躺在两个沙发上，目不转睛地盯着电视屏幕。比赛的过程就像过山车，切尔西只剩下10人应战，阿森纳1比0领先，比赛剩下20分钟，切尔西扳平，比分是1比1。格雷姆和我一直在聊天，比赛的最后10分钟，我们都屏住呼吸，只是躺在那里，一动不动。当裁判吹响终场哨时，我们都跳了起来，然后拥抱在一起。那种激动的感觉令我的心脏几乎都要跳出来了。我真的很亢奋，几乎在地板上打穿一个洞，谁还理会楼下住的女士怎么想。"冠军，冠军，万岁，万岁，万岁！"我们疯狂地唱着歌。当然，只有两个人的话，你不可能一直这么做。几分钟之后，我们停下来了，默默地看着对方，几乎喘不过气来。

"哇，老哥，你刚刚赢得了联赛冠军！我为你而感到骄傲！"格雷姆说。能和格雷姆分享这个时刻，真的太棒了，因为他很清楚我为此所做出的牺牲。"我们现在要做什么？"我问。赢得联赛冠军是我从小的梦想，如今这个梦想得以实现，我只是不知道应该怎样反应。幸运的是，我们有内维尔，他一直都是一个派对组织者，他马上给我们打了个电话："好的，来起居室酒吧（Living Room）。"45分钟之后，我们来到了市中心。走进丁斯盖特街的起居室酒吧，所有人都在那里。青训学院的职员，还有一些训练场的工作人员，所有人都聚集在这里，带头的是青训学院主管布莱恩·麦克莱尔。

一线队的教练员都被邀请到老大的家里，现在或许就聚集在他家的餐厅，那里的庆祝肯定更斯文一点，不过在酒吧，早已挤满了人。内维尔还有他的朋友都来了，吉格斯的朋友也在那里，他们都是曼彻斯特人，都是"红魔"死忠球迷，其他队友也陆陆续续来到这里，现场变得极为混乱，大家在高声唱歌。内维尔是我们的领头人，他站在长凳上，突然大喊："嘘！嘘！"让现场安静下来，然后又带头唱起另一首曼联队歌。

有人摔倒在地板上，有人撞上了天花板，我们蹦蹦跳跳、不停歌唱、大汗淋漓，直到筋疲力尽。我知道我们还将高举冠军奖杯，但是在这个酒吧，才是真正的庆祝胜利，这是只属于我们的私人空间——这就是球队派对，我们完全不用去想明天的事情。我们并肩作战，每天的训练朝夕相处，每场比赛都全力以赴，所以能和这些队友们一起喝酒、一起唱歌，这才是最棒的。

我站在场地的中央，过了一会儿，我也变得毫无保留，我深爱着曼联，珍惜着收获的友情。我并非对最近几年的曼联团队有任何的不敬，但是当年的那批曼联球员，我们的关系真的太密切，几乎就像是兄弟般亲近。相信我，这样的团队精神是非常难得的，我们的友情比其他任何球队都要好。这些派对的每一幕都在我的记忆中长存，只可惜当时不像现在有那么多的摄影设备。我愿意付出一切，只为了能重温当时的一些画面，沉浸在那些美妙的时刻当中。在我刚签约的时候，我就知道，队里的球员都知道那些助威歌里的每一句歌词。那一年，我们在一家有乐队的酒吧里开圣诞派对，一开始，我们只唱一些圣诞歌曲，不过还不到半小时，我们就开始唱曼联的歌曲，"咆哮，雅普·斯塔姆"（Yip Jaap Stam），"尼基·巴特，尼基·巴特，尼基，尼基·巴特"（Nicky Butt, Nicky Butt, Nicky, Nicky Butt），"噢，基恩的神奇魔法啊"（Oh, Keano's fucking magic），"我们是所有欧洲人的骄傲"（We are the pride of all Europe）。还有一些像"哦，啊，坎通纳"（Ooh, aah Cantona）那种老歌。我们在房间里唱着每一名曼联球员的助威歌。看起来很疯狂，不过这些都是我最想念的时刻。

格雷姆和我经常谈到这支曼联，我很欣慰，我的兄弟在那晚看到我们有多么团结。经历了这样疯狂的夜晚，虽然我已经记不太清楚格雷姆说的原话，不过我还是记得在离开酒吧的时候，他大概是这样子说："非常荣幸能被邀请来到这。"格雷姆是对的，这种时刻真的很美妙。

在曼联的第一个赛季，让我深深地爱上了欧冠——这种的情愫既带给我快乐，也曾经让我感到痛苦。爱上欧冠很容易，那里的气氛、那首主题曲、在聚光灯下比赛、伟大的球员、伟大的对手，这一切都会令我着迷。11月在凯尔特人公园球场，现场的声浪震耳欲聋。当欧冠的主题曲播完之后，凯尔特人球迷发出了咆哮声，让现场的气氛变得更加震撼。我从小就很欣赏凯尔特人，因为父亲是天主教徒，他也关注这支球队，他特别提及这里的球迷总是充满着巨大的热情。2000年，我跟随西汉姆在凯尔特人公园踢过一场友谊赛，迪卡尼奥向凯尔特人球迷送上了飞吻，当时的气氛也很棒。不过当曼联去那里的时候，现场的气氛变得更加火爆。球场涌进了超过60000人，这里的每一个角落都挤满了人，所有人都渴望着胜利，希望主队能够晋级淘汰赛。中村俊辅打进任意球之后，现场的噪音让我一段时间听不到任何的声音。

最终我们还是顺利晋级欧冠淘汰赛。对阵罗马的欧冠四分之一决赛，过程也是跌宕起伏。第一回合在奥林匹克球场，气氛也很火热。我们的球迷被告知要小心，避免遭受当地足球流氓的袭击，特别是在晚上经过杜卡·达奥斯塔桥前往球场的路上。

这是一个艰苦的夜晚，我们在球场上遭到对手的阻击。弗格森爵士在赛前也提醒过我们，罗马的比赛战术灵活多变。"小心他们的快开角球战术，"老大说，"他们很快就会抢回球权。"在几分钟内，我开始怀疑罗马的球童都经过跑步选拔的。每一次罗马有角球，球童都会跑过去把球放好，托蒂马上开球。他们肯定跟球童练习过，因为这很流畅，而且训练有素。

球出界的5秒内，它就会飞进我们的禁区。罗马的头几次角球，令我们的禁区变得混乱。来了！现实版的"足球手榴弹"！罗德里戈·塔代伊通过一次快速角球进球了，罗马的球童从未如此之快！当球出界，是我们的球权时，球童要花很长时间才能把球捡回来。我在罗马拿不走任何东西，他们很无情。

一切都是通过托蒂实现的——罗马的关键人物，他不会一脚打败你，但会用他的视野和技术打败你。罗马几乎所有进攻都是托蒂发动的，他一声号令，所有人向前，特别是两名边锋。那是一个艰难的夜晚。斯科尔斯末段飞铲威廉姆森，然后绊倒托蒂被罚下。我听到很多关于斯科尔斯铲球的争论，但我从未听过主帅告诉他要把脚放低点，这是斯科尔斯天赋付出的小代价。斯科尔斯被罚下后，比赛余下时间我需要保护防线。我们的球迷在中场休息时遭到意大利警察可怕的打击，这真的很令人震惊。我们只是1比2落后，我和托蒂交换了球衣。那些日子我在收集球衣，随着时间流逝，后来我没有这样做了。

鲁尼的客场进球很关键，这让我们保留了在主场翻盘的希望。当我回想起2007年4月10日这一天，依然令我战栗。这场比赛，我们缺少了斯科尔斯，也不能堵住评论员们的嘴，但我们有球迷的支持，弗格森爵士知道如何释放球员的力量。"趁早拦截对手，早一点把球传出去，跑动再快一点，射门也要再早一些，让球迷们沸腾起来。"弗格森爵士这样告诉我们。他知道，这么做能够鼓舞球迷。站在球员通道的时候，我们告诉球迷们，我们准备起飞了，希望他们可以把声音调到最大，把这里变成堡垒。或许，当时在罗马的严厉判决依然令他们感到生气，他们希望做出回应；或许他们看到了罗马球迷在老特拉福德场外制造的骚乱；或许他们知道球员是多么需要他们的鼓励。我们也确实没有让他们失望，最终我们以大胜罗马作为回应。所有人都情绪高涨，我们就像老大的指示那样不停往前压，这是球迷们最希望看到的。

"杀入前场，压制对手。"弗格森爵士这样对我们说。我们带着感情与能量投入比赛，那种感觉势不可当。无论个人还是球队，我们都认为自己是无敌的，相信一切皆有可能发生。那种团结难以置信，就像声音已经不能再大了，但随着进球的出现，现场的分贝又达到了新的高度。那个夜晚，我感觉自己真正地来到了老特拉福德，因为我收获到了球迷以及球员们强有力的支持。当 C 罗传球给我的时候，我看到罗马门将多尼已经出击了，因此我只能寻找射门的方法。大力抽射显然行不通，因此我选择正脚背搓射完成射门。当球越过门线的一刻，老特拉福德瞬间沸腾起来了。

这是老特拉福德的又一个值得纪念的夜晚，它将永远保存在我的记忆里。在之后的比赛中，阿兰·史密斯、鲁尼、吉格斯和 C 罗接连取得进球。永不停止的进攻和跑动，正如老大的指令那样："别担心丢失球权，在比赛里，每时每刻都保持积极的心态就可以了。"弗格森爵士的战术奏效了：史密斯单箭头，吉格斯在他的身后，鲁尼、C 罗分居两边，我和弗莱彻搭档中路。鲁尼的进球将比分改写成 5 比 0，而曼联的球迷们依然在喊着"进攻、进攻、进攻"，他们确实想让罗马多吃点苦头。

我的第一粒进球很关键，这也是我打进的重要进球之一，当我梅开二度的时候，比赛已经没有悬念了。我们击败了罗马，或许他们已经受够了比赛的折磨了。虽然德罗西凌空抽射扳回一球，但他们也无力庆祝了。当老大把我换下场的时候，球迷们的掌声经久不息。现在，那段掌声依然回响在我的耳边。在我坐下以后，我和费兰悄悄地说了句："还能把我留在场上吗？我想帽子戏法啊。"

埃弗拉的进球让比分定格在了 7 比 1，所有人都期待终场哨声的响起。"干得好，小伙子。"那个夜晚，我得到了弗格森爵士的称赞。赛后，我和丽莎、父母急匆匆到一家中餐馆用餐，因为我的父母在赛后会连夜赶回纽卡斯尔——就像以往那样。当我进入餐厅后，所有人都起立向我鼓掌，这显示出了我在曼联球迷心中的地位。即使到了现在，我依然听到球迷们说：这场 7 比 1 的比赛是他们最喜欢的比赛之一。

令人伤心的是，我们的欧战进展不利，在老特拉福德对米兰的半决赛，卡卡梅开二度，比赛还剩下 10 分钟时，比分是 2 比 2，吉格斯告诉我："我们将得到机会，继续进攻。我们总是能得到机会。"这是我们真正相信的，我们总是能得到机会，我听吉格斯说过很多次，他经常都对。在最后1分钟，吉格斯把球传给鲁尼，他攻陷了迪达把守的大门，因此我们带着很大的希望前往意大利。我很喜欢圣西罗，出去热身时，78500名观众中大多数人都已经入场，就和每一场对阵米兰的比赛那样，我们会被嘘，经常被骂也是很棒的感觉。当加图索走球场通道出来时，他得到了热情欢呼，圣西罗沸腾了。这是一种仪式，因为他们都在等待这一刻。加图索整晚都像这样，他无处不在，努力防守C罗，在比赛前期加图索踢了C罗一下，但比利时裁判只给了任意球，这至少应该是黄牌，然后加图索不断踢C罗。除了裁判，所有人都能看到加图索想做什么——无论如何都要阻止C罗。加图索很好地完成了他的工作，米兰的实力很强，特别是西多夫，我看他踢球很多年了，但直到那晚在米兰，我才意识到他有多不可思议。他是高一个层次的，他双脚都很强，他们3比0完胜了我们。

出局让我难以接受，那晚我失眠了，我脑海里一次又一次回想比赛。这些年来，我意识到这是输球后悲伤的形式，为什么我这么想不通？为什么我不能换一个位置？为什么我不能做出决定？无论如何，在比赛之后，我睡眠都很差，真的很可怕，那晚我根本不可能睡着，当我一闭眼，我就会看到整个赛季在欧冠赛场的努力白费了，我们差点晋级决赛。但到目前为止，我只想躲起来。在圣西罗的糟糕夜晚比在主场大胜罗马的美好夜晚教会了我更多，因为我们意识到要更专注和坚强，这令我们更有决心。吉格斯、内维尔、斯科尔斯和范德萨有丰富的欧战经验，索尔斯克亚也有，但他进到曼联生涯的末段了。我知道埃弗拉以前参加过决赛，那是2004年在摩纳哥，但我、C罗、鲁尼、弗莱彻和维迪奇都是欧冠新兵，我们必须学习，有时候你必须先受苦。弗格森对在欧冠出局很伤心，因为欧冠是他很爱的赛事。联赛是第一位的，因为这告诉在英格兰的所有人，曼联是第一，但欧冠是罕见的奖项。当时曼联仅赢得过两次欧冠，分别是在 1968 年和 1999 年，弗格森很重视这项赛事。

"曼联本应该赢得更多欧冠。看看皇马，他们赢得 9 次欧冠；看看拜仁，4 次；再看看阿贾克斯，也是 4 次。"这番话他说过很多次。之后我们在足总杯决赛输给了切尔西，这很令人受伤，我记得离开温布利时，发誓要卷土重来的感觉很强烈。即使是现在，我听到有人说杯赛决赛最重要的是享受这个场合，我还是会摇头表示不同意，因此无论环境有多棒，我都不享受输球。我从切尔西的比赛得不到任何东西，只有空虚。

一见到格雷姆，我就把输球后拿到的奖牌给了他，我不想要这个奖牌。对于我来说，要么赢得冠军，否则都是一无所有。小时候，格雷姆和我经常谈论足总杯。"哇，想象一下未来某天踢足总杯决赛！"他这样说过，我笑了一下，然后默默制定了梦想。一旦我在那里，最重要的是取胜。这是一场该死的比赛，德罗巴进球了，切尔西赢了，我们输了，因此让我们舔一下伤口，然后继续前进吧。我甚至讨厌回忆那天，但记住这些苦难很重要。输球会刺激你，能推动你，我之前被认为是一名平静的职业球员，是一个头脑冷静的小伙子，但相信我，输球令我内心翻腾，深深地感到受伤，我不能接受挫折，我必须想办法纠正。

输球减弱了赢得联赛冠军的喜悦，让我重新脚踏实地。主帅要求我们继续前进："期待明年我们卷土重来。"弗格森对季前赛很兴奋，是时候再次追逐冠军了，他的态度也鼓励球员前进。我听到经验丰富的队友说："我们必须做得更好。"在曼联，这很无情。我们得更努力奋斗。夏天我本来应该庆祝冠军，但我只要想到输掉的那场足总杯决赛。我渴望迎来新赛季，做出弥补。曼联想再次赢得冠军，我意识到这是他们赢得这么多冠军的原因。球员们有不可思议的天赋，但令他们与众不同的是他们对冠军的渴望。

那个夏天，丽莎和我结婚了，我是在前一年秋天求婚的，在丽莎的生日那天，我组织了去参与芭蕾舞剧的活动。她从未去过，她一直在谈论这个。我买了在伦敦体育馆的《天鹅湖》门票，预订了圣马丁巷的酒店，当我们抵达酒店时，我们只需检查门票。但我们搞错日期了，《天鹅湖》没有上演！我去问票务人员，那天晚上唯一能看的是在爱德华王子剧院的《欢乐满人间》，我唯一的服装是芭蕾舞服和一套棕色西装，因为我想做好点。我穿上了棕色西装，丽莎穿一条漂亮的裙子。我们都为《欢乐满人间》着迷！演出很棒，一辆人力车把我们带回了酒店，我要求酒店在房间内放好鲜花和蜡烛。我一直没机会在没人的环境向丽莎求婚，因此我等我们回到房间才求婚。我点了香槟，这不像我的风格，因此我觉得她可能会有所猜测。我不紧张，只是检查一下口袋，确保戒指还在。我在房间中间单膝跪下，丽莎流下眼泪。我们直接打电话给各自父母，其中一个遗憾是，没有得到丽莎父亲的允许。我仍不知道为什么我没有得到他的允许。我们在莱斯特郡的教堂结婚了，如果有可以的话，我想明天再次举行婚礼。这是我生命中最美好的周末。我们从周五到周日一直笑个不停，这很完美，我们在波拉波拉度蜜月，然后在拉斯维加斯过了四天，在那里我们碰到了鲁尼和科琳！

进入我在曼联的第一个完整的季前赛，俱乐部在世界各地的名气令我大开眼界。2005 年我跟随热刺去韩国时，没有人打扰我们，真的。当我在 2007 年跟随曼联前往亚洲时，这完全不一样，我们和浦和红钻、FC 首尔、深圳队和广州队比赛，这是马戏团和马拉松的结合。旅行、火车、火车、比赛、旅行、火车、火车……比赛不断重复，我们尝试在训练中恢复状态。职员不需要训练和比赛，但这样的安排给我们带来伤害。两周后，大家都脾气暴躁，相互抱怨。倒时差和收拾行李是这次巡回赛最常做的事情，还有当地球迷对曼联的热情。当我们飞到首尔，数千名球迷聚集在仁川机场。我在某处看过，在韩国有 2700 万曼联球迷，他们的人口大约有 5000 万。韩国人用曼联主题的信用卡，到曼联的主题餐厅吃饭。在我们的酒店外，数百人高唱"荣耀、荣耀、曼联"（Glory,

第八章 赢球习惯 | 137

Glory, Man United）。这令人欣慰，在同时感觉是超现实的。即使下雨，他们第二天也去看我们训练，那里大约有一千人。

近些年，我们在季前赛之旅当中需要出席很多赞助商的商业活动。不过在 2007 年，我们更多的是配合曼联基金会以及联合国儿童基金会的工作。在首尔，我和埃弗拉、吉布森去探访名为 Young Suk Sco Bo Rin 的孤儿院，和那里的小朋友一起踢球。那次的亚洲行，在联合国儿童基金会的安排下，我们探访了几家收容所。这些活动让我懂得感恩，也有了很多的人生感悟。作为一名职业球员，我拥有健康和健壮的身体，在生活里无所不能。但是来到这些地方，看着这些儿童或即将走到生命终点的病患，我感到无助和软弱，因为我无法帮助他们，完全是无能为力。那些可怜的小孩子遭受了太多的痛苦，当中的一些人已时日无多。这让我感到无助，不过我们的到来也给他们带来了很多的快乐。作为职业球员，我们获得了很多的保护，同时被教导如何比赛，如何变得更强大。而现在，当我们走进孤儿院、收容所、盲人学校或是收留艾滋病人的医疗营地，眼前的这一切让我们心碎，深深触动着我们的心灵深处。经历了这些之后，很难再集中精力训练，这几乎是不可能的，我真的无法忘记在收容所里看到的那些悲惨景象。

我们从朴智星的家乡转机飞往中国。当我们抵达广州，入住的酒店时，那里的欢迎仪式真的很特别。中国友人给我们戴上花环，一支敲击乐队在那里狂热地演奏，现场还有舞蹈表演。走进酒店，安保人员将我们与球迷、电视台的摄制团队分隔开来，现场至少来了 500 人。这些球迷已经等候了数个小时，看到我们的时候，他们都激动得热泪盈眶。这个时候，我才意识到曼联在世界各地的影响力是如此巨大，这些情景依然深深地映在我的脑海里。第二天，我们在广东奥林匹克体育场进行训练，现场又来了几千名球迷，他们还跑进球场与我们互动。

结束这些行程之后，回到家里，我通常会生病几天。安排这些季前赛之旅肯定是出于商业目的，现在更是如此，这对我们的季前备战没有任何好处。我们在社区盾杯的对手是切尔西，新的赛季也随之拉开帷幕。接下来的英超揭幕战，我们的对手是雷丁。第二轮联赛做客朴茨茅斯的那个比赛日早上，我们正在酒店里吃早餐，老大把我叫了过去。"你现在的状态和上赛季相差太远了，"弗格森爵士说，"我和奎罗斯都注意到了这一点。"

我在想："这是真的吗？"他这么问让我有点猝不及防。

"是的，你可不能降低对自己的要求。"老大补充说道。我不知道，他这么问是真的因为我的表现下滑，还是他有别有用意，比方说："我准备给他一点小小的警示，就是为了让他继续进步。"无论如何，他就是希望让我继续前进，不能自满。我敢打赌，老大怕我出现二年级综合征，他会想："我需要提醒他，确保他不能出现自满的情绪。"这样的敲打在我的身上确实起了很好的效果，弗格森爵士真的是一位卓越的管理大师。

第二年的一月，老大带着我们展开赛季中的拉练，更好地帮助我们调整竞技状态。由于曼联有着巨大的影响力，我们收到了世界各地的邀请。那时候，我们去了利雅得，出战沙特阿拉伯著名球星萨米·阿尔·贾贝尔的纪念赛。主办方给我们安排了很多社交活动，比如与当地的王室成员见面，我们还应邀参观阿卜杜拉王子的宫殿，而埃弗拉和鲁尼则忙于参加舞会和晚宴。王子带着我们参观他的宫殿，穿过花园之后，我们在宫殿的后方看到了一望无际的沙漠。吉格斯骑着一匹骆驼走进沙漠，这时候，王子身边的一位工作人员随意地问了一句："有谁想试一下四轮摩托车吗？"要！要！要！大伙儿对这项活动可是相当感兴趣。曼联的工作人员可不乐意，我听到他们在小声说："我们不能让球员骑四轮摩托车。"但这句话说出来的时候，已经太迟了。我们陆续骑上四轮摩托车，冲进沙漠，那里的天气真的非常炎热。所有人都在攀登着巨大的沙丘，有些人还冲了上去。我看到托尼·斯特拉德维克开着四轮摩托车正在翻过沙丘，然后就听到一声惨叫。我立马冲了上去，发现斯特拉德维克躺在沙堆里，正在奋力地爬起来。他撞到了一块坚硬的石头，那是沙漠里的一些标记，他显得很狼狈，还一直在念叨着："不用帮忙，我没事，我很好。"看到他魂不守舍的样子，我的眼泪都快要笑出来了。他的四轮摩托车被撞坏了，幸好还能继续行驶，斯特拉德维克悄悄地把它开回宫殿，祈祷着没有人注意到他的窘态。回到大巴上，他还在碎碎念："我没事，我很好。"他一直把衣角往下拉，试图遮掩着自己的瘀伤，不过由于伤口颇深，血不停地往外渗出来，最终还是让大伙儿发现了。我不是想取笑斯特拉德维克，只是当时我在想："如果不是他的话，遭殃的可能就是我们其中一名球员了。"

第二天，我们与贾贝尔的球队——阿尔希拉尔——在法赫德国王球场打了一场纪念赛。虽然这场比赛没有太多的实际意义，但我还是能够在这种场合之下感受到弗格森爵士的伟大之处，这也是曼联始终保持强大竞争力的根源所在。

现场来了超过 65000 名的球迷向贾贝尔致敬。比赛的最后时刻，我们获得了一粒点球，我们原本可以借此机会扳平比分。不过丹尼·维尔贝克在主罚点球时停了一下，他试图骗过门将，却没有控制好射门动作，直接把球打飞了。如此大意的失误，把老大气疯了。维尔贝克只有 17 岁，还是个小孩子，但是老大依然向他大发雷霆。我看着老大的姿态，他似乎想把维尔贝克撕碎。他丝毫不会掩饰自己的怒火。没有人在意这场比赛的胜负，不过这就是弗格森爵士坚守的原则。维尔贝克是一名年轻球员，他在下半场比赛里换下安德森，老大期望着他能用正确的态度打好这场比赛。

曼联球迷也会适时地收到来自老大的警醒。我记得这样一个头条报道，在 1 月我们主场击败伯明翰，弗格森爵士在赛后形容老特拉福德的现场气氛"就像葬礼一样"。我知道老大为什么说这种话——如果比赛的重要程度或是比赛的对手没有激发起球迷们的兴致，那么球场内的气氛就是很平淡。反之亦然，如果我们的对手是利物浦或曼城，或者是重要的欧冠对决，现场的气氛肯定会非常火爆。对于球员来说，面对一支实力相对较弱的队伍，其实更具有挑战性。因为我必须要承认，在这种比赛环境之下，我的积极性肯定比不上那些大战。我知道，自己有责任克服这些困难，我不能单纯地依靠球迷们的鼓励去击败对手，不过他们所营造出来的比赛氛围确实很重要。我需要重视这些比赛，让自己保持专注，在比赛里还是要做好自己的工作，挑战自己，不能出现自满的情绪。

2008年5月11日，我们在JJB球场捧起了英超冠军奖杯，一切好像是上天的安排——这一天，吉格斯代表曼联出战第758场正式比赛，在查尔顿爵士的注视之下，吉格斯追平了查尔顿爵士所保持的队史出场次数纪录。在这么重要的日子里，吉格斯首开记录。我们没有停下来，没有死守，积极寻找着第二粒进球的机会，以彻底杀死比赛。在接下来的那次进攻当中，我先后三次触球，特维斯、哈格里夫斯和我的互传，然后是鲁尼把球直传给吉格斯，吉格斯在北看台——我们的球迷面前——完成最后一击。

有着太多的球迷希望能亲眼见证如此重要的历史时刻，现场来了25133名球迷。直到今天，这依旧是这座球场的入场人数纪录。吉格斯在球场上滑跪庆祝，我是第一个跑到他身边，之后居然有一名球迷闯进球场加入进来。弗格森爵士在边线旁脱下那件已经湿透的白外套，挥手庆祝——这是他最喜欢的庆祝方式之一，他和奎罗斯以及费兰拥抱着。比赛最后的11分钟，现场的气氛就像开派对那样欢乐，不过我们还是保持着曼联固有的比赛态度，我们继续在进攻。终场哨声响起，我再次朝着替补席望过去，查尔顿爵士正站在球员通道那里，穿着西装，精神抖擞，虽然他的内心很激动，但是外表依然保持平静从容。所有球员都冲向球场的中圈位置，维迪奇跳到了我的背上，我们紧紧拥抱在一起，呐喊着，庆祝夺冠。因为我们都知道，在英超赛场上实现两连冠是多么困难的事情，我们兑现了自己在赛季前的承诺。我一直在鞭策自己，一直在问自己："我有意志再拿一次冠军吗？我有这样的动力吗？我会坐着等着冠军送上门吗？"不可能。我要继续证明自己，我要回击那些批评的声音，只有做到这些，才能给我带来更大的成就感。

曼联的美国老板格雷泽家族成员也来到JJB球场，他们在赛后走进更衣室，和一些球员，还有一些工作人员握手和交流。在我加盟曼联之前，我知道格雷泽家族收购俱乐部的举措，引发了很大的反响。我认为格雷泽家族是很棒的老板。对他们，真的无法要求更多了。他们在转会市场上投入了很多金钱，从来不干涉俱乐部的运作。我看到其他球队的很多老板会亲自安排比赛阵容，他们还会和外界议论自己的球员和主教练，但是我从未看到过格雷泽家族有人站出来说些什么。他们只是让每个人各司其职，这一点真的值得赞赏。

老大也说过很多次，格雷泽家族是不同寻常的老板。足球世界里有过很多失败的案例，那些金主收购俱乐部之后，最终几乎毁掉了这些俱乐部。所以说，格雷泽家族对于俱乐部的贡献理应得到赞美。我听到有人说，英格兰的俱乐部应该由英格兰人来当老板，这些已经是陈词滥调，不合时宜。如果想要让英超联赛继续发展壮大，出现外国老板是不可避免的。在格雷泽家族的带领之下，曼联在球场内外都取得了进步。

赢得冠军的六天后，我签下了一份为期四年的新合同。曼联有我梦寐以求的一切——兴奋、自豪、奖杯和我想要的挑战。四天之后，我迎来了职业生涯里最大的挑战——莫斯科。

第九章　慕尼黑和莫斯科

跟队友们一起站在中圈，我紧张得要把胃里的东西都吐出来了。我情不自禁地颤抖着——紧张、焦虑、恐惧和激动，这些情绪让我的肾上腺素不断攀升。过去我在电视机前看过英格兰队的点球大战，那时候会有一点紧张。现在的我置身其中，那种紧张的感觉足足增加了十倍。沉重的责任感、看到了成为欧洲冠军的曙光、也许这是一生一次的机会。那种复杂的情绪给人带来虚幻的感觉。这一切考验着我的专注度，当天的暴雨和闷热的气候不会对我造成困扰。丽莎和我说过莫斯科，她提到过这里的天气和气温，现在已经是莫斯科的深夜。感觉身边的这一切已经与我脱离开来，我完全沉浸在自己的小世界里，我只关心自己能否赢得冠军。

等待着主罚点球的那段时间似乎如永无止境般漫长，我不喜欢在这个时候脱下护腿板或是卷起袜子。在潜意识当中，这会带来错误的信息，像是宣告着一切结束了，我很累了。我宁愿保持着作战心态，就像是比赛还在进行着。心态上的放松是很容易的，或许这些细节在点球大战中意义不大，但我不想放弃任何的尝试。我站在球场上。我没有去看看家人坐在什么地方，也没有去想后果。我只想着要去主罚这个点球，这是我唯一能控制的事情。

特维斯主罚第一个点球,我一边看着他,一边在想:下一个轮到我,下一个轮到我,下一个轮到我……专注、专注、专注……我努力保持着正确的心态。特维斯帮助我们取得了良好的开局,巴拉克也打进了点球,德国人经常能做到这一点,焦点落在我的身上,现在不能回头。从中圈到点球点,我跑得很快,捡起球,放在点球点上,没有时间去想太多。奇怪的是,我的头脑和胃部都平静了下来,现在我能感觉到自己的心要跳出来了。上帝才知道,我的心脏当时跳得有多快,感觉自己快要失去对身体的控制。我小心翼翼地把球放在点球点上,把那里的草坪踩平,然后向后走,我一直盯着球,当我停下来的时候,我无意中看了切赫一眼。这名切尔西门将看上去很高大,我很快又把目光重新放到球上。专注、一定要专注。我停下来,深吸一口气,感觉整个世界都平静下来。没有任何的声音,我只听到自己的心跳声。现在,整个世界就只剩下我和切赫。之前在社区盾杯我曾经在切赫面前罚过点球,当时我打败了他。我能再次做到吗?切赫会怎么想?他会不会觉得我将改变射门方向?我几乎能看穿他的想法。站在那里,我感觉自己有着强大的气场,这些年来,在后花园踢球的时光,在沃尔森德的成长,西汉姆青年队教练对我的教导,这些经历让我对自己的技术充满信心。现在只有我和球。那一刻,我甚至没有想切赫。

我想用最简洁的方式完成这次射门,我想把球打进球门的底角,这样的射门,我已经练习了几千次。我假装自己在训练场上,没有任何压力,忘掉一切,放松下来并相信自己。我开始助跑,切赫的反应很快。最后在我脑海里出现的想法就是相信自己,化繁为简,用脚内侧,动作要干脆利落。这种方式射门是我的首选,这能让我感觉最舒服,更有信心。哨声响起,我知道自己完成了余生都会记住的一脚射门,甚至是能定义我整个人生的一脚射门。

能够成为与曼联休戚相关的人,真的非常幸运,我们有义务延续俱乐部的辉煌历史。这样的说法一点也不夸张。当你身在曼联,这就是你的真实感受。我热爱这家俱乐部,强大的责任感驱使我们继承和延续巴斯比宝贝的遗产。俱乐部有这样的期望,老大也一样,包括这里所有的工作人员和球迷都是如此。我听父亲说起过巴斯比宝贝,我在慕尼黑纪念走廊的墙壁上了解到更多关于他们的事迹。我知道这个悲剧带走了23条宝贵的生命,他们结束了在贝尔格莱德的欧洲冠军俱乐部杯征程,却在回英格兰的时候不幸地走上了一条"悲惨之路"。我看到K看台的时钟上的日期定格在1958年2月6日,上面还写着"慕尼黑"。卡灵顿的更衣室里有一张巴斯比宝贝的黑白照。他们的地位和遗产将永存在曼联的队史当中,他们永远伴随着这家俱乐部一直前行。

进入2007/2008赛季,我们都知道球队将迎来两个重要的日子——慕尼黑空难五十周年纪念日以及巴斯比率队赢得欧洲冠军的四十周年纪念日。老实说,我感觉是命运之手引领我们走向这座奖杯。在季前备战的时候,我就对斯特拉德维克说过:"我们今年将赢得欧冠的冠军。"我的直觉告诉自己,这是属于我们的机会。我们在小组赛抽到了里斯本竞技、罗马和基辅迪纳摩。我们的开局很强势,赢下前五场比赛,然后战平了罗马。

在曼联,我们总是强调着历史的传承。老大经常会说是马特·巴斯比爵士和他的理念塑造了这家俱乐部。"这是曼联,我们总是提拔年轻球员。"老大会这样说。很显然,能够跟随着巴斯比爵士的足迹,弗格森爵士感到非常自豪,比如提拔年轻球员和踢出进攻足球,能够继承巴斯比爵士的遗产,这对于弗格森爵士来说是一种莫大的荣幸。

慕尼黑空难五十周年纪念的那一周,老大邀请了博比·查尔顿爵士来到卡灵顿,谈谈慕尼黑空难的往事。查尔顿爵士是英格兰世界杯冠军成员、欧冠的冠军队成员、曼联先生、足球历史最伟大的球员之一,真的是听君一席话,胜读十年书。在卡灵顿,他就站在我们面前,用他的亲身经历回忆起1958年那一天所发生的事情。再次回忆起那段经历，对查尔顿爵士来说显然并不容易。在45分钟的时间里，他的语速很慢，带着令人伤感的情绪回想起慕尼黑空难，飞机第三次尝试起飞失败，他醒来时发现自己在飞机外，仍被绑在座位上，他还谈到那些离世的队友，他告诉我们："邓肯·爱德华兹是我有史以来见过的最好的球员。"我们都在默默地听着，感同身受。听完查尔顿爵士的这番话，这让慕尼黑空难在我们眼中变得更真实，也更悲伤，特别是对于那些外籍球员，他们并不是从小就了解这场灾难。

三天之后，老特拉福德上演德比战，这是一个很好的契机，能让所有人团聚在一起纪念这个特别的日子。我至今还能清晰地记住那一天发生的每一件事。所有的曼联球员都穿上一件没有任何标记的1958年复刻版球衣，球衣上只有号码，看上去简洁得体。我没有进入先发阵容，所以我只能站在球员通道的远端注视着队友，每名球员都和一名球童手牵手，这些球童的衣服上面各自印有一名慕尼黑空难遇难者的名字。

我记得牵着C罗的那名小女孩的衣服背后印着"WHALLEY"，这是向巴特·瓦利致敬，他是巴斯比爵士手下的一名教练，也曾经效力过曼联。我看着这个名字，想象着这场灾难给他的家人和朋友所带来的痛苦，当然包括给曼联带来的痛苦。当我们走出通道，先发球员直接走向球场中央，而我则走向替补席。当我从场边走过的时候，能看到球场看台上的大横幅，印着"永远铭记"（FOREVER REMEMBERED），这17个字母。球迷们挥舞着手上的红白围巾，有一些球迷拿着巴斯比宝贝的照片，这让我深受感动。像我一样，即使是对一些当时还没有出生的球迷而言，慕尼黑空难在他们的生命当中也同样具有非凡的意义。我们能感受到这样的使命感，要铭记段黑暗历史。球迷们打出"曼彻斯特之花"（The Flowers of Manchester）和"我们永远不会死亡"（We'll Never Die）的标语，还有巴斯比宝贝的照片，这让现场的气氛变得尤为感人。很多曼彻斯特的家庭开始支持曼联都是慕尼黑空难之后，出于对俱乐部的同情心，这种情感一代传一代。当时这批才华横溢的年轻人在他们的黄金岁月中集体陨落，这个故事让许许多多的人为之动容。

弗格森爵士和曼城主教练埃里克森在球场中圈献上花圈，现场所有人都在鼓掌致敬。当默哀仪式时，全场肃静，没有丝毫的声响。曼城球迷的举止很得体，他们真的很尊重这段历史。直到裁判吹哨，结束一分钟的默哀仪式之后，曼城球迷才挥舞着手上的蓝白围巾。这场德比的意义不在比赛上，不在足球上，更无关宿敌与否，它的意义远超这些。曼城球迷意识到这一点，对于他们的反应，我深存感激。我获得上场机会，也取得了进球，不过这是毫无意义的，因为我们输球了，事实上，我们的情绪太过激动。整整一周的时间，我们都在为此做准备，这给我们的比赛状态带来了负面影响，老大在赛后也承认了这一点。

我们必须前往莫斯科了，如今摆在我们面前的只有这一条路。所以当欧冠重新开打之后，我们的决心变得更加坚定。先后淘汰了里昂和罗马，我们杀入半决赛，对手是巴萨，首回合比赛在诺坎普打响。这个阶段，我们知道球队需要有更多的战术部署。我们从来不会花费太多的时间研究战术，关键是我们能否找到自己的比赛节奏，什么时候向前推进，什么时候向前传球……通常情况之下，我们不会轻易打断训练，然后反复强调和练习某些战术细节。

距离对阵巴萨的首回合比赛还剩下两天，我们如常进行训练，练习一些局部的配合，然后是一场短传比赛。结束这些训练之后，奎罗斯又把我们叫回来，他组织了一场小型对抗赛。他在球场两端的大禁区边上，各放了一块从健身房里搬出来的防撞垫。防撞垫就放在我和斯科尔斯的身后、费迪南德和布朗的身前。"不要让对手碰到防撞垫。巴萨就是想要把球打到这个区域，所以我们必须控制这个区域，"奎罗斯给出了清晰的指引，"用你们的生命保护这些防撞垫。"这就是巴萨想渗透的区域，他们在这里进行短传和二过一配合。我们必须控制这个区域，用自己的生命保护它，切断传球角度和传球路线，迫使巴萨把球打到两个边路。巴萨的前场，有多名矮小、快速且球技精湛的球员——梅西、伊涅斯塔、哈维和德科——一旦让他们进入防撞垫所在的区域，他们就能制造威胁。如果我们进行高位逼抢，费迪南德和布朗就会向前站，填补这个区域。如果对方的传球穿过我和斯科尔斯，我们就需要退守到这个区域。巴萨阵中没有人擅长接应传中球，所以我们要迫使他们把球打到边路。我们的边锋——鲁尼和朴智星——他们更注重协防到中路。奎罗斯就是用这些防撞垫来训练我们，然后我们把这个比赛计划带到了诺坎普。整场比赛，我们的脑海里都在想着这些防撞垫。我们和巴萨战成0比0平，客场零封对手，奎罗斯的比赛计划被证明是成功的。

来到次回合赛事，比赛气氛更加火爆。我们在上一个欧冠主场，7比1大胜罗马，那是一个特别的夜晚，不过这场比赛完全不同。决赛的舞台正在向我们招手。当斯科尔斯在比赛早段打进一记世界波之后，球迷们不断给我们呐喊助威，不过比赛的最后10分钟，感觉像人的一生那么漫长。场面实在是太紧张，不过当终场哨响起，我们知道自己闯进欧冠决赛时的那种感觉，让我毕生难忘。我们登上了欧冠决赛的大舞台。

出发前往莫斯科对战切尔西的前夕，查尔顿爵士在卡灵顿的这次讲话，让我们有了更强烈的使命感。欧冠决赛是一场非常重要的比赛，不过查尔顿爵士的这次讲话，给了我们额外的动力。我的心中也藏着一股怒火，因为在此前的足总杯决赛里，我们输给了切尔西，我渴望着复仇成功。正是这种对切尔西的敌意，我不可能让自己输掉这场决赛。在西汉姆，我曾经和乔·科尔以及兰帕德一起成长，在英格兰队，我认识了特里和阿什利·科尔。但到了欧冠决赛，这种友谊都会暂时消失。在球员通道里，我无视他们的存在。就像即将站上擂台的两位拳击手，即使他们是再好的朋友，当比赛的哨声响起时，他们就要拼尽全力击败自己的对手。此时此刻，我也有同样的感觉。从 14 岁起，我就认识兰帕德，我对他充满敬意。这也是我们热切希望战胜对方的原因。如果球传到了他的脚下，我会拼尽全力地把球夺回来，但是我不会做出危险的、可能给他带来伤害性的拦抢动作。在成长的过程中，乔·科尔是我最好的朋友之一，不过当我们同场竞技的时候，我们之间只会剩下冷漠。比赛结束之后，我和他握手，送上一句赞美的话，"踢得不错"或是"祝你好运"，就是简单交流几句。当我看到自己的队友在离场的时候，或是在球员通道里与对方的球员交谈，我就会不爽。竞技体育是无情的，我绝不会接受输掉一场决赛的结果。

当你在赛场上面对切尔西，激烈的身体对抗总是免不了的。当 C 罗的头球帮助我们首开记录之后，我知道接下来将是一场激烈的战斗，我能预想到他们会奋力反扑。虽然切尔西不是一支擅长踢美丽足球的球队，但他们阵中有着像兰帕德和德罗巴这样的伟大球员，德罗巴有着强大的冲击力，同时我要经常留意兰帕德的跑动轨迹。

只要球到了前场，兰帕德就会启动，我要做的就是紧紧贴住他。"跟着兰帕德，把他拦住。"这是老大给我的指令。当我们尝试着把他拦下来的时候，我就把身子稍微倾斜地压住他。他是我的盯防对象，所以当他在半场结束前将比分扳平时，我气得直冒烟。我在禁区前停了下来，没想到球会飞到兰帕德的附近，而且球还碰到维迪奇的身体出现变向，范德萨滑倒了，兰帕德进球了。尽管我对这个丢球没有太多的责任，但是我盯防的人就是兰帕德，所以我觉得需要为这个失球负责。这就是典型的兰帕德风格，只要在禁区里给他一点空间，他就能把握住。在这粒失球出现之前，我们踢得相当不错，甚至有可能将领先优势扩大到 2 比 0，甚至是 3 比 0，这粒失球来得真不是时候。回到更衣室，老大让我们冷静下来，他相信我们有能力再度改写比分。我们也知道切尔西会继续向我们施压，尤其是德罗巴，他是速度与力量完美结合的前锋，有时候需要两名后卫才能把他看防住。维迪奇拼得也很凶,他一直在硬抗德罗巴。结果到了加时赛,德罗巴一掌打在维迪奇的脸上,被红牌罚下。他可是切尔西阵中一名关键的点球手,就在加时赛还剩下5分钟的时候,他却做出这个疯狂举动,实在让人费解。

在比赛最后的几分钟,我开始想着罚点球的事情了。我知道自己将在点球大战中出场。我告诉自己,这是检验自己有多坚强的时候了。你能处理好吗?你有这样的胆量吗?如果我不愿意去主罚点球,然后把责任推卸给其他人,这样我肯定后悔一辈子。这就是我来到曼联的原因——成为最好的自己。所以当老大把我们叫过来,询问谁想踢点球的时候,我主动请缨,担任球队的第二顺位或第三顺位的点球手。大伙儿同意让我在第二顺位出场。压力真的很大,真的,单单是想着主罚点球就让我浑身颤抖。那是一个孤独、令人感到恐惧的场景,令人心惊胆战。莫斯科的那个夜晚,接下来几分钟发生的事情,至今仍让我历历在目。

在特维斯和巴拉克都罚中点球之后,轮到我出场。我的想法是佯右攻左。我没有过多考虑细节或是用哪些动作来完成这次射门,一切顺其自然,这是通过长期练习的累积所得。感谢上帝,当我把球踢出去的时候,我看到切赫扑错了方向,球直接滚进球门底角。哇!这种如释重负、心满意足的感觉真的太棒了!我敢于挑战自我,在关键时刻,主动考验自己并交上了一份满意的答卷。

面对着看台上的曼联球迷,我振臂高呼,把之前的压力都释放出来。在跑回中圈的时候,我也向看台上的丽莎和父母挥拳庆祝,就像在说:"我很好,别担心。"我能体会他们的感受。他们肯定比我更忧心,害怕出现最坏的结果。在中线与队友们再次站在一起之后,我深呼吸了一口,从刚才那令人窒息的环境中重新回到现实的世界中来。

球员生涯这一路走来,我在生活当中所做的牺牲,这一切都是值得的。我知道接下来的结果怎样,就要靠其他队友的表现了。现在回想起来，当时我能够做的就是一直鼓励着那些去罚点球的队友。贝莱蒂把点球大战的总比分扳成 2 比 2，接下来是 C 罗。点球大战是非常残酷的，虽然 C 罗是我们的年度最佳球员，整个赛季的点球都是由他来主罚，他对主罚点球也是充满信心，但这一次，他却罚丢了。这给了他一次沉重的打击，相信他当时必定是百感交集。这种情况难以避免。我在对阵伯恩利的比赛里也罚丢过点球；联赛杯第四轮对阵米德尔斯堡，我又罚丢了一粒点球。所以说，我并不是一位点球专家。能否罚进点球，成功与否只差一线，没有人会责怪 C 罗，无论如何，比赛还没有结束。哈格里夫斯把比分改写为 3 比 3，阿什利·科尔帮助切尔西再次取得领先优势，纳尼罚中点球，比分变成 4 比 4。生死时刻，特里走向点球点，如果他罚中，我们就输了。此前的每一粒点球，我一直看着主罚的情况，结果是我们处在下风。这个时候，我想做出一些改变，所以我决定不看这粒点球的主罚过程。

特里走上前，费迪南德就站在我的身边，他示意范德萨往自己的右侧扑去。我的左手搭着费迪南德，右手搭着维迪奇，紧紧盯着已被浸湿的草地，等待着特里罚完点球之后，现场会有什么反应。我的脑袋里一片空白，只是站在那里，什么也做不了。时间就像停滞一样，当费迪南德和维迪奇都跳起来的时候，我听到了来自曼联球迷们的巨大欢呼声，这只有说明了一件事：特里的点球没有进！我不知道出现了什么状况，这已无关紧要，我们绝处逢生。一瞬间，我们再次看到取胜希望。在比赛结束之后，我才知道特里是因为草坪打滑而罚丢点球。我为他感到遗憾，但没有丝毫的同情。

点球大战本来就足以让人心惊胆战，现在进入突然死亡阶段，气氛自然变得更加压抑。罚的点球越多，对人的折磨就越大。我现在只能庆幸自己在更早的时候完成了主罚点球的任务，因为相比而言，我背负的压力更少一些。每一次主罚点球所要承受的考验都是令人难以想象的。

下一个主罚点球的球员是安德森，他有严重的伤病，却有着很好的天赋。老大喜欢他，在 12 月做客安菲尔德，面对杰拉德和利物浦的双红会当中就曾经派过他上场。安德森经受住了那一次考验，这一次也不会例外。安德森无所畏惧，他现在面对的是切赫，我不敢看了。只是在后来，我看了比赛录像，我才发现安德森在主罚这个点球的时候，就像他对这个世界毫不在乎，毫不犹豫地就把球踢了出去，没有丝毫的拖沓。在那一瞬间，我只看到草坪。

萨洛蒙·卡卢罚中点球，压力又回到我们的身上，吉格斯冷静地把点球打进。又是切尔西的轮次，阿内尔卡走上前，我再次把手臂放在队友的身上，低下头。再一次，时间像是完全凝固，是这个时候吗？下一秒，再下一秒，我盯着草坪。突然之间，我身前的费迪南德和维迪奇开始尖叫狂奔。所有的队友都向前冲，我的双臂一下没有了依靠。当我抬起头的，他们已经向前冲了大概五六米的距离。我高举双臂，一边跑上去，一边在大喊大叫，我从来没有做过如此疯狂的举动，我们都以最快的速度冲向范德萨。那一刻，我完全失控了。周围的一切都变得很模糊，情绪亢奋，肾上腺素激增。即使到了现在，十年过去了，当我再去看这场比赛的录像带，看到范德萨扑出阿内尔卡的点球，那种亢奋的感觉仍会在我身上闪现。我家里没有收藏关于这场比赛的纪念品，不过俱乐部的摄影师约翰·彼得斯在比赛里为我拍了一些珍贵的照片。我低着头站在那里，然后，砰！我们赢了。我把这张照片挂在墙上。就像这张照片一样，这个莫斯科雨夜带给我的记忆和情感将永不褪色。

尽管整座卢日尼基球场都被喧闹的氛围炸裂了，但是当我们跑向范德萨的时候，我们感觉整个世界都是安静的。我就像置身于一部科幻电影当中，四周一片混乱，所有的事物都在缓慢地移动。我跟在队友们后面冲向范德萨，队里的所有球员，包括替补、教练员和后勤人员，他们都冲了出来，当我跑到禁区的时候，身边的人都变得疯狂。我们跳来跳去，大喊大叫，我拥抱着每一位队友，这是我生命中所能体验过的最美妙的一种感觉。稍稍平复心情之后，大伙儿跑向了球场的角落与那里的球迷一起庆祝胜利。每一个人的脸上都充满了喜悦之情，那种欢乐的场景真的很特别。我们是欧洲冠军！几分钟后，我感觉自己像是撞到墙上那样有些晕头转向。两个小时的鏖战，主罚点球时的高度紧张，加上赢球后的狂欢，我的身体开始吃不消了。随着肾上腺素激的消退，我垮掉了，我已经倾尽所有。

我走到球场边，那里距离父母和丽莎所在的位置大概有 10 米的距离，尽管身体已经疲惫不堪，但是我依然无比激动。真的太激动了，我不知道是在笑，还是在哭，我崩溃了。无论是我的身体，还是我的精神，都彻底崩溃了。我从未在足球场上哭过，不过在那一刻，我哭得就像小孩。万千思绪涌上心头，我来自沃尔森德，生命中遇到的每一个人都曾经做出牺牲帮助我走到今天这一步。我看到父母和丽莎跳来跳去，他们在看台上也疯掉了。遗憾的是，格雷姆不在现场，不过我也想到他，想到那些年和他在后花园踢球的往事。我想到父亲和爷爷把我带到青年队，那是我足球生涯的起点。我希望爷爷能看到这一幕，因为我的胜利也是属于他的。

平复心情之后，我花了几分钟和俱乐部的后勤人员逐一庆祝，他们的脸上都笑开了花。感觉过了很长一段时间，颁奖仪式才正式开始。球员慢慢集合到主席台的台阶之下。查尔顿爵士在那里，我走过去和他握手。"干得好，恭喜你，你是欧洲冠军。"查尔顿爵士说。他的双眼充满着俱乐部又一个历史性时刻带给他的自豪感，这让我们所取得的成就显得更加特别。站在费迪南德的身边，我在等待着上台领奖的那一刻。"我们做到了！"我笑着对他说。我还是无法相信这个结果。站在费迪南德的身边让我感到更开心，从我 14 岁来到西汉姆开始，他就是我的朋友。

这已经是莫斯科的深夜——凌晨一两点——我们终于能够拿着冠军

第九章　慕尼黑和莫斯科 | 153

奖杯在球场上庆祝。在滂沱大雨的衬托之下，这是如此美丽、如此令人难忘的画面。对我来说，夺冠之后最欢乐的庆祝就是回到更衣室，和队友在一起，而且大家的年龄还十分相近：费迪南德、弗莱彻、奥谢、布朗、鲁尼；然后是C罗、特维斯、埃弗拉、维迪奇、纳尼，岁数大一点的有吉格斯、斯科尔斯和范德萨，我们的关系十分亲密，环顾整个更衣室，我在忘情大笑。

无论是年轻球员，还是老队员；无论是英国球员，还是外籍球员，我们之间没有任何芥蒂，我们荣辱与共团结一致，以激情和为曼联赢得冠军奖杯作为纽带。整个赛季，我们都在并肩作战，现在是时候坐下来，相互肯定和感谢对方的努力，一起享受我们所取得的成功。我们一起唱歌，蹦蹦跳跳。没有隆重的庆祝仪式，没有外部的喧闹，只有我们自己。看到那些工作人员，包括厨师、理疗师、装备管理员和按摩师脸上展现出来的喜悦之情，感觉太棒了。他们不会得到太多的认可，但是他们陪伴着我们走过每一步，日复一日，他们当中大多数人都是"红魔"死忠球迷。能够给予他们回报，让我们心满意足。曼联再次站在欧洲之巅，我知道这对他们来说有着巨大的意义。

回到酒店吃晚餐的时候，我们让吉格斯上走台，他在这一天超越了查尔顿爵士所保持的俱乐部出场纪录。这注定是一个不眠之夜，第二天早上，我是从酒吧直接去的机场。我只想那一晚永远不结束。航班延误了五个小时，这让我们有点郁闷。我们只能坐在那里等待，虽然大伙儿都是头昏脑涨，但依然笑容满面。我们的飞机最终在晚上9点30分降落在曼彻斯特，下飞机的时候，我搂着哈格里夫斯和维迪奇。球迷在耐心地等待我们的出现，我们举起欧冠奖杯，与他们一起分享夺冠的喜悦，然后才坐上球队大巴离开。欧冠的冠军奖杯回到曼彻斯特。我与鲁尼、C罗走到大巴顶层，向着摄影师们，举起冠军奖杯。笑容从未离开过我的脸。

大巴把我们带到卡灵顿。路易丝还在家里,她才只有两个半月大,我小心翼翼地抱着她,坐下来,然后再次加入球队的庆祝当中去。我们都赶快回家,所以相互简单地说了几句:"享受夏天假期吧!"我们就分开了。

我的一个遗憾是我们没有在曼彻斯特举行过夺冠游行。由于一周前,凯尔特人的球迷在曼城主场举行的联盟杯决赛中闹事,因此市议会和警方拒绝了我们的巡游申请。现在回想起来,真的很可惜。我们夺得了英超和欧冠的双冠王,这个城市怎么能不庆祝?那个晚上,我真的没想过我们会无法进行夺冠游行。那天的记忆也变得没有那么重要了,我只依稀记得,在卡灵顿走下大巴的时候,弗格森爵士说了一句:"伙计们,做好准备,我们明年要再赢得联赛冠军。"

第十章　罗马折戟

矮小、瘦弱、留着一头长发，当我第一次近距离看到梅西的时候，我感觉他就像一个还在学校操场上和同学踢球的小朋友。他看上去平平无奇，感觉还没有到踢职业足球的年纪！是这样吗？事实上，这个年轻人真的是一位大人物。他在球场上能够扯开空间。球在他脚下就像被赋予生命一样，那些细腻的控球动作，他的双腿反应敏捷，让那些企图对他进行拦抢的防守球员无处下手。在杀进莫斯科决赛的晋级道路上，我们淘汰了巴萨。尽管梅西当时踢的是右边锋，没有和我直接对位，但是他的能力，足以给我留下难以磨灭的深刻印象。

梅西拿球之后所产生的威胁是我平生未见的，他能够在一瞬间变向。有那么几个回合，我觉得自己已经逮住他了，但是一眨眼的工夫，他就消失了。"让他走右路，他只会用左脚。"人们给出过这种结论。是的，这个提议不错。不过他在狭小空间里对于球的处理能力令人感到不可思议，你无法抢下他的脚下球。在前往莫斯科的道路上，我们在面对巴萨的两回合比赛里都保持不失球。我们赢了，不过我们都知道，梅西会卷土重来的。

以英超和欧冠的双冠王身份回到季前备战，这种感觉很棒。不过要证明我们是一支最优秀的球队，我们需要成功捍卫自己的冠军头衔。有一些球队在赢得一次冠军之后，他们骄傲自满，沉醉于四周的赞美声当中。他们的球员坐在沙发上接受采访，只顾着回望历史，失去了对于下一次胜利的追求。我们可不一样，老大也不允许这一切发生。弗格森爵士对冠军有着更强烈的渴望，他会立刻给我们提出新的挑战。我们可以完成三连冠吗？我们可以在欧冠赛场上实现史无前例的成功卫冕吗？我将继续挑战自己。

你愿意不断推动自己前进吗？我愿意。在你攀登上职业生涯的一个最高峰时，你愿意从头再来吗？我愿意。你满足于现状吗？不，我从不甘心安于现状。最后一个问题是关键，不管我们获得怎样的成就，我们永远不会满足。在曼联，我学会了对胜利的不断追求，我愿意做出任何的牺牲去成为最出色的球员。在一整年的时间里，只有在 6 月，我们才会放松下来。我最多只会让自己休息一周。然后那些危机感就会重新浮现在我的脑海里，我对丽莎说"我要去健身房""我不能再吃这些东西"或者是"我不能让自己再松懈下去"。2008 年的那个夏天也不例外，事实上，每一个夏天都不会例外。无论是作为球员还是教练员，我渴望着与曼联一同赢得胜利。我无时无刻不盯着这个目标，没有任何的停歇。在赛季进行期间，从学校操场到超市，再到加油站，我总是想着与曼联相关的事情。即使和丽莎出去吃晚餐，我也会想着明天的训练。没有一丝松懈。我为自己这种全身心的投入感到自豪，我从不后悔。当你在 7 月的第一周，走进训练基地的大门，踏上训练场的那一刻开始，直到第二年的 5 月底，你都不能有丝毫的放松。我这样说，不是想博取同情，因为我从事自己热爱的工作，也因此而获得丰厚的回报。不过在一年里，有 11 个月的时间是不属于自己的，还有就是对于心理状态的考验，那种对于失去冠军的担忧，对于遭受失败的恐惧，这种情绪从未远离过我。这样的状况维持了一段时间，我才意识到，不是对成功的渴望，而是对失败的恐惧，驱使我不断向前进。

在曼联，你没有偷懒的机会。只是训练了四天时间，我们就迎来了新赛季的第一场比赛。2008年7月12日，尽管我们还没有完全进入比赛状态，球队就要在季前赛中面对阿伯丁。比赛只打了20分钟，我们的球员就已经筋疲力尽。结束了在皮托德里球场的这场季前赛之后，我们出发前往非洲。当我们抵达尼日利亚的时候，无论是身体状态，还是精神状态，我们都处在混乱当中。而在尼日利亚首都阿布贾的行程让这一切变得更糟糕。组织者给了曼联一大笔费用，把我们弄到阿布贾。从开普敦出发，凌晨3点到达阿布贾。就在当天，我们要和足总杯冠军朴茨茅斯进行一场友谊赛。

当我们的大巴从机场开往酒店时，安保人员在吆喝："拉上窗帘，把灯关了。"他们担心我们的大巴引来伏击。当我们来到酒店的时候，场面一片混乱。每一个角落都挤满球迷，他们在走廊游荡，甚至挤满了电梯，我们的到来让他们陷入疯狂状态。我们只想抓紧时间休息，有一些球员走到酒店的花园，希望在那里逛一下，放松一下心情。不过四周都有全副武装的警察在巡逻，这让他们没有了兴致。当我们走向游泳池的时候，一名酒店员工想和我们合照。我们觉得没问题，这种事情经常发生，不过现场的安保人员却非常敏感，他们觉得这样做会有风险。一名安保人员马上冲过来，一巴掌拍掉了那个人的照相机。

"喂，这到底是为什么？"我大喊。几名安保人员拽着他，戳他的肋骨，把他拖到酒店的后面。"喂，发生什么状况了吗？只是拍一张照片而已。"我跟在他们的后面叫喊着，可我们再也没有见到过这个人了。

到了下午，我们出发前往尼日利亚国家体育场。快到球场的时候，我看到有20个小孩正蹲在草地上等着我们。再靠近一点，我注意到他们的脚都蜷缩在身下，他们只是靠着双臂在一座小山坡爬上爬下。让我们感到震惊的是，有人告诉我们，这群尼日利亚小孩当中有的人被父母折断双腿，然后被安排到街上乞讨。这是真的吗？这样的孩子无处不在，只能靠着双臂来行走。这令我感到非常心酸。

我们在阿布贾的经历，感觉像一部恐怖电影。由于门票价格太昂贵的原因，来到现场观战的球迷寥寥无几。有的球迷尝试闯进来，但是警察用催泪瓦斯驱赶他们。一些个头很大的苍蝇也会向我们扑过来，我们在看球的同时，还要躲避这些昆虫的骚扰。2比1赢下比赛之后，我们用最快的速度离开这座球场，路过那些残疾的小孩，冲向机场。

虽然这次的阿布贾之旅只用了短短16个小时，但是这一趟行程给我们带来的影响远没有结束。回来之后，我吐了一周的时间，有些球员的情况更糟糕。为了查明病因，曼联给医院送去了呕吐物的样品。我真的不是开玩笑，他们在这些样品里发现了猴子和老鼠的粪便。医院的检查报告里还表示，他们从未见到过这种情况。所以说，我只想忘掉这段不愉快的经历，相信我的队友们也有同样的观点。我们可不想再带回来这些"纪念品"。

12月，我们前往日本参加世俱杯，这一趟旅程的经历就要好太多了。曼联以欧洲冠军的身份参加这一届世俱杯。虽然这项赛事在英格兰的影响力并不大，不过我认为这是一项重要的赛事。因为在我看来，这是赢得又一个冠军的黄金机会。毕竟能参加世俱杯的机会并不多，对吧？首先得拿到欧冠的冠军，才能有机会来到这里争冠。

飞往日本之前，我们在12月13日还要到客场挑战热刺。在这之后，我们的下一个联赛日程要到节礼日——客战斯托克城。卡灵顿的运动专家要计算时差以及安排在对阵热刺的比赛之后的行程安排。比赛结束之后是回家直接睡觉？还是要熬夜？或者是不去理会时差的问题？最终，运动专家给出的建议是采用"熬夜"的方式来应付时差的问题。所以在伦敦的那个夜晚，我们为自己安排了节目，在一整晚的时间里保持活力。我们跟着老大去了赌场，在那里享用美食，还有一些人去了莫维达夜总会。第二天早上，当斯特拉德维克和队医麦克纳利招呼我们集合的时候，居然有一半的球员没有出现！我们最终还是上了飞机，运动专家给了我们一些像是耳机之类的东西来堵住耳朵。他们告诉我们，尝试用大脑给身体传达一些心理暗示，像是在夜晚的时候要想象着自己处在白天的环境之中。这个建议根本不起作用。他们还会在某些固定的时间里把飞机上的光都关掉，帮助我们在不同的环境下进入睡眠状态。最理想的状况是让我们的时差停留在东京和曼彻斯特这两个时区的一半位置。

我们不能够完全进入日本的时区状态，因为回到英格兰的两天后，我们就要做客斯托克城。在飞机上，我注意到了迪米塔·贝尔巴托夫（简称贝巴）——他在不久前才从热刺来到曼联——他戴着一个大面具，因为他不想让空调的风吹到他的脸上。到达横滨入住酒店之后，贝巴有一整周的时间都待在自己的房间里，厨师只能敲敲门，然后把他的食物放在房间的门外。尽管如此，贝巴却是队里唯一在世俱杯期间生病的球员。这让大伙都觉得很滑稽。

就让贝巴继续留在自己的房间里与病魔搏斗吧，我们还得继续这一次的行程。时差的确是个大问题，由于生理时钟还没有调整过来，球员们在游戏室里玩桌球，一直玩到清晨5点。再走上训练场时，相信教练员也很无奈。所有球员都在座位上昏昏欲睡。进入比赛，情况会不一样，似乎有些什么一下子刺激到我，让我充满活力，然而当比赛一结束，我又回到行尸走肉的状态。感谢上帝，老大没有太多地责怪我们。不过在横滨，我还是被他骂了一次。决赛里面对来自厄瓜多尔的基多大学队，我觉得自己表现得不错。不过在半场休息时回到更衣室，弗格森爵士对我发飙了，他对我的传球很不满意。"向前传球，向前传球。"他大声嚷嚷。当老大有着某种想法的时候，他就一直想着这个事情。在上半场比赛里，我几乎所有的传球都是向前传的，只有一次例外，我把球回传给了费迪南德。之所以我记得这么清楚，是因为我觉得回传就是最佳的选择，我并不是消极应付比赛。我的想法就是把球传给费迪南德，然后他把球再传回来，我们再次组织进攻。当弗格森爵士看到这个回传球之后，他发飙了，我听到他在场边喊："该死，你把球向前传啊。"

我大声回应："骂什么？"当然，我不是冲着他说这句话，我可没有这个胆量。两分钟后，主裁判伊尔马托夫吹哨结束上半场的比赛，我知道接下来会发生什么。我刚走进更衣室，老大就冲着我来了："把那该死的球向前传，我已经告诉过你。"当他开启了"吹风机"模式，你就坐在那里，乖乖接受就可以了。

表面上，我很冷静，点头附和着老大的观点，收起自己的怒火。内心里，我藏着一团怒火，我对着自己说："我有40次向前的传球，只有一脚回传，就被他盯上了。"不过老大正在气头上，我不敢反驳。"我的天，这也太严厉了吧。"在走回球场的路上，队友向我表达了他们的同情。

老大没有把我换下，他很少这样做，他总会给球员机会来做出回应。把我留在球场上，继续面对这场战斗。下半场比赛刚开始后不久，维迪奇被罚下，不过我们没有自乱阵脚，鲁尼的进球帮助球队一球小胜对手。这个进球正是源自我给C罗的一次传球——一次向前的传球。这场比赛再次展现出我们的比赛风格，只剩10人应战，还是能够在困境中赢得胜利。尽管这一次，我们没有莫斯科之夜的那种兴奋感，但是成为世界冠军的感觉也很棒。我也替曼联球迷感到高兴，横滨有非常多的曼联球迷，在圣诞节前为他们带来胜利的感觉很不错，这是一次物有所值的东亚之旅。

那天晚上，我和费迪南德，还有我们的教练穆伦斯丁去了酒吧。我们点了葡萄酒，看着横滨的夜景，陷入沉思。"伙伴们，我们是世界冠军！"这家酒吧很安静，没有人来打扰我们，我们细细地回味着冠军之路的点点滴滴。拥有世界冠军的头衔对我来说很特别，但是我没有自满，我们没有时间沾沾自喜，我们很快就要回家了。

做客斯托克城是赛季里最艰苦的比赛之一，我们像对待决赛那样看待这场比赛。特维斯在比赛末段进球。任务完成！这是范德萨连续第六场英超比赛保持不失球，这位出色的荷兰门将最终在联赛里连续1311分钟没有失球——创造了一个世界纪录。

英超官方给范德萨颁发了一个特别的奖项，不过我们却没有任何特别的表示，没有给予任何的奖励，只是点点头，然后对他说："干得好。"范德萨成了头条人物，不过我觉得他们还应该提到防线上的费迪南德、维迪奇和埃文斯。我是站在他们身前的中场球员，我们所有人都为这个零封对手的成就而感到自豪。范德萨是门将，所以他的功劳最大，这是属于他的成就，不过与此同时，这个纪录也属于队里的所有人。在更衣室中，这个不是问题，因为加里·内维尔总是会这样子说："这就是我们在这里要追求的目标。"

无论如何，我们的球员不需要这个纪录才会懂得范德萨的价值。他在富勒姆效力了四年，说真的，这段经历让很多人感到意外，因为他是一名非常优秀的门将。他有很多优点，我也不知道该从何说起。范德萨有很好的传球能力，左脚和右脚的能力都很强，他总是能把球交到队友的脚下。我相信这一点不会让人感到意外，因为范德萨来自注重传球和传接配合的阿贾克斯。范德萨不仅能在自己的禁区里指挥布防，他的沟通能力也很强，能确保我们出现在他希望我们出现的地方。他在球场上总是喋喋不休，不过他的指示总是明确而简单。我甚至不用看他，只是在训练中习惯他的指挥，然后在比赛里形成一种本能反应，因为在球场上，我无法清楚地听到他的声音。反正，我会按照范德萨说的去做，费迪南德也一样。训练的时候，有人射门之前，范德萨会大喊"左"或"右"，那么我就会去阻挡那一边的射门路线，确保他只需要保护另一半的球门。他基本上就是把我当成一面盾牌。当然，他也是在赌博，因为对方的射门也可能穿过我的胯下，但大多数时候，这样的分工都很有成效。范德萨是我见过的唯一这样做的门将，他很聪明，这就是他有能力担任阿贾克斯足球俱乐部首席执行官的原因。

很快，我们又把精力重新投放到欧冠的赛场上。我们在 2 月要前往圣西罗，这一次是对阵国际米兰。国米的阵容非常强大，他们拥有萨内蒂、斯坦科维奇、阿德里亚诺和伊布拉希莫维奇，巴洛特利是冉冉升起的新星。尽管我们在客场 0 比 0 战平国米，但在精神层面上，我们感觉获得了一场胜利，我能够带着自豪感和满足感回顾这场对阵国米的比赛，这可能是我在曼联的代表作之一。

弗格森爵士总能审时度势，调度得宜。在 3 月对阵热刺的联赛杯决赛前夕，他把我、鲁尼、贝尔巴托夫和弗莱彻拉到温布利球场更衣室的一边，对我们说："孩子们，我今天会让你们休息。"我对此也有些心理准备，因为在大多数的杯赛里，他都会用吉布森。5 天前在圣西罗，我刚打了首发，不过我还是想参赛。这是涉及争冠的比赛，我必然想参与其中。随着决赛进入点球大战，我走到教练指挥区的边上，站在范德萨和鲁尼的身边，向场内的队友们给予我的支持。本·福斯特和我们的门将教练埃里克·斯蒂尔在 iPod 上看热刺球员主罚点球的录像资料。福斯特有在上场前再研究了一下对手罚点球的习惯。他很清楚奥哈拉点射的方向，他扑向左边，将球扑出。他还差点扑出尼科·克拉尼察的点球，即使是大卫·本特利射偏的那一球，他也扑对了方向。福斯特在赛后的发布会上提到过 iPod 的事情，也许他应该保持沉默，因为后来国际足联禁止我们使用 iPod，不过斯蒂尔和福斯特的这些安排，足以说明了曼联对于细节的重视。

我们坐火车回家，不知道是谁，他很随意地把联赛杯的冠军奖杯放在桌子上，感觉我们只是刚在伦敦踢完一场联赛，一切都是例行公事，有什么好大惊小怪？这只是联赛杯，赛季刚刚过半，所以在火车上，大家的兴致都不是很高，因为大家都知道更艰巨的任务还在后面。我们在主场淘汰了国米，然后是波尔图，接着在半决赛，我们遭遇阿森纳。比赛开始前，我们看了他们对阵利物浦的那场疯狂的比赛。我们当时正和利物浦在竞争联赛冠军，差距微弱，由于是和利物浦争冠，压力和关注度甚至会更大。

老大和贝尼特斯打起口水仗，因此利物浦对阵阿森纳的这场比赛很关键。当时我们住在洛瑞酒店，第二天我们就要在主场对阵朴茨茅斯。晚餐过后，我们走进按摩房，那里正在播放着利物浦的比赛。我们经常在按摩房里闲聊，一些队友在接受理疗，其他人则在处理一些杂务，而我们的注意力其实都放在电视屏幕上。这是一场经典比赛，我们如身临其境，支持着自己的母队。我们肯定是百分百支持阿森纳！这是我人生中唯一支持阿森纳的比赛！双方梅花间竹般进攻高潮迭起，阿尔沙文在比赛的第90分钟打进了个人的第四个进球，阿森纳4比3领先，我们精神一振。我正在接受按摩，面朝上躺着，我从床上跳了起来，按摩床被摔在地上。队友们都很兴奋，几乎要把按摩房掀翻了。他们还跑到走廊上大喊大叫，就像我们赢得了联赛冠军那样。范德萨在走廊上跳来跳去，不过比赛还没完，当我们发现贝纳永将比分改写成4比4的时候，我们才冷静了下来，不过利物浦还是失分了。我们的反应展示出我们的团结，我们都爱上了这场疯狂的比赛！

这肯定是阿尔沙文在阿森纳的代表作，不过他无法代表阿森纳在欧冠赛场上登场，因为在赛季初，他代表泽尼特打过欧冠的比赛。我们赢下了半决赛的首回合赛事，奥谢在老特拉福德球场取得进球。奥谢是一名很优秀的球员，但在曼联之外，他没有得到应有的尊重，除了在爱尔兰，因为他就是那里的传奇。那一年，奥谢几乎每场比赛都是担任右后卫，表现超级棒。中场、左后卫或中后卫，他都能踢，他能胜任球场上的任何一个位置。奥谢知道为曼联效力的意义，他知道如何进行比赛以及赢得比赛的胜利。

在球场外，他也是职业球员的模范。我能理解弗格森爵士为什么会让奥谢效力曼联长达 12 年的时间，因为弗格森爵士从来不需要担心他，从来不需要照看他。老大知道，当他需要奥谢的时候，奥谢就已经做好准备。

我们在次回合比赛里 3 比 1 赢了，但是晋级决赛的喜悦被蒙上了一层阴影。在做客酋长球场的这场比赛里，弗莱彻因为一次糟糕的吹罚而被罚下场，这意味着他将无缘在罗马举行的欧冠决赛。当时在球场上，弗莱彻和法布雷加斯在我们的禁区里争抢球权，两人的肩膀相撞，明显是弗莱彻首先碰到球。当裁判罗伯托·罗塞蒂吹哨时，我们难以置信。他把弗莱彻罚下，还给了阿森纳一个点球。我们不停地和罗塞蒂争辩，为弗莱彻辩护。比赛结束，我们晋级了。但是弗莱彻被罚下了，我为他感到遗憾。基恩和斯科尔斯在 1999 年的欧冠决赛中被禁赛，十年之后，这一幕又降临在了弗莱彻的身上。弗莱彻的反应倒是很平静，不过我真的为他感到惋惜，在通往罗马的道路上，他是队里的重要功臣之一。那个赛季，我们多次采用了 4-5-1 阵形，我、弗莱彻和安德森被安排在中场，因而在决赛对阵巴萨的时候，弗莱彻的缺阵将是一个巨大的损失。半决赛次回合，我们完美地执行了比赛计划，用反击惩罚阿森纳，彻底击垮他们，特别是 C 罗的最后一个进球。在回到更衣室后，我们并没有忘情庆祝，失去弗莱彻让队里的气氛变得有些压抑。当然，我不是说用吉格斯去填补弗莱彻的位置就会导致球队的实力大打折扣，但是没有人能忽略弗莱彻对于这支球队的重要性。欧冠决赛正是球员梦寐以求的大舞台，可惜弗莱彻失去了这个机会。

那个晚上，我们留在了伦敦。回到龙马酒店（the Landmark Hotel），对于那段时间里如此疯狂的赛程，这个晚上是难得的放松机会，我们可以喘喘气，放空身心。我、吉格斯、斯科尔斯还有费迪南德，在酒吧里和布莱恩·罗布森喝了几瓶啤酒。"今天这个酒局真的很棒了。"我当时在想。这是多么难得的一个机会！罗布森可是一名传奇球员。

我记得曾经有一次和史蒂夫·布鲁斯聊天，他说："罗布森的体能，绝对远超其他任何球员，他一直在球场上来回奔跑。他是一名优秀的球员，充满侵略性。无论面对谁，都能让对手遭受重创。"而内维尔也总是对我说："罗布森是我合作过的最佳球员。"吉格斯和斯科尔斯一直把罗布森视为他们的偶像，吉格斯曾经告诉过我他第一次在比赛里打左边锋的故事。

回到那个年代，面对像吉格斯这种突破犀利的边锋球员，处于防守方的边后卫会使一些盘外招，他不停对着吉格斯在喊："你要是过掉我，我就打断你的腿。"这时罗布森对吉格斯说："来，之后的 10 分钟我和你换换位置，你去中路。"然后是那名边后卫拿球，罗布森飞奔过去，对着那名边后卫就来了一记凶狠的滑铲。罗布森站起来，拍拍球衣，拿到一张黄牌，然后对着吉格斯大喊："现在你换回来。"在那之后，吉格斯再没有听到那名边后卫大发厥词。罗布森总会用自己的方式保护队里的年轻人，这是曼联的传统。每当有年轻球员获提拔到一线队，这会给俱乐部上下所有人带来一种自豪感。基科·马切达在四月的比赛里替补上场，面对维拉和桑德兰时打进制胜球，我们都期待着这名新星的冉冉上升。"他是俱乐部里最好的终结者"，这是弗格森爵士对马切达的评价。老大对于马切达有很高的期望，可惜的是马切达陨落了，真的很可惜。现在我看着拉什福德，看着他在球场上冲刺，倾尽所有，这正是马切达所缺乏的。天赋是天赋，但是如果没有献身精神，天赋将变得一文不值。在曼联，你有义务做出牺牲。

那年的五月，对阵维冈竞技的比赛剩下 4 分钟的时候，场上的比分是 1 比 1，我打进一球，还是左脚，这是我球员生涯的最佳时刻之一。就在球迷面前庆祝进球的时候，我高高跃起，挥拳庆祝。鲁尼从后跑过来，跳上我的肩膀，把我给撞翻了。在赛季的那个阶段，任何一场胜利都是至关重要，任何一个进球都是意义巨大。我们的这支队伍是完美的，不只是有天赋和实力，而且我们愿意为彼此而战。

我们永不放弃，在对阵维冈竞技的比赛里，我们再次证明了这一点。比赛最后阶段的制胜球总能点燃整支球队，相信我，这是赢球的最佳方式！这种奋战到最后一刻的精神，从老大的身上散发出来，感染着球队里的每一个人，我们总是坚信自己可以赢下比赛。当比赛时间变得越来越少的时候，我们看着身旁的队友，像在说："来吧，让我们再加把劲。"我们会不顾一切地冲向前，不停地套边和传中。我不知道外界对于这种比赛方式怎样的评价。只是在禁区边缘磨磨蹭蹭，这不是曼联的风格。这种战术无法考验对手的防线，因为他们的防守球员全都站在自己的防守位置上，等着你的传球。当中卫解围高空球时，其他的球员就会围绕这名中卫，等着抢第二落点，一切都是可预知的。老大从来不会让我们打这样的战术，即使这么做可能会在对方的禁区里制造混乱，有机会博得点球。"要在禁区边上传球，尝试把对手引出来，我们就会获得机会。"这是老大给我们的要求。看看吉格斯、斯科尔斯、C罗和鲁尼，他们从不慌乱。他们用传球和跑动给对手制造压力，让对手始终处于压力之下，从而变得精疲力竭。虽然场面上看似一片混乱，但其实这是有组织的，一切尽在掌控之中。在曼联的第一个赛季，我在索尔斯克亚的身上，还有在和他的交流当中学习到很多东西。他之所以能够在比赛最后时刻进这么多的球，是因为他的头脑一直保持清醒。不管场上风云变幻，他总是云淡风轻，即使这是比赛里的最后一次机会，他依然可以从容应对，保持极高的得分效率。老大毫不犹豫地在场上放四名前锋球员，这就是他的足球哲学——在比赛的最后10分钟，尽可能放上最多的得分手。不管用谁，我们有鲁尼、C罗、特维斯、索尔斯克亚、吉格斯、斯科尔斯和萨哈等等。我记得在2008年3月，我们需要在德比郡身上抢分，弗格森爵士就把我和萨哈派上场，当时在锋线上，我们还有C罗和鲁尼，吉格斯也在场上。

老大要求我们不断加强进攻,最终是C罗凌空射门打进制胜球,这场比赛足以展现出老大的智慧。弗格森爵士的高强度训练,让我们有足够的体能坚持到比赛的最后一秒。那时候,其他球队的体能状况根本无法与我们对比。很多人在谈论我们的最后时刻进球,我能够从对手的眼睛里看到他们的恐惧。一旦让对手感受到我们在最后时刻掀起的进攻风暴,我们就可以吞噬他们。维拉算是最大的受害者,我记得索尔斯克亚、C罗、马切达和埃尔南德斯都曾经绝杀过维拉。

2009年5月16日,我们在对阵阿森纳的比赛中收获一分,这一分也让我们实现了英超三连冠。这场比赛虽然很艰苦,甚至给我带来了伤害,因为我在一次铲球的过程中大脚趾骨折,但我忘却了伤痛,当时的我正在全力拼杀,希望为球队带来一场所需的平局。我在忙于解围法布雷加斯和范佩西开出的任意球。我们顶住了压力,我们开始欢庆夺冠,但是这样的快乐时光并没有维持太长的时间,因为接下来还有其他的比赛任务。在肾上腺素消退之后,疼痛感立马扩散开来,我才意识到自己在11天后的欧冠决赛来到之前都无法正常训练。距离决赛还有三天,我注射了止痛针,看看自己能否参加训练和通过体测。我仍随队飞往罗马,出战对阵巴萨的欧冠决赛。登机的时候,我每走一步都要小心翼翼。我们预订了一家坐落在共和国广场的酒店,这显然不是最佳选择。我们被安排在地下室里用餐,当食物通过电梯送到餐厅的时候,都已经凉了。我的脚趾依然很痛,这让我缺席了在奥林匹克球场的赛前训练,不过我还是进入了第二天的先发阵容,毕竟这是欧冠决赛!莫斯科的夺冠经历让我更渴望在对阵巴萨的这场决赛里赢得胜利。距离比赛开始还剩1个小时,队医给我打了止痛针,让我僵硬的脚趾松弛下来,这一针很见效。

虽然我的脚趾没有恢复到百分百的状态,但在过往的比赛里,我也有过很多带伤作战的经历。我把全部精力都投入到比赛当中去,没有被脚趾伤病或现场气氛的干扰。安德烈·波切利在现场演唱了《角斗士》的主题音乐。炎热的天气对我产生一些影响，所以我更喜欢在天气较冷的地方打比赛。尽管如此，我还是充满信心。自从两个赛季前的欧冠半决赛输给AC米兰之后，我们再没有输掉过一场欧冠比赛。此外，在前年的两回合较量当中，我们也战胜了巴萨，我们相信有能力再次笑到最后。"你们可以击败巴萨。"外界对我们充满信心。当然，老大的比赛计划也让我们信心十足，我们在前场就向巴萨施压，这个做法非常进取。很快，朴智星完成了一次门线前的解围，C罗开始给对手制造麻烦。瓜迪奥拉率先做出调整，梅西最初是在右路，接着他和埃托奥换位，他来到了9号位，但他不是传统意义上的中锋。梅西的位置一直在后撤，这意味着维迪奇和费迪南德都失去了盯防的目标，我们在中场区域的人数处于下风，因为巴萨原本在这里已经有哈维、布斯克茨和伊涅斯塔。这就是巴萨的策略——在中场区域获得人数上的优势，他们有多一名或是两名球员来控球，让对手在该区域面对非常大的挑战。他们合理利用球场的宽度，把球转移到本方人数更多的区域，这就是他们掌控球权的方法。弗格森爵士要求我们注意巴萨的"传输带"，这一开始让我们感到有些困惑，不过我很快就意识到他想表达些什么。球在哈维、布斯克茨、伊涅斯塔和梅西的脚下轮转，保持球权，捕捉战机，一旦我们出现疏漏，他们就会奉上致命一击。在一次争顶头球时，我没能及时解围，伊涅斯塔迅速赶到，把球传给了梅西。巴萨的攻守转换非常犀利。尽管我紧贴着梅西，还是没能阻止他把球传给伊涅斯塔，伊涅斯塔把我和安德森挡在身后，然后把球传给埃托奥，此时埃托奥已经摆脱了维迪奇的防守。我拼命回追，但也只能目送埃托奥把球送入球门。

比赛结束后的几周时间里，这一幕一直在我的脑海里回转。我无法忘掉这些画面。或许你不会相信，但我一直无法原谅自己。如此轻易地丢球，让我耿耿于怀。把球权让给任何一个对手都是危险的，如果这个对手是巴萨的话，那就等同于自杀。

上半场比赛里还有这样一个瞬间：梅西从维迪奇脚下断球，尽管鲁尼和我费尽了九牛二虎之力，但面对梅西，我们还是一点儿办法也没有。对于像我这种高个子球员来说，贴身防守那些重心较低的小个子球员难度更大。有些球员以速度见长，有些球员拥有出色的足球意识，还有一些球员有着细腻的球感。梅西是独一无二的，因为他同时拥有以上三个特点。他还很勇敢，和C罗一样，他的比赛风格导致在球场上经常被踢倒。C罗会重新站起来，向对手做出更强硬的反击，梅西也一样。这就是伟大球员的共性：无论被踢得多惨，他们都会继续前行，并做出更强硬的反击。梅西的比赛方式是无法复制的。他通过训练和学习来提升自己的球技，不过无论你怎样教导其他球员，他们都不可能做到梅西所做到的事情。梅西就是一个天才，同时还有着不屈不挠的顽强斗志，他就像是后来改打中场位置的吉格斯。吉格斯在比赛里或许有两三次传球失误的情况，不过他很顽强，对自己的能力也有充足的信心。他不会改变自己的比赛方式，并最终在比赛里踢出优异的表现。和吉格斯一样，梅西不停突破，和队友做二过一配合，或许他的过人会被拦截下来，但是他会再接再厉。对于部分球员而言，如果第一次行不通的话，他就会选择做一些更轻松的事情，但是梅西总是坚持不懈。哈维、伊涅斯塔和布斯克茨都很优秀，不过有梅西在球场上，他能够让队友发挥得更加出色。我一直在追着梅西，因为球总会回到他的脚下。他是比赛的主旋律，他有着非常出色的足球智商。他只要轻轻一瞥，就能突破两名球员的夹防，面对这样的球员，你还能怎么防守？你什么也做不了。一对一的防守根本无法限制他。另外，你也不能把他踢倒，因为他会重新站起来并发起反击。显然，我们现在谈论的就是足球历史上最伟大的球员之一。

我经常听到有关C罗和梅西的争论，这确实很难选择，因为他们的类型是很不一样。我与C罗合作过，见证了他所能做到的众多不可思议的事情。在梅西的身上，你唯一能够预知到的事情就是他的不可预知性。我想接近他，有时候甚至觉得自己已经把他控制住，但是他还能摆脱掉，留给我的只剩下空气。梅西在身前5米区域的启动有多快，我亲身体验过，他的瞬间变向真的能够"杀死"你。他的大腿短而快，当我还在空中的时候，他已经落地并蹿出去了。当我想变向的时候，梅西已经跑了两步，还会再次改变跑动的轨迹。梅西不仅有着惊人的控球技术，他的智慧也令他鹤立鸡群，他的传球总是带有目的性。有些球员的技术和天赋很是突出，因此你把球传给他们，他们可以耍出很多花招，展现出一些不可思议的技巧。梅西没有花哨的动作，他利用速度和敏捷性，直截了当地撕破防守网。我看着梅西，他不仅仅有出色的盘带能力，还有出色的传球能力，同时还是一名高产的射手。梅西能够做到的事情真的是太多了，但让他更加高效和更有破坏力的是他能够让整个球场上的画面像慢动作那样呈现在他的眼前。甚至在高速盘带的时候，他依然能够看到一个清晰的画面。

梅西就是一个天才。他能够清晰感知到自己身边发生的一切，这能帮助他做出正确的决定，是来一记挑传，还是继续突破。其他人在这种速度之下只能看到模糊的影像，但是梅西的感应力非常敏锐。和他交手有一种奇怪的感觉，通常我不会欣赏自己面对的对手，但他是一个例外。我对梅西是心悦诚服。

能和一批与自己的能力相近、名气相当的队友一起比赛，梅西在场上能发挥出更致命的作用。在罗马，我们需要对梅西进行人盯人的防守吗？老大从未考虑过这一点，即使那一天弗莱彻能够上场，他也没有考虑过。"我们能进球。"弗格森爵士在赛前对我们说。他想占据主动，不能保守和采取人盯人的防守策略，这从来都不是老大的风格。老大把C罗放在锋线上，减轻他的防守任务，给他更大的自由度，他可以在舒服的区域发动进攻。可惜的是，我们给予他的支援不够多。鲁尼为球队牺牲了自己，他去踢左边路。但是我们在比赛里就是无法把握好机会。布斯克茨出现在中路，他所做的事情不会成为焦点或是在社交媒体上获得关注，但是我总觉得他很特别。当布斯克茨在过渡球的时候，他只需一脚传球就能缓解球队的压力。他能感知到四周的形势，让他变得如此特别的原因，在于他很了解自己的能力以及能够找到最适合自己的比赛方式——一脚触球、传球，然后跑位，接应回传、传球，再跑位。布斯克茨不会突破，他最多有三次触球，只是要确保巴萨的"传输带"运转流畅。他让比赛变得如此简单。

尽管老大在半场休息时进行了人员调整，他用特维斯换下安德森；吉格斯后撤，与我站在一条平行线上，但我们还是无法抢到巴萨的球。我在职业生涯里遇到的大多数球员，每当我贴身防守他们的时候，就能迫使他们把球横传给边后卫，或是向后传给中后卫，但是伊涅斯塔和哈维能够一直保持互传，有时候他们能相互传球六七次，球就像是长在他们的脚下一样，感觉球场上就只剩下他们两个人。他们的站位很靠近，当他们失去球权的时候，总是有三四名球员围在附近，能够迅速把球抢回来。我在比赛里拿球的机会不多，但是，只要我一拿球，巴萨球员就像一群黄蜂那样向我围过来。三四名甚至五名巴萨球员把我重重包围。面对着这支巴萨，没有任何喘息的机会。他们控制了决赛，比赛还剩下20分钟的时候，梅西高高跳起，将球顶进。一切都结束了。

那是我在一场比赛结束之后所能体会到的最糟糕的感觉。我很沮丧，很生气，对自己和曼联的表现感到失望。在罗马，我们输给了自己。等待领取属于输家的那块亚军奖牌，那种感觉痛入心扉，我只想离开奥林匹克球场。我们站成一排，大家都显得失落，弗格森爵士站在最前面，身后是吉格斯、斯科尔斯和鲁尼，我和费迪南德站在一起。他对我说了几句话，但是我根本无心搭腔。那两个赛季，我们有着非常出色的战绩，表现稳定，在欧冠赛场上连续25场比赛不败——这是一个很好的纪录——但是我们在罗马却踢出最差的表现。脚趾骨折所带来的痛楚与输球和表现不佳而带来的懊恼根本无法相比。我呆若木鸡，只是站在那里，仰望天空，不停在问自己：为什么会这样？我在比赛里所做的一切不停在脑海里重现。我对自己很失望，这种挫败感越来越强烈，让我深陷其中，无法自拔。

接过那一块我不想要的奖牌之后，我浑浑噩噩地走回更衣室。我不想和任何人说话，我一屁股坐在自己的座位上，用手抱着头。"好好看看自己，问问自己，你为什么踢出这种水平的比赛？"老大很生气，向着所有球员表达着自己的愤怒。莫斯科的冠军之夜已经远去。我们是曼联，对我们的期望总是永无止境的。"你们错过了一次好机会。"老大很好地表达了我的感受。在他说完之后，我又一次把同样的问题摆在自己的面前："我是不是足够强大？"

我们回到共和国广场，那里的顶层酒吧为我们的家人和俱乐部的工作人员举行了一场派对。当然，输掉决赛让这场派对变得索然无味。无论丽莎、父母或格雷姆对我说些什么，都无法把我的思绪从那场决赛中解脱出来。我一直郁郁寡欢，沉默寡言。喝了几杯啤酒，我就去睡了，当我早上醒来的时候，依然感到很心痛。感觉就像与一辆巴士相撞，我从来没有经历过像这样的低潮。

我离开了罗马，但我认为这段经历真的没有离我而去。回到家，我坐在后花园里，不想与任何人说话。我就像是一个木头人，没有什么事情能够让我感兴趣。我有几个朋友，比如布拉德利，他们都去了罗马。回来之后，他们给我打过电话，但我真的不想再谈这场比赛，甚至不想谈任何事情。我带着路易丝来到后花园，静静地坐在草坪上，她在我身边玩耍。我几乎是一动不动。

因为脚趾的伤病，我没有入选英格兰对阵哈萨克斯坦的比赛大名单。卡佩罗还是要求我和球队会合，接受X光检查。我的脚趾明显骨折了。

卡佩罗很不高兴，因为我没在踢欧冠决赛之前告诉他这个情况。当然，弗格森爵士也不允许我把这个情况告诉任何人，他觉得英格兰队的人会把我受伤的消息泄露出去，他不想让巴萨知道我有伤。卡佩罗不理解这么做的原因。当天我就离开了英格兰队，匆匆忙忙赶回家。

我只想独自一人，陪着路易丝，可能因为她是唯一没有看过这场比赛的人，她的年纪还太小了，她不懂这些。我看着她从我脚边爬过，但我的思绪仍在千里之外。我一直在想着：为什么？我想到自己在欧冠决赛里的传球，当时我三四次尝试送出长传，却只有一次的效果是不错的，就是上半场给鲁尼的那次传送。还有一次也不错，可惜球弹地之后从C罗的头顶上飞过去了，另外几次给C罗和鲁尼的传球，我发力过猛。给C罗的那次传球就是这场比赛的缩影，差之毫厘、谬以千里。我坐在那里找原因，会不会是因为我的脚趾骨折了？不，这只是借口。像个男人那样面对这个结果吧。

我的思绪被各种的问题所困扰，我无法找到答案。这种感觉很孤独，尽管我从家人那里得到了很多的支持和爱，但没有人能帮助我。我不得不和这种深入骨髓的绝望感在抗争，这花了很长很长的一段时间。

我还想到了C罗。这场欧冠决赛是C罗为我们效力的最后一场比赛，他似乎下定决心去皇家马德里了。这种结果让人很难接受，不过老大也说过，他们在2008年已经有过一次沟通："再给我们一年时间，到时候，我们不会再挡你的道。"在效力曼联的最后一年时间里，没人猜到C罗决定离开，因为他有着现象级的表现。无论是C罗、老大或是俱乐部，他们很好地处理了这个状况。曼联从来没有说过C罗会离开，直到对阵巴萨的欧冠决赛结束之后，我才知道这件事。看到他离开，我很遗憾，不过这里的每个人都会尊重C罗为曼联所做的一切。皇马是一家伟大的俱乐部，他想加盟皇马，转会条款对各方也都有利。

在他离开以后，老大想把C罗的号码给我。他把我和迈克尔·欧文叫到办公室。"如果你想要的话，你可以穿 7 号球衣。"他对我说。7 号在曼联的历史上可是一个重要的号码。贝斯特！罗布森！坎通纳！贝克汉姆！ C 罗！看看曾经用过这个号码的这些球员，这个号码意义重大。不过我的 16 号球衣传承自基恩，而且我对自己用哪个球衣号码也不太在意。欧文说："那么我要这个号码吧！'

"没问题！"我说。这是足球运动，关键是踢好比赛，而不是你用哪一个球衣号码。时光飞逝。我只想着自己能尽快走出罗马决赛的阴影。

有两周的时间，我们去了马略卡岛，希望能在结束一个漫长的赛季之后重新为自己充电，不过更多的是去治愈罗马决赛所带来的精神创伤。路易丝已经 15 个月大了，刚学会走路，我把一天的大多数时间都花在和她追逐打闹。实际上，我没有太多休息时间！尽管我花了很多时间在路易丝和丽莎的身上，但是我还想着在罗马的那场欧冠决赛，那些画面和感觉让我挥之不去。当路易丝打瞌睡的时候，我就躺在床上发呆。丽莎很耐心，她应该看出我的痛苦，不过她从来没有要求我把内心的感受说出来。丽莎只是让我自己处理，真的，我们都希望新的赛季能够让我得到解脱。

第十一章　温布利重逢

一场足球比赛足以让人感到心灰意冷,这句话听上去有点令人匪夷所思,但这就是事实。我真的感觉自己跌入深渊,或许我这个比喻不恰当,哀莫大于心死,罗马的那场欧冠决赛结束之后,我真的感到心灰意冷。六个月之前,我们是世界上最好的球队,但是现在,我不停在扪心自问:为什么我们只拿到欧洲第二名?我们为这场决赛所做的一切,都变成了徒劳。

我甚至有一个疯狂的想法:三次联赛冠军和一次欧冠决赛,然后我又从顶峰直接跌入谷底。在罗马决赛之后,我不得不直面自己的软弱和那些对自己的质疑。顶级球员是不会输掉欧冠决赛的,如果我足够好,为什么我们会输?现在回想起我当时脑袋里的那些混乱思绪,确实很疯狂。尽管曼联在2009年夺得了英超联赛和联赛杯的冠军,但对我而言,那些都已毫无关系。在罗马的那场欧冠决赛失利,彻底击垮了我。

我再也没有和老大谈过那场决赛。我做不到,因为这段记忆太痛苦了。直到现在,差不多十年之后,在罗马所遭受的创伤还没有完全消失。我在季前备战开始后归队,但是我还没有从阴影当中走出来。2009/2010赛季是我效力曼联期间表现最差的一个赛季,我无法找到好的比赛感觉,总是带着沉重的心理包袱,甚至连我的身体反应也变得格外迟缓。球场内外，我都举步维艰。赛季的第一场英超比赛，弗格森爵士把我放上看台——我们击败了伯明翰。然后在对阵伯恩利的比赛里，我打上了先发，布莱恩·延森扑出了一个点球，我们0比1输了。之后，我的出场时间就变得断断续续，总是打打停停。我感到身心俱疲，意志消沉。

对于运动员而言，你的竞技水平如何，很大程度取决于你的信心呈现。如果你丢失了信心，你就会失去一切。在球场上，以前的我拥有冷静、清晰和敏锐的头脑，但那时的我却变得消沉、迟缓和犹豫不决。以前的我总能在一瞬间找到最佳的处理方式，可那时的我却感觉面对着很多选择，最终在错误的时间做出错误的决定。我知道这一切都源自自己的心理状态，没有人能够帮助我。在这方面，我太固执了，无法轻易向旁人敞开心扉，真正能走进我内心的人，只有丽莎和格雷姆，还有我的父母。我陷入了恶性循环：糟糕的心理状态，让我的竞技状态陷入低谷；场上的拙劣表现，又让我的感觉变得更糟糕，令我的情绪变得更差。

我能走出来吗？9月在欧冠对阵贝西塔克斯，老大让我打首发。我很感激，也很兴奋，因为贝西塔克斯的主场是我印象中在声浪上唯一能和凯尔特人公园球场相媲美的球场。这样的环境能让我找回罗马决赛前的自己吗？当我走进球场时，我真的害怕这座球场会崩塌，那些贝西塔克斯球迷疯狂躁动，让人感觉整座球场都在不停摇晃。他们试图震慑我们，在土耳其这种国家打客场比赛，你总会碰到这种"待客之道"。他们的球迷甚至挤进球员通道里，威胁要杀掉我们。面对他们的过激行为，我只会报以微笑。我喜欢这样的氛围，在这种环境之下比赛，或许有利于我找回状态。但现实总是残酷的，我踢了1个小时就被换下，直到10月份之前，我总在球队的轮换体系边缘徘徊。

当我无法上场，会感到特别孤独，我只能不停地努力训练，尝试找回自己的最佳状态，寻找那种熟悉的比赛感觉。我很清楚，自己的表现远没有达到自身的最佳水平，我只能祈祷，下个赛季会是转折点。我看着身边的队友，他们似乎对此漠不关心，因为他们正处在良好的状态当中，我妒忌他们。什么时候我能重新找回真正的自己？

当我获得上场机会的时候，一切都会无所遁形。有那么几场比赛，当苦苦挣扎的时候，我只能采取保守的比赛方式：不求有功，但求无过。一切都要回到根本，唯一的方法就是在比赛里全力以赴，竭尽全力防守。12月对阵西汉姆的比赛，由于布朗和加里·内维尔同时受伤，我出现在了中卫的位置上。3天之后，做客沃尔夫斯堡，队里有多达8名后卫无法随队出征，我感觉到机会来了。我抓住了这个机会，享受新的挑战，这给我带来新的激情。最终在三中卫体系里承担起防守任务的是我、弗莱彻和埃弗拉。尽管我们不是踢中卫出身，但我们都奉献出优异的表现。挑战是艰巨的，我面对的是哲科，被他冲过几次。我从身后铲倒了他们的中场球员长谷部诚，这明显是个点球，不过裁判比约恩·奎珀斯没有吹罚，我逃过一劫。欧文的帽子戏法，为球队带来一场胜利，这场漂亮的胜仗帮助我们拿下小组的头名，我的生活又迎来了阳光！

下一场是客战富勒姆。那些伤缺的后卫依然没有痊愈，这一次站在后防线上的是我、弗莱彻和德拉埃。之所以要打三中卫，是因为我们都不是纯正的中卫球员，我们需要用人数上的优势来弥补彼此的缺陷。可惜这一次的效果很不理想，富勒姆的锋线上有博比·萨莫拉，他对上的是我们三中卫体系中站位偏左的年轻球员德拉埃。萨莫拉很强壮，也很聪明，那是一场噩梦般的比赛，我们0比3输了。老大还是称赞了我在防线上的一些补位选择，他不得不这么做，因为他需要我继续留在防线上。有那么几个赛季，我总有一段时间要客串中卫的角色，我也很享受那些比赛。因为在这个位置上，不需要太多的跑动，对于体能的消耗少一些。不过和中场位置相比，中卫需要面对更大的冲击，而且绝不允许有丝毫大意。当面对直传球时，中卫就要和对方的前锋球员进行一对一的赛跑和竞争。2011年在老特拉福德面对布莱克本时，我在中卫的位置上，就在这样的竞争中输给了雅库布，被他打进一球。

接下来一个赛季做客古德逊公园球场，费莱尼也击败了我。我在埃弗顿的一次角球攻势中负责防守费莱尼，尝试用身体压着他，可是他跳得比我高得多，他的进球帮助埃弗顿1比0赢了比赛。这都是一些残酷的经历。即使麦克·费兰有一次提到过这样的想法，但我从来没有想过自己还会踢后卫。2011年在老特拉福德面对维冈竞技，我们5比0大胜，当我走下场的时候，费兰对我说："你看上去为自己开辟了一条新的道路，因为你在这个位置上表现得游刃有余。"但我只想说："这真的不适合我，谢谢！"

进入2010年，我依旧是迷失自我，也不知道该怎么办。在对阵AC米兰的比赛里，我甚至被红牌罚下了，这是我为曼联出战的174场比赛里第一次领到红牌。做客圣西罗之前，我的赛场纪律一向不错，只领到过11张黄牌。我永远不会忘记2010年2月16日的这个夜晚，那不只是因为领到一张红牌那么简单。两家俱乐部的历史悠久，圣西罗总能让你感受到历史的沉淀。球场的气氛非常热闹，口哨声中还夹杂着嘘声。这种感觉不错。米兰是一支优秀的队伍，队里有不少明星球员，如罗纳尔迪尼奥、安德烈·皮尔洛和大卫·贝克汉姆，他们的身旁还有亚历山大·帕托和马西莫·安布罗西尼。比赛早段，罗纳尔迪尼奥的射门打在我的身上之后折射入网，我就在想，这是一个漫长的夜晚。虽然罗纳尔迪尼奥已经不在巅峰状态，但是他依旧很优秀，偶尔还是能够在赛场上施展自己的足球魔法。罗纳尔迪尼奥在赛场上总是鬼神莫测，这一类球员最难对付。我只能等待着他做出某个动作，这让我无法捕捉到防守的最佳时机。最后，我只能让拉斐尔盯防罗纳尔迪尼奥！拉斐尔应该是最好的人选，因为他的重心比较低，这意味着他可以迅速变向，他的比赛风格也是充满激情。拉斐尔有着很强的攻击性和良好的比赛态度——他总是全情投入。最重要的是，他是一名典型的曼联边后卫，有着很强的拦截能力。

当然，我还会尽力协防罗纳尔迪尼奥，我领到的第一张黄牌，就是来自对罗纳尔迪尼奥的犯规。我的第二张黄牌来得毫无价值，当时我们3比2领先，比赛时间也所剩无几。在埃弗拉对帕托犯规之后，球来到我的脚下，我没想把它踢走。我只是轻轻一碰，把球踢回给埃弗拉。主裁判奥莱加里欧·本奎伦卡向我出示了第二张黄牌。我简直不敢相信，特别是那时距离比赛的补时结束只剩下60秒。我很尴尬，很不安，也感到有些震惊。走下球场的时候，我都不敢看老大。这次判罚真的值得商榷，当然，我也不应该这么做。弗格森爵士没有对我说什么。或许老大心里面清楚，我是那种很少吃牌的球员。之后，我还要等着接收处罚通知信，看看自己要被罚款多少。我始终在等待，但这封通知信一直没有踪影，那我就没有什么可再抱怨的。

从小时候踢球到现在，我从来没有被罚下，我是一名球风干净的球员。在接近二十年的职业球员生涯里，我从来没有假摔。有时候看到对方的铲球动作来势汹汹，我会跳起来，这只是因为如果我不这么做，就会受伤。所以我只能躲开，看上去像"跳水"动作，但只是自我保护的本能反应。我的这些动作为球队赢得一些定位球，但是我不会在草坪上滚来滚去，假装自己受伤。如果对手没有碰到我，我不会摔倒。如果对手确实犯规，铲倒我，那么我会躺在草坪上多几秒钟，看看裁判会不会掏牌，但是我不会有过火的表演。我不认同那些没有受伤，但却在草坪上滚来滚去的球员。因为这种做法在沃尔森德是不被允许的。我痛恨这些带有欺骗性的动作，当球员在没有被碰到，却做出捂脸嚎叫、抱膝翻滚的动作时，我就感到恶心。很遗憾，现在有很多球员都这么做。但是我也理解，这些行为有时候被过分放大化，因为这是属于某些球员的足球文化。只要能成功骗过裁判，他们就心满意足，尤其是在南美洲国家，这甚至算是一种足球艺术。如果在街头足球里成为胜利者，谁会说这些动作是错的？我知道这种场面会让比赛黯然失色，但是他们的目的就是要赢，而不是让比赛变得更好看。

从个人角度出发，这不是我的风格。我宁愿专注于自己的实际工作。不管怎样，有一些是战术犯规，比如用一些不起眼的小动作拦截对方的反击，因为如果对手再往前推进 10 米的话，威胁就会更大，我宁愿领到黄牌。我也通过慢慢走向球的方式来拖延时间，或是把球从对方球员的身边踢走，阻止他们快速开出定位球。有时候，我也会被放倒，躺在场地上，但只要没有受伤，我就不会滚来滚去，或是请求队医进场检查。除非我真的受伤，否则我不会示意队医进场，我讨厌这么做。我觉得这是关乎职业球员尊严的问题。我的意思是，即使偶尔被踢中，感到疼痛，但是队医又能做些什么呢？在莫斯科夺得欧冠冠军的那个赛季，主场对阵罗马，来自巴西的曼奇尼压在我的身上，我的右肘骨折了，虽然很痛，但我还是坚持打满全场。事实上，我也不知道自己是怎么熬过来的。我不得不把手臂弯曲起来，因为伸直会更痛。这次受伤让我休息了一个月的时间，直到现在，我的右臂都不能正常伸直。我不是想为自己塑造一个英雄形象，我只是在想：如果我能坚持的话，为什么要求被换下场呢？如果可以挺住，继续帮助球队，那就接着干。我还记得小时候看到吸水海绵时的情景，有个人带着桶，用海绵吸水，然后再把水挤到桶里面。我在想，这是魔法！到了现在，队医跑进场，特别是在欧洲赛场，他们会喷一些医学喷雾。得了吧，老兄，你在干什么呢？你知道，该疼的还是会疼。

我在米兰领到了职业生涯里唯一的红牌。做客圣西罗的 12 天之后，我们即将在联赛杯决赛面对维拉。弗格森爵士还记得，他在去年的决赛上安排了一些球员轮休。所以来到训练场之后，他就在四处问球员："你参加了去年的决赛吗？"我回答："没有，老大。你让我休息，这是不道德的！"

我们相视一笑。老大接着说："好吧，你可以踢这场决赛了。"这是一次时隔 12 个月的轮换。这也让我如释重负，我有机会随队争夺又一项冠军荣誉。我必须承认，开局阶段，主裁判菲尔·多德放了我们一马。阿邦拉霍差点就进球了，他被维迪奇推倒，不过主裁判没有向维迪奇出示红牌，这让维拉的球员们非常不满。维迪奇确实该被红牌罚下，这是毫无疑问的。詹姆斯·米尔纳罚进点球，我们 0 比 1 落后。不过在弗格森爵士的麾下，我们经常 0 比 1 落后，甚至是 0 比 2 落后，最终还是能够翻盘，我想我们依然可以赢下这场比赛。欧文进球了，可之后他拉伤了腿筋。虽然他总是被腿筋伤势困扰，但他依然是致命的终结者。鲁尼替补登场，头球顶进制胜球。伴随着这一次夺冠经历，天空的乌云也随之散去，至少我是这样想的。

但是我的积极情绪很快就消失得无影无踪，我还是无法从困境中挣脱出来。我感觉自己就像在爬山，刚往上爬，又滑倒了。我们在莫利纽克斯球场赢下比赛，但我还是没能发挥出正常的水平，我很挣扎。我希望随队前往慕尼黑出战欧冠的四分之一决赛，这能令我走出这个低谷。我很喜欢安联球场，这是一个很棒的专业球场，它的看台距离球场很近，气氛很好，我祈祷着自己能够在这场大战中找回比赛状态。那个赛季，拜仁的主教练是路易斯·范加尔，他们是一支典型的范加尔式球队——每走一步都很谨慎，所有人的步调一致。拜仁有很强的锋线，穆勒搭档奥利奇，他们总能在我的身后找到有利的进攻空间，我只能一直往后撤。鲁尼的凌空抽射使得我们在比赛早段取得领先，但是我的状态依然不好，我无法找到好的比赛节奏，老大在比赛剩下 20 分钟的时候把我换下。罗本和奥利奇逆转了比赛，这和我离场没有任何关系。我在场上什么都做不好，我知道自己的状况。

八天后，老大要求我们在老特拉福德与拜仁拼死一战。施魏因斯泰格在 2015 年加盟曼联之后，我和他的第一次聊天就谈到过那场次回合的较量，他说："比赛的前 25 分钟，我们都不知道该做些什么呢！"

吉布森的进球和纳尼的折射帮助我们在比赛早段掌控了主动权，然后就是不断施压、不断向前——场上的形势和当年大胜罗马非常相似。纳尼把比分改写成 3 比 0，我心想，行了，我们回到了原本属于我们的地方，我们正在向半决赛挺进。笼罩在我身上的阴霾正在散开，我感到轻松和自由，但是这种状态没有持续太长时间，场上的形势再次风云突变。上半场比赛，我在一次角球的争顶中与施魏因斯泰格相撞，我顶到球，他顶到我的头部，我的头肿了一大块。半场结束前，我太着急去补防，希望能帮助中卫填补防守漏洞。现在回想起来，我真想踢自己一下，我怎么会退到费迪南德和维迪奇中间呢？穆勒头球摆渡，我和奥利奇争第二落点。球飞过来的时候，奥利奇一脚踩在我的脚踝上，我的鞋子都掉了，如果这还不算犯规，他还用右臂推我，把我推得东歪西倒。奥利奇占据了更好的位置，我显得很被动，主裁判里佐利应该吹罚奥利奇犯规。放在今天，我依然相信这百分百是犯规。奥利奇将球打进，范德萨看了我一眼，我觉得自己又坠入了深渊。拜仁获得了一线生机，然后是拉斐尔领到第二张黄牌被罚下，一张愚蠢的黄牌。他之前已经因为侵犯范博梅尔而领到黄牌，之后又对里贝里犯规。拜仁不断压上，我们只能咬牙坚持。拜仁得到一个角球，里贝里主罚。我们只剩下 10 人应战，所以我们有一名球员在禁区边缘位置面对两名拜仁球员，弗莱彻站在施魏因斯泰格和罗本的中间。细节决定比赛的走向。我心想，罗本距离球门最远，所以我只用一只眼来盯着他，我有自己的盯防对象，那是站在禁区里的奥利奇。当我意识到里贝里的角球不是传给奥利奇，我马上做出反应，我冲向罗本。我想用自己的身体封堵他的射门，可惜太迟了，罗本已经完成射门了。我转过身，看到球越过范德萨，这个凌空射门真的是绝了！罗本只有一个角度能将球打进，他做到了，比分变成 3 比 2，我们因为客场进球少被淘汰出局。我原本应该盯防罗本，但是阴差阳错之下，我没有完成好这项工作。还有更糟糕的事情吗？是的，我眼睛出现细菌感染的症状，错过了周末对阵布莱克本的联赛，我们只拿到0比0平局，这让我们丢掉了联赛冠军，我的情绪变得更低落。

我在曼联的每一个赛季，每当关键大赛到来，老大都会让我打首发。但是，那个赛季的最后四场比赛，我都坐在替补席上，脑子里一片混乱。我们以1分之差无缘英超冠军，这是从未出现过的状况，我们遭受了沉重的打击。所有人都感到很失落，我害怕自己在俱乐部里所做的一切努力和成果都会付之东流。在赛季末，弗格森爵士几乎没和我说过话。我感觉身边的一切都变得很脆弱，我无法出场比赛，我心想：主教练现在是不是开始关注其他球员？我感觉自己随时都会被叫到弗格森爵士的办公室，然后被告知曼联接受了其他球队对我的报价。我和曼联的合同还剩下两年，我在等着老大说："我准备让你离开。"在这里度过美好的三年时光之后，突然想到自己可能被抛弃，这种感觉很痛苦。我不想离开曼联——这是我的家、我的挚爱、我的梦想。但我也知道，那些无法达到曼联标准的人都会被淘汰。他们应该这么做。我很担心。我的生活里充满恐惧。

作为足球运动员，总会遇到黑暗的一面。只有最好的球员才能走出困境，战胜所有的质疑、找回信心、赶走疲倦。这就是纯粹的精神力量。不过在那个时候，我只感到无助和软弱。特别是为曼联效力，你没有退路，这里只有压力和期望，还有你内心的尊严，你对踢出优异表现的渴望，你不顾一切争取胜利。作为职业球员，在为曼联效力的这些日子里，即使在比赛结束之后，我也无法放松下来。我躺在床上直到凌晨四五点，就是睡不着，即使是比赛已经过去了几个小时，我还是感到很亢奋。比赛之前，我在更衣室里通常都会显得很平静，就像冻僵了一样。我的身体正在为接下来的比赛做准备，它就像能感应到即将会有一场战斗到来，这真的很奇怪。比赛结束之后，我洗个冰浴，不过战斗的热量依然留在我的身上。结束比赛，我回到家，或许会看电视，一直看到很晚，整个人还是感到很兴奋。当我睡不着的时候，我会去一间空房，或者和孩子们玩到凌晨 3 点。其他时候，我一直坐在电视机前，直到躺在沙发上睡着为止。有时候，我还会吃安眠药，不过我不喜欢在第二天昏昏沉沉的感觉。

我知道乔尼·威尔金森在 2018 年 1 月的《每日快报》上谈到过自己的心理问题。这说明特别自信的人反倒更容易出现心理问题。当你从事橄榄球运动，你的意志必须更坚强。我一直都很喜欢威尔金森、欧文·法瑞尔和丹·卡特这样的运动员，他们把球队扛在自己的肩上，承继着球队的希望。威尔金森是一名意志坚强的运动员，他谈到了自己是如何受到焦虑情绪的影响，这引起了我的共鸣。我有相似的感受。我怀疑自己，有时候，我不得不和自己的内心抗争，试图找回正确的心态，达到最高的水平。我必须说服自己要保持乐观，不断告诉自己，我比其他球员都准备得更充分，我比他们做出了更多的牺牲。可是，这真的很难。虽然我这个人不难相处，但和我父亲一样，我会藏起自己的情感，我不会和亲朋好友谈到自己生命中这段最黑暗时期。我独自一人面对着自己内心的愤怒和沮丧。

丽莎肯定知道我的状态多么糟糕，特别是在 2010 年世界杯期间。在南非，我的状态真的很差，重压之下我出现了思乡病。身体状态方面，我处于巅峰期，但在精神状态方面，我显然是弱不禁风。我告诉丽莎："我要回家，我受够了。"她知道我的状况多么糟糕，但那时候丽莎在家里也要面对很多事情，她刚刚生下了杰西。丽莎的身体状况并不好，自从生了路易丝之后，她的背部就有些问题，现在还是一样。所以我对自己向丽莎提出抱怨而感到内疚。杰西刚刚出生，这本该是一件赏心乐事，但是我的状况真的太差。在 2010 年的某个时间段里，我甚至在想：我不知道自己是否想继续走下去。我只是很失落、很沮丧，压力大到我不想踢球了。整个2010年夏天，我的抑郁症都在持续着，并影响到下一个赛季。从世界杯回来之后，我开车前往卡灵顿，我一遍又一遍地告诉自己："我今天就是不想踢球，我不想去训练，我想做点其他事情。"我的车停在卡灵顿巷的路口，等交通灯，我转到伊舍伍德巷，再去训练基地，我心想："再坚持多一分钟吧。"我效力的是世界上最好的足球俱乐部，与一帮世界上最好的球员工作，这里还有世界上最好的主教练，我在做着自己想做的工作。我有一个贤惠的妻子和两个可爱的孩子，家庭幸福。然后我要求自己振作起来，我为什么还要感到郁闷？仅仅因为自己不再享受踢足球了。我只希望回到那些无忧无虑的日子里，我对足球的热爱是那么纯粹——在后花园、在沃尔森德、在圣詹姆斯公园。现在的我只感到空虚和无助。如果我的职业生涯在2010年结束，我也不会感到懊恼。我每一天都在问自己，唯一让我坚持下去的答案就是——我受够了。我想找回原来的自己，我想让自己的生活回到正确的轨道上。15年前，我就离开了自己的家，四处奔波，我一直都在承受着压力，但是我从来没有试过如此心灰意冷。

反复出现的跟腱炎症让我的情绪变得更低落。我永远也不会忘记2010年8月的那场预备队比赛，我们在曼彻斯特高级杯遇到了曼城预备队。48个小时之前，我们刚刚在英超赛场上和富勒姆打过一场比赛。弗格森爵士安排在那场比赛里没有获得上场机会的球员打这场预备队比赛，包括布朗、吉布森、内维尔、斯莫林、我、安德森、拉斐尔、克莱维利和马切达，场上还有一些预备队的主力球员，比如马格努斯·埃克雷姆、威尔·基恩、本·阿莫斯和乔·杜德吉恩。在卡灵顿的训练结束之后，我们正准备离开球场，弗格森爵士把这个决定告诉我。我忍不住大发雷霆。

"我为什么要踢预备队的比赛？"

"你需要一场比赛。"

自信。球迷只看到了球员薪酬丰厚的一面，却不明白我们的状态会有起伏，毕竟我们也是人，也有恐惧和低潮。足球运动员不是机器人。

在精神状态上，我感到了前所未有的强大，虽然情绪上还有一些波动，但我再也没有质疑自己。2011年2月，对阵马赛的客场比赛之后，我来到了老大的办公室。那是一场糟糕的比赛，球场的草坪凹凸不平，我们和马赛战成0比0平——真的是一段难忘的经历。回到卡灵顿，我发现有些队友还是忘不了这场比赛。弗格森爵士把我叫过去，他并没有开启"吹风机"模式，而是更多的鼓励："加把劲，迈克尔，你要让自己变得更活跃。"我告诉自己要更努力地工作。这个时候，我想起了祖父以及父母，他们曾经都是那么努力地工作。在那之后，我来到卡灵顿的时间比以往更早，离开的时间更晚，在健身房里待上更长的时间。我在日复一日的训练当中洒下无数汗水，就是希望再次找到自己的最佳状态。

中场位置的改变对于我的恢复也带来帮助，这需要我承担更多的责任。那个时间段里，斯科尔斯的腹股沟受伤了，他无法比赛，弗莱彻也遭受了严重的结肠炎。我不想过多地打扰弗莱彻，所以我给他发短信，送上一些祝福，希望他可以早日康复。他与疾病进行抗争有很长一段时间了，但是他对我们只字不提。我十分尊重弗莱彻。他能够最终击败病魔，真的令我肃然起敬。在那种情况下，吉格斯和我搭档中场，在对阵切尔西的欧冠四分之一决赛的两回合比赛里，我们都是打首发。很显然，与搭档斯科尔斯的感觉相比，与吉格斯搭档的感觉就很不一样了。斯科尔斯更注重控制节奏和传球输送，而吉格斯更擅长控球突破，这在中场球员里是很少见的。吉格斯的攻击性更强，踢法更直接。如果他发现空当，他就带球冲向那个位置或者送出直传球。和吉格斯搭档的那几个月我真的很享受。是的，他的年龄在增大，但没有人能猜到他已经37岁。两回合的比赛，他都打满全场，状态还是那么棒。我更像是一名防守球员，这会让吉格斯踢得更轻松。很荣幸能够与斯科尔斯、吉格斯搭档。

即使需要我做出牺牲，以便能让他们踢出最好的状态，我也很乐意。

我能意识到自己身边是什么类型的球员，自己需要怎样做才能让他们踢得更好。或许我没有按照自己惯常的方式进行比赛，但是如果这么做可以为我们这个组合带来好处，何乐而不为呢？如果我只想自己拿出好的表现，但是对于整支球队而言，却没有取得太好的成绩，这样的做法就变得毫无意义。或许这会影响我的声誉，但是我来这里的目的就是要赢，我的比赛方式就是专注于帮助球队实现团队的目标。

这种想法让我在比赛里有了更好的大局观。我真的很享受提前预判对手下一步，甚至是下几步的动作，让他们在球场上无法占据好的位置。这就像下国际象棋，你会尝试拆解对手的招数。举个例子，很多时候，当中场球员能把球准确地传给边后卫时，球场内就会响起一片热烈的掌声，像在称赞："这是一次漂亮的传球。"但是我会想，实际上，这次传球是没有意义的。这名边后卫拿到球之后，他也只能把球再传到中场。遇到这种情况，我更喜欢把球控制下来，等到有球员推进，我会向前传球。

有时候我通过传球的速度和力度来控制对手的比赛节奏。我用一个角度向前传一个球速不快的传球，而不是把球直接传到队友的脚下，这会逼迫接球的人跑向球的一侧，同时给防守球员制造一个问题——是跟防，还是不跟防？如果防守球员选择不跟防，接球的人可以停球之后转身向前突进；如果防守球员向接球的人靠近，那么由于防守球员的失位，我可以在自己想要接球的位置，接应队友的回传球，从而撕破对手的防线。关键不在于展现你的技术，还在于对比赛的思考。

我偶尔会进行一些短传，把防守压力吸引到自己的身上，迫使他们进行小范围的逼抢，然后我再把球传给另一侧的边锋，让他们获得一对一的进攻机会。我看到有很多球员做出大范围的转移，那种大斜线的传球，立马会引发全场欢呼，但是这种传球的目的性太明显。接球的人或许会在他想要的位置上接到球，这次传球或许看上去也很漂亮，球会在最佳的落点上，但是如果防守球员能够到位，提前做好准备，那么对手的防线不会有移动。关键在于能够扯动对手的防线。

那些看上去不可思议的60米长传，能把球传到边锋的脚下，但是对于后防球员来说，他们或许更容易处理。相反，两名中场球员在五米范围内的互传，反而更有可能在瞬间让对手的后防线出现混乱。这给对手制造难题，他们的中卫选择高位防守还是后撤？利用对手防线的空当来向前传球是我的拿手好戏，这取决于时机和假动作。这样的传球不会引来关注，传球的动作也不会让人觉得光彩夺目。人们不会去想："这个传球真的很神奇！"但这是最有效的传球，我从来不会为了收获掌声而踢球。

弗格森爵士经常对我说："即使对方球员紧逼你，你也得主动要球，要让中后卫把球传给你。"其他主教练可不会提出这样的要求。如果有人追着我的屁股，他们会说："这种传球很危险，别这么做。"因为弗格森爵士对我和斯科尔斯充满信心，他对我们的要求就是——拿球，把对手的注意力都吸引到自己的身上。虽然这会让我们身处困境，但我就是要把对手吸引过来。我努力和对手斗智斗勇，把问题抛给对方的防守球员。"好吧，你是打算紧逼过来，还是不紧逼呢？"我的脑海里将出现一个更广阔的画面，我知道哪里有空当，该让哪一名队友去接球。这个时候，一旦鲁尼、吉格斯或者C罗出现在那个适当的位置上，我就会传球。有时候，我选择短传；如果对手不紧逼的话，我会带球向前突进，继续给他们施压。当我和斯科尔斯搭档的时候，我们之间有大量的互传，而不会把球传给边后卫。如果我只是把球传给边后卫，那么原来防守我的那名球员就能换防，这不能给他带来额外的压力。当斯科尔斯和我在相互传球的时候，防守球员就不知道接下来该做些什么了。他需要紧逼吗？相对复杂的状况就能影响他的判断。我和斯科尔斯没有就这样的打法有过太多的讨论，仿佛就是一种心灵相通。我们在中场中路有很多互传，我们甚至会额外地多做三四次传球，目的就是调动对手。感觉就像是我们在一场正式比赛当中玩起了"二人转"。或许这么做不会带给我们任何的比赛乐趣，不过五分钟之后，对方的球员就会想："我的腿都酸了。"他们疲于奔命，更轻易地丢掉防守位置。足球比赛，除了身体对抗，同时还有智慧的较量。我一直在考验对手，格雷姆和我经常谈到这个话题。足球运动讲求的就是思考、技术和视野。

做客斯坦福桥的那个比赛日的早上，斯特拉德维克、费迪南德、斯蒂尔和我在科林西亚酒店的周围闲逛，我们绕过了伦敦眼，边走边聊。这是我们踢客场比赛之前的惯常模式，这让我可以放松下来。开车前往赛场，我感到自信和兴奋。我做了热身，感觉状态很好。有些切尔西球迷对着我大喊，通常都是"被西汉姆弃用""托特纳姆的人渣""肮脏的北方佬"，我一般会报以微笑。我现在的心态非常乐观，这样的骚扰不会对我带来任何影响。

在欧冠赛场与英格兰的足球俱乐部交手，压力是巨大的。我觉得面对皇马或 AC 米兰的比赛更轻松一些，因为我们可不想让切尔西占得任何便宜。

如果皇马或 AC 米兰击败了我们，然后赢得欧冠冠军，那么我们有很长一段时间不会碰面。但如果切尔西淘汰我们，并赢下欧冠冠军，这就是一场灾难了。我会想这本该是我们赢得冠军，这是一种良性竞争。近年来，这种竞争关系也在发生变化。利物浦一直是我们的宿敌，那是永恒的战斗；切尔西的崛起，迎来一段伟大的时期；阿森纳和我们的竞争有一段日子了，有那么一两年，他们很接近，然后就崩塌了；热刺从来没有真正进入传统强队的行列，然后是曼城来了。这些年来，我一直在观察弗格森爵士，尝试揣摩老大的心思，只有那些对他有威胁的人，例如贝尼特斯，他才有心思和他们周旋。弗格森爵士从来不会和那些无法挑战他的对手硬碰硬。我猜可能没有这个必要，那只会浪费时间和精力。

在斯坦福桥的这场欧冠四分之一决赛对我来说十分重要,因为我感觉自己终于摆脱了折戟罗马的阴影。整个比赛画面在我脑海里又变得清晰起来。我很平静,这就是我寻求的比赛感觉。我能完全掌控比赛的节奏,我把球传给吉格斯,他助攻鲁尼取得进球。感谢上帝,我终于在这个关键时刻重新找回了自己的最佳状态。我迫不及待地希望回到老特拉福德,终结切尔西的晋级之路。我们2比1赢了,半决赛对阵沙尔克是我球员生涯的最佳表现之一。劳尔在那个夜晚为沙尔克披挂上阵,幸运的是,他没有获得任何的表现机会。我们大概有五六次破门机会,不过诺伊尔状态神勇。感觉这一点都不像一场欧冠半决赛。我不是轻视沙尔克,但是他们确实不算豪门球队,我们在客场2比0取胜,回到主场,弗格森爵士把我放到看台上。我再次找回了对足球比赛的热爱,不过我能理解老大的这个做法,因为在周日的英超赛场上,我们在主场对阵切尔西。

"对阵沙尔克,我会有大量的轮换。"老大说。在他离开更衣室之后,球员们就会想:"老大到底想做什么?这可是欧冠半决赛啊,如果他们在比赛早段进球,这会出问题的。"弗格森爵士肯定是欧冠历史上唯一敢在半决赛上让主力球员轮休的主教练。我们相信他。这个决定让我对老大更是佩服得五体投地,因为他就是天生爱冒险,不是吗?球队轻松胜出,这让我们有更充沛的精力面对切尔西,老大的选择再次被证明是正确的,没有人能质疑他的判断。

我只是短暂地庆祝赢得个人的第四块英超冠军奖牌。因为距离5月28日,再次对阵巴萨的欧冠决赛,我们只剩下20天的备战时间,我已经迫不及待想重新回到这个舞台之上。在那一年里,我没有再看2009年的欧冠决赛,因为我要抹去所有的负面想法。但是现在,我需要了解在对阵巴萨的那场比赛里,我们犯了什么错误,所以我和格雷姆一起来到家里的投影室，我们坐着分析那场困扰了我两年的欧冠决赛。我发现2009年的那场决赛实际上没有想得那么糟糕。我对这场比赛的负面看法，导致了自己的情绪低落，但是现在看来，这些看法并不完全正确。

重温这场决赛为我带来了希望。但是新的问题又摆在了我们面前，我们在2011年再次面对的这支巴萨，他们的实力相比于2009年又有了成倍的增长。那时候，所有人都在谈论这支巴萨，"他们很特别""梅西是天才""瓜迪奥拉很有远见"。在温布利的决战到来之前，我听到太多关于巴萨的赞美。当然，我们知道自己将面对一个处于巅峰期的对手。巴萨在半决赛击败了皇马，踢出了不可思议的美丽足球。我觉得在罗马的那场决赛，我们的实力比巴萨强，因为我们有C罗。我们依然充满信心，我们从罗马的那次失利中吸取教训。这一次，巴萨的传控对我们来说不再是秘密武器了。

梅西在9号位上后撤，这个招数不会再次打我们一个措手不及了。我们所有人都觉得这是复仇的好机会，我们对此有着强烈的使命感。我们有更长的备战时间，每天都在努力研究比赛策略，特别是如何压制巴萨的传控战术。我们知道梅西会后撤，他们的两位边锋——比利亚和佩德罗——则留在高位。

了解对手的策略是一回事，如何能够战胜它则完全是另一回事。你敢高位逼抢，承受被他们的传球打穿本方防线的风险吗？弗格森爵士不会改变自己的足球理念："我们是曼联，我们要坚守自己的比赛方式，我们要进攻。"他在温布利的球队讲话分成三部分——"面对面紧逼他们""在球场的高位逼抢""破解他们的逼抢"。有人提议我们可以踢得相对保守一些，但是我们是一个整体，我们共同进退。我们并不惧怕巴萨，我们只是尊重他们。在阵容选择方面，最需要琢磨的一个位置是右后卫的先发人选，拉斐尔受伤了，所以他的双胞胎兄弟法比奥会顶上。这对双胞胎兄弟都很优秀，老大总是分不清楚他们，他以前开玩笑说，在半场休息的时候让这对双胞胎兄弟互换,然后不告诉裁判,看看有没有人能察觉。拉斐尔错过决赛令我感到遗憾,因为他是一名真正的曼联球员,他在比赛里总是全情投入,来回奔跑,没有任何停歇,敢于冒险,为球队付出所有。拉斐尔懂得尊重他人,但是他讨厌失败。有些人会隐藏自己的感受,像我这样,不过拉斐尔在比赛和训练里都会拼尽全力。他能给比赛带来激情,这正是老大所看重的一点。我猜或许范加尔不是特别欣赏这一点,所以拉斐尔之后离开了。

"小豌豆"埃尔南德斯在对阵切尔西的比赛里取得进球,对阵沙尔克时也有上场,所以他继续打首发。每当我回想起那支球队,想到"小豌豆",我只想到一个词——进球。这不需要特别漂亮的进球,不需要特别精彩的射门,实际上,很多进球都显得跌跌撞撞,但是"小豌豆"在禁区里很有灵气,他能把握住稍纵即逝的机会。他总是在禁区里移动、迂回。当防守球员还站在原地时,他已经抢占到有利位置,用他的方式预判球的飞行轨迹。他不像鲁尼、萨哈或贝尔巴托夫,有那么强的控球能力和串联能力,但是他能给我们带来进球、活力和速度。

弗格森爵士不得不告诉贝尔巴托夫,他今天不在出场球员大名单当中,欧文也只能先打替补。我记得老大说过,把一些球员放到轮换体系之外,是他的工作当中最痛苦的组成部分。在莫斯科,他不得不把朴智星拿了下来。我对此深有体会,毕竟在这些重大比赛里展现自己,正是作为职业球员的最大追求之一。

我们没有改变自己的阵形。鲁尼在锋线上配搭"小豌豆"。鲁尼的工作是限制布斯克茨,当我们成功破解对方的压迫战术,赢回球权之后,鲁尼还要突破布斯克茨的防守区域。老大给鲁尼的这个任务,非常适合他的发挥,他是那么无私,可他为球队所做的贡献总是无法赢得足够的认同。尽管鲁尼在曼联队史上的进球纪录足以说明一切,但这还远远没有体现出他的真正价值。人们总是无法完全认知鲁尼到底多么优秀:他的冲击力、速度，还有强壮的身体。而我真正喜欢鲁尼的一点是他从不追求个人荣誉。虽然鲁尼不会经常泡健身房，但是他的训练态度却很惊人，总是保持着良好的身体状态。在卡灵顿的大部分日子里，他通常会加练半个小时的射门。鲁尼像一头野兽，有着强壮的身体和强悍的冲击力，这样的身体素质意味着他不需要泡健身房。鲁尼是"侵略性"这个词的天生代言人，他在球场上气势逼人，我经常能感受到这一点。他总是带着怒气比赛，一旦他找到这样的状态，那么他就变得势不可当。尽管有那么几场比赛他曾经被罚下，不过他对于失利的憎恨以及对于胜利的渴望可见一斑。

在我合作过的球员当中，鲁尼的足球智慧，还有当我持球时他的跑位，都是最出色的，这也让我在球场上感觉更轻松了。他原本只需要待在10号位上大喊："把球给我。"大部分10号位的球员都是站在球场上，等着队友给他们传球，这不是鲁尼的风格。他总是准备着为队友提供支援，并聆听队友的需求。我只是给他一些简单的信号"左"或者"右"，指挥他覆盖我面前的球员区域，他就可以根据这些信号做出正确的判断。我们之间有着非常好的默契。

在温布利，巴萨掌控了大部分的控球权，这迫使鲁尼的位置不得不越退越深，从而帮助我们拼抢中场的主动权，因为我们真的处在绝对的下风。瓜迪奥拉的整个体系就是为梅西、哈维和伊涅斯塔制造空间，两名中卫马斯切拉诺和皮克退到较深的位置，他们的边锋提到高位压迫法比奥和埃弗拉，费迪南德和维迪奇不得不时刻提防他们的传中球。温布利的场地面积更大，这让梅西、哈维和伊涅斯塔获得更多的空间，他们持续给我们制造麻烦。我看着梅西，他那么瘦小，速度也不快，还没有肌肉，但他在球场上就像是在用自己的生命保护脚下的球。我尝试用老一套的那种身体碰撞的方式限制他，可是我很难接近他。哈维非常聪明，他能够敏锐地洞察到四周的空间和角度，甚至是球场上其他球员的位置，这一点让我印象深刻。巴萨在不断地消磨你，直至找到一个缺口，然后创造空间，接下来就会在瞬间改变比赛节奏。巴萨的进攻就像手术刀，能够准确无误地把你切割开。佩德罗打进一球，不过我们马上发起反扑。吉格斯和我，出现在中场中路，他主导进攻。吉格斯插入禁区，助攻鲁尼打进其个人球员生涯最精彩的一个进球，离门15米，球直挂球门上角！我们挺过来了。半场结束，回到更衣室，我们如释重负，因为在比赛的头45分钟，我们承受着巨大的压力。我们都知道，面对巴萨的战斗非常艰苦，他们持续地利用球场的宽度来调动我们，保持着非常高的比赛节奏。维迪奇对我有一些不满，因为他觉得中场球员对于防线的保护力度并不够。

"梅西经常出现在你的身后，卡里克，退得深一点，你的站位太靠前。"维迪奇向我大喊。

我在更衣室里的话并不多，但我还是怼了回去："行吧，你也要给他更大的压力，维迪奇。我可不能既要进攻，又要兼顾防守。"能够和维迪奇并肩作战，真的是一种荣幸，这是仅有的一次，我们针锋相对。我们都很清楚，无论如何，我们需要找到方法限制梅西的跑动。梅西在中锋位置上打出了非常高效的表现。我很清楚，维迪奇和费迪南德还需要提防比利亚和佩德罗在两个边路内切所带来的威胁。这就是巴萨难以对付的关键所在，瓜迪奥拉真的很聪明。你会怎么做？你愿意冒险把一名中卫安放在梅西的身旁，然后暴露出更多的空间让他们的边锋能够深入危险地带吗？瓜迪奥拉的战术意图就是引诱你离开自己的防守区域。我知道很多教练都在研究巴萨，球迷也在热烈讨论巴萨的战术，但在你真正面对他们之前，一切的部署都是徒劳的，因为他们的战术真的是变化多端。瓜迪奥拉的风格已经深入这支巴萨的骨髓当中。

在和维迪奇的争辩当中，我提到了球队高位压迫位置和梅西站位两条战线之间的空当。巴萨把球交给梅西，维迪奇没有第一时间贴紧梅西，梅西就可以转身面对维迪奇，引领本队反击。他们的球可以打到我们的小禁区，我要快速回防，才能及时完成解围。维迪奇的问题是让梅西可以拿球、转身，然后策动他们的攻势。

"你必须覆盖这些区域，卡里克。"维迪奇强调。

"如果我去追防梅西，吉格斯对上哈维，鲁尼对上布斯克茨，那么伊涅斯塔就会被完全放空。"我这样回应道。"这样一来，我们还是没有机会。如果我尝试去压迫伊涅斯塔，那么我就无暇兼顾梅西了。"

这就是我提到的问题所在，当我们的中场球员和前锋进行高位压迫，我也需要步调一致，才能限制伊涅斯塔的活动空间。维迪奇的要求也很简单，他不希望在防线前面出现无人防守的空当，他需要我回收，贴紧梅西。

如果是别的球队，队内气氛没有那么好，或许这样的争论就会导致更衣室出现分裂。但是这样的状况不会在这支曼联队里出现。费迪南德、维迪奇和我，我们三人不分彼此，我们在球场外也是好朋友，相处得很愉快。我可以举一个例子，通常是费迪南德，有时候是维迪奇，他们会冲我喊："卡里克，左边！"或者是"卡里克，右边！"我甚至不需要看周围的情况，下意识地就跑向自己的左边或右边。当我听到费迪南德在身后冲我大喊，我就知道身后有对方的球员，我就可以拦截对方的传球。通常情况下，费迪南德就像是我的雷达，预知即将出现的威胁。这也让费迪南德的工作变得更轻松，我从来不会想，他是在把责任推卸在我身上，让我在球场上做出更多的跑动。我信任他。这让我的工作变得简单，因为我不需要观察场上的形势。我只是听从指挥。费迪南德是我合作过、面对过和见到过的技术最全面的中卫球员，他是一名令人觉得不可思议的球员。他让比赛变得如此简单。费迪南德有着几乎完美的职业素养：求胜欲望、训练的投入感和良好的沟通能力。他也有着几乎完美的足球才华：速度、强壮的身体、位置感、制空能力、智慧、对比赛的理解能力以及他在球场的任何位置都能很好地处理球。在他效力西汉姆的时候，我已经知道他是特别的球员。是的，费迪南德在足球以外的兴趣也很广泛，比如美食和时尚，不过他对于训练的投入程度，同样是无人能及。看看他现在担任比赛评述员时的表现，你就可以知道他对于足球的激情是有多么巨大。费迪南德如今能够成为一名成功的比赛评述员，这一点是在我的意料之内。

我也十分敬佩维迪奇。如果要选出一个能够守护你的人，那么这个人就是维迪奇。他充满激情、球风凶悍、讨厌输球。无论什么时候，你都想把维迪奇列入自己的团队当中，因为他能给对手带来震慑力。在禁区里，他就像磁铁那样能把球吸过去。他有着塞尔维亚人天生的勇猛和果敢，训练的时候，维迪奇也是保持着同样的状态，如果他对什么事情不满，他不会遮遮掩掩，而是直接告诉我们。如果有人踢了他，他肯定会反击，用强硬的对话或者是实际行动来"回敬对方"。

近二十年来，没有哪对后防组合能够与维迪奇和费迪南德相比。他们相互成就最好的彼此，彼此之间有着无与伦比的默契。看着他们的比赛，你能发现他们之间有着完美的平衡。和其他人一样，维迪奇阅读比赛的能力也很出色，但是他的防守更有力量。反观费迪南德，他的防守会有更多的意识体现。在中后卫的位置上，费迪南德从来不需要干脏活累活，因为他能预判危机的到来，防患于未然，这样他就无须做孤注一掷的铲球动作。在火苗出现的时候，维迪奇和费迪南德就能扑灭，这一点让我尤为钦佩。我看到一些后卫经常做出铲球的动作，用自己的身体堵在门线前救险，但是维迪奇和费迪南德能通过阅读比赛，避免让球队陷入险境。但令我感到不解的是，媒体和球迷对于费迪南德的能力总是没有给出足够的认同，他们没有意识到费迪南德是有多优秀，因为费迪南德从来不会做出那些力挽狂澜的防守动作。无论是防守，还是处理球，费迪南德的身上都没有太多的个人光环，他只是让自己的从容感染着队里的其他球员。费迪南德的嘴巴总是不停,他会让所有人了解到他的想法,知道他想让自己的队友做些什么。唯一不需要他提点的球员就是斯科尔斯,当然,斯科尔斯也不需要任何人的提点。鲁尼的反应则完全不一样!无论在前场还是在后场,费迪南德和鲁尼之间的争论数不胜数。费迪南德让鲁尼在对方的后场就要破坏对方的进攻。鲁尼则向费迪南德大喊:"那你们也往前抢啊。压上啊!"他一边喊,一边挥动手臂。听着他们在球场上互相嚷嚷是很有趣的事情,我会忍不住笑出声来。

费迪南德和鲁尼是好朋友,赛后他们还会有一些争吵,讨论双方在场上的表现。费迪南德习惯性大声叫喊,可能是他觉得声音越大就越占理。这样的争吵,通常都在一片欢笑声中画上句号。

即使他们偶尔争吵得面红耳赤,也是互相激励,互相激发出更好表现的方式而已。他们对于胜利的渴望都是无人能比的。不只是在比赛当中,即使是在训练的时候,他们的求胜欲望依然会很强烈。

维迪奇的话也不少,特别是在温布利的那场欧冠决赛的中场休息时,他不像我那样把话都咽进肚子里。最后,老大把我们叫在一起,反复地说:"看,我们没有输。冷静下来,只是 1 比 1。我们还有获胜的机会,让我们重新出发,彻底压垮他们。"就在我们准备大举压上的时候,梅西在禁区边缘低射破门。在离门 20 米的区域里,你不能给梅西起脚射门的机会。梅西射门时球带有一点儿旋转,这让门将难以判断落点。梅西还参与了巴萨的第三粒进球,这个进球也彻底终结了比赛。我们原本可以避免失球,我从梅西脚下断球之后,我把球传给了纳尼,但是布斯克茨上抢断球,最后是比利亚完成致命一击。失误、反击、进球,这就是巴萨惩罚对手的方式。虽然我心有不甘,但是在 2011 年 5 月 28 日的那一天,巴萨在温布利的表现堪称完美。在瓜迪奥拉的指引之下,拥有着哈维、布斯克茨和伊涅斯塔的这支球队在 2011 年登上巅峰,梅西依旧威风八面,这是我所面对过的最出色的球队。比赛里最后的 13 分钟,我在替补席上注视着场上发生的一切，老大派上了斯科尔斯，典型的换人思路，他在球场上增加一名得分手，不过和在罗马的欧冠决赛一样，任何的努力都是徒劳无功，我们正慢慢滑向痛苦的深渊。

当我走进球员通道，一位比赛官员走过来，把我直接带到了药检室。这里和我们的更衣室一墙相隔，但是我无法回到自己的更衣室与队友们以及老大待在一起。比赛结束后立刻进行药检让我的心情变得更加沮丧。我能理解他们这么安排的缘由，我也乐意接受检验，因为足球场上的一切都必须是清清白白的。

但试想一下，如果你赢下一场决赛，却无法回到更衣室里与队友们庆祝，你有什么感受？这或许是你人生中最美妙的时刻，但就这样被无情地剥夺，我不赞同这个做法。在温布利，我的感受也不好，我刚刚输掉了人生中最重要的一场比赛，现在却被困在一个小房间里不能离开。这样的时刻，我同样需要与队友们站在一起。而我只能看着医生在进进出出，安排着药检的流程，确保我们在规则之下完成比赛。如果你只是替补球员，那么情况会好一些，因为你的身体里还有很多水分。如果你踢满全场的话，药检的过程就变得很漫长，我只能长时间地待在那个小房间里，孤独地坐着，神情呆滞地盯着前方。没有人和我交流，在那一刻，我甚至想和一个自己完全不认识的人聊一聊两分钟前那场我刚输掉的欧冠决赛。安静的房间就像是无形的杀手，迫使我不停地回想着刚结束的这场比赛。

我对于服用兴奋剂的态度绝对是零容忍的。如果有球员为了提升水平而尝试服用违禁药物的话，我会感到十分震惊。因为这么做很容易被抓住，一点儿也不值得。除非有队医的建议，否则我不会轻易服用任何药物。冒这样的风险不值得。没有队医的许可，我也不会乱用补品。我从来没有在家里接受过药检，通常情况下，我都是在卡灵顿或比赛之后接受药检。检察官有一些长期跟进的目标，而我从来没有出现在这份名单里，有些球员会被多次要求接受药检。原本这应该是随机抽查，但是某些球员的名字总是反复出现，这一点也颇为有趣。看上去，一些大牌球员和需要跟进的目标，会被迫接受更频繁的药检。

真正让球员们感到沮丧的是药检标准的不一致，英足总和欧足联在药检方面就有不同的规定，这让人无语。

有时候是抽取血液样本进行检查，有时候又是通过尿液进行检查，还有时候通过唾液进行检查。这取决于由哪一家机构进行药检。有时候，你不可以回到更衣室，有时候又可以这么做。有时候，你可以洗澡，有时候又不可以。

在温布利，我感觉整个人变得昏昏沉沉，赛后的球队大巴显得异常安静，我们回到了龙马酒店。之后的聚餐，我看到了我的亲友，和他们喝了几杯，他们安慰我："你太不走运了。"但我还能说什么呢？和在罗马的那次输球感受不一样，这一次我有着完全不同的状态。我懂得如何更好地管理自己的情绪。我只是简单地回应："你知道吗？我已经尽力了，可惜还不足以赢下今晚的比赛。"我不会接受失败，在这方面，我从不妥协。但事实上，温布利的失利所带来的挫败感，确实没有罗马的那次失利来得那么猛烈。在罗马，我们是输给了自己，但是在温布利，我们没有输给自己。巴萨和梅西，他们表现得更好。

第十二章　　三狮军团

英格兰、英格兰、英格兰——这是那些沉迷于足球运动的孩子都梦想加入的球队。通常这是一个永远无法实现的梦想，因为它太遥远了。这或许还是一个不可能完成的任务，至少看起来是这样。我小时候的终极梦想，就是在著名的温布利大球场代表着英格兰进行比赛。1990年的意大利世界杯给了我启发。我迷上了加斯科因和其他英格兰球员。我在球衣背面印了"19"的号码，我就是被这股世界杯旋风所深深吸引的一个小男孩，整个国家都因为博比·罗布森和他的英雄们在世界杯上的优异表现所鼓舞。那个时候，我心想，这些都不是普通人，他们肯定不是。他们是参加世界杯的足球运动员。普通人不会得到这样的机会，想象一下那是怎样的感觉？我穿着加斯科因的球衣和莱因克尔的球鞋，跟格雷姆一起，在后花园里模仿着他们的每一个动作。

11年过去了，我有幸成为能实现这个梦想的少数人之一。这是我生命中最值得骄傲的一天。在那之后，我曾经在座无虚席的温布利大球场上比赛，甚至参加过一届世界杯决赛圈的比赛。我还能要求更多吗？这已经如在梦中，确实如此，当中的一部分就像是一场美梦，但不幸的是，有另一部分并不是我所希望得到的。对于自己的英格兰队生涯，我有着复杂的情感。随着年龄增长并最终结束球员生涯，回首过往，能够穿上英格兰球衣让我的心头马上泛起自豪感。

我为能够代表英格兰队比赛而感到自豪，只是我无法一直好好享受这段日子，这一点令人心碎。我希望这是一个童话故事，里面是一幅幅漂亮的插画，但很不幸，现实并非如此。

我从来没有真正融入英格兰队，在这里总是感觉芒刺在背，每段经历都会有点挣扎。你可能会说，这显得有些矫情，有些小题大做，接受现实，振作起来，成长起来。相信我，我对自己说过几千遍类似的话语。只不过我对自己的疑问越多，我的感觉就会变得越差。这种挫折感击垮了我，我越努力，效果反而越差。我困在这个恶性循环当中，只能与自己在做斗争。我很想上场，想有出色的发挥，但是我从来没有得到过稳定的比赛机会。我曾87次入选英格兰代表队，只获得过34次出场机会，在正式的比赛里，仅仅7次首发登场。

造成这样的结果，我要承担大部分的责任。每当遇到挫折，我总是先质疑自己，而不是找其他的原因。也许是自我批评的程度太严重，但这就是我的本性。确实有些比赛，我踢得不够好，但是也有些比赛，我踢得不错，但到了下一场比赛，我又坐在了替补席上。在我错过的那些世界大赛，如2012年的欧洲杯和2014年的世界杯，我听到有些人会说："我们需要迈克尔，让他去保持球权。"可是，当我上场的时候，同样的那批人又说我唯一能做的就是把球传到边路。他们只想看让人眼花缭乱的表演，当我只是简单地把球控制在自己的脚下时，他们就会抱怨："这不是英格兰的风格。"我们多年以来一直都是踢4-4-2阵形——墨守成规，当你摆出这个阵形，想用保持球权的战术来掌控比赛就会变得十分困难。我们在中场区域有人数上的优势，人们期待着我们能够高效压迫，夺回球权，这似乎是一件非常简单的工作。"像你们在英超赛场上那样踢球。"很抱歉，做不到。这个工作并不像看上去那么简单。和那些擅长从后场发动进攻的球队相比，我们的战术体系已经远远落后，我们担心在本方后场失去球权。一旦采取在前场的高位逼抢战术，我们的战线就会被拉长，我们不能冒这样的风险。

其他的球队会这样想："如果我们一直控球，那么你就无法进球。"但是我们不一样，我们的想法是："小心！不要在那里丢球。"我们从来不会主动去控球。我们的心态不一样，这就是英格兰的足球文化。我们无法掌控比赛的节奏，这导致我们在比赛里总是横冲直撞，消耗了更多的能量，却无法控制比赛。所以说，我们只是活在美好的憧憬之中。

幸运的是，英格兰的球风在最近一两年里有了明显的变化。我必须承认，如果可以的话，我希望自己能够在加雷斯·索斯盖特的这支英格兰队里获得比赛机会，但是我的球员时代已经结束了。如果我能年轻几岁，那该多好啊！就像你在俄罗斯世界杯上看到的那样，我们的球员不再墨守成规，在比赛里表现得更放松、更有整体性和更自信，他们表现得更有效率，能够在更长的时间里控制比赛。你要与最强的球队竞争，这一点非常重要。现在的英格兰队有着美好的前景。我很钦佩索斯盖特取得的成就，他能让球员享受比赛。队内充满着欢乐的气氛，球队的精神面貌看上去很棒。很遗憾，我已经无法加入这样的一支队伍，这样说令我感到痛苦，因为在我的英格兰队生涯里，我从未感受过这样的球队氛围。

在2001年，我和索斯盖特在英格兰队一起踢过两场比赛，他是一个很坚强的人。作为英格兰队的主教练，索斯盖特用自己的方式做事，即使外界对于他的选人总是大惊小怪，他也不会受媒体和公众的影响。作为英格兰队的主教练，如果你被外部因素左右，你待的时间不会长久。近年来，我们的主教练人选就是缺乏这种韧劲。作为英格兰队的主教练，你将面临巨大的压力，外界不断呼吁变革，每一场比赛的结果都会掀起一阵舆论风暴，但是你不能受影响。我从未见过弗格森爵士或穆里尼奥在挑选阵容的时候受到外界的影响，绝对不可能！

对于英格兰队，当一名球员在俱乐部里踢了三四场好球之后，就有人习惯性大喊"选他"，然后人们开始说："他理应入选，他状态很好。"如果你总是随意更换阵中的人选，你要怎样才能找到一个稳定的阵容？没有稳定的阵容，球队就不可能取得任何的进步。看看我们的橄榄球队，你必须选择一些在几个月甚至是一两年时间里都能保持高水平表现的球员。然后当你入选之后，球队允许你的状态有一些起伏，每一个人都会经历这样的阶段，关键是你要保持同样的比赛强度和勇于进取的战斗精神。作为主教练，你要拥有足够的决定权去坚持执行自己的计划，在这个持续的进程当中不断做出调整。只有做到这些，才能让球员在长时间里有更好的机会发挥出自己的最佳状态。

看看英格兰队将如何发展以及他们在下一届世界大赛中会有怎样的表现吧，这应该相当有趣。在晋级世界杯半决赛之后，他们提升了自己的地位，随之而来又有额外的压力。球队、球迷以及媒体之间有了令人耳目一新的关系，这是长久以来所缺乏的。希望这个势头能延续下去。

我的英格兰队之旅始于查德维尔希斯，这里的经历让我向成为职业球员的梦想迈进了一大步。2001年2月23日一大早，大概是9点30分，我被老雷德克纳普喊到他的办公室。我进去的时候，他站在那里，手里拿着一张来自英足总的传真纸。"恭喜你，迈克尔，你被召进了英格兰队。"当时我只想第一时间打电话给我的家人，告诉他们这个消息！我非常自豪。这是埃里克森作为新任主教练公布的第一份球员名单，这场友谊赛在维拉公园对阵西班牙队，我入选了！第二天对阵布拉德福德的时候，我的信心空前高涨，唯一的麻烦是在比赛临近结束的时候，我感觉自己的腿筋有点僵硬。

通常情况下，为保险起见，我会退出英格兰队，但老雷德克纳普还是让我去报到。一辆专车把我载到伯明翰附近的新霍尔酒店，在那里，我见到了米歇尔·法勒。法勒的工作任务很繁重，她要规划好所有球员的行程，确保我们可以准时用餐和开会，穿着正确的着装。她还向我们简单地解释接下来的行程和目的地。

感觉就像在学期中途转到新的学校，一些同学是之前只能在电视上看到的偶像。我带着行李出现在那里，办着入住手续，看着他们走过——贝克汉姆、斯科尔斯、欧文、福勒、坎贝尔，他们都是超级球星。我在这里要做些什么？那时候我非常害羞，只是点点头，打个招呼，然后就去吃晚饭了。

我见到了埃里克森，他很有礼貌地欢迎我。他没有说太多的话，但至少帮我打破了隔阂。吃晚饭的时候，我该坐在哪里？这是一个大难题。房间里都是超级球星，我不知道大家通常坐在哪里。我只是不想招人瞩目。幸运的是，我在西汉姆已经认识了兰帕德、费迪南德和乔·科尔，他们帮助我解决了这个困局。第二天，我就离开了球队，回到西汉姆接受治疗。虽然我错过了比赛，但我已经尝到过入选英格兰队的滋味。

谢天谢地，埃里克森没有忘记我。下一场比赛，他又把我带到英格兰队，那是在3月对阵芬兰以及阿尔巴尼亚的世界杯预选赛。第一次和这些英格兰队友一起训练，我一直在"捏自己"，害怕这只是一场美梦。我很兴奋、很紧张，也渴望着有出色的表现。那天如同我刚赢得一项赛事的冠军，整个人的情绪都极为亢奋。当时队内有很多大牌球员，他们的实力都很强。与我相比，他们才像是真正的男人。

我注意到球队用餐时有明显的区域划分，曼联的"92班"在一张台上，他们从不分开。他们就是好朋友——贝克汉姆、巴特、斯科尔斯、菲尔·内维尔，通常还有加里·内维尔，但在那时候，他受伤了。利物浦的球员也会坐在一起——卡拉格、欧文、杰拉德、福勒，此外还有麦克马拉曼，不过他后来从利物浦转会到皇家马德里。

我研究他们的一举一动。他们吃什么？他们的言行举止？他们的态度？我感觉在这里有点格格不入，我知道必须在这里证明自己。5月25日对阵墨西哥的友谊赛，埃里克森给了我首秀的机会。在出发前往球场之前，埃里克森在酒店里召开球队会议，房间里有一个战术板，是他自己亲手挂上去的，上面有红色或蓝色的标记，这能让大家都清楚知道他想让自己的球员或对方的球员出现在球场的什么位置。他能把事情变得简单，他很信任自己的球员。

我永远也不会忘记自己的英格兰队处子秀，这是我生命中最值得骄傲的一天。我还记得那天发生的一些琐事，一路上警车为我们开路，在球队大巴上，我就坐在乔·科尔的旁边，对即将到来的比赛感到兴奋不已。和我相比，乔·科尔更有信心，也更加适应聚光灯下的生活。我的性格不一样，我更内向，当时我对自己的能力也没有足够的信心。尽管我即将为英格兰队登场亮相，但是坐在大巴上，我依然感到不安，我觉得自己的水平与身边的队友相距甚远。

开场时，我坐在替补席上，唱完国歌，看到圣乔治旗在球门后冉冉升起，我立马起了鸡皮疙瘩。这一切是真的吗？我情不自禁地想到看台上的父母、格雷姆和丽莎。这对我们全家，曾遇到过的每一名教练、老师和朋友来说都是特别的夜晚，是他们帮助我走到人生的这个阶段。

当时温布利正在重建，英格兰队只能游走在各地的球场进行国际比赛。这个特别的安排也让比赛的气氛变得更加火热，一些平常无法看到英格兰队比赛的球迷有机会来到现场支持自己的英雄。

我对于上半场比赛的记忆已经有些模糊。贝克汉姆留着他独有的莫西干发型。那个时候他已经是超级球星，但是在他身上最让我敬佩的一点是他对于胜利的渴望。贝克汉姆在训练中相当努力，他的职业素养一直处在顶级水平。他是球队的关键人物，埃里克森信任他，他在这支球队里有着巨大的影响力。那个晚上，他打进了个人标志性的任意球。他的传球与众不同，他的传球能让我看上一整天——太漂亮了。他和斯科尔斯都很棒，他们能把球送到40米、50米，甚至是60米外的队友的脚下，虽然他们的技术特点不同，但是他们的比赛方式都很高效。贝克汉姆更像是在打高尔夫球那样传球，更注重旋转；斯科尔斯会用脚趾传球，就像在射门，球就像直飞出去的一支箭，没有旋转。斯科尔斯的脚踝很结实，我也想这样踢球，但是我的脚踝很脆弱，无法做到这个动作。我的脚踝缺乏柔韧性，脚趾也没有那么灵活，我不得不另辟蹊径。那个晚上，斯科尔斯打进了一记精彩的远射。

半场结束，教练组安排我在下半场登场，我等待的就是这一刻。乔·科尔也迎来了自己的处子秀，我们一起在场边热身了大概5分钟。我走回更衣室拿上场的球衣，做好最后的准备，穿好球衣和戴上护腿板。这一刻令我心潮澎湃，我的思绪开始活跃起来。我之前的整个足球生涯，发生过的每一件事情开始在眼前闪现。当我站在边线，准备登场时，我想到了自己的祖父，希望他能看到我，为我感到自豪。在我踏出足球生涯的第一步时，他就在那里陪伴着我，我希望他现在能看到我代表英格兰队上场比赛。

边裁举起我的号码牌，就是这一刻，我做到了：一个来自沃尔森德的小伙子代表英格兰队出场。我看了一眼身边的其他队友，我和巴特搭档中场，紧接下来发生的每一个画面都将深深地印在我的脑海里：我从右路接到传球，把球传给左路的克里斯·鲍威尔。就像这样的转移球，总能博得观众的掌声。我不知道为什么会这样，真的，这只是一次无关紧要的传球，却收获了掌声。我很快冷静下来。谢林汉姆指着我："把球给我，向前传球！"谢林汉姆快速插上，这是他在10号的位置上最擅长做的事情。我永远也不会忘记这段生动的记忆，我举起手表示歉意。当比赛的水平在提升，我在细节处理上就需要做得更加细致。我表现得很不错，球队4比0赢了。离开球场时，我对于自己在英格兰队的前景充满信心。这是我的第一次出场，希望日后还会有更多更多这样的机会。

埃里克森在挑选球员和安排先发阵容上很少做出改变，或许他缺少一些变化，但是我尊重他的这种执教方式。这是一支被称为"黄金一代"

的英格兰队。无论是安排谁上场，或是我们在场上有怎样的表现，所有人都知道这支球队所拥有的历史地位。我们拥有一批世界最佳球员，他们都处在黄金年龄段。最让我感到遗憾的一件事情，是为了让所有优秀的球员都进入先发阵容，斯科尔斯有一段时间不得不踢左边锋。这不是斯科尔斯擅长的位置，也无法让他发挥出所有的能量，如果我们能人尽其才，更好地使用这些球员，效果会更好，我们没有必要非得一次性把他们全部派上场。关键在于创造出最强的球队，而不把最强的11人放上场。这是多么强大的一个集体！坎贝尔、费迪南德、特里、内维尔、阿什利·科尔、贝克汉姆、兰帕德、杰拉德、欧文，还有鲁尼。我们还有其他球员，如乔·科尔、莱德利·金和哈格里夫斯，这支英格兰队本应是不可阻挡的。

他们是一个特别的团队。请注意，我说的是"他们"，因为我不在其中。我当然愿意踢更多的比赛。接下来的那个赛季，在刚开始的时候，我参加了对阵荷兰的比赛，之后足足等了四年时间，我才再次获得为英格兰队披挂上阵的机会。我不配得到这样的机会，因为之前提到过的腹股沟和骨盆的伤病问题，让我的状态下滑，再加上西汉姆降级，英格兰队更是向我关上大门。

我还是为英格兰U21青年队效力，那是我第一次接触"Eggyboff"的游戏。这个游戏是从热刺青年队传播开的，当你开始游戏，有人会说："下一个站起来的人就是'Eggyboff'。"你不能做这个动作。一旦你做了，你就是"Eggyboff"，没有人会和你说话。很幼稚，是吧？反正这种游戏开始传播开来。2002年的某一天，我在英格兰U21青年队，当时的球队主教练是大卫·普拉特。球队的大巴正准备停靠在训练场边上，突然有人说："第一个走下大巴的人就是'Eggyboff'。"所有球员立刻反应过来，这个游戏就是考验脑筋急转弯。谁会忍不住，先下车呢？没有人想输。2分钟过去了，5分钟过去了，球队的工作人员开始煽动我们："加油，伙计们！"有些球员站起来，假装下车，然后又坐到另一个座位上。我不会觉得这个游戏很正经，更多的是调侃，但是这样的互动能在一定程度上提升球队的团队精神，让大家的关系变得更加亲密。普拉特在球场中央已经等了15分钟。他只好走过来，把我们拽下车。他站在最前面，盯着每一名球员从他身边走过。

在热刺效力了一个赛季之后，我终于又回到了英格兰队，这比第一次入选更有意义。因为我刚度过了几年的艰苦岁月，一度怀疑自己永远也无法再次入选英格兰队。能够归队并在2005年的夏天随队展开美洲巡回赛，这让我感到自豪。对阵美国和哥伦比亚的比赛，我获得首发机会，这对我而言是巨大的鼓舞。或许对其他队友而言，这是毫无意义的友谊赛，但这是我的好机会。我要把握住，向埃里克森证明，我配得上在2006年德国世界杯的参赛球员大名单上占据一席之地。

我带着良好的状态出征德国。我刚刚完成了球员生涯里表现最好的一个赛季，在球场上发挥出最佳状态。我在英格兰队的位置也变得更加牢固。3月，我再次为英格兰队踢满90分钟的比赛。我们在安菲尔德对阵乌拉圭，我表现得很不错。

能够参加世界杯所带给我的那种兴奋感和期待，让人感觉很不真实，这是我长久以来的梦想。帮家人订酒店和买飞机票，同样也令我感到兴奋。我就像一个在平安夜等待着圣诞老人派礼物的小孩子。

我们把基地设在巴登巴登的施洛斯酒店，鲁尼的伤势令人担忧。他在4月底遭受脚部骨折的重伤，正在康复当中。他是我们的关键球员，看过2004年欧洲杯的比赛就知道，虽然他很年轻，但英格兰队非常依赖他。在对阵葡萄牙的比赛中登场亮相时，他才只有18岁，一鸣惊人，这是多么强大的球员！在2004年，这样一支拥有多名世界级球星的队伍当中，他依旧能承担重任，成为队里的关键人物，鲁尼无所不能。在他的全盛时期，他的方方面面都有着顶级的水平——速度很快、身体很强壮、对抗很凶悍，他的求胜欲望也是无人能比。如果你要克隆一名球员，你肯定会选这个时期的鲁尼。我们的备战都围绕着他能否及时康复来进行，他在频繁接受检查和治疗，弗格森爵士很担心他的身体状况，这是可以理解的。鲁尼是他麾下的球员，他有责任让鲁尼为曼联的下一个赛季做好准备。鲁尼宣称自己已经康复，他能复出令所有人松了一口气。虽然他没有完全为征战世界杯做好准备，在这么短的时间里，他也不可能做到这一点，但是我们需要他。

在德国，我没有什么可失去的，任何的收获都是额外的奖赏。我知道自己不是先发阵容里的第一人选，但我还是全身心投入训练当中，决心做到最好。

史蒂夫·麦克拉伦是一位很严格的教练，这正是我所希望的。我和热刺时期的队友耶纳斯，还有列侬一起努力。没有人关注我，每一天的训练都很自由，我倾尽所有，我等待的就是上场机会。

球员的亲属留在布莱娜公园酒店，丽莎和我的家人就住在那里。我希望他们可以享受这一趟旅程。这是一生仅有一次的机会。"我就是去享受这一切。"丽莎说。但这也太疯狂了，酒店四周都是摄像师和记者。丽莎突然间发现自己出现在《太阳报》的头版上。他们是在一家叫加里巴尔迪的酒吧里拍到这张照片，当时丽莎和内维尔的妻子一起举起世界杯冠军奖杯。应该是有人故意把这个奖杯交给她们，设下这个局，然后拍下这张照片。有人说她们是从球员酒店里出来的，这张照片的发布立刻弄得满城风雨。或许丽莎还是太天真，但我不会怪她。这些照片看起来不太妥当，不会给球队带来任何伤害。但经过报纸媒体曝光之后，人们就会评头点足。"太丢人了，她们会分散球员们的注意力。"虽然我不会被这些事情干扰，但丽莎的情绪还是会受到一些影响。一直以来，我们都很低调。我想这件事也可以让她对我所受到的媒体监督有更深的了解。气氛一下子变得紧张起来，他们不能离开酒店。这太可怕了，丽莎、我的父母，还有格雷姆都受到了惊吓，他们无法再享受这次旅程。因为无论他们做什么，都会被拍到。有一天，丽莎去打网球，照片马上就被刊登出来。他们不得不把房间的窗帘都拉起来。这真的让人啼笑皆非，因为对于我的家人而言，参加世界杯本该是一件赏心乐事。

在球场上，我终于得到了机会。在小组赛的比赛当中，加里·内维尔拉伤了小腿。6月25日，在斯图加特对阵厄瓜多尔的十六强战，哈格里夫斯客串右后卫，我和兰帕德、杰拉德出现在中场位置。这是我第一次代表英格兰队参加世界杯的正式比赛，但我没有感受到任何压力。比赛的前一天，埃里克森把他的安排告诉我，我迫不及待地把这个消息告诉父母、丽莎和格雷姆。我很冷静，没有想象中那么欣喜若狂。我还保存着当时的照片，我的家人们穿着我在小组赛里没有用过的球衣，在房间里上蹿下跳、载歌载舞地庆祝。能够代表英格兰队征战世界杯，这让我感到非常自豪和兴奋，但我要稳住心态，做好自己的工作。这和你去酒吧参加派对或是和你的朋友一起烧烤野餐、喝着啤酒看比赛是不一样的。我的角色不一样，我不能让自己的情绪像过山车那样起起伏伏。作为职业球员，我要时刻保持专注与冷静。我们能够感受到的喜悦不会像你想象中那么强烈。在赢下比赛之前，所有的一切都只是建立在泡沫之上，稍有不慎就会全部破灭。

在斯图加特的酒店外的街道上，有一些英格兰球迷在放声歌唱，这让比赛的气氛迅速升温。我们的基地设在巴登巴登中部一座山的山顶上，那里远离世界杯的喧嚣。我们看不到其他人，每天的行程就是训练、返回、去训练，再返回。每隔三四天，我们才能与家人们相聚一两个小时。我们与世隔绝，只能通过电视节目了解外界的资讯，感觉整个世界已经与你毫无关系。不过在英格兰，世界杯热潮席卷大地，汽车上、屋顶和酒吧外都插满了旗子。对阵厄瓜多尔的前夜，我第一次感受到世界杯的影响力，这也注定那个晚上将是一个无眠之夜。由于我将在这场比赛里踢首发的消息已经被传开了，所以我的手机收到了来自各方友人的祝贺信息。这就是世界杯，一切都变得疯狂起来！

在出发前往球场之前，埃里克森和我们进行了例行的球队会议。教练组对比赛计划进行了非常简单的解释，气氛非常融洽和平静。我的比赛任务和平常一样，就是给前场球员提供支援的同时，为身后的防守球员提供屏障。我们来到戈特利布·戴姆勒球场，一切按部就班。所有球员都会选一首歌在更衣室里播放，通常是随机挑选，大卫·詹姆斯是负责人。我选的是拜伦·斯汀基尼的"大家一起来！"（Get Up Everybody），这首歌通常都在球员们离开更衣室，准备登场时播放，激昂的旋律能让球队的气氛变得更加活跃。除了对阵厄瓜多尔的这场比赛，赛前选歌就是我在这一届世界杯里的最大贡献了。

球场内的气氛已经达到最高潮，所以我们选择在球场边的角落里热身，尽量保存能量。我看到我的家人们在看台上摇旗呐喊。接下来就是比赛了，这才是属于我的舞台。唱国歌的时候，我第一次意识到自己不是以游客的身份来到这里，我所想的都是比赛前几分钟里发生的事情——第一次传球、第一次铲球、自己的站位，我尝试在脑海里想着自己在比赛里面对的画面。最重要的是赢下比赛。不管我们的表现是好还是坏，重要的是我们赢球了。感谢贝克汉姆的任意球，我们晋级了，达成目标。我如释重负，我的肩膀上承受着巨大的压力。我表现得还不错，达到合格线。在电视上，阿兰·汉森和阿兰·希勒给了我很高的评价。一夜之间，所有人都跳出来说"大师级的操作""本场最佳球员""现在他是不可或缺的""为什么现在才让他上场"等等。按照他们说的话，感觉我像是一个救世主。

我能理解为什么埃里克森在对阵葡萄牙的四分之一决赛里没有派我上场，与此同时，我感到很失望。内维尔伤愈复出，哈格里夫斯回到中场的位置。这就是埃里克森心目中的最佳阵容，我只能接受。

在那个时候，我还需要证明自己。我无法凭借一场比赛的高光表现，就可以在如此重要的比赛里获得重用。我尝试让自己心安，我把握住了机会，我已经做到了。四分之一决赛的前一天，我们正在训练，埃里克森走过来对我说："你明天不会上场，迈克尔。"平淡而简单。我接受了这个结果。

鲁尼恢复到百分百的健康状态，而卡瓦略一直盯着他，这是能预料到的情况。在一次拦截中，鲁尼的反应有点大，他还手了，踩了卡瓦略一下，不是很用力，但卡瓦略顺势在草坪上翻滚，鲁尼被罚下了。这令人想起1998年世界杯对阵阿根廷，发生在贝克汉姆身上的那一幕。C罗对着葡萄牙替补席眨了眨眼，好像在说任务完成了。我们的球迷和媒体对此暴跳如雷，在接下来的几周甚至是几个月，他们一直在批评C罗，他们喜欢找替罪羊。C罗是为了争取胜利，你必须要理解在那种环境之下，不管是鲁尼或是费迪南德，还是其他人被罚下，他都有同样的反应，这让葡萄牙获得更好的获胜机会。我真的不觉得有任何问题，这是最高水平的足球比赛，大家都尽力争取哪怕只是一丝一毫的优势。

我们没有退缩，尽管只剩下十人应战，但是我们踢得很好，把比赛拖入了点球大战。卡拉格在比赛还剩下两分钟时替换列侬上阵，他是主罚点球的人选之一。过去几周的训练里，卡拉格都是队里最好的点球主罚手，每次练习罚点球，他都能罚进。我们从中圈走过去，模拟着训练中罚点球的练习环节。当然，真实比赛中所承受的压力是不可复制的，但是你可以在技术动作和心理状态上做好准备。不幸的是，卡拉格罚丢了点球，杰拉德和兰帕德也没能把点球罚进，他们两人都是最佳的点球主罚手。很多人看到英格兰队，都会联想到我们在点球大战中的表现，我们总是在点球大战中遭遇失利，八次点球大战，我们输了六次。幸好在最近一次点球大战上，索斯盖特的球队击败了哥伦比亚。

我不是点球专家，我也曾经罚丢过一两个点球。那种害怕射失点球的恐惧感会支配着你的思想,你很容易联想到如果罚丢点球之后要面临的窘境。一旦你被负面情绪所困扰,要想把点球罚进就将变得越困难。幸好在莫斯科,我顶住压力,把点球罚进,但我还是会问自己:"为什么在那个时候我可以冷静下来,很好地应对那种压力,但是一年之后,面对伯恩利时却罚丢了点球,然后在2015年的老特拉福德球场上,面对米德尔斯堡时再次罚丢点球?"原因就是需要专注、积极的心态和清晰的头脑。在莫斯科,我有着更好的比赛感觉。

回到那个时候,总是有着很多看不清楚的负面情绪困扰着英格兰队的球员,特别是来自外界的影响。一些不好的事情受到关注和被放大化,看上去人们更愿意预测英格兰队将遭遇失败。当我们真的输球或表现不好的时候,他们就会说:"我早就告诉过你。"置身于这样的足球文化中令人感到惋惜,这肯定影响到整个队伍,从主教练到每一名球员,我们无法摆脱这种恶劣的生存环境。穿上这件球衣,我们背负了巨大的压力,这是显而易见的。更衣室里的球员都是天生的赢家,但是到了英格兰队却变成了输家,我们的成绩总是达不到期望。我们无法为球队打造出良好的生存环境,这里的足球文化总是把焦点放在我们的失败之上,感觉就像是人们都在等待着英格兰队遭遇失败,然后幸灾乐祸。我总是在为自己和球队辩护。对曼联,媒体不会大发厥词,我们也丝毫不会关心他们说些什么。但在英格兰队,我能看到这里受到外界的影响有多大。

麦克拉伦取代埃里克森执教英格兰队之后,情况变得更糟。麦克拉伦是一名非常优秀的教练,他和埃里克森一起指导我们的日常训练,所以当埃里克森下课之后,麦克拉伦的继任看上去是理所当然的事,当时我也认为这是一个很好的选择。不过从助理教练到主教练,这是一个巨大的转变,尤其是要平衡与球员之间已经缔造的友谊关系。随着身份的转变,这种关系也将发生质的变化,我们之间不再有日常的互动。当他成了一名主教练,他与球员之间的关系就会发生彻头彻尾的改变。

我们接下来还遭遇到不少挫折。2006年10月对阵克罗地亚，我获得了出场机会，但是球队最终以0比2的比分落败，内维尔的一次回传失误，导致保罗·罗宾逊的丢球。在巴塞罗那对阵安道尔时，我坐在替补席上，英格兰球迷肆无忌惮地谩骂麦克拉伦。我很同情麦克拉伦，我们3比0领先着，球迷还在不停辱骂。麦克拉伦没有给我太多的机会，大多数时候，我甚至没能进入替补名单，但我还是不愿看到麦克拉伦成为球迷辱骂的对象。执教英格兰队是世界足坛上最好的工作之一，但是要面对自己的球迷的无情辱骂，这真的很残酷。这是我的英格兰队生涯里最黑暗的一段日子，事实上，我在曼联有着不少高光表现，但是阿兰·史密斯和菲尔·内维尔的排序都在我之前，他们甚至不是真正意义上的中场球员。我这样说，不是针对任何人，我很尊重他们。2007年6月做客爱沙尼亚，我进一步跌入深渊，我被麦克拉伦留在了看台上。我刚刚随曼联赢得英超冠军，在欧冠闯入了半决赛，还参加了足总杯决赛。我不确定还能做些什么，才可以扭转自己在英格兰队的困境。

那场比赛结束后不久，麦克拉伦被法比奥·卡佩罗取代。卡佩罗到来后，给人留下了很深刻的印象。他很严厉，也很强势，如果在训练中对球员的表现感到不满意，他就把球员拉到正确的位置上。他注重实效，他的到来改变了球队的内部环境，整个氛围从以往的放松变得拘谨而严肃。卡佩罗还对我们的饮食习惯进行了改革，剔除了很多食材。我们在赛前会吃没有加酱汁的意大利面和没有沾黄油的面包。我不太理解这些改革。每周我们都在俱乐部里保持着良好的表现，我们能照顾好自己，所以在英格兰队集训的几天时间里彻底改变我们的饮食习惯，这肯定是弊大于利。

尽管如此，我还是希望在新的主教练麾下获得更多的机会。但是我的愿望落空了。再一次出现同样的状况，我能代表曼联参加一系列的大赛，赢得英超和欧冠的冠军，但是在卡佩罗执教的42场比赛里，我只获得过 8 次上场的机会。我并不自大，也不会对自己盲目自信。我不是要告诉你，我有多棒，我理应得到这些或那些，但是我真的认为自己本该在英格兰队里获得更多的出场机会，为球队带来更大的贡献。我尊重主教练的工作，因此我只能接受这种结果。

哀莫大于心死，我逐渐失去了对英格兰队的热爱。我不得不承认，那个时候，我害怕被征召进入英格兰队。即使来到英格兰队，我也只想尽快回到曼联，回到我喜欢的环境。英格兰队的环境令我感到窒息。只有回到卡灵顿，才觉得自己能够自由呼吸。

2010 年世界杯到来之前的那段日子里，每一次被征召进入英格兰队，我都无法获得出场机会，10 天的时间里打两场比赛，我知道自己根本不会获得出场机会，我讨厌这样的环境。我只能在电话里向丽莎不停地抱怨，在英格兰队的日子真的很难熬。我能理解，在你看到这里时，你会说："你入选了英格兰队，伙计，提起精神，你已经是实现了梦想。"相信我，我也在不停地提醒自己："振作起来，伙计，这很荒谬，把事情做好！"但我还是无法摆脱困境。即使在我获得为数不多的出场机会时，我还是有同样的感觉。那时候，我真的不想参加南非世界杯。杰西在 4 月 30 日出生，短短几周之后就要离开他，只会让我的情绪变得更糟糕。我很失落，当时在曼联的处境也不好，我担心自己随时会被清洗。

5 月 24 日在温布利对阵墨西哥的比赛里，我首发登场，但是表现极差，比赛中途就被汤姆·赫德尔斯通换下。6 天后在格拉茨面对日本队，我坐在替补席上，我感觉不可能再次获得出场机会了。赫德尔斯通、斯科特·帕克和我争夺最后一个替补位置，因为在杰拉德和兰帕德之后，加雷斯·巴里是中场替补的第一人选。

过去，人们总是试图在我和兰帕德，还有杰拉德之间营造出对立的氛围。为什么要这样做？在曼联，我从来不会和斯科尔斯、弗莱彻或者是安德森发生矛盾。我们为同一支球队效力，不是相互竞争！有一次参加英格兰队的新闻发布会，我被问到是否觉得自己有足够的实力为英格兰效力。我回答说，我参加过很多大赛，赢得过一些冠军，所以，我觉得自己有这样的能力。我的意思是，我有能力踢这个水平的比赛。我没有拿自己和兰帕德或者是杰拉德比较。然而第二天的头条是"把你的奖牌摆上桌面"，感觉我在挑战兰帕德和杰拉德，说我拿到的奖牌数比他们多。我不会这样做，我十分尊重他们。这就是英格兰媒体的典型操作手法，他们喜欢制造负面新闻。我只是想表达，我的经验能够帮助自己应付在英格兰队的比赛。这就是英格兰队的问题——一切都是闹剧。如果没有丑闻，媒体就会制造丑闻。很多人都会说这些做法是错误的，但是他们却很喜欢看到这样的故事。感觉英格兰队里一直存在内斗。

当我们从奥地利回到英格兰之后，卡佩罗通知我们，第二天会给我们打电话，宣布接下来的英格兰队球员大名单。我直接去了纽卡斯尔，看望丽莎和我的孩子们，他们住在我们的公寓里。丽莎的身体状况不是太好，她的背部在怀孕期间出现了一些问题。她无法入睡，还要照顾刚出生的婴儿和路易丝。当我看到她的时候，我心想不能把她留下来，独自承受这样的痛苦，因此我不会去踢世界杯。当卡佩罗的助手弗兰科·巴尔迪尼给我打电话的时候，我原本以为他会说："我很抱歉……"但是他却说："恭喜，几天后见。"

我真的不敢相信自己被选中了，感觉有些奇怪，我没有任何的心理准备。我把这个消息转告给丽莎的时候，感觉就像是我们收到的是一个坏消息。我知道这听起来很疯狂，不是吗？我将代表英格兰队出征世界杯决赛圈的比赛——这是一种巨大的荣誉，也是一段美妙的经历。直到现在，我还是不知道自己为什么能够入选，我觉得自己不配获得这个机会。

我收拾行李，前往南非。我们住在勒斯滕堡的酒店里，看上去这是一个理想的选择。虽然酒店坐落在半山腰上，却有着我们需要的训练场地。在那里，没有别的地方可以闲逛，我们无法得到任何喘息的空间。很显然，英足总了解到上一届世界杯在巴登巴登出现的闹剧对球队带来的负面影响，但这一次，他们的做法又走上了另一个极端，同样是不健康的。与外界完全隔绝的环境让我们感到压抑，尤其是在我的身上，这种感觉特别明显。

如何保持工作的投入程度，大家的理解可能不尽相同，有些人会说："你在那里只是度过短短的几周时间，难道你就不能为此做出牺牲吗？"是的，我同意这个观点。而现实情况是，这种与世隔绝的生活环境并不适合我们，我们无法放松下来。在英格兰，有很多事情可以帮助我们在比赛和训练之间转换自己的精神状态，比如在校园里跑步、参加孩子们的户外活动、和朋友聚餐或者只是看到别的面孔。这些事情能让你调整心态。在勒斯滕堡，我们变成了一具具"行尸走肉"。

集训刚开始不久，费迪南德在训练中受伤，这对我们以及他本人来说，都是重大的打击。我很同情他，因为这可能是他最后一次代表英格兰队出征世界杯了。从训练营一开始，我甚至觉得自己不是其中的一部分。我尝试倾尽所有，却无法带来任何改变，我失去了热情。我整天都待在自己的房间里，然后等着行程表的下一个事项，吃晚饭或者是开会。在那里待的时间越长，我的情绪就变得越压抑。我没有能量或激情去做任何事情。真的是一段怪异的经历。

当然还是有一些愉快的时光。我和乔·科尔、特里，还有阿什利·科尔切磋斯诺克，或者打几洞高尔夫球。我们甚至还去狩猎，不过到最后，我们看到的摄像记者比大象还要多。听上去还不算太糟糕，我们有着像斯诺克、高尔夫球和狩猎这样的活动，但相信我，我只想回家。在电话里，我告诉丽莎："我在这里真的是度日如年。"

这原本应该是我球员生涯里最好的阶段，不幸的是，现实情况却背道而驰。我感到失落和寂寞。看着其他队友在训练，我会想他的状态不错，看上去很开心，我真的希望自己也能像他一样。有时候，我只想着立刻回家。虽然我没有真的这么做，也不会这样做，但是这个想法一直藏在我的心里。

训练营的气氛也不对劲，战平美国的结果令我们感到很失望。接下来我们前往开普敦，备战与阿尔及利亚的比赛。我坐在替补席上，看着这场在我记忆中最糟糕的比赛，然后想着自己根本不会有出场的机会。随着比赛的推进，球场的气氛也变得不太友好，最终我们 0 比 0 闷平对手。

我们在开普敦多待了一天，享受着难得的一天假期。我去了坎普斯湾看看父母。吃过午饭之后，我们坐在面朝大海的阳台上，我几乎一句话也说不出来。他们也知道我不开心，但我不想让他们知道自己的心情多么糟糕，我不想影响到他们旅行的心情。

我知道自己的情绪不对劲。接下来的对手是斯洛文尼亚。在前往球场的路上，我戴上耳机，感觉自己就快哭出来了。这种突然而来的情绪波动差点让我失控，我迅速地让自己冷静下来。

媒体还是日复一日地为我们制造着舆论压力，整个训练营显得一团糟。不过我感觉自己和这些事情一点儿关系也没有，当然，我和首发阵容同样一点儿关系也没有。有一天，在训练途中，卡佩罗把首发球员以及几名常规替补叫到一起，安排他们在球场的另一边练习阵形和定位球战术。其他球员就留在球场的中圈里。5 分钟过去了，10 分钟过去了，我们就站在那里无所事事，也没有任何的交流。克劳奇、肖恩·赖特 - 菲利普斯和沃诺克跑到球场的另一边，开始在随意地踢着球。他们的动作都特别搞笑，看着这一幕让我们都感到啼笑皆非。我坐在禁区边的草坪上，看着队友们在追赶克劳奇，克劳奇甚至还躲到球门里。大概有 15 分钟的时间，球员们在大笑，大喊大叫，做着凌空射门和各种各样的庆祝动作。贝克汉姆当时是卡佩罗的助教之一，他看到这边的情况之后，马上跑过来制止了球员们的玩闹。从这个情景可以看出来，我们和球队的关系是有多疏远。

击败斯洛文尼亚之后，我们获得了十六强的席位。接下来在布隆方丹，我们要与德国交手，这注定是一场被载入史册的重要比赛。兰帕德的一粒好球被吹掉了，然而所有人都看到球已经完整地越过门线。这个误判击垮了我们。我们最终被淘汰，收拾包袱回家了。

回到纽卡斯尔，我出现了病毒感染的状况，病了四天。终于到家了，欢迎回来！在接下来的三周假期里，我和家人们去了伊比沙岛。这是我记忆中最好的假期之一，让我有机会重新恢复状态。当他们都到外面的酒吧看世界杯决赛的时候，我就留在屋子里，哄孩子们睡觉。我不想看这场比赛，我只想远离足球。

新赛季开始之后，在温布利对阵保加利亚以及在巴塞尔对阵瑞士的两场比赛里，我都坐在替补席上，在南非时感受到的压抑情绪继续残留在我的身上。这个赛季行将结束的时候，由于伤病，我几度落选英格兰队的球员大名单。我必须正视这个问题。我和盖斯进行了交流，把我的想法和感受都告诉他。在2011/2012赛季刚开始后不久，盖斯和英足总的阿德里安·贝文顿谈到了我的情况。当时我甚至不与卡佩罗交流，可见我们之间的关系有多么疏远。

2012年2月，卡佩罗离开了英格兰队，斯图尔特·皮尔斯作为临时主教练，带领我们参加对阵荷兰队的友谊赛。还在西汉姆的时候，我就认识并尊重皮尔斯，他希望我在"三狮军团"里承担更多的责任。欧洲杯就要来了，但是事实上，我无法再参与这样的国际大赛了。南非世界杯给我留下了阴影，我花了很长一段时间才从这个困境中走出来。皮尔斯希望我出战对阵荷兰队的友谊赛。如果我去的话，我就有机会出场，但是经过慎重考虑之后，我拒绝了皮尔斯的好意。要拒绝一个从小时候开始就有的梦想，不是容易的事情。我的内心挣扎了好几天，因为我知道自己要放弃的是什么。但是我要为自己做出最佳的选择。

现在回想起来，拒绝英格兰队的征召仍让我感到不安，但这就是我当时的真实想法。在我做出这个决定之后，我完全变成了另一个人，我解放了。我没有把自己的真实感受告诉皮尔斯，只有少数人知道实情，即使我告诉他，他可能也无法相信。不过他接受了我退出英格兰队的决定，这场风波很快就平息了下来。

不久后，罗伊·霍奇森被任命为英格兰队主教练，带队征战欧洲杯。有传言说，他想看看我是否准备好重返英格兰队，但是我只想摆脱这一切。我希望好好利用这个假期来让自己的身体恢复健康。

结束夏天的假期，我犹如获得了重生。在一次采访中，我谈到过自己是怎样重返英格兰队。当时内维尔是霍奇森的助教，他给我打电话，询问我的想法。我的情况有了很大的改善，我想弥补之前那段失落的时光。我告诉内维尔："我不指望每场比赛都上场，但只要我能以某种方式为球队做出贡献，那就行了。"

欧洲杯之后的首场比赛，我代表英格兰首发登场，那是在伯尔尼对阵意大利，我喜欢这场比赛，我真正感受到那种为国效力的自豪感。接下来是2013年在里约热内卢的巡回赛，我在马拉卡纳球场与巴西交过手，还在温布利对阵波兰。要想晋级世界杯决赛圈，这是一场必须取胜的比赛。随着赛季的进行，我有一种预感，自己不会入选英格兰征战巴西世界杯的大名单。我们在曼联遇到艰难的一个赛季，成绩大幅下滑。那是吉格斯担任曼联临时主帅的最后一场比赛，我们从南安普顿飞回来。我在机场正要上车的时候，霍奇森打电话来通知我，我只是进入了候补名单。我只有祝福他和其他的英格兰队球员。咆哮和抱怨，都是无补于事。我尊重霍奇森的决定，这通电话也会让他感到为难。我很失望，但我不会因此而被摧毁。在我的英格兰队生涯里，我已经承受过很多磨难，我学会了接受。

也许是我的踢法导致我在这些年里难以融入英格兰队。我经常听到人们建议我们敢于控球，然而，当对手压迫我们的时候，我们又会变得不愿去冒险。从后场把球传到中场，这让人感觉不安全。不能再这样做了！索斯盖特的到来改变了这种足球文化。

近年来，英超赛场上的足球风格也有了很大的变化，这也改变了英格兰人的足球观念。我们更讲究战术，减少了那种横冲直撞的踢法。我们还会打反击，但是处理地更细致和更严谨。如果你只是一味地在追着球，特别是在英超联赛经历一个漫长的赛季之后，你很难在夏天的大赛中保持同样的反击强度。我认为设立冬休期能带来一些帮助，可以为夏天的大赛保留能量。

当然，错过巴西世界杯让我受到伤害。不过我在霍奇森的麾下能够获得比过往要好得多的比赛感受。球队的架构也有新的变化，霍奇森带来了心理学家史蒂夫·彼得斯医生，作为教练组的一员。他们一起合作，尝试让球员有更强的责任感。同时，我们也会有更多由球员主导的球队会议，彼此鼓励，加强沟通。距离2016年法国欧洲杯还有几个月的时间，记得当时我们站在圣乔治公园的训练场中央，霍奇森对我们所有人说："我希望你们在这个下午都好好想想，我们怎样做才能赢得欧洲杯的冠军，然后回来告诉我，因为我不知道要怎么做！"我很欣赏霍奇森的雄心壮志，不过他说的这番话还是让我感到有些惊讶。

2015年11月在阿利坎特对阵西班牙队是我最后一次代表英格兰队上场比赛。那应该是一个黑色星期五，我在比赛临近结束的时候被对手铲伤了脚踝。在这之后，我再也没有入选英格兰队。尽管我的英格兰队经历并不算成功，但我仍感恩自己能够获得这样的机会。

英格兰队的经历也让我意识到在曼联的比赛环境是多么好，那里没有闹剧和争执。尽管如此，能够实现自己的童年梦想，这让我感到自豪，我是少数幸运儿中的一个。

第十三章　一个时代的终结

我的人生有过顺境，也经历过不少逆境。这给我的情感带来过巨大的冲击，不过在大多数的时间里，我的生活无忧无虑。不过足球世界是残酷的，2012年5月13日的那个周日——这一天发生的事情至今仍让我感到心痛。英超冠军的争夺持续到最后一刻，这让球迷感到异常兴奋。每个人都在计算，我们和曼城积分相同，他们有净胜球优势。我们做客桑德兰，曼城在主场对阵女王公园巡游者，所以我告诉自己："哎，没有机会了。"我从来没有想过曼城会失分。面对着赛季的最后一场联赛，我们只想赢球，尽可能拿到最多的积分来完成这个赛季的征程。突然之间，机会摆在了我们面前。比赛还剩下20分钟，我们在光明球场1比0领先，我们的球迷在欢呼。发生了什么事？埃文斯走过来告诉我们："曼城落后了！"后来我才知道，杰米·麦凯帮助女王公园巡游者取得领先，这意味着我们有机会在六年里第五次获得英超冠军。这不只是曼联在英格兰顶级联赛的第二十冠，我们还比利物浦多拿两次冠军。但我不想知道曼城主场的情况，我只想专注于自己的比赛，因此我继续聚精会神，不去想曼城的赛果。曼城肯定会赢的，我这样告诉自己。曼联球迷还在庆祝。比赛只剩下1分钟，桑德兰的球门球，比赛即将结束，我开始感到兴奋，我们有机会在这里赢得英超冠军。

霍华德·韦伯吹响完场哨，我们在球场上紧紧地拥抱在一起，等待着来自曼城的消息。我开始觉得有夺冠的机会，砰，就在这个时候，一切希望都毁灭了。

韦伯说："曼城进球了。"我一下子都懵了。比分是多少？结束了吗？哲科扳平比分，不过曼城还需要一粒制胜球，我们还有机会。桑德兰球迷在热烈地庆祝着曼城的进球。这原本和桑德兰球迷没有任何关系，但还是有数千名桑德兰球迷留在球场上，他们想知道冠军的最终归属。我们走进球员通道，老大站在那里，琼斯也在，他光着膀子，正在聚精会神地听着收音机广播。然而噩耗出现了。

"曼城又进球了。"琼斯说。

是阿圭罗进的球，曼城夺得了英超冠军，我们现在只想尽快离开光明球场。

"向球迷鼓掌。"弗格森爵士提醒我们。尽管我们感到非常失望，老大还是要求我们保持风度，这就是老大的魄力。我们走到球场上感谢球迷，他们真的很棒，在那短短时间里，他们真的相信冠军会被我们收入囊中。桑德兰球迷对我们的痛苦没有展现出丝毫的同情或怜悯。在我们走在球场上的时候，他们嘲笑我们，他们很高兴看到曼联的奖杯在最后一刻被抢走。

桑德兰球迷这种缺乏风度的做法，我不会感到惊讶。无论我跟随曼联到哪里，总能感受到球队很受欢迎，但同时也能感受到其他人对于这家英格兰最伟大的足球俱乐部的嫉妒。这就是现代文化——人们很高兴看到成功人士受到挫折。我只能想象，这在某种程度上是对曼联的赞美。阿什利·杨和我向曼联球迷挥手告别，费兰走过来安慰我们，但是桑德兰球迷还在那里欢呼呐喊，我们很难听到其他的声音。

"你是谁？"在我们走向球员通道的时候，他们对着我们高唱。"你是谁？"我回过头一看，看到数千名球迷在球场的角落上做着"波兹南舞"的动作,这是球迷从一家波兰俱乐部里学来的庆祝动作。

他们背对着球场,在看台上载歌载舞。或许这些桑德兰球迷在赛后再看到这些画面时,他们会想:"我们在做什么?这跟我们有什么关系?"不知底细的人,甚至以为他们赢得联赛冠军。这是非常怪异的景象!桑德兰球场的电子记分牌上确认是曼城的进球,而桑德兰球迷则在球员通道入口那里向我们喝倒彩。

回到更衣室,一片死寂,所有人都一动不动,极度失落的情绪让我们的身体变得僵硬。我们本来有机会成为冠军,一整个赛季的努力怎么在那一瞬间被彻底摧毁?在光明球场外的球队大巴里,我坐在自己的座位上叹了口气,反思着我们还能做些什么。老大在通道上走来走去,对我们说:"你们永远不要忘记这种感觉。"他用力地强调着"永远"这个词。他的这句话主要是对年轻球员说的,因为他知道队里的老队员都很自律,他们已经在为下一个赛季做打算。"你们永远不要忘记这种感觉,"他反复在说,"利用这种感觉,激励自己在明年赢得联赛冠军。"老大没有失控,他没有大喊大叫,他只是要确保队里的每个人都要牢牢记住这段经历。

我们不只是因为丢掉冠军而生气,桑德兰球迷的行为也令我们感到气愤。在那之后,每一次面对桑德兰,我们都会记得他们在2012年往我们伤口撒盐的恶劣行径。那一年的12月,我们在主场对阵桑德兰,老大在赛前讲话当中就提到这件事,第二年的3月做客光明球场,他又说了同样的话。我无法忘记这段经历,在回家的路上,我能意识到自己距离冠军奖杯有多么近的距离,但是我能想到的是面对埃弗顿的那场平局,还有面对维冈竞技的那场失利。我们把冠军奖杯拱手让给了曼城。直到现在,我还是摆脱不了这次失冠经历所带来的失落感。

2011/2012赛季的收官战给我们留下的只有苦涩的滋味。由于博尔顿战平了斯托克城,他们无法动摇女王公园巡游者在积分榜上第17位的排名,这意味着女王公园巡游者成功保级。我不是说女王公园巡游者放弃了比赛，但是他们已经到达了安全线，补时阶段，阿圭罗打进了制胜球。如果他们还要努力争取保级，他们在防守阿圭罗时表现得更卖力。我们本该赢得冠军，我永远也不会忘记这件事。

在我效力曼联的那六年时间里，我们赢得了四次英超冠军，这样的表现让我感到自豪。另外两个赛季，一次是因为净胜球的差距而失去冠军，还有一次是距离冠军只差一分。但是这次的失冠经历真的让我感到伤心。有时候，体育频道重播阿圭罗在最后时刻的那个进球，我会马上走开。直到今天，我也不会看曼城当年捧杯的画面。

从一开始，这注定就是一个艰难的赛季。我心中有着一丝恐惧，这源自弗格森爵士的铁面无私。在2011年的社区盾比赛，他在中场休息时就用克莱维利把我换下。整个下半场比赛，我坐在替补席上胡思乱想：大事不妙，他为什么要这样做？在之后的英超比赛里，克莱维利和安德森继续获得首发机会。我一直在想，球队的主力位置要发生改变了吗？老大是想为球队注入新鲜血液吗？我对此感到失落。事实上，我在曼联的表现非常好，我从未让他们感到失望。从现在起，我需要证明自己，与年轻球员进行竞争。

回顾我的球员生涯，特别是现在从事教练工作之后，我可以清晰地看到自己在同一个赛季里不同阶段所处的状态。每名球员的身体条件都不一样，有些球员在赛季初就显得生龙活虎，比如安德森，也有一些球员，像我那样需要时间来慢慢进入状态。我通常到9月或10月，才会在首发阵容中站稳脚跟，这个时候，我的状态非常好，通常情况下，我能维持这种状态直到赛季结束。有时候，我的慢热是因为受伤或者是身体出现小毛病，不过老大对此有一个独到的见解："要等到下雨天，你就会开始有好的表现。"弗格森爵士应该是在说笑，不过他的这个结论也不是毫无道理。他觉得松软的场地更适合我的发挥。

我听到过很多关于球员状态的讨论，当中对我的点评也不少，但是没有人真的会考虑场地状况对于球员状态的影响。某种程度上，我们就像一匹赛马，我更适合松软的场地，因为硬实的场地导致我的脚踝感到不适。这听起来像是一个奇怪的借口，但是干燥的场地会让球速减慢，这也不利于我的传球。我喜欢湿润的场地，球的滚动速度更快一些。这意味着我的传球速度会变得更快，我可以把球传到更远的区域，不需要担心球速会在草坪上减慢。在湿润的场地上，我能更容易地找到突破口。如果场地比较干燥，球在草坪上滚动，速度会减弱，所以两者有着巨大的差别。我喜欢用脚外侧击球，给锋线的球员送出精确的长传，在湿润的场地上，我可以更容易地做到这一点。

随着赛季的进行，我还在找寻着自己的比赛节奏。10月做客安菲尔德，我坐在替补席上，苏亚雷斯在那场比赛里对埃弗拉说出带有种族歧视的言语。曼联立刻以强硬的姿态支持埃弗拉，我们也是如此。这种言行真的让人觉得恶心。我们都想保护埃弗拉，因为他真的受到了伤害。埃弗拉是我们的一员，我们都为苏亚雷斯的言行感到愤怒。他最终也得到了应有的惩罚——禁赛8场。当然，苏亚雷斯随利物浦做客老特拉福德的时候，他在赛前拒绝与埃弗拉握手，这是心胸狭隘的反应，他本应该处理得更好一些。我和他握手了，埃弗拉知道所有人都支持他，我不需要通过拒绝和苏亚雷斯握手来为整个事件火上加油，我们还有一场比赛要进行。中场休息时，球员通道里发生了一段小插曲。埃弗拉一路小跑，从苏亚雷斯的身边经过，有几名球员马上围了过来，不过没有发生任何摩擦。我们赢下了这场双红会，我们用实际行动支持埃弗拉。

那个赛季充满着惊喜，有一件事情让我毕生难忘。

我们即将要在足总杯对阵曼城了。在卡灵顿备战的时候，斯科尔斯来到我们的场地上，他还带着几名预备队的年轻球员。退役之后，斯科尔斯在预备队从事教练工作，与沃伦·乔伊斯一起指导年轻球员，同时也有维持自己的身体状态。当斯科尔斯参加我们的十对十练习赛的时候，马上引起轰动。我想他这么做只是为了凑够比赛人数吧。那个夜晚，我们入住洛瑞酒店，斯科尔斯也在那里。我想他来看比赛，为了考察年轻球员的表现吧。由于他和教练员坐在一起，而不是像往常那样和我们球员坐在一起，因此我也没有想太多。在乘坐大巴前往球场的时候，斯科尔斯坐在了他的老位置上。有趣的是，我们有一条不成文的规定，那就是每名球员在球队大巴上都有自己专属的座位。斯科尔斯上车后就习惯性地坐在自己的座位上。我们还没有发现端倪。当我们来到阿提哈德球场的更衣室，我看到装备管理员把一件斯科尔斯的球衣拿了出来。斯科尔斯也在更衣室里，静静地穿上球衣。这是什么情况？斯科尔斯要回归了？老大证实了我们的猜想："斯科尔斯今天打替补。"我们都开怀大笑起来！天啊！一位真正的曼联传奇球星要回来了。我还以为和斯科尔斯并肩作战的那些日子已一去不复返！我们深受鼓舞。斯科尔斯就坐在角落里，穿上自己的球鞋，笑了笑。还是那个熟悉的斯科尔斯。我们入场热身的时候，曼联球迷看到了斯科尔斯，他们的喜悦之情也感染了我。他们就像过圣诞节一样，特别是老大在下半场比赛用斯科尔斯换下了纳尼。

我们赢下了这场杯赛，但是让我们感到沮丧的是，曼城在英超冠军的争夺战中还是笑到了最后。不过我们只能怨自己，在两队紧咬积分的时候，我们却踢得一团糟，4 比 2 领先埃弗顿，埃弗拉的射门击中门柱，我们最终被埃弗顿扳成 4 比 4 平，我们丢掉了宝贵的 3 分。面对维冈竞技的时候，如果我们能够获胜，那么在联赛剩余五轮的情况下，我们就能将领先优势扩大到 8 分。

然而对阵维冈竞技的这场比赛对我来说就是一场噩梦，装备管理员阿尔伯特忘了把矫正用的鞋垫放在我的球鞋里。由于我的左腿比右腿要长一些，所以我需要这些特殊的装备保持身体平衡。阿尔伯特没有把这些鞋垫从我的训练球鞋里拿出来，放到比赛球鞋里。没有了这些鞋垫，让我感觉怪怪的。阿尔伯特还忘了放吉格斯的鞋垫，他一直对着我们说："对不起，孩子。"我不是要把这件事当成输球的理由，我们只是表现得不够好，才丢掉了这些积分。老大也是怒火冲天，他希望我们在赛季最后的冲刺阶段展现出巅峰状态，而不是输给那些保级球队，8分的领先优势很快就消失殆尽。0比1不敌曼城之后，冠军的争夺战也宣布结束。

我带着失落的情绪，迎来了又一个夏天的假期。那一年有欧洲杯，但是我没有入选英格兰队，这是我成为职业球员以来最长的一个假期，有七八周的时间，这让我可以彻底恢复过来。曼联就是我的生命，职业足球的竞争总是激烈和残酷的。我喜欢奉献和做出牺牲的感觉，我总是努力变得更强，但是在夏天的假期里，重要的是让自己的身心得到放松和恢复。在赛季进行期间，我很自私。我总是让丽莎感到失望，因为我会说："我不去那个派对，我不去你朋友的婚礼，这会影响我踢球。"我们的全部生活都围绕着我和我的足球，现在回想起来，我感到有些内疚。即使是坐在家里跟孩子玩耍，我还是想着怎样在第二天的训练或者是接下来的几场比赛里发挥出最好的状态。我会情不自禁地想着踢球的事情。我有一个完整的计划，周一和周四是练瑜伽，然后是上肢的核心训练，大腿的力量训练，还有跑步——我的训练重点是什么？速度？耐力？

如果在比赛日，有人给我打电话或者是给我发信息，我会想你们在干吗？这是不尊重我。为什么你在下午4点给我发信息？我在晚上8点要踢比赛。你不知道我要踢比赛吗？为什么你现在要打扰我们？

我会在下午1点给丽莎发信息："我现在要静一静，不要给我打电话，比赛结束之后和你见面。"你可能觉得我是一个球痴，是的，确实如此。当赛季结束，夏天到来的时候，丽莎会说："我的迈克尔回来了。"在夏天的那几周时间里，我变成完全不一样的人。丽莎把这个叫作"欢乐时光的迈克尔"。在赛季进行期间，我严格控制自己，不喝酒、充足的睡眠、努力训练，到了夏天，我需要释放自己。一年当中会有那么几个晚上，我的伙伴从纽卡斯尔过来探望我，我们喝几杯啤酒。如果不释放一下，我会疯掉的。我很注重健康饮食，不吃快餐，很少喝酒。我喜欢甜食，如果你给我一杯葡萄酒、一杯啤酒或香槟，然后还有冰激凌，我会一直吃冰激凌。有时候，丽莎坐下来，喝一杯红酒，我就会吃牛奶巧克力雪糕。

我对足球的痴迷，不仅影响我，还影响着丽莎和我的孩子。到了6月，我自由了，这是一段特别的日子，我们可以整天待在游泳池或沙滩上，我与他们待在一起。只有到了假期，我才会意识到足球对我的身心所带来的损耗。这个时候，我需要后退一步，想想身边的其他人，那些对我来说最重要的人，我的家人。在家里，跟孩子们一起出去玩会很困难。因为走到街上，人们不停地要求我签名。如果我和孩子们一起出门或者出去吃饭，我希望能有一些私人空间。我带着路易丝和杰西看摔跤比赛，他们喜欢那些摔跤手，他们会说："天啊！这很棒！"他们想要签名和照片，我能理解这种需求。这和那些球迷的想法是一样的，不过有些人的做法很粗鲁。他们来得太频繁："卡里克，签这里。"我回应："能说个请字吗？"他们看着我，就像我是"两头怪"。

路易丝说过很多次："父亲，我真的希望你快点退役，这样就不会有人打扰你。"这令我有点伤感。她曾经很喜欢去特拉福德中心。有一次，我带她去河岛（River Island）购物，原本这是一段快乐的时光，但是她只能长时间地站在那里，等着我不停地给身边的人签名。有一天，我说："你想去特拉福德中心吗？我们去给你买点东西？"她回答："不，父亲，我不想去，因为你会被其他人打扰，我甚至看不到你。"这让我感到伤心，也很内疚。

那个夏天，我做的第一件事情就是和家人们一起前往巴巴多斯，包括丽莎的父母、她的兄弟格伦和格伦的未婚妻贾丝明、我的父母、格雷姆和凯特琳。第一次有这么长的假期，我可以把手机留在房间里，尽情享受陪伴丽莎和孩子们的日子。这是难得的机会，拥有这种自由自在的感觉，实在是太棒了！早上醒来，然后决定这天要去哪里，想做什么。我知道自己多么幸运，但是职业球员的身份让我的生活受到极大的限制。

从7月1日到第二年的5月底，我的生活是属于曼联的，现在也是如此。我热爱曼联，但有一两周时间可以脱离足球，把自己完全留给丽莎和我的孩子，这种感觉很棒。那个夏天很美妙，在巴巴多斯待了两周之后，我必须承认，自己又开始进入熟悉的节奏。我去健身房，我知道自己要开始工作了。我总是保持良好的身体状态，即使我不能接受正规的训练。

离开巴巴多斯，我和丽莎还去了伊比沙岛，我们坐船去了福门特拉岛，在那里吃了午餐。只有我们俩——完美。我们回到纽卡斯尔出席杰西的洗礼仪式。在这个假期，我还去看了国际汽车大奖赛和参加了婚礼。回到卡灵顿，我认为自己已经重新充满能量，我迫不及待想展开新的赛季。我准备好了。来到职业生涯的这个阶段，我自然而然地需要承担更多的责任，我觉得自己正处于巅峰期。我的脚踝好了，在桑德兰失去联赛冠军的那个画面仍残留在我的脑海里。"我们不会让这种事情再次发生。"我不断地告诉自己，新的赛季渐渐地拉开大幕。

我在猜测老大会买下哪一名新球员。结果他签下了范佩西，这令我很感兴趣。因为范佩西不是弗格森爵士惯常会购买的那种球员，无论是他的年龄，还是他的身价。老大为成名已久的范佩西付了高额的转会费，他很少这样做，但是我没有料到这是因为老大只考虑短期收益，他已经在考虑退休。像范佩西这样的重磅引援会给所有人带来鼓舞。范佩西是一名很强的终结者，一名典型的荷兰球员，他非常适合我们的战术体系，很好地融入曼联。他了解俱乐部的传统，队里的老将也帮助他安定下来。第一次训练，我们看着范佩西，就像说："你能给我们带来什么？"他的第一脚触球很棒，我们知道他有这样的实力。记得对阵富勒姆的时候，我们 0 比 1 落后，范佩西打进一记精彩的凌空抽射，拯救了球队；然后是对阵南安普顿，他上演了帽子戏法，其中两个进球来自比赛末段。当时我就在想，他真的能为球队带来巨大的收获。老大还签下了香川真司，那年的德甲最佳球员。季前集训的第一周，我看着香川真司，然后听到斯科尔斯在说："他很有实力。"能从斯科尔斯的口中得到这种评价，足以证明香川真司是一名很有才华的球员，他总是想拿球，串联球队。遗憾的是，他在我们阵中的表现没能完全达到期望值。

在曼联，最优秀的球员不仅能够勇往直前，同时他还要兼具扎实的基本功和富有创造力的足球意识。那个赛季，有一个画面给我留下了深刻印象。2012 年 9 月 23 日做客安菲尔德，上半场比赛快要结束，比分是 0 比 0。吉格斯拿球，在左边路突破，他面对的防守球员是马丁·凯利，这名 22 岁的年轻球员在那场比赛里担任利物浦的先发右后卫。吉格斯转身，我站在他的身后，我们之间有着足够的传球空间，于是我大喊："吉格斯！"

他又转过身。"吉格斯！是的！吉格斯！给我球吗？"我再次大喊。他继续向前突进，急停急转，不断尝试突破凯利，迫使凯利来回跑动，但他就是不传球。"传球啊！吉格斯！"突破、突破、突破，他一直带球向前，最终他得到了一个角球。曼联球迷也在喊："传中啊！"开出角球之后，裁判吹响了半场结束的哨声，我们走回球场通道，我说："吉格斯？"他笑了笑，拍了我的背部一下，然后边走边说："他的双腿应该在颤抖，他现在已经没有力气了。""该死，所以这就是你的目的。"这个做法只能用天才来形容了！吉格斯没有让凯利获得任何的喘息机会，他只能不停跑动。无论是走外线，还是内切；无论是冲刺跑，还是长途奔袭，吉格斯不停地给凯利施加压力。对于身材高大的球员来说，快速变向很难。如果要对付一名矮小的边后卫，吉格斯的踢法会更直接。他会沿着边线突破，直接摆脱他们。

吉格斯的比赛能力太全面，他不仅可以踢出自己的比赛，做到自己想做到的事情，他还可以做到自己需要做到的事情——这就是他的特别之处。他对于比赛形势有很多的盘算，他的足球智慧令人叹为观止。吉格斯就像是一个拳击手，能够完全看穿对手的底细。与曼城交手时，他用同样的策略去对付理查兹。尽管理查兹的身体更强壮，还能在争抢高空球时压制吉格斯，不过吉格斯能用一些敏捷的动作令理查兹疲于奔命，摆脱理查兹的缠绕。即使是看着比赛的人，也不知道他到底想做些什么。2009年9月在老特拉福德，吉格斯助攻欧文在补时第6分钟绝杀曼城，原本理查兹应该站在防守位置上，拦截欧文的前插，但是他已经被吉格斯拖垮了。当我和曼联的人说起这件事情时，他们提到了索尔斯克亚在做客阿森纳的比赛中曾经踢过右边锋，让阿什利·科尔疲于奔命。索尔斯克亚一会儿内切，一会儿拉边，迫使阿什利·科尔不停跑动，把他带离出自己的舒适区。弗格森爵士总是喜欢那些能够深入思考比赛的球员。

我们再一次向冠军发起冲击，在弗格森爵士的麾下，我们一直以来都是这么做的。我印象很深的一场比赛，是在2012年的节礼日对阵纽卡斯尔，我们在老特拉福德球场陷入了苦战。现场刮起了狂风暴雨，雨一直下，配合着场上的形势，让人感到更加疯狂。这是一场典型的弗格森式比赛，我们一直在战斗，三度落后，三度扳平比分，我助攻范佩西把比分改写为3比3，我们还想取得更多进球。比赛时间已经所剩无几，费迪南德把球传给我。尽管我没有像吉格斯、斯科尔斯或鲁尼那样，经常在比赛的最后时刻上演绝杀，但是这一次，比赛的节奏好像一下子变得非常迟缓，我找准了机会。这就是一名优秀的球员必须具备的比赛嗅觉，我抬头看了一下，"小豌豆"正在跑动，我知道就是这一刻——我们赢球的机会来了。我们总是能得到这样的机会。我把球挑起，"小豌豆"在混乱中将球送入纽卡斯尔的球门。他跳进我的怀抱里，老大拥抱着费兰，向着球迷高高举起五只手指，所有人都在庆祝这场胜利，我们很清楚，我们已经把领先优势扩大到 7 分。

现在回看那场对阵纽卡斯尔的比赛，我把它当成是一场考验，看看自己变得有多成熟，是否有能力在比赛里为球队做出更多的贡献。2013 年 2 月 23 日，在洛夫图斯路球场，曼联球迷给我的赞美让我毕生难忘，他们在看台上高唱："这是卡里克，你懂的；很难相信他不是斯科尔斯。"我没有夸大，他们唱了足足有 25 分钟——这对我来说意义巨大。带头歌唱的是彼得·博伊尔，他是"红魔"死忠球迷——在我的球员生涯里，对阵女王公园巡游者的这场比赛是一个重要的时刻。我们掌控全场，比赛临近结束，整个客队看台依然在为我歌唱。洛夫图斯路球场是一个小球场，他们的歌声格外响亮，也给了我更多的能量与信心。在此之前，我从来没有在球迷身上收获过这么多的歌声。所以说，这种感觉太美妙了！我一般不会在比赛进行期间与球迷互动。只有在比赛结束之后，我才向他们致谢，我经常这么做。不过那一天在洛夫图斯路球场，我更多是以个人的身份向这些可爱的球迷致谢。我通常不会上网搜索关于自己的报道，但是在那个晚上，我登录到不同的社交媒体平台，看到很多关于球迷歌唱的视频。即使是在比赛结束之后，在后楼梯，甚至是在街道上，球迷们都在唱着关于我的助威歌。

球迷们把歌声从洛夫图斯路球场带到老特拉福德球场的西看台。直至现在，有些人遇到我的时候还会说："我当时就在女王公园巡游者的主场，所有人都在为你歌唱！"我向他们致谢，因为这对我来说意义巨大，至今依然如此。在洛夫图斯路球场的歌声出现之前，我一直觉得，与球迷相比，我身边的球员更懂得欣赏自己。虽然这种状况不会让我感到困惑，但这的确很特别。事实上，随队前往客场的球迷能为我歌唱，这让我感觉就更特别了，4000 名随队前往客场的球迷在歌唱我的名字，这是我能收获到的最好的赞美。我听到过他们在歌颂坎通纳、巴特、韦斯·布朗、斯科尔斯和乔治·贝斯特。奥谢的助威歌也是经典之作。因此在听到自己的名字出现在球迷的歌声中，那种感觉妙不可言。来到客场的曼联球迷们，感觉自己就是在保卫球队，他们一开始会唱老歌，用这种形式来展现球队的光辉历史——了解我们所取得的成就，了解谁曾经为我们效力过。他们要摆出一种反客为主的姿态："我们在这里，在你们的主场，我们的歌声比你们更加响亮。"我知道，他们花了很多时间和金钱来到这里，这都是实打实的付出。我还注意到，这些来到客场的球迷在一整场比赛里都是站着看球，他们的热情无人能比，和其他球迷有着鲜明的对比。有些球迷只想在球场里度过一个惬意的下午，所以他们和那些客队球迷不同，既不需要站着看完 90 分钟的比赛，也不需要营造出喧嚣的比赛氛围。到客场支持我们的曼联球迷，是世界上最好的球迷，他们都是真"红魔"。有时候，我们会忘记是曼联支撑着这些球迷的生命，虽然这听起来很疯狂，但这也是足球运动的魅力所在。曼联是数百万人心中的信仰。我发现如果自己步入球场之后不是争取胜利的话，这种感觉非常恐怖，因为我代表的是这些球迷的生命。我知道对于一些球迷来说，曼联就是他们的一切。

随着那个赛季的推进，关于弗格森爵士要退休的议论愈演愈烈，不过他们每年都会说同样的话，所以我也没有太在意。不过当大卫·吉尔在 2 月宣布自己将在 6 月离开俱乐部的时候，我开始猜测，弗格森爵士可能真的要退休了。吉尔与老大合作了十年，他们的关系相当密切，我一直觉得他们就是这家俱乐部的左臂右膀。他们有着共同的理念，为俱乐部带来稳定和长远的发展。如果在客场比赛结束之后，你看到吉尔走上球队大巴，那么你肯定会听到老大和他在我们身后议论那场比赛的裁判："大卫，我们要对这些裁判采取一些行动。"当时吉尔是英足总的管理会成员，负责裁判事务。他在处理老大投诉裁判的问题上很有一套。吉尔就坐在那里，耐心听着老大发完牢骚之后，他说："好吧，亚历克斯，够了。"就是这么简单，他已经知道老大想表达的诉求，是时候结束这个话题了。他们之间彼此尊重。我看着吉尔和弗格森爵士，或许真的只有他能够让老大平静下来。吉尔处事不惊，获得了所有人的尊重。无论比赛结果如何，他在赛后一定会准时来到更衣室，和这里的工作人员聊聊家常，他就是这么平易近人。即使现在，吉尔偶尔也会来到更衣室和我们聊天："最近怎么样？"我一直都觉得他是一个健谈的人。他会开玩笑，和每个人握手，然后聊一下和比赛相关的话题。他总是彬彬有礼。我回到更衣室，脱下球鞋，抬头一望，他总会风度翩翩地站在我们面前。虽然吉尔是一个大人物，但深受人们的喜爱。事无大小，他都亲力亲为，在举手投足之间展现出自己的非凡魅力。最重要的是他像死忠球迷那样，对曼联充满着激情。

在吉尔宣布将离任之后，我还是不愿相信老大的退休计划。现在回想起来，我更能理解老大在3月的欧冠赛场被皇家马德里淘汰后的情绪反应。我的意思是，纳尼在老特拉福德球场上被罚下，彻底摧毁了我们的晋级机会。我们1比0领先着对手，次回合比赛也正在平稳地进行，纳尼与阿韦洛亚相撞，他抬脚了。纳尼没有看到阿韦洛亚，除了主裁判居内伊特·恰克尔，相信所有人都认为这纯粹是意外的接触。恰克尔居然掏出一张红牌，这真是难以置信。好吧，如果真的要吹罚，黄牌足够了，但是，伙计！确定是红牌吗？这张红牌"杀死了"我们。我们感到特别憋屈，这场败仗给老大也带来了沉重的打击。欧冠冠军是他最想赢得的一项荣誉，他在边线上暴跳如雷。通常输掉这样一场比赛之后，更衣室里会是一片寂静，但是老大对这个判罚还是不依不饶，他很生气，甚至缺席了赛后新闻发布会。弗格森爵士一定知道，自己在欧冠赛场上的最后一舞结束了。

我通常不会太关心裁判的表现，他们会做好自己的工作。但不得不说，皮埃路易吉·科里纳真的是一名现象级的裁判，他在足球场上有着巨大的影响力。我还记得他在2000年欧洲杯执法捷克对阵荷兰的比赛，与托马斯·雷普卡的那个对视画面。科里纳的脖子上青筋尽露,对着雷普卡怒目而视。他在球场上有着不怒自威的高大形象。顺带一提,我和同样来自英格兰东北部的马克·克拉滕伯格有着不错的交情。我还在纽卡斯尔地区踢球的时候,他就在当地一项杯赛的决赛里执法过我的比赛。他很年轻,只比我大6岁。他是一名好裁判,曾遇到过挫折,后来又重新振作起来。他善于和球员交流。我不能忍受的是,当我尝试与裁判进行交谈的时候,他却摆出不屑一顾的姿态,傲慢无礼。

一般来说,我只会在比赛里出现某些状况,才主动和裁判进行交流。比方,如果是对方触碰到球出界,却给了球门球,我会慢慢跑向裁判,走上前冷静地说:"噢,顺便说一句,你怎么没看到呢?"但有些裁判就是不接受球员的意见。当然,他们还是会做出一些回应:"没有这样的事,走开,不要挡在我面前。""我只是想知道为什么你没有看见……""不!走开!"他们只想让你马上走开,不想和你交流,这一点令我感到厌烦。我不是说裁判必须对他的每次判罚进行解释,但是适当的沟通终究有好处。我只想尝试理解他们做出这次判罚背后的依据。有些裁判会跟你谈谈,但也有些裁判根本不理睬你。回到老特拉福德的那场欧冠比赛,恰克尔就是对我们的投诉毫不在意——纳尼被罚下了,我们也被淘汰了。

我们还有机会争夺英超冠军。在英超赛场上,我们得到了安慰。在那段时间里,我踢出了职业生涯的最佳表现,这让我感到自豪。4月19日,我入选了职业球员协会的年度最佳球员候选名单。这个奖项是由职业球员进行投票选出的,其他候选人包括范佩西、苏亚雷斯、阿扎尔、马塔和最终的获奖者贝尔。能够进入这份名单并不容易,获选为曼联队内的年度最佳球员则是我感到最自豪的时刻之一。与身边的队友们奋战了一整个赛季,然后由他们做出选择并最终授予我这项巨大的荣誉,这真的太棒了,我真的非常开心!得到队友们的信任和尊重意味得到了一切。你无法欺骗自己的队友,他们能看到你的一切。

第十三章 一个时代的终结

但是我最关心的还是球队能否取得胜利。范佩西在4月对阵维拉时上演了帽子戏法，帮助我们提前夺冠，这是我的第五个英超冠军。即使到现在，我还会想起范佩西在那天的第二个进球，一记不可思议的凌空抽射，令我叹为观止。那就是一个完美的进球——鲁尼的传球恰到好处，范佩西用脚趾触球，拉出一道完美的弧线。一切都很如此特别——精准的传球、精湛的射术、清脆的入网声，这就是一记世界波！门将古赞对此无能为力。范佩西就是有这样的魔力，尽管他为效力曼联的时间并不长，但他依然是这家俱乐部历史上的顶级球员之一。

6天后，当我们做客去到酋长球场时，范佩西遭到了阿森纳球迷的辱骂，不过他没有受到干扰，我们也不在乎。我们的身体并没有处于最佳状态，我的体能有些问题，毕竟我们在周一晚上才刚踢完与维拉的比赛。在那场比赛结束之后我们一直留在市区里庆祝夺冠，三天后才恢复正常训练。我有一种奇怪的预感，我意识到这次的庆祝将意味着一个时代的终结。尽管在那个时候，我们还不知道老大的计划，但是我隐约感觉到一丝告别的意味，一些本能的反应让我只想沉浸在这个欢乐时刻，并尽可能地享受这段美妙经历。斯科尔斯为自己的职业生涯画上了完美的句号，这也增添了不少告别的气氛。我们在夺冠之后喝了不少酒，我看着身边的曼联队友，我知道，天下没有不散的筵席。

2013年5月7日，我们在奥尔特林厄姆附近的邓纳姆森林举办了高尔夫球日，我尝试让自己忘掉那些不安的感觉。我们采取莱德杯的比赛模式，球员对俱乐部的工作人员，12对12，早上打18个洞，下午再打9个洞，整个比赛在曼联电视台全程播放。我注意到弗格森爵士没有出场，这种情况也不算罕见。他还有很多事情要去处理，所以我还是会好好地享受这一天，比赛一直持续到晚上7点。当我们走回高尔夫球俱乐部的会所时，关于老大退休的消息占据了所有的媒体头条。我真的不敢相信，或者说是不愿意相信这是真的。有些队友开始四处打听，想知道这个消息是否属实。我们都不清楚详细情况。在我开车回家的时候，一直希望这个消息是捏造的。肯定是这样，他不会离开，不是吗？我打开电视机，立刻出现一个醒目的标题——"重大新闻"和"知情人士透露弗格森爵士将退休"。球队内幕被披露了，这令人感到失望，但更重要的是，这则新闻的内容令人感到沮丧。弗格森爵士对我们来说意义重大。他事前没有给出任何的暗示。我绞尽脑汁想自己有没有错过些什么，但是我毫无头绪。老大看上去身体状态不错，很健康，对胜利依旧充满着饥饿感。他对于球队在欧冠被淘汰的怒火似乎证明了他很想再次赢得欧冠冠军。我真的无法理解为什么会出现这种状况。

第二天一大早，我就到卡灵顿，很多球员都已经聚集在那里看报纸。所有报纸都报道称，弗格森爵士要退休。"要退休了""要退休了"，这个词反复在我脑海里肆虐。这一定是真的。老大也来了，但是我们没有见到他，直到早上9点45分，我们到更衣室里开会。

老大走进来，很奇怪，在如此重要的时刻里，你往往都会记住一些琐碎的事情，比如老大当天的衣着。弗格森爵士穿着一套休闲服：圆领衬衫、斜纹棉布裤、平底鞋和一双新袜子。这样的打扮就像他马上就要去度假一样。我在想，老大，你从哪搞来了这双袜子？看上去新的发亮。这些事听起来是无关紧要，但是我知道这个会议有多重要，所以我会特别留意当中的每一个细节。老大开始讲话，情绪也变得激动起来。

"听着，孩子们，其实我不希望事情会变成这样。我本想让你们最先知道。这件事的提前曝光让我感到失望。我真的想最先告诉你们，但是现在我不得不告诉你们，因为这个消息在昨晚就被披露了。有人泄密了。"他对此感到很愤怒。没有太多人事先知道这个消息。弗格森爵士继续说："听着，孩子们，这不是我随意做出的决定。"他提到凯茜夫人的妹妹去世的事情。"我觉得我亏欠自己的妻子很多，我要好好陪伴和照顾她。这段经历很不可思议，我感谢这里的所有人和事，我爱这里的每一分钟。我真的不想离开，但我必须要做出这个决定。"你能看到他需要很大的勇气做这件事，他最后说："就是这样了，孩子们。"

　　坐在那里的感觉很怪异，这些话将改变我的生活。这是足球历史上的重要时刻。所有人都是哑口无言，大家都感到非常震惊。大家都不想说话。球员都闭上了嘴巴，更衣室里只听到弗格森爵士的声音。这个男人的讲话像烟花那样点燃你的想象力，但在这一刻，他却难以说出告别的话语。弗格森爵士是一个伟大的人，但是这一天终究会到来，他要离开自己所爱的俱乐部和那些他看作是儿子的球员了。他最后说："听着，孩子们，我会继续支持你们，是你们最大的支持者。我会尽可能多地回来看比赛，但是我永远也不会再走进更衣室或者是在球员通道里徘徊了，这对新的主教练而言是不公平的。"他停顿了一下，继续说："你们当中的一些球员和我认识了很长的时间，有一些球员和我认识的时间还不长。感谢你们所做的一切。"讲话结束之后，弗格森爵士走出房间，一个曼联的最伟大时代也宣告正式落幕。

　　我们就像一尊尊石像坐在那里一动不动，尽管这种状态只维持大概五六十秒的时间，但是我们感觉就像度过了好几年。我们一言不发，现场就像在进行着1分钟的默哀仪式。我们在哀悼，像是某人刚把一位亲人的死讯告诉我们。我们呆若木鸡。首先反应过来的是吉格斯，他就坐在我的身旁。吉格斯站了起来，走向脚踏车训练器，做起赛前的热身运动。吉格斯是队内效力曼联时间最长的球员，他是曼联的传奇球星，总会把曼联以及球队的利益放在第一位，他是我们的领袖。吉格斯还是保持着沉默，他走在最前面，我们都慢慢地跟在他的身后，但是我们整个人还是在行尸走肉的状态当中。世界发生改变，生活仍要继续，即使在球队训练的时候，压抑的气氛依然笼罩在每一名球员的身上。我们十分尊敬弗格森爵士，这个消息对我们的打击真的太大了，我们甚至无法用言语来表达自己的感受。我的脑海里，正在回想起与老大相处的一幕幕美好时光——那些伟大的时刻以及与老大分享的冠军荣誉。

　　我当然知道他决定退休的原因，但我还是担心由此引发的连锁反应。我能看到他对曼联所带来的巨大影响力，他在俱乐部发布官方声明之前先把这个消息告诉了我们。早上10点，俱乐部在证券交易所开市的时候正式对外发布了这则消息。当时我一边踩着脚踏车，一边想：这个消息所带来的影响是巨大的。斯科尔斯圆满退役了，这对球队来说也是一个巨大的损失。现在，那个带领球队走向辉煌、把我带到曼联、让我有机会夺得5次英超冠军和1次欧冠冠军的人也要走了。无论在训练场上，还是在健身房里，我都显得无精打采。我们在周日将对阵斯旺西，但是球队的士气十分低落。赛前训练结束之后，我们都去了切斯特赛马场。老大有一匹马在那里参赛，但是他本人没有现身，他在卡灵顿向那里的工作人员最后告别。在切斯特赛马场，我们走到哪里，镜头就跟到哪里。为了能够进入赛马场，有些记者还特意升级了装备和买了新的西装。

　　接下来，我们要备战对阵斯旺西的比赛，这是弗格森爵士在老特拉福德的告别战。现场的气氛很诡异，一方面，我们期待着在这场比赛里确保拿下英超冠军；另一方面，这也是一场令人伤感的告别战。比赛前夜，我们按照惯例入住洛瑞酒店。我们在训练基地集合，坐上球队大巴，电视上正直播着维冈竞技与曼城的足总杯决赛。如果开车的话，车上电视的信号接收会变得很差，所以我们关上车门，坐在座位上，看了最后十多分钟的比赛。本·沃特森在最后时刻为维冈竞技取得进球，车里面一下子就炸了，我们上蹿下跳，拍着车窗，就像疯子一样！因为曼城丢掉了一座冠军奖杯！这是最后时刻的进球，我们一起见证了这个进球，然后疯狂庆祝。大约50名曼联球迷就站在外面，看着我们，他们可能会想，大巴里发生了什么事情？

　　第二天，我们在更衣室里准备着对阵斯旺西的比赛，但我们的注意力都被沃特福德对阵莱斯特城的英超升级附加赛吸引过去了。我们一边看比赛，一边在大喊大叫。阿穆尼亚扑出科诺凯特为莱斯特城主罚的点球，一下子引爆了整个更衣室，但是我们很快又屏息静气，因为沃特福德在发动反击，大伙在喊着："顶住，顶住。"然后是迪尼进球了，我们的情绪一下子都失控了。这个场面有些怪异，毕竟这场附加赛的结果和我们没有太大关系。冷静下来之后，我在等着老大公布首发阵容。我在祈祷着，希望老大再给我一次与斯科尔斯搭档的机会。这听起来很可怜，是吧？最后，他真的让我们俩一起首发出场，我感到无比开心！

老大的球队谈话和往常一样，真的，没有任何分别，他传达的信息就是一切照常进行。正如预期那样，老特拉福德的气氛非常热烈。能够见证这个历史时刻，让球场里的每一个人都感到无比的荣幸。70000名球迷挥舞着手上的红旗，现场播报员播放了两首弗格森爵士最喜欢的歌曲，一首是法兰克·辛纳的《My Way》，还有一首是耐京高的《Unforgettable》。完美的选择！我们列队欢迎弗格森爵士入场，球场主持人阿兰·基冈读出致敬词："这个男人让不可能完成的梦想成了可能。"短短一句话恰如其分地总结了老大的教练生涯。在他刚刚接手球队的时候，没有人能够预测到他今天所取得的成就。我抬头一看，记分牌上面出现了两个数字——26和38。我们都知道这是什么意思：26个年头，38个冠军。让老大在自己的最后一个主场比赛里再次捧起联赛冠军奖杯，这是最好的安排，也是老大的第13座英超冠军奖杯。

比赛的大部分时间里，我就是把球传给斯科尔斯，直到他被换下。或许我们为老大送上的最大一份告别礼物，就是在光明球场遭受重创之后又重新站了起来，兑现了他的要求——永远不要忘记那种挫败感。

我们没有让老大失望。赛后，弗格森爵士接过麦克风，发表了他那史诗般的告别演讲。我觉得他从来不需要在演讲前打草稿，即便是随口一说，他也能带动起观众们的情绪。从我来到曼联开始，我就感受到了他的语言魅力，在大伙儿吃晚饭的时候，他总是忍不住说几句。我一直很尊重老大爱演讲的习惯，他就是有这样的人格魅力。即使是在联合国儿童基金会的晚宴上，他也会发表演讲，谈一下慈善、儿童以及捐款的重要性。没有主题，他就是想说上几句。弗格森爵士给我带来巨大的启发，他不只是一名足球教练，还是一个伟大的人，一位领袖。他站起来，用自己的演讲拨动着每一个人的心弦。人们跟随他，把他的每句话放在心里面。真的很奇妙！我们喜欢他对我们说的每句话，我们会为此而赴汤蹈火。他创造出一种文化，让每名球员都愿意取悦他，不想让他失望。现在要做到这一点是非常困难的，因为球队里有一大堆世界级球星，他们都极具个性。这种关系足以显示出我们对老大有多么尊重。

在老特拉福德告别演讲的尾声，我们更能感受到弗格森爵士对球员和对曼联的爱。正如他对球迷所说的："你们一直支持我，现在是时候把这份支持传递给下一位主教练。"那一天，我眼中的老大并没有显得很感性，他反倒是有一种心满意足、功成身退的感觉。老大在登上又一个高峰选择退休，他觉得这就是最好的时机。他所取得的成就远超自己最初设定的目标，他当初就是要把利物浦从王座上拉下来。他做到了，他的冠军数量超越了利物浦的 19 个冠。他急流勇退。对我来说，特别是路易丝和杰西都长大了，他们都已经长大了，有能力来到现场去见证这个历史性时刻，他们也能了解这里发生的一切。能够在这个赛季的夺冠历程当中做出过巨大贡献，这也让我感到荣幸，我为老大奉献出最好的自己。

那个赛季的最后一场联赛是客战西布朗，弗格森爵士在赛前把我叫到他的办公室："感谢你所做的一切。"我们聊了教练工作和俱乐部的管理事务，然后他问道："你想做些什么吗？"

"我不介意去当教练。"

"当你做这份工作的时候，你要让自己退后一步。留意身边的人，不要让自己困在球员和教练的这两个身份的中间地带，这会让你一事无成。"

他又给我提供了一些宝贵的建议。这不是一次动情的告别，没有眼泪或是深情的拥抱，但是我们都很清楚，我们之间的合作关系对彼此都有着巨大的意义。一切都源自尊重，我们彼此尊重，无需用言语表达。我们完成了一次很英式的握手，然后我准备转身离开。"感谢你所做的一切，祝你未来好运，"弗格森爵士说，"保持联系。"

　　在山楂球场，老大将完成自己教练生涯的最后一场比赛。比赛前夜，我们在伯明翰的凯悦酒店组织了一场特别的晚宴，这是老大极力推荐的餐厅。我和费迪南德认识一个手表收藏家——汤姆·博尔特，他为我们找到了一块1941年的手表，那是弗格森爵士出生的年份，我们把它送给了老大。我们球员还特意做了一本回顾老大执教生涯的相册，在晚宴上送给老大作为告别礼物。费迪南德在现场主持，这是老大第一次没有做演讲。我第一次见到他有些不知所措，他不知道该做什么或说些什么。老大给人的感觉总是无所不能，但就在这个短暂的瞬间，我们能够看到来自老大的感性一面。这块手表和这本相册让他深受感动。虽然这些不是贵重的礼物，但是这些礼物所代表的敬重之情打动了弗格森爵士。我们深受他的大恩，要向他说声谢谢。老大也感谢我们，只不过他在那一刻已经说不出话来了。

　　在西布朗，那是一场疯狂的告别战。弗格森爵士任命我当队长，能在老大教练生涯的最后一场比赛带领球队入场，这让我受宠若惊，我至今仍保留着那场比赛的队长袖标。

　　老大的最后一次球队讲话，还是要求我们努力工作。在结束曼联的执教生涯时，老大依然保持着良好的身体状态。虽然他已经是71岁了，但在对阵西布朗的最后一战，他的威严还是能让那些二三十岁的球员感到敬畏。他从来不会失去那种不可思议的魅力，他总是能点燃你的激情，促使你为球队倾尽所有，不断加倍努力。如果能在老大的最后一场比赛里以5比4的比分赢得胜利，感觉应该更棒，不过5比5的比分在某种程度上也可以接受。这是一个疯狂的比分，也正好印证了来自弗格森爵士的那句名言——"足球，血腥的地狱"。

我们开车从 M6 高速公路回到卡灵顿，埃文斯、我、吉格斯和斯特拉德维克坐在一起。那是周日的晚上，还不到 7 点，突然有人说了一句："你们想出去喝一杯吗？"

我回答："必须的。"然后我对着斯科尔斯喊道："来吧，斯科尔斯，你要去吗？"

"好，去吧。"斯科尔斯说。

"好呀，我也去。"费迪南德说。斯特拉德维克、厨师迈克、费兰、分析师西蒙·威尔斯也加入进来。有人建议去沃斯利的巴顿·阿姆斯（Barton Arms）酒吧，我们把车留在卡灵顿，坐上了吉格斯的车，因为他就住在沃斯利。车上的人太多了，我都快要被压扁了，幸好去巴顿·阿姆斯酒吧的路并不长。我们在那里喝了一些啤酒，然后去了市中心，我整晚都和斯科尔斯在一起，大家都喝了一些酒，我们一起回忆过去的这个赛季和他那段辉煌的职业生涯。斯科尔斯要退役了，老大要退休了，那也是费兰在俱乐部的最后一天，那个夜晚感觉就像是最后的晚餐，外加上几瓶啤酒。

我们没有给斯科尔斯准备任何的告别礼物，他不喜欢这些。第二天，我们开始了夺冠游行，因为我们在两周前就提前夺冠，所以有足够的时间筹办这次活动。我们在老特拉福德集合，登上了巡游大巴，我们的家人都来到现场看着我们出发。

我们的巡游大巴走了两个小时，一直向着市中心缓慢前进，从老特拉福德出发，走到了丁斯盖特。当我们到丁斯盖特的时候，我失声了，因为我一直在大巴顶层高声唱歌，这是我生命中最美妙的经历之一。参与庆祝的人实在是太多了。我把摄像机和手机绑在自己的脖子上，这样我能够更好地捕捉到这些美好的瞬间。到了丁斯盖特，那里的场面让我感到震惊。丁斯盖特有一栋建筑物，大概有五六层那么高，前面有一个棚架，建筑工人原本用了一层布来围蔽着这个棚架，但是有人把布拉了下来，每一层棚架上都有人在向我们欢呼，我拍下了这个画面。天知道会不会有人掉下来。我看到他们用一只手抓住棚架，然后用另一只手向我们招手。他们太疯狂了，同时也让人感到格外兴奋。这再次提醒了我，曼联对人们的生活有多大的影响。车子拐弯到了艾伯特广场，我永远也不会忘记那里的盛况。那些年轻的音乐人正在舞台上演奏，他们把音量调得很大，他们肯定是等了很长一段时间。巡游大巴上的人都不敢相信眼前的一切。这一次夺冠巡游也弥补了我们在莫斯科夺得欧冠冠军之后没能在曼彻斯特进行庆祝的遗憾。

我们站在舞台上，整个现场开始躁动起来。我们不想离开，但是现场工作人员劝我们最好离开，因为舞台差点就塌了。最后，一些球员离开了，留下一些工作人员在市政厅向现场的球迷告别。我们当中的一些人不想就这样结束，我们去了罗索，那是费迪南德的地盘，继续开着派对。当我豁出去的时候，我就尽情玩乐，不会太早离开。要么不参加，要么全情投入，尽情享受当下——这是在下一个赛季力争夺冠之前的最后放纵。

第十四章　大卫·莫耶斯

我们必须继承弗格森爵士留下的遗产，我们亏欠他太多，因此我们要在大卫·莫耶斯的麾下继续取得成功。尽管弗格森爵士不再担任我们的主教练，但是我仍希望让他为我们而感到自豪。我确实是已经拼尽全力要为球队带来成功，我知道自己肩负更大的责任感。莫耶斯是曼联的新一任主教练，值得我们的尊重，但与他一起工作也是出于对弗格森爵士的尊重。我看到过其他俱乐部是怎样换帅的，这个过程总会引起争议。我们是曼联，我们处事端正，态度真诚。我们热情欢迎莫耶斯，同时为他付出一切。

我和莫耶斯相处得不错，彼此尊重，我们之间也从来没有过争吵。他充满着活力，有着很多想法，他希望能帮助我们取得进步。我记得他在第一次球队会议上，对我们说："我相信自己能令你们变得更强。我知道你们在上赛季夺得了英超冠军，我当然看了你们的比赛。我能让你们有更多的跑动。"对莫耶斯来说，他在寻找一些突破口，比如我们有什么地方需要改进，我们的弱点在哪里，这样他才能带领我们上升到更高的一个层次。我只是觉得他没有采用正确的方法。我们上赛季以11分的优势赢得英超冠军，比其他英超球队多打进至少11个进球，我们在很多的比赛都能取得大胜，经常会出现3比0或4比0的比分。尽管我们的跑动数据或许不太漂亮，但是我们多次上演逆转好戏，凭借着这些反败为胜的场次拿到29个积分，所以我们的状态和斗志依然是很出色的。

在弗格森爵士的执教下，我们在比赛末段的进球能力很强，这体现了我们在生理状态和心理状态上的韧性。莫耶斯是对的，我们在球场上的"覆盖面积"没有进入英超联赛的前列。但是看看近年来的比赛，那些来到老特拉福德的球队，他们的跑动比我们多得多，不过我们最终经常都能以2比0、3比0或4比0的比分胜出。在弗格森爵士的执教下，我们的比赛效率非常突出。

莫耶斯要融入卡灵顿的氛围也不容易，那里有很多不成文的规定，多年来都是按照着这些惯例在运作，言行、处事方式和对比赛的期待，这些弗格森时代的烙印不会在一朝一夕中消退。我们还要花时间适应卡灵顿的新面孔。我们失去了费兰、斯蒂尔和穆伦斯丁；来了史蒂夫·路德、克里斯·伍兹、吉米·伦斯登和菲尔·内维尔。我们失去了一些好朋友和他们的经验。莫耶斯任命吉格斯担任助理教练兼球员，但是感觉上吉格斯更像球员。他还是会在我身边换球衣，在他正式退役之前，他从来没有真正把自己的角色转换为全职教练。我很惊讶莫耶斯会让费兰离开，即使他不需要费兰告诉他该怎样在曼联开展工作，但是费兰可以为他提供指引，让他少走弯路。我尊重莫耶斯，他是值得我钦佩的足球教练，我只是觉得，如果有这样一位熟悉曼联的教练能在背后为他出谋划策，这对他应该百利而无一害。担任曼联的主教练，这是一份令人生畏的工作，你要把一切都做到极致，才能留在这个最顶级的舞台之上。

在莫耶斯的指导下，训练的效果很好，强度很大。他总是亲力亲为，对于工作的投入，还有他的活力和激情，值得赞赏。这和弗格森爵士时代形成鲜明对比，老大从来不会亲自指挥训练，他只会站在场边，评估我们的状态。莫耶斯的赛前准备做得更细致，我们花更多的时间进行定位球训练，他更重视研究对手的细节。我们以前很少做这种针对性训练，一般只在大战前才这么做。

莫耶斯知道他身边都是很有个性和经验丰富的球员，这些球员已经取得过巨大的成功，他一直在说："你比我更懂得如何取得成功。"他渴望着取悦我们。莫耶斯想得到我们的认同、信任和尊重。要在球员过去的成功经历和在他们身上留下自己新的执教印记之间取得平衡是非常艰难的。它们之间总会存在着冲突。感觉就像我们在过去和现实之间苦苦追寻，希望在两者之间建立起正确的纽带让我们能够继续前进。突然之间，所有人都在谈论新援和离队的人选，这种环境让我们很不适应。随着转会窗临近结束，对于球队要引援的呼声变得更大。这是一个大问题，这带来了不确定性。

这是一个可怕的赛季，但是我从来不会把球队出现的问题全都归咎于莫耶斯。队里的其他球员和我都必须承担起责任，这是曼联在一段很长很长的时间里，表现最差的一个赛季。我们本该有更好的表现。如果我们过往一直是每隔几年就换帅，像其他俱乐部那样，那么这场风波也许不会闹得这么大。但是我们自然而然地就回想起过往的那些好日子。当我踢得没有那么好的时候，我会想在那些顺境当中，我是怎样做的？我是怎样想的？我需要怎样做才能再次找回自己的最佳状态？我知道自己必须发挥更好的表现。

11月，我和俱乐部续约到2015年，新合约里还有延长一年的选项条款。在这件事上，我没有和莫耶斯有过任何重要的谈话。这是一个无须考虑的决定，我爱曼联，我不会为其他球队效力。我知道自己还能为球队做出重要的贡献，可惜在那个赛季，球队表现得相当糟糕。这也令人意识到要想在英超赛场名列前茅是多么艰巨的任务。我们曾经在这个位置上待了很长一段时间。我们需要努力奋斗，才能重新回到那个位置上，这是真正的战斗。如果莫耶斯接过的是一支苦苦挣扎的球队，那么他能有借口："好吧，这就是我在做的事情，因为你们之前使用的方法不成功。"他想改变一切，这个做法太愚蠢了，很显然，我们之前的那一套是非常成功的。

弗格森爵士离开之后，对于任何接手曼联的人来说，他们的工作都不轻松。不确定性就是一个大问题。不幸的是，我们当中没有人能应对好这个状况。莫耶斯陷入困境。弗格森爵士是一个冒险家，这是他的个性，没有太多人敢于冒险。无法逃避的事实是，与弗格森爵士相比，莫耶斯显然要谨小慎微得多。这是他长久以来取得成功的要素之一，在埃弗顿他已经证明自己有能力取得成功。

很多人会谈论那个赛季所发生的事情，不过事后诸葛谁都会。这就是生活，有起就有落。对我们所有人来说，不幸的是这一次我们坠入了深渊。我们遭遇到一系列糟糕的失利，批评浪潮如狂风暴雨，一下子摆在了我们面前。我还在坚信，到了某一个阶段，只要我们摁下按钮，就能实现反弹，然后一切都会好起来。但我们始终无法摆脱低迷的状态，堆积在主教练身上的压力也是残酷无情的。莫耶斯在埃弗顿过惯了舒适的生活。在那里，即使他陷入低迷期，他也能走出来，没有问题。他甚至不需要为此忧心忡忡。但是在曼联，这里的生存环境瞬息万变，只要输掉一两场比赛，他的压力就会大增。在埃弗顿，莫耶斯不会受到质疑，因为每个人都知道莫耶斯在那里取得了非常好的成绩，他证明了自己，为自己赢得了时间。但是在曼联，这里出现了新的状况，没有人知道答案，所有的质疑都会浮出水面。

我知道莫耶斯深受煎熬。3月的赛程很艰巨，我们在主场先后0比3输给了利物浦和曼城，我们的最大死敌在老特拉福德拿到一场3比0的大胜，对我来说，这是绝对不能接受的。不能让这种事情发生，但这已经成为现实。老特拉福德的内部气氛其实不算太差。我听到过一些抱怨，但是我们没有叛变，根本没有发生过这样的事情。

我们的球迷在这个时候展现出他们对于俱乐部的热爱和自豪感，他们仍在坚守立场："我们不会像其他俱乐部的球迷那样针对我们的主教练，我们做得比他们好。我们不会因为球队在过去二三十年里取得过巨大的成功，就随随便便喊着换帅，表现得像是被宠坏了的支持者。"然而在老特拉福德的外部，莫耶斯所感受到的压力与日俱增——这来自社交媒体、传统媒体和电视台。

我们仍在欧冠赛场上前进——这就像是一支火苗若隐若现的蜡烛，保留着我们仅有的一点希望。2014年2月25日，做客雅典对阵奥林匹亚科斯的前一个晚上，我梦到我们0比2输了。结果我们真的输球了。有时候，我的梦境会成为现实。几年前，我有一段时间里经常梦到自己在第二天的比赛里进球。这样的梦境有很多次都成为现实，当中包括对阵奥林匹亚科斯的比赛。

比赛结束之后，我接受了采访，我不介意在输球之后接受采访。如果你打进两个球，球队赢得胜利，一切都变得更轻松，球员们都会踊跃发言。我们刚刚在客场0比2不敌奥林匹亚科斯，这是欧冠的十六强淘汰赛。可以这么说，这不是接受采访的好时机。我真的没什么可说的，但是我必须接受这样的安排。罗伊·基恩在电视上批评我的这次采访只是敷衍了事，他也批评了球队的表现，这也没什么大不了。不过丽莎相当在意，她想球队输球之后，却要迈克尔站出来说点什么。她在为我辩护，于是在推特上回应基恩，这引发了轩然大波。丽莎感受到了社交媒体的影响力，人言可畏。我一直都很明白这一点，但这对丽莎来说是一种全新的感受。我坐在大巴上，丽莎在电话里对我哭诉："我很抱歉。我不敢相信自己做了这些事情，让你陷入困境。"丽莎担心这会影响我。但是我丝毫不为所动，我只想着比赛，这才是我的重心所在。可以这么说，丽莎的反应让我觉得很好笑。现在，我们都能对这些事情一笑置之了。我敢肯定，基恩对这些事情丝毫也不会在意。

感谢上帝，范佩西在老特拉福德拯救了我们，帮助我们晋级到欧冠的四分之一决赛，对手是拜仁慕尼黑。在老特拉福德与拜仁战平之后，4月9日我们做客慕尼黑，我们去了德国机场的慕尼黑空难纪念馆，放下一个由58支红玫瑰和23支白玫瑰组成的花圈，以此纪念在慕尼黑空难中失去宝贵生命的遇难者。我永远也不会忘记那个画面，大约有20名曼联球迷在那里高唱："我们永远不会死亡，我们永远不会死亡，曼联永远不会死亡……"我哽咽着说不出话。我还保存着当时用手机拍下的几张照片，这个场面的感觉很温馨，20名曼联球迷站在那里歌唱给我们带来的触动甚至比20000人站在那里来得更大。

在安联球场，拜仁表现得比我们强大得多。欧冠赛场曾经是我们的救命稻草，但现在这也成了压倒我们的最后一根稻草。之后，我们还输给了埃弗顿，这让莫耶斯感觉特别痛苦。第二天下午，也是我们复活节假期的周一，突然之间，所有媒体都在报道莫耶斯要下课了。很多人都在讨论着这个消息，我猜这肯定是真的。我不会说，这让我感到很震惊，真的不会。我倒是希望自己会感到震惊，但在过去几个月积累下来的糟糕表现之后，解雇莫耶斯似乎是不可避免的，这很不幸。

第二天，大卫·吉尔的继任者埃德·伍德沃德在早上8点就来到卡灵顿和莫耶斯见面，告诉他一切都结束了。在那之后，莫耶斯来到更衣室，我们正在那里准备进行训练，他告诉我们，他要离开了，然后和更衣室里的人逐一握手。他可能对大家感到失望。我同情他，我觉得自己也有责任，我本应该踢得更好。是我的训练效果不好，还是在比赛中踢得懒散，所以让莫耶斯感到失望？但是我已经尽力了。我知道自己有犯错，我也会因此而自责。为什么我没能完成那一次铲球？为什么我没能完成那一次传球？我在做什么？我让自己的防守对象跑掉了。

每个人都对莫耶斯没有在曼联取得成功而感到失望。我不认为我们的更衣室产生分裂，更没有人背叛他。我们都很职业，对曼联保持着绝对的忠诚。我们取得过很多的成就，我们都知道在那个赛季的表现不够好，甚至可以说很糟糕，我们的自尊心受到了伤害。我对莫耶斯的下课感到抱歉，他承受了太多，因为球队当时所处的生存环境实在太恶劣了。曼联是一头吸引着全球目光的野兽——对于成功有着极端的饥饿感，影响力巨大，同时也是无情的。当这些无情的压力都倾注在主教练的身上时，这份工作肯定会让他感到孤独无助。在我们举起冠军奖杯后还不到一年的时间，我们就要面对这样一个现实的问题：我们怎样才能扭转局势？我们知道每个人都需要做得更好。我扪心自问，希望找到答案。这是一段黑暗时期，我们还要多久才能挣脱出来？在那一刻，我们距离这个目标还很远很远。

第十五章　　路易斯·范加尔

我对路易斯·范加尔被任命为球队的新任主教练感到兴奋，他是名帅，有着辉煌的执教履历，没有太多教练能与之媲美。范加尔执教过豪门球队，他擅长发掘球员的潜力。他在阿贾克斯赢得过欧冠冠军，执教过巴萨，还在2010年带领拜仁淘汰了我们。我知道他很有个性。我之所以对范加尔的执教很感兴趣，因为我一直以来都很欣赏荷兰足球和他们的比赛风格。我和马丁·约尔，还有穆伦斯丁都有着很好的工作经历，他们的足球哲学很适合我。小时候，我跟随沃尔森德男孩俱乐部去荷兰打过比赛，我知道他们的足球文化跟英格兰有很大的差别，他们的踢法更讲究技术，更有条理而不是单靠直觉。英格兰的比赛风格更热血，有更多的身体对抗，崇尚激情。所以我很期待范加尔在这里会怎么做。

我们归队进行季前集训的时候，范加尔还在带领着荷兰队征战世界杯，所以他的助手阿尔贝特·斯特伊芬贝赫和鲍马塞尔·特，还有吉格斯，由他们三人来负责我们的季前集训。在范加尔的执教下，球队的运作和我之前看到的很不一样，一切都被打理得井井有条，严肃认真。荷兰人很注重细节，传球不能反弹，站好位置，每一次移动都在计划之内。很有想法，但缺少本能反应。每当看到有需要改正的地方，范加尔和他的助理教练就会要求我们停下来，然后指出问题所在。

我还记得范加尔坐在卡灵顿的办公室里，然后向我询问："你觉得自己能踢哪个位置？"我意识到他的心里其实已经有了答案，他已经想好我踢哪个位置，但是他至少会先问一下我的意见。范加尔与人交谈时显得咄咄逼人，他坐得很近，摆出强势的姿态。我决心要保持开放的态度，而他也决心彻底改变我的比赛方式。在弗格森爵士的执教下，作为中场球员，我经常前插，跑到两名中卫之间的区域或是在其中一名中卫的一侧拿球。但是范加尔来了之后，他要求我留在中场，站在中卫的身前，等待着队友把球传给我。

范加尔沉迷于在球场上创造出以多打少的局面，比如三打二、二打一，要做到这一点，就需要不停练习、练习、再练习。训练的方式发生了改变，我们减少了身体上的训练，更多的是技术上的训练、战术套路的练习和反复演练。范加尔的训练时间很长，几乎每天都会临时增加训练内容。他在训练的时候很严肃，不喜欢我们开玩笑或是打打闹闹。我承认他的这种魔鬼训练能让对手在比赛里很难从我们的脚下断球，但是同时，这种训练方式也导致我们在比赛中缺乏创造力，无法产生真正的威胁。弗格森爵士的训练方式讲求流畅，但是范加尔指导的训练总是断断续续。范加尔总是在对我们指指点点，这导致大伙儿很难与他相处。

"你为什么这样做？"在训练的时候，范加尔不停地质疑球员。我们只好停下来，听他的训话，然后重新开始训练。这样的训练方式让我在精神层面上受到打击，但是我必须承认，范加尔说的话很有道理。他的很多观点都很不错，令我大开眼界。我也很佩服他的才华。范加尔能让球员们更加清楚地了解到自己做出这个动作的原因，对于球场上的位置感也有更好的理解。这种训练方式能够让我们在细节方面做到极致，但是不足之处在于，球员们在比赛的时候缺乏自由度。

我们的阵容发生了不少改变，这让球队的稳定性受到伤害。我能理解球队必须有所改变，我们在范加尔的带领下需要继续前进。但是我们所失去的那些球员，他们的身上具备着为曼联效力的那股激情与责任感，这些正是球队所需要的。在那段时间里，为曼联出战更多是在完成自己的工作，而不再拥有激情。在范加尔的执教下，我们每一个比赛日的流程变得千篇一律，准备比赛的球队会议，比赛结束的一天后就是赛后总结。这些会议都很棒，有独到和清晰的总结，我从中学到很多东西，但是过分单调的生活使得球员们也失去了原本属于自己独有的东西，日复一日地消磨着他们的热情。甚至连范加尔也曾经说过，他的这种高强度训练和严苛的战术要求让球员们很难为他效力。这是真的，确实很难，高强度的工作抽干了球员们的活力。我们只是无法在范加尔的这种高强度训练和要吸收他的所有信息中找到平衡，我们不知道什么时候可以放松一下。

当发现错误的时候，范加尔表现得很直接。如果有人把球传丢了，他会说："这是不应该的。"他总是想要弄清楚球员们为什么错过一个好机会，他会问："为什么你不把球射向另一边？"在他的眼里，所有事情都是非黑即白的。我习惯了弗格森爵士要求前锋跑动或者传球的那一套。弗格森爵士希望前锋能够打破场上的僵局，破坏对手的阵形，让对手出现混乱，他经常会说："突破，突破。"然而范加尔是完全不同的风格，他很严谨，需要我们掌控局势，所以我们只能做出调整。毕竟，范加尔是主教练，如果这是他的要求，球员的工作就是尽自己的最大努力把事情做好。这没有对错之分。

我能清晰地看到，范加尔的执教给我们带来的收获，在比赛的某些环节上，我们确实有了明显的提高。尤其是在强强对话当中，范加尔用出色的技战术变化制服了对手，消除了对手的威胁。但是在主场面对实力相对较弱的球队时，范加尔还是用同一套战术，这让我们感到困惑。记得有一次，我在老特拉福德的看台上观看比赛，对手是谢菲尔德联，一支英甲球队，那是足总杯的第三轮比赛。范加尔改打三中卫体系，因为这正是谢菲尔德联所采用的阵形。我们凭借鲁尼在最后时刻罚中点球，才勉强绝杀对手，但是真正让我们感到失望的是，我们居然要根据对手采用的阵形来改变自己的战术体系。我丝毫没有不尊重谢菲尔德联的意思，我之所以这么说，我是希望球队可以打出属于自己的比赛，相信自己能够用这样的方式击败对手。在过去，一切都是取决于我们自身。但是在范加尔的指教下，这样的信念已经没有任何意义。

范加尔教给了我们另一种足球风格，尤其是在组织防守、压缩空间以及压迫对手的环节上。范加尔的要求非常细致，只要我们能够把这些事情都做好，对手确实很难击败我们。我们表现最为强势的一段时间应该是在2015年3月和4月。这段时间里，我们遭遇到热刺、利物浦和曼城，我们把他们都安排得明明白白。做客安菲尔德球场，罗杰斯在中场位置派上拉拉纳和库蒂尼奥。作为应对之策，范加尔要求我在球队掌握球权的状态下出现在中场位置；如果球权不在我们脚下，我就后撤到防线上，站在斯莫林和琼斯的中间，担任球队的第三中后卫。这样的话，我们在防线上就总会有人数上的优势，斯莫林或琼斯就能在他们的防守区域上抢，而我就会退得更深一点的位置，这样可以避免我不停地在球场两侧来回跑动。我要做的就是直线跑动，跑动的区域不需要横跨整个球场。在卡灵顿，我们在与"吉格斯队"的训练赛里也用过这种战术。

比赛日前一天，吉格斯组队和我们打一场11对11的练习赛，我们站好自己的位置。吉格斯队的球员们可以随意移动。我记得自己对斯莫林和琼斯说："嘿，我们要保护好整条防线。"范加尔笑着在我身边走过，他对我说："明天的比赛，我会让你踢得很舒服！"

"你的意思是？"

"我会让你踢得很舒服。看，斯莫林在这里，琼斯在那里。你不需要做好所有的事情。他们在你的身边。看清楚了。"范加尔把我的站位安排在他们俩人的中间，就是想制造多打少的局面，目的要让利物浦找不到他们习惯发动进攻的空间。最终，我觉得这是我们在安菲尔德表现得最好的一场比赛。范加尔所说的每一个细节都刻在我的脑海里，比如什么时候后撤，他的战术确实是奏效的。

这是范加尔在曼联的最高光时刻。马塔的梅开二度，包括打进那记惊为天人的剪刀脚凌空射门进球，帮助我们攻陷安菲尔德，赛后我们在更衣室里尽情狂欢。球员们四处拍照，这就是现在的氛围。在我刚来到曼联的时候，更衣室的氛围和现在完全不一样。你不可能在更衣室内拍照，更不可能拿着手机上推特或Instagram这些社交媒体。费迪南德应该是在更衣室里第一个拍照的人，不过他对于自己上传的内容也会小心谨慎处理。最近几年，社交媒体的发展非常迅猛。我不得不接受新的环境，但是这对我来说还是挺不适应的。我知道，这是一个不同的时代了，球员几乎会把自己的一举一动都分享到社交媒体之上。在那场双红会之后，有一件事情，现在回想起来还是让我感到羞耻。一名工作人员把所有球员都聚集在一起，拍了一张合照。我刚从洗手间里走出来，看到球员们聚集在一起拍照，我也加入进去。当时的这个行为违背了我的原则。这张照片被曝光了，传遍世界各地，引发了巨大的争议。事后我在反思，我到底在做什么？我把事情都搞砸了。当我看到其他球队发布更衣室里的庆祝照片时，我会对此持否定态度。

或许是我太保守。丽莎也告诉我，要与时俱进。在安菲尔德，原本我们只是需要稍稍庆祝一下，然后马上就投入到下一场比赛。不要误会我的意思，我们享受这场胜利，毕竟击败了利物浦，但是我们应该把这种情绪埋藏在心里。我们不需要把这一切向全世界展示。我知道这是在安菲尔德，但是一场胜利能给我们带来什么？当我们拿到冠军的时候才值得庆祝。在老大的执教下，我们经常用这样一句话共勉："做得好，伙计，做得漂亮。下周我们继续努力。"我带着自责的心情离开安菲尔德。我对于这样的行为很反感，但是我却置身其中。我立刻就意识到这样的行为到底有多差劲。

第二天，我们按照惯例要进行范加尔最喜欢的赛后总结会议。我得承认，赛后总结有存在的价值，但是不需要每场比赛结束后都要进行赛后总结。范加尔的助手阿尔贝特·斯特伊芬贝赫给我们放了比赛录像，还给我们提供了一些有用的信息，但是每打完一场比赛都让人筋疲力尽。鲁尼和我问范加尔："有没有方法可以缓解球员们的疲劳呢？"感谢范加尔，他做出了妥协，在那之后，赛后总结会议没有像以往开得那么频繁了。取而代之，他给我们所有人发电子邮件，至少我们不需要一次又一次地参加球队会议。范加尔会在电子邮件里加上一个已读回执的设定，这样他就知道哪些球员打开了他的电子邮件。如果发现有球员没有打开电子邮件，或许他就会采取别的沟通方式，比如和这名球员面对面进行交谈。有一些球员不想回看比赛，因为他们觉得，过度的分析会影响他们的比赛直觉。为了让这件事情做起来不那么琐碎，每隔三四场比赛，我才会把范加尔的电子邮件打包，一次性看完。

事实上，我觉得范加尔只是外刚内柔，我从来没有和他发生过任何争执。范加尔也有幽默的一面，像是那次他用夸张的摔倒来讽刺阿森纳球员的假摔。2014年的圣诞节派对上，范加尔的表现也很出彩。我们都带上自己的妻子出席晚宴。是谁引领大家在饭后进入狂欢派对的节奏呢？没错，就是范加尔。他在台上载歌载舞，还把所有人都拉上舞台。他在放飞自我。可以肯定的是，范加尔也有风趣的一面。不过到了比赛日，他又会像平常那样，坐在更衣室里严肃认真地研究对手，就像是一位教授，内心不会有任何的波澜。

这个时候的范加尔不会和你谈牺牲或感情的这些话题，他只会说："这就是你今天的工作，这就是比赛的计划……"他想摆脱情感因素，让我们把比赛看得更加透彻。我能理解这一点，但是情感因素也很重要，它能够点燃球场的气氛和球迷的热情。足球比赛包罗万象，包含着丰富的情感，这也是我们如此喜爱足球运动的原因所在。

　　那一年在范加尔的带领下，我们最终在联赛里获得第四名。尽管我们重返欧冠，但是我没有庆祝，这还不够好。下一个赛季，范加尔开始让我在比赛里踢一个小时，然后就换上施魏因斯泰格，或者是反向操作。赛前，我们都知道这是比赛计划的一部分。我本想和施魏因斯泰格一起比赛，因为我们的风格很搭，能够有很好的互传。他的足球头脑能够让比赛落入我们的节奏当中。2015年9月12日，我们3比1击败利物浦，施魏因斯泰格和我都在球场上，我们踢得很不错，我想我们可以成为很好的中场组合。不过之后我们在阿森纳的身上阴沟翻船，在那场失利过后，我们就再也没有得到过同时首发的机会。我想，或许是那个时间点对我们来说是错误的。如果能在早三四年的时间里与施魏因斯泰格搭档，我相信我们之间能够擦出美丽的火花。

　　在对阵利物浦和阿森纳的这两场大战中间，我们还在欧冠赛场上遭遇埃因霍温，卢克·肖在那场比赛里被莫雷诺铲断腿。现在回想起来，还是令我感到不安。在肖与我们签约的时候，我感到非常高兴，因为我在英格兰队里看过他的比赛，他的能力真的很全面。他真的是一名特别的球员。我们失去了埃弗拉，所以我想，如果肖愿意的话，接下来的10年到15年时间，曼联的左路都是属于他的。肖在2014年夏天来到曼联，他刚刚参加完世界杯，身体还没有恢复到最佳状态。

　　他在体重、状态和态度方面都出现了问题，不过他还年轻，我们都相信他能够学习并取得进步。肖最终从一开始的困境中走了出来，他重新回到了正确的轨道上，直到对阵埃因霍温的这场欧冠比赛。所以我为他感到伤心和难过。我坐在替补席上，看着队医们从场边拼命地向他冲过去时，我们知道他的伤情不容乐观。他真的很痛苦，可怜的孩子。足球有时候就是如此残忍。我在足球界摸爬滚打了多年，知道肖的这次受伤肯定很严重，像这样的重伤，需要一到两年的时间才能恢复过来，有些球员甚至就此一蹶不振。所以我们都祈祷着肖能早日归来。感谢上帝，他最终还是挺过来了。

我们有太多的伤兵，所以在各个位置上都出现了年轻球员的身影。他们进入一线队的时机算不上理想，他们要面对太多的困难。在圣诞节前后，我们的战绩很不理想。在12月，我们输给了伯恩茅斯、诺维奇和斯托克城，我听到人们在说："这是这么多年以来，我看到过的最差的一支曼联队。"2016年2月18日，在一座冰冷的丹麦球场上，我们跌到了谷底，我们在客场不敌中日德兰。欧冠小组赛被淘汰之后，我们不得不参加欧联杯，然而我们还是以1比2输给了一支在我们的三冠王赛季才成立的丹麦球队。我在赛后接受了电视采访，随即遭到批评。"迈克尔·卡里克应该闭上嘴巴，不要再接受那些看上去都是毫无意义的采访。"是的，这位球迷的观点是正确的。我们一次又一次地被痛击。我们真的很在意，我们真的很受伤，你应该在赛后来更衣室里看一下，我就静静地坐在角落里，眼神空洞地看着前方，感觉像是世界末日已经到来。这是我所经历过的最糟糕的感受之一，我花了几天的时间，才能摆脱这种负面情绪。失败是不可接受的，我在那里坐了有20分钟的时间，回想着比赛的情景，看看自己在哪些方面能做得更好。

我愧对球迷。我知道有大约800名球迷来到客场观战，每一张球票要花71英镑，结果他们只看到了如此拙劣的表现。他们要发泄自己心中的不满，这是可以理解的。我听到他们在唱一首改编自《索尔斯克亚之歌》的歌曲："噢，这是一个怎样的夜晚，一个寒冷的周四夜晚，我们踢得像一坨屎。这是怎样的一种感受，怎样的一个夜晚。"我不知道他们是怎样熬过整场比赛的。回到主场，我们做出了调整，拉什福德迎来了首秀。那真是技惊四座！那一年，拉什福德只和我们一起训练了几次，他并不经常来一线队训练。赛前一天进行11对11的练习赛时，拉什福德代表吉格斯的球队出战，那时候，我还不认为他已经做好了为一线队效力的准备。他展现出不错的天赋，但看上去还是显得太过稚嫩。不过在对阵中日德兰的主场比赛里，他抓住了机遇，帮助我们实现了逆转。从此他就扶摇直上，在自己的职业生涯里大踏步前进。

逆转中日德兰，仍不足以挽救我们的这个赛季。在之后的欧联杯比赛里，我们输给了利物浦。这个赛季仅存的夺冠希望就只剩下足总杯了。在四分之一决赛上，我们的对手是西汉姆。我还记得自己在更衣室里说过的话："听着，伙计们，我在这里已经10年了，却从未获得过足总杯的冠军。别想着自己往后还有很多争夺冠军的机会。眼下的这场比赛就是我们的机会。让我们紧紧地抓住它。"在重赛击败西汉姆之后，我感觉球队的势头正在慢慢提升，然后马夏尔在补时阶段的绝杀进球帮助我们在温布利淘汰埃弗顿，成功挺进决赛。我已经很久没有获得过这种特别的感觉。我不赞成把足总杯半决赛放在温布利大球场进行。我是保守派。足总杯赛事有着历史与传统的沉淀，为什么不把半决赛放在像维拉公园球场这些场地上进行？我记得2007年对阵沃特福德的足总杯比赛，现场的气氛就真的很接地气。温布利应该是一个终极目标，而不是争冠路途的其中一站。

无论如何，我们闯进了决赛。不过在主场对阵维拉的英超联赛开始前，我担心自己会错过足总杯决赛。

曼联的运动专家给球员们派发了束身衣，用于恢复身体状态。我在家里，刚洗完澡，开始穿上这套束身衣。这套束身衣非常紧，而且是连体的，所以很难把它穿上。我把束身衣先套在一条腿上，然后正准备套上另一条腿的时候，我的背部感到了一阵刺痛，我在想：天哪，我为什么会做这么荒谬的事情！我就像喜剧小品里的滑稽演员，站在原地不能动弹。我只能躺下来，幸好地面有一层防滑的软垫。大概过了差不多一分钟的时间，我才缓过气来。我立刻把安喊过来，她是我们的女管家。安从楼下冲了上来，看到我只穿着内裤，一条腿套着束身衣，一条腿光着，躺在地上。自从我们搬到曼彻斯特以后，安就是我们的管家了，我们把她当成家人。她把孩子们照顾得很好，也把家打理得井井有条。这一次，她还救了我。

"我的天！你都做了些什么？"她说。安帮我把那套束身衣脱掉。我知道自己得去卡灵顿接受队医的检查，于是，安帮我穿上衣服。我跟跟跄跄地走到楼下，上车之后，我才感觉到疼痛缓解了不少。不过在开车前往卡灵顿的途中，那种疼痛感又来了，我担心自己错过接下来的足总杯决赛。每个赛季，我都梦想着能够捧起足总杯的冠军奖杯。我已经等待了很长一段时间。我感觉自己的泪水都快涌出来了，我只好深呼吸，把泪水都憋回去。我开始不停给自己鼓劲："加油，振作起来。"队医检查之后表示我的情况只是背部肌肉出现痉挛和僵硬的情况。他给我开了药片，用来松弛背部的肌肉。幸好在接下来的几天，疼痛感确实有所缓解。我可以再次睡个好觉，梦想着赢下足总杯决赛。

两场比赛过后，我康复归队。不过坏消息接踵而至。2016年5月10日，我的情绪在这天遭受到严重的打击。在对阵西汉姆的比赛开始前，我们在金丝雀码头的雷迪森酒店安顿下来。用过午餐之后，球队解散，范加尔突然说："噢，我只是想和迈克尔谈一谈。"我们离开了房间，走到一个安静的角落里。

范加尔说："你不会出现在今晚的首发阵容里。"这个我可以接受。但之后他说的话让我心碎："接下来的两场比赛，也就是对阵伯恩茅斯的联赛和足总杯决赛，你都会上场，但这也是你的最后两场比赛了，迈克尔。"范加尔的说话方式果然很直接，从不拐弯抹角。"我们不准备把你留下。"实际上，我对此已经有了心理准备。因为盖斯已经和伍德沃德谈过续约的事情，但是伍德沃德一直拖延："赛季结束后再说吧，赛季结束后再说吧。"我也找他谈过："好吧，快告诉我，是续约还是不续约。我想知道俱乐部的决定，如果我们离开了，我要提前做好孩子们的上学安排。"伍德沃德依然没有正面回答,他越是拖延,就我越是觉得不对劲。直到范加尔亲口把这个消息告诉我,我还是觉得很心痛。"两周。"范加尔对我说,这是我在曼联剩余的时间,离开的日子已经迫在眉睫。

一方面,范加尔提前把这个决定通知我,这让我感到一丝安慰,至少我现在可以好好享受在曼联剩下的时光了。但是另一方面,我的梦想就此终结,我对此还没有做好准备。我尊重范加尔的决定,他把这个决定告诉我也不容易。回到自己的房间,我躺在床上,盯着头顶上的天花板,感觉它在慢慢塌下来。我感到头晕目眩。我即将迎来在厄普顿公园的最后一场比赛——这是我职业球员生涯的起点——但是就在这一刻,我被告知自己的曼联生涯已经走到终点。我热爱曼联,但是我在这里的时间已经不多了。我很伤心,整个下午我都在做思想斗争。当我想这就是终点了,我很伤心。我的情绪变得十分低落。然后我尝试让自己振作起来:"来吧,享受最后的比赛,用一场足总杯决赛的胜利为我的曼联生涯画上完美的句号。"我想要为自己所做的事情而感到自豪。我试图摆脱悲伤的情绪,把注意力都放到接下来的比赛里。

我给丽莎打电话:"就是这样了,宝贝,结束了。"

丽莎的反应很平静。她应该在考虑到各种各样的情况——我们搬哪里?我们的生活将发生什么变化?孩子们该如何面对转学?如何面对与现在的小伙伴分离的状况?

无论过往,还是现在,丽莎都给予了我巨大的支持。她淡淡地回应:"无论你去哪里,我们都会和你在一起。"这就是她的个性。她懂得如何处理这些大的变故,如何管理我的情绪。我不知道她是对这种状况有过深思熟虑,还是单纯出于本能的反应。我不能只考虑自己,重要的是照顾好丽莎、路易丝和杰西,我把我们小家庭的利益放在首位。我不想再为英格兰的其他球队效力,或许我会尝试国外的生活方式。我问自己:"这么做对孩子们来说,是利还是弊?"我觉得现在是时候给他们提供更高的发展环境。我们甚至还想过,就是简简单单地回到纽卡斯尔,这里我们和朋友,还有亲人都会更亲近一些。接下来的几天时间里,丽莎一直是我最坚实的后盾,我也知道她的心情同样不好受。但是她表现得非常坚毅,正是这样的考验让我意识到,能拥有像她这样的一位妻子,自己多么幸运。我可以诚实地告诉大家,如果没有她,我无法走到今天这一步。

我还给自己的家人打了电话,把这个消息通知他们。格雷姆和父母正出发前往厄普顿公园,因为这可能是我在这座球场的最后一场比赛。厄普顿公园在他们的心中占据着重要位置,在我们的生命里,这都是一个重要的地方。

在前往球场的路上,我坐在大巴的第二层,向车窗外看去,尽量不去想这场比赛对我的意义——在厄普顿公园的最后一场比赛。这是一个百感交集的夜晚,伤感,同时又让人心潮澎湃。由于我们抵达厄普顿公园的时间比原计划晚,因此我们遭到媒体的谴责,但这都是无稽之谈。事实上,我们甚至提前 10 分钟离开雷迪森酒店,跟在西汉姆的大巴后面也不到 50 米的距离。巴克路的路况还不错,但是在格林街左转,距离球场还有 200 米的时候,我看到成千上万的西汉姆球迷挤在路上。西汉姆的大巴也只是勉强挤了过去。我们就像置身于一个愤怒的暗红和蓝色的海洋里。警察登上我们的大巴,向司机解释,他们正在努力为我们清理出一条道路。

我们等了半个小时,突然来了两辆警车,他们在我们的右侧开路,把人群分开。不过在一个交通灯路口的中间,我们又停了下来,这里的环境更恶劣,我们被人群团团包围,感觉像是中了埋伏。西汉姆的球迷把这里围堵得水泄不通,在博林酒馆的外面,在博比·摩尔塑像的四周,到处都是西汉姆的球迷,我还看到有球迷爬到警车的车顶上。

"你见到那个人了吗?"吉格斯大喊。我冲下来,眼前的景象简直让我不敢相信。我不是在开玩笑，一个年轻人，一直在追着我们的大巴，上气不接下气，在车右侧的窗户边上大喊："来吧，来吧。"开始，我们觉得很有趣。警察就站在那里，即使当这个年轻人开始用头撞车窗玻璃，警察也假装看不见。虽然玻璃是深色的，但是他能看到车里面的状况，他看到我们在车里面嘲笑他。我、鲁尼和吉格斯在大笑，把其他球员都吸引过来。"看看这个家伙！"我说，"他想干吗？"他越是反应激烈，就越发引起我们的兴致。那个年轻人继续用头撞车窗玻璃。

看着街道上的球迷，我知道我们遇到大麻烦了。气氛越来越紧张，我隐约感觉到会有事情要发生了。西汉姆球迷讨厌曼联，我们的大巴被困住了，形势危急。几匹警马在躁动，我担心是不是有球迷骑了上去，这样会让马匹挣扎的动作变得更剧烈。大伙儿都在讨论，只要有人带头闹事，现场就会失控。这时候，车内突然发出一声巨响！一大块玻璃从人群后方飞了过来。"所有人都到上层去，"一名警察大喊，"远离车窗，都到上边去。"这演变成了一场骚乱。防暴警察举起盾牌，围在大巴的四周，但是西汉姆的球迷一直向前挤，快到了车窗边上。一个瓶子扔了过来，砸在大巴上。然后又是一个瓶子。突然之间，各种各样的瓶瓶罐罐从四面八方扔过来。我们被包围了，大巴受到攻击。我只听到有瓶瓶罐罐不停砸中大巴的声音。

我还听到他们在歌唱着"铁人"（Irons）和"你以为自己是谁？"（Who the fxxking hell are you?）这些歌词让我想起那些不堪回首的岁月。有的球迷向我们举起手指，有的球迷急忙拿起手机，拍下现场的情况。这时候，我只能躺在过道上，很多球员也躲在这里，以免车窗玻璃被打破后受到波及。杰西·林加德和几名年轻球员掏出了他们的手机。对着车外拍照和拍视频，我也拍了几张照片，并没有把它们上传到社交媒体平台上，我只是想让丽莎看一下："你能看到这里发生了什么吗？"我们终于在晚上7点10分安全抵达厄普顿公园，比赛的开场时间也被延迟到晚上

8点30分。大卫·沙利文对外宣称，我们本该在下午4点抵达球场。这让我感到非常可笑。难道我们要在客队更衣室里待上将近四个小时吗？西汉姆的老板还说，我们的大巴没有遭受到任何的破坏。事实上，由于大巴遭受到破坏而无法正常行驶，比赛结束后我们还不能马上离开，只能等待备用的大巴开过来，才能回家。我在想，这是多么倒霉的一天！我巴不得这一天赶紧结束。我们还输球了，这让我们距离下赛季的欧冠赛场越来越远。

接下来的周末就是对阵伯恩茅斯的比赛，这个比赛日同样让我心潮澎湃，因为范加尔说过，这是我在老特拉福德的告别战了。没有多少人知道这将是我在这里的最后一场比赛。我选择保持沉默。我让路易丝和杰西打扮成吉祥物，站在球员通道里。我们在热身，突然现场广播通知我们离开球场。开始我也没有想太多，心情很平静。不过我很快得知安保人员在一部手机里发现了炸药管，我立刻意识到这个突发状况的严重性。路易丝和杰西在球员通道里，我的其他亲人还在楼上的包厢里。在一阵手忙脚乱过后，我给他们打电话："你们在哪？"他们已经去了停车场，孩子们也跟在他们的身边。幸好这是虚惊一场，那个"炸弹"是演习用的模拟设备。演习结束之后，工作人员没有及时把它带走。由于所有人都离开了球场，比赛也无法照常进行。这场所谓的"告别战"给我带来的情感冲击也随之消散。

这场比赛被重新安排到周二进行，这一天距离足总杯决赛只有四天的时间，这样的安排确实不够理想。我希望能保持着最佳状态进入足总杯决赛。所以在对阵伯恩茅斯的比赛里，我一直保持着极高的专注度。直到距离比赛结束还剩下五分钟的时候，我们3比0领先，离愁别绪一下子就涌上我的心头。我看着这座老特拉福德球场，我想，结束了，我要离开这里。我如鲠在喉，不停对自己说："好吧，真的结束了，我再也不会来这里踢球了。"比赛结束的时候，作为吉祥物，路易丝和杰西跑进球场，他们和我一起，还有其他的曼联球员，绕着球场向球迷致谢，这是我经历过最伤感的时刻。回到球员通道里，我对认识多年的服务员和保安人员说："这是我在这里的告别战。"

"感谢你的贡献，迈克尔，我们会想念你的。"

"再见。"我回答，然后径直离开了老特拉福德。

我把所有精力都放在足总杯决赛上。比赛的前一个晚上，我们坐在希尔顿酒店的顶层平台上，对面就是温布利大球场，队员在那里聊天，气氛非常好。我想起小时候，足总杯决赛是每年的头等大事，毕竟当时电视转播的足球比赛并不多。我五岁的时候，看到了凯斯·霍钦在第87分钟用头球帮助考文垂攻破热刺的球门。长大之后，我还记得父亲和我说过关于罗尼·拉德福德的故事，这名球员在1972年的足总杯第三轮比赛中帮助赫里福德击败了纽卡斯尔。足总杯就是我小时候所期望站上的最高舞台。我喜欢所有与足总杯决赛相关的铺排，感觉每个角落里都会有电视台的工作人员，无论是在酒店，还是在大巴上，他们用镜头把你带进一个不被允许进入的新天地里，让你可以与球员有更亲密的接触。

我永远也不会忘记曼联在1990年对阵水晶宫的足总杯重赛，所有人都在议论那场比赛。当时老大用莱斯·西利顶替了吉姆·雷顿的位置。这场比赛可是意义重大！所以我绝不同意足总杯已经失去魅力的观点。我知道现在欧冠有着巨大的影响力，不过球员还是喜欢足总杯。我发现和曼联的外籍球员交谈时，他们都很了解足总杯，这项赛事的知名度遍及全世界。

我们必须要赢。我们不能患得患失，同时也不能骄傲自满。这一次的对手是水晶宫，这和我第一次参加足总杯决赛的情况不一样，当年面对切尔西，那是一场势均力敌的大战。在球员通道里，我站在鲁尼和德赫亚的身后，当时的环境很安静，我们就是相互在说着"加油，伙计"这类的话。进入球场之后，烈日当空，现场的欢呼声和掌声雷动。即使在杰森·庞琼取得进球之后，我也从来不觉得曼联会输，我的信心没有丝毫动摇，我就知道，我们会赢的。我很平静，甚至没有留意到阿兰·帕杜在场边跳舞！我真的把所有注意力都放在比赛里。我们很快就发起反击，不断冲击他们的防线，马塔扳平了比分。马塔很聪明，技术也很好，动作流畅而简洁，他的射门动作一气呵成。斯莫林在加时赛里被红牌罚下，即使我们少打一人，我还是相信曼联会赢。我差点打进制胜球！我敢打赌，如果我们不是 10 打 11 的话，我是不会出现在那个位置的。现在回想起来，如果我当时的头球能把球送进球门的底角，那该多好！不过几十秒之后，林加德打进了一粒让全场沸腾的进球，我忘掉了所有的疲惫，我们都在跟着他飞奔，在角球旗附近疯狂地跳着。

足总杯总是造就英雄人物。这一次是林加德，他是一个完美的人选。林加德是曼联的孩子，从六岁起他就在这家俱乐部里，他在比赛里渴望着进攻，这种比赛方式深受球迷的喜爱。青训学院的主管托尼·惠兰曾经谈到，林加德的进球让他倍感自豪。同样，这也让我倍感欣慰。

在林加德的成长过程当中，很多人功不可没，克莱尔·尼古拉斯和玛丽·贝克利对他悉心栽培，戴夫·普莱斯总是把他从学校带到训练基地。所以说，林加德在温布利的这粒进球对他们来说也有着特别的意义。一切要归功于青训学院的教练员，相信林加德也会感恩他们的付出。看看博格巴、拉什福德和林加德，他们都得益于曼联青训体系的培养，最终成材，他们得益于这里的青训教练。这就是一个大家庭。

在温布利，有一张照片对我有着特别的意义。那是在终场哨声响起时，我知道我们终于赢得足总杯的冠军。我独自站着，举起双臂，仰望天空，享受这个属于自己的时刻，我告诉自己："干得好，我终于做到了。"队里与我关系最亲密的是鲁尼，所以第一时间与我庆祝的人正是鲁尼，这种感觉是最好不过了。我们有很长一段时间在并肩作战，对足总杯冠军也是盼望已久。

"你想和我们一起举起足总杯吗?"鲁尼问。我有点惊呆了,这是一份莫大的荣誉!这让我想起小时候看到一位位传奇球星举起足总杯冠军奖杯的画面。

"你确定吗,韦恩?"

"是的!"他回答,不过我还是有一些犹豫。这是鲁尼作为曼联队长获得的第一座冠军奖杯,所以他有权力独自享受高举奖杯的荣耀。他如此慷慨,以至于我都没来得及感谢他。这就是鲁尼。我该拒绝他的好意吗?但是他的态度很坚定。我跟随鲁尼走上了107级台阶,而不是过往的39级。我实在是太激动,也没有数着自己踏上了多少级台阶,遗憾的是,这里不是老温布利。那才是我成长的地方,39级台阶和双子塔有着独一无二的象征意义和浪漫主义气息。登上皇家包厢,在那个拐弯处,感觉自己忽然被隐藏起来,这里的光线非常暗,有点与世隔绝的感觉,整个现场忽然静下来,稍做停留,拐左之后再走几步,走到阳台,一下子豁然开朗,整座球场尽收眼底。这是多么壮观的画面!

我和鲁尼等待队友们逐一接过属于他们的冠军奖牌,之后我们一起高举冠军奖杯。我们停留了几秒钟,看着身边所有的队员,他们都点点头,似乎在回应:"我们做到了。"我亲吻了奖杯,听着现场播音员在说:"第135届足总杯冠军是……"在鲁尼和我举起奖杯的时候,那句话剩余的部分已经被欢呼声完全淹没。我们举起奖杯的时候有点发力过猛,杯盖被甩了出来,幸好没有砸中底下的人。我们重新走回球场的时候,才发现杯盖不见了。我已经能迷失在自己的世界里。能够捧起足总杯冠军奖杯是多么美妙的事情。一切都来得那么突然,但是在我的脑海里,我已经在回想起那些举起奖杯的队长——加里·马布特、史蒂夫·布鲁斯和丹尼斯·怀斯。我知道,在举杯的那一刻,我已经在创造历史,这也是我生命中最值得纪念的时刻之一。

我带着奖杯冲向包厢。大家都在这里,他们都很兴奋——丽莎、路易丝、杰西、父亲、母亲、格雷姆、凯、琼、道格、格伦、杰斯、布拉德利、胡迪、鲁特福德、多姆,所有人都在疯狂庆祝。我走在他们的身前,再次举起奖杯。我要让他们知道,我是多么地感激他们这些年来对我的支持。这是一个真情流露的时刻,也是我永远不会忘记的美妙经历。某种意义上说,这甚至是我职业生涯里的最佳时刻,因为当年与我共度童年的那些孩子们以及格雷姆都在这里,与我分享胜利的喜悦。他们错过了莫斯科的夺冠之夜,这个奖杯也是献给他们的。鲁尼在隔壁包厢里,孩子们都在一起疯狂庆祝夺冠。能够给孩子们带来快乐,这种收获是无价的。

鲁尼和我走向站在场边的工作人员,他们正看着球员们在兴高采烈地庆祝夺冠。我们带上他们,让他们也能够一起庆祝这个伟大时刻。整个赛季里,我们每天都与装备管理员、按摩师等后勤人员打交道,我们知道他们所做出的牺牲。我从他们的眼神里看到自豪和喜悦,我知道这个冠军对他们的意义。过去三年,曼联经历了低谷,现在我们回来了,赢得冠军奖杯,这让他们感到格外兴奋。那时候,我还没想到热刺是本场比赛的另一个赢家。除了曼联此前支付的1860万英镑的转会费以外,我赢得足总杯冠军之后,他们还将得到一笔40万英镑的额外奖金。

我慢慢走回更衣室,脖子上还系着一条老款的曼联围巾,手里拿着一瓶香槟。更衣室里,大伙儿都在狂喷香槟,直到有媒体开始报道,范加尔要离开了。就让他尽情享受这一刻吧!在范加尔的执教下,尽管我们度过了一个糟糕的赛季,或者是两个,但我们还是成功拿到了一个冠军奖杯。我同情范加尔。他刚刚赢得了足总杯冠军,现在却被告知即将解雇,这令人遗憾。没有哪位主教练应该遭到这种待遇。范加尔真的很沮丧,但是他把这种情绪隐藏起来。他的性格自傲,这肯定伤透了他的心。

我们回到科林西亚酒店,我的家人正在那里等候,我做的第一件事是把自己的奖牌给了父亲，我知道足总杯对他的意义。我感谢他带我踢足球并一直支持我，从他身上，我总能得到那种低调却强烈的力量。把奖牌递给他的时候，我哽咽了，我知道这对他来说意味着什么。他最终还是把奖牌还给了我，并让我把奖牌保存好。我知道他对此感到非常自豪。

那个夜晚给我带来了不一样的感觉。过去，我和队友们尽情享受如此美好的夜晚，在一起唱歌和喝酒。但是这一次，我更多的时间是坐在舞池边上。我的女儿路易丝和阿什利·杨的女儿一起在舞池跳舞，她们笑得很开心。杰西陪着我，他通常都比较好动。我不知道他是否感到自豪，然后在想，"这就是我的父亲"。或者他只是发现了我的悲伤，我觉得一切都该结束了。孩子们的直觉很强烈。我拿着一杯红酒坐在桌子旁，杰西坐在我的膝盖上。很奇妙！这是第一次，我在派对里能完全保持清醒！和家人一起分享喜悦才是最重要的。最后，有些队友要去隔壁的酒吧，我的情绪也终于活跃起来。阿什利·杨和鲁尼去了酒吧，随同的还有吉格斯和他的朋友。那里大概有六七十人，大家都在尽情高歌。孩子们坐在沙发上，围着足总杯的冠军奖杯在跳舞。我和鲁尼穿过一个房间，站在一张沙发上，歇斯底里地高歌。我环顾四周，看到杰西和路易丝带着奖杯，在唱着曼联的助威歌，那个画面将永存在我的心中。这是凌晨2点30分！他们肯定有我的遗传！他们小心地看着奖杯。路易丝和杰西甚至想抱着奖杯睡觉。

第二天，球队又回归正常，我们和范加尔一起吃早餐，然后他给了我们夏天的训练计划。我心想我不需要这个了吧，我不想再踢球了。范加尔接着说："祝你们拥有一个美好的夏天，感谢你们所做的一切。"就是这样，这就是范加尔的告别，非常体面。我感谢范加尔给我带来的一切，他教了我很多，我很高兴他能带着一块冠军奖牌离开。

第十六章　穆里尼奥

当若泽·穆里尼奥在2016年5月27日走进曼联的时候，我感到很兴奋。穆里尼奥能让这家俱乐部重新成为焦点，他的到来也给我带来希望。我当时有些进退维谷，不知道接下来该怎么做，范加尔为我打开了一扇门，然后又把它关上。当穆里尼奥被任命为新主教练的消息正式公布的时候，我和格雷姆，还有朋友正在现场看世界一级方程式大奖赛摩纳哥站的赛事，我被拉去接受了天空体育F1频道的采访。我在采访中表示，我觉得穆里尼奥非常适合这家俱乐部。我的观点是这次任命对曼联来说很棒。在这个时候谈论曼联的状况，让我感觉很奇特。我是否还是这家俱乐部的一分子呢？

从摩纳哥回来之后，我接到穆里尼奥的电话："我想留住你。我想给你一份新合同。"感谢上帝！我其实真的没有准备好就此结束自己的职业生涯。我觉得自己还能给曼联带来更多的贡献。回到卡灵顿，当我与穆里尼奥见面的时候，我马上被他的魅力所折服。当你和他待在一起的时候，你会知道谁才是老大，谁有能力做出重大的决定。这种强烈的存在感，正是最优秀的主教练和其他主教练的区别。从第一次训练开始，我就意识到穆里尼奥是一个赢家。他的目标只有一个，就是赢得奖杯。无论何时，当我看着穆里尼奥，想到的只有"奖杯"。他憎恨失败。

穆里尼奥对于奖杯的追求是近乎疯狂的。8月7日，我们回到温布利征战社区盾杯。过去我们从来不会为这项杯赛真正做好准备，毕竟只是季前备战的一部分。他却非常渴望赢下这项赛事，他希望我们养成胜利的习惯，我们最终击败莱斯特城，夺得冠军。2017年2月26日，我们在温布利追逐又一个冠军奖杯。联赛杯对穆里尼奥来说很重要。尽管这项杯赛还远没有足总杯的那种历史沉淀，但是穆里尼奥强调："这虽然不是欧冠，却是我们接下来要赢得的奖杯。"于是，我们3比2击败了南安普顿，又把一个冠军奖杯带回家。穆里尼奥总能找到方法赢得冠军。2017年5月24日，我们在斯德哥尔摩迎来欧联杯决赛，穆里尼奥有着击败阿贾克斯的全盘计划，那就是让他们控球，我们打反击，利用拉什福德的速度拖垮他们。

这不仅是为了赢得这个冠军。这一次的夺冠意义已经超越了冠军奖杯本身，因为在曼彻斯特竞技场举办的大型音乐会遭到恐怖袭击，导致22人遇难，整个曼彻斯特都在哀悼。这次悲剧影响巨大。我去过那里的前台很多次，那里离我的家很近，我去拿票，原本有一些与我很亲近的人出现在那里，甚至我的孩子也可能出现在音乐会的现场。你能做什么？你只能祈祷，以表支持。看到那些拼命寻找亲人的故事令我心碎。我们希望能把这个冠军献给他们，向那些遇难者的家人和朋友表达支持。在斯德哥尔摩的那场决赛结束之后的更衣室里，我们举起一条横幅，上面写着"曼彻斯特万众一心＃为曼彻斯特祈祷"（MANCHESTER A CITY UNITED#PRAY FOR MANCHESTER）。

回到曼彻斯特，我继续为自己在6月4日的纪念赛做准备，这是我生命中做过的最呕心沥血的事情。我只想全身心地参与到每个细节当中去，确保一切能顺利进行。曼联能为我组织一场纪念赛，这让我感到无比自豪，我还利用这个机会为卡里克基金会筹款。开展慈善事业是我深思熟虑后的决定，这是迈出第一步的绝佳机会。我们注册了一个慈善机构，要给孩子们带去更好的安全感、获得更好的认同感以及利用他们的灵感实现自己的目标。我见过来自纽卡斯尔和曼彻斯特地区的贫困儿童的案例。我们所生活的社会怎么能让这里的孩子们看不到未来呢？我希望尽自己的绵薄之力来解决这个大问题，所以我们义无反顾地投身到慈善事业，就在这两个对我有着重大意义的城市。我们的计划重心就在特拉福德、沃尔森德、北希尔兹和拜克，吸引孩子们参与足球运动，我们也教他们生活技能和纪律。我想引导孩子们远离犯罪，让他们在生活中获得成长机会。当他们看到这里的教练可以帮助一些人上大学，他们就会跟着参与进来，把他们视为自己的导师。这让他们对未来抱有希望，所以这场纪念赛能为我们的基金会筹集至关紧要的运作资金。

我希望这是一场全身心投入的比赛，而不是球员在场上随便地踢。我想把这场比赛办得更加体面，有顶级球员参与，有着真正的竞争气氛，所以我选择组建了曼联08代表队和卡里克全明星队。2008年的那支曼联队从来没有机会重聚，一起庆祝在莫斯科所取得的成就，所以这是一个好机会。

我想让弗格森爵士和老雷德克纳普分别担任两队的主教练。但是出于对穆里尼奥的尊重，我先问他是否想参与进来。"不用担心我！"穆里尼奥回答，"这是属于你的日子。一定要去找弗格森爵士。"如果老大不来，这场比赛将变得索然无味。所以当我给弗格森爵士打电话的时候，我有些忐忑不安，不过他甚至没有问什么时候举办这场比赛，直接回答："好呀，我肯定来。"这也让我放下了心头大石。老雷德克纳普也同意了，我开始组建球队，找来了加里·内维尔、鲁尼、埃弗拉、费迪南德、维迪奇和斯科尔斯，全明星队里有罗比·基恩、西多夫、卡拉格和特里。从一张白纸开始，我在努力拼凑出两支球队的参赛阵容。如果2008年的那些队友来不了，那该怎么办？人够不够？如果我找不到足够多的好球员加入全明星队，那该怎么办？如果凑不够两套阵容，那么我肯定会出洋相的。我开始发短信给朋友，开展招募的工作。很不幸，杰拉德和兰帕德都受伤了，他们不得不退出，我真的开始担心无法凑够两套阵容。不过他们都来了，这些伙伴们的回应让我受宠若惊，他们从世界各地飞过来，有些人甚至是在比赛当天早上才来到曼彻斯特。

为了这样一场比赛，我们开了许多的会议，这令我不敢相信！最初阶段的会议是在老特拉福德，我原本想着来参加会议的只有纪念赛筹委会的格雷姆、凯、丽莎、盖斯、乔·唐和多米尼克·米茨。但是当我走进房间的时候，那里坐了有25个人，他们来自市场部、票务部和法务部，还有警方代表、安保人员和球场的管理人员，那真是混乱的场景。最终经过几个月的时间，我们才把事情处理好。筹委会做得很棒，各方的通力合作让这场纪念赛能够顺利进行，我真的非常感谢他们。不过一些突发情况让整个事情变得更加复杂。纪念赛前的一个周末，我和加西亚住在科茨沃尔德的一间小屋里，他从澳大利亚带着太太和孩子们来到曼彻斯特，和我们一起待上几周的时间，他还会加入全明星队。当盖斯给我打电话的时候，我还沉浸在自己的假期当中，他说："纪念赛有可能办不了。"爱莉安娜·格兰德宣布，她将在6月4日周日晚6点办一场慈善音乐会。我支持这个做法。我也知道格兰德的演出对曼彻斯特这座城市，对受恐怖袭击影响的人有多么重要，这有助于治愈他们所受到的创伤。我也知道这将对我的纪念赛造成怎样的影响。我的纪念赛是当天下午4点在老特拉福德展开，这里距离举行音乐会的板球场不到一千米。我们不可能取消这场纪念赛，不是吗？我与大曼彻斯特警察局局长伊恩·霍普金斯谈过，我还与伍德沃德和曼联的总经理理查德·阿诺德谈过。"看上去你可能不得不推迟比赛，"阿诺德说。"我们该怎样做？"我问，"我们已经卖了60000张球票。"

我给盖斯打电话，他对我说："迈克尔，霍普金斯说这是来自政府高层的决定,那已经非常高级的官员,甚至是来自唐宁街10号的决定。"我一直习惯于由自己掌控局面,但现在政府参与进来,整个事情已经变质了,没有什么可以阻挡这一场曼彻斯特音乐会的举行。

"我们不能只是简单地取消纪念赛!"我告诉霍普金斯,"我们为此已经花了九到十个月的时间,球迷已经买票了,他们订了火车票和酒店。如果不能在那天举办纪念赛,我们可以推迟一周。"霍普金斯的反应很平静。"我们尽力让比赛如期举行,"他说,"我全力支持你,我们会扫除障碍,我们会努力澄清,这场足球比赛不会存在任何风险。"显然,我们还是遭遇到很多的压力。在接下来的周末,霍普金斯透露,警方认为同时监控两场活动是不可能完成的任务,因为老特拉福德的停车场原本要提供给板球场的音乐会使用。那是一个艰难的周末,比赛能顺利进行?还是会取消?压力逐渐增大,我接到电话,对方声称如果他们不得不取消音乐会,那么我就是罪魁祸首。

我又找到霍普金斯:"我们不能取消比赛,我希望这场比赛能顺利进行。这样吧,我们可以让开场时间提前。"一开始,他们说早上11点。那可是早上的11点啊!然后是12点,最终,我们同意在下午2点30分开场。整个沟通过程,霍普金斯都表现得很棒。警方不想在几个小时内,在同一个地区进行两个重大的活动,但是霍普金斯极力周旋,最终让这场纪念赛得以顺利展开。现在,霍普金斯担任我的基金会受托人。唐和盖斯也在沟通过程当中发挥了重要作用。在过去10个月的时间里,他们都做了大量的工作,把一切安排就绪。唐做了各种各样的琐碎工作,没有她,比赛计划可能就会夭折。她勇于承担责任,做了很多在她职责之外的工作。

5月30日,我们宣布开场时间做出了调整,我也再次借此机会向遇难者的家人和朋友表示哀悼。我想表达的是,我们都是曼彻斯特人,我们心连心,这是一座团结的城市。我们邀请了一些遇难者的亲人和朋友来看纪念赛。你该怎样处理这种状况？这是一个敏感的话题。我不想让他们觉得，这就是球员的态度——来看一场足球比赛，一切都会好起来。有些人想来，有些人不想来，最终来了 15 个人。开场前的一个半小时，我在一个包厢里与他们见面，我和凯一起去的，凯是格雷姆的太太，她在达勒姆的圣卡斯伯特安老院工作，她给了我一些建议。

我站在那 15 个人的面前，说了一些话，这是我做过的最困难的事情之一。我说什么能让他们有所触动？"我真的对你们所失去的一切，你们所遭受到的痛苦而感到遗憾。我真的难以想象你们是怎么熬过来的。我只希望今天这一切能给你们带来一些安宁和快乐。"当你与这些受害者亲身接触，那种感触会让你难以自控。我已经说不出话来，热泪盈眶。这是我经历过的最棒的一天，是职业生涯的一个里程碑，身边有家人和朋友的陪伴，但是对于这些恐怖袭击的受害者，他们失去了家人和朋友，他们正在经受着无尽的痛苦，我感到很无助。这是一场足球比赛，这是一个属于我的日子，但是这一切突然都变得不再那么重要了。我无法相信这次的邀请能让他们感到如此欣慰和感激，我真的受之有愧。我在他们带来的一些球衣和场刊上签名，然后回到更衣室。

情绪的转变是如此巨大！这个房间里充满着球员们的笑声，他们在互相开玩笑。几天前，我就对丽莎说过："这场比赛让我最期待的地方就是能够再次和弗格森爵士、昔日的队友们和工作人员们一起在待更衣室里。"我看着这些熟悉的老面孔，他们正在医疗室里打绷带和做着拉伸训练。感觉很奇怪，因为我觉得眼前这一切都来得那么自然，这些小伙伴们只是回到了原来的生活节奏当中。那些奇怪的喊声来自费迪南德，他做拉伸的时候，总会伴随着奇怪的喊声，"啊啊啊啊！噢，上帝！"很明显，他的韧带比过去更僵硬了！这让我哭笑不得。

弗格森爵士坐在更衣室的角落里，就像过去那样。我们又回到了在莫斯科夺得欧冠冠军的那个年代，球员们又聚集在一起——这是一种美妙的感觉，有这样一个伟人引领着我们，此情此景如此美好。"千万不要输，"弗格森爵士说，"上一场比赛可是战成了5比5平。"他回忆起了山楂球场的那场比赛。"在5比2领先时候，我原本认为我们能赢对手十个球。卢卡库替补出场，对着费迪南德上演了帽子戏法。曾经有人在你面前上演过帽子戏法吗？"

"没有。"费迪南德回答。

"卢卡库做到了。"

"不，实际上，罗纳尔多也做到过。"费迪南德想起来了。老大知道费迪南德很少在场上吃瘪。

"你没见过他在女王公园巡游者的表现？"内维尔问老大。这句话让所有人都笑出声来。我们似乎都忘记了岁月的流逝，我们都回到了2008年。

"做得好，内维尔！"弗格森爵士说。"这是我能给你们的最好的赞美，除了是一支优秀的球队，你们还是优秀的个人。你们中的每个人都取得成功。一名职业球员在退役后能够继续管理好自己的生活，这并不容易。朴智星在瑞士深造（硕士课程），费迪南德和斯科尔斯在上电视节目。内维尔植根于曼彻斯特这座城市，他进行了很多的收购。范德萨回到阿贾克斯，参与俱乐部的运营工作。这真的太棒了。好吧，你们该开始热身了。有人想说些什么吗？这很有趣。我对你们说过多少次了，'有人想说些什么吗？'每一次，都没有人发言！"

"我们通常都睡着了！"吉格斯说。房间里再一次充满了笑声。

"这句话真是戳心！"老大笑着说。

我坐在那里，享受着每一秒。我看了看四周，格雷姆在整理着自己的球鞋，一边为比赛做准备，一边听着大家聊天，这是完美的一刻。我的弟弟在这里，实在是太棒了。能够和这些他认识且崇拜的球员一起踢球，我知道这对格雷姆来说意味着什么。我也希望他能出现在这里，因为这样做的话，能让他更加了解这支球队对我的意义。我知道他的背部有些问题，但是格雷姆是一名不错的球员，他在球场上不会显得一无是处。队友们列队迎接我的出场，我自然是要在现场发言。我谈到了那次恐怖袭击："对于那里发生的这一切，让这场比赛有了更大的意义，我只想在这里欢迎当中一些家庭的到来……"我不得不停下来，因为现场七万人为这些人送上了震耳欲聋的掌声。等待了一会儿，我继续说："我想借此机会表达自己的哀悼和思念之情……让我们万众一心，勇敢面对。"曼彻斯特依然沉浸在哀悼的气氛中，我们非常尊重受害者，那些第一时间赶赴现场的消防员和救护员以及提供相关公共服务的人员。当我提及邀请了三百名相关的人士来到现场时，他们得到了热烈的欢迎。我不想在自己的发言中漏掉任何一个想感谢的人，所以我一直在说着感谢的话语。这确实让人感觉有点拖沓，我似乎感觉到场上的球员已经在摩拳擦掌，迫不及待想要开始比赛。"怎么回事，卡里克？几点开始比赛？"其中一个人在嚷嚷着，他们肯定以为我记错了开场时间！其实当我站在球场上，我很难听到现场的播音，所以他们根本不知道我在说什么。

比赛开始之后，场面很精彩。我知道这是鲁尼在老特拉福德的最后一战，他原本是在巴巴多斯度假，为了这场比赛，特意飞了回来。看到他和裁判尼尔·斯瓦布里克斗嘴，真的很有趣。一些外国球星也展现出很好的状态，西多夫真的很优秀，甚至连贝尔巴托夫也冲刺跑了几次。

当卡拉格用一个慢动作，夸张地推倒内维尔的时候，我也是笑到合不拢嘴。球迷就爱看这个，内维尔和卡拉格的斗法，现在他们是一对好搭档，但是他们之间时常有一些有趣的竞争。格雷姆上场了，他真的踢得很不错。我只想不断地把球传给他，这是我们的合作时间，我们为此等待了很久很久。我看到他转身，背部的疼痛几乎让他无法动弹，但是他还是继续前进，看到有曼联球迷为他鼓掌，这让我感到高兴。我看了看董事会包厢里的亲人和朋友，我知道，当看到我和格雷姆都出现在球场上，他们多么激动。丽莎和孩子们都在那里，父母的四周都是我们的亲人和朋友，他们肯定感到无比自豪。

我的外婆在不久前刚去世，我们一直在想，如果她能看到这一幕，那该多好啊！加西亚的上场对我也有着特别的意义。相隔了这么长的一段时间，我们再次回到球场上并肩作战，这真的很特别。回到比赛中来，我把比分扳成2比2平，在我进球后，我看到看台上的孩子们，做出"Dab"的庆祝动作。他们都笑开了花，只有在他们面前，我才愿意做出"Dab"的这个动作！他们在赛前问过我在庆祝的时候，能不能做这个动作，实际上，他们也没有想过我会这么做。丽莎的家人也在那里。我的岳父岳母，还有丽莎的哥哥格伦以及他的太太，还有他们的儿子，丽莎的爷爷也来到现场。尽管我们的住处相隔千里，但是我们的关系一直很亲密。这是我的错，让丽莎远离了她的家人，而她的父母一直支持我们，我们之间从未有过分歧，没有任何争吵。这样的翁婿关系，确实挺难得的！他们放弃了很多，给予我很多支持，他们在这个特别的日子里能够来到老特拉福德，这实在是太棒了。

当我们为基金会筹集到150万英镑时，这让原本已经足够特别的一天变得更加特别。我无法向这里的每个人送上足够的谢意。比赛结束之后，我们还组织了一场派对，与老朋友们喝一杯，感觉很棒。鲁尼在这个夏天离开了，看到他离开，我很伤心。我们一起分享了很多美好的时光，也成了亲密的朋友。

2017年7月11日，穆里尼奥任命我为曼联的队长，这是一份真正的荣耀，能够继承查尔顿爵士、罗布森、坎通纳、基恩、内维尔和鲁尼等人的衣钵。这个赛季的第一场比赛，我们在斯科普里的欧洲超级杯对

第十六章 穆里尼奥 | 283

阵皇家马德里，我坐在替补席上，我渴望着赢得欧洲超级杯的冠军，这是我唯一没有赢过的俱乐部级别赛事的冠军荣誉。

出发前，杰西曾经走到我身边，向我提出了一个小小的要求："你能帮我要一件C罗的球衣吗？"我回答："好，我试试看能不能要到。"我一般不会向对手索要球衣，我们在热身的时候，我看到了C罗。我们俩都没有打首发。他走过来，我们拥抱了一下，还聊了一会儿。"嘿，你可以在比赛结束之后送一件球衣给我的小孩吗？""好呀，没问题。比赛结束后见。"C罗的性格真的很好。赛后他来到更衣室，和球员以及工作人员聊天。他能够过来和这里的老朋友打招呼，这真的很棒。他把球衣给了我，我要求他为杰西在上面签名。"他的名字是怎样拼的？"他问。我把杰西的名字读给他听。他直接写在球衣上面，结果他拼错了！这问题不大。当我把这件球衣给杰西的时候，他兴奋极了。我和C罗谈了大概有10分钟，他谈到自己在马德里的生活，还问了曼彻斯特的情况和卡灵顿里一些工作人员的现状。卡灵顿在我们的生活当中占据了很大一部分。C罗是世界最佳球员，在他的生活中，他每天的工作就是去踢球。C罗是无情的。他的成长方式让人由衷敬佩，从一开始的助攻手，成长为风驰电掣的边锋，再演变成神射手，当时他更像是一名前锋，但是随着年龄的增长，他又变成了一名伟大的中锋。

回到曼联，你能看到球队在穆里尼奥的执教下获得了成长，我们需要跟上曼城的前进脚步。12月10日，曼城在老特拉福德的胜利给了我们一次沉重的打击。曼城有一个梦幻般的赛季，你不得不肯定他们所取得的成绩。曼市德比过后，我们的敌对气氛在提升。曼城在更衣室里庆祝，他们所发出的声响沿着走廊传到了我们的耳中。能够赢下一场竞争如此激烈的比赛，曼城有权利去庆祝，在更衣室制造尽可能大的声响。我们当中的有些人觉得他们之所以制造这么大的声响，就是冲着我们来的，曼城不仅仅只是在庆祝胜利。他们中的一名球员庆祝胜利的程度已经超出了我们忍受的极限，因此两队的球员在连接两个更衣室的走廊里简单地交换了一下意见，一切都是无伤大雅。我没有去，因为我还有其他事情要做。

第十七章　　心脏病患

　　突然之间，我感觉自己的生命源泉已经耗尽。首先是我的大腿，然后我感到头很晕。我无法集中注意力或是思考事情，我已经站不起来了。该死的，发生了什么？这是我在赛季里的第一场比赛，我们在老特拉福德的联赛杯比赛中对阵伯顿，球队进行了轮换，我获得了上场机会。我们很好地控制了比赛，但是我却崩溃了，就像我身体里的保险丝都乱套了。我整个身体里的每个部分在逐渐地停止运作。我没有办法移动或行走，头脑也无法运作。1分钟后，我的身体重新恢复意识，就像有人把保险丝盒修好了，我恢复了知觉和对身体的控制。这和疲劳没有任何关系。我们3比0领先着，比赛很轻松。接下来，这种状况一次又一次出现，就像有人在反复打开和关闭我身体的电源开关。

　　回想起2017年9月20日的这场比赛，我尝试找出比赛时身体发出的警告信号，但老实说，我找不到。没有出汗、没有心悸，没有任何迹象表明我会在下半场开始10分钟后出现这种状况。我之前也有过类似的症状，一年前对阵雷丁的足总杯比赛，不过只持续了几分钟，这种状况很快就消失了，因此我没有想太多，那一次的程度轻很多，踢完对阵雷丁的比赛之后，我没有出现任何问题，当我在半场休息向队医提到这个事情的时候，他告诉我，如果再有这种状况，记得通知他。但是我的身体没有再出现问题。

对阵伯顿的比赛里，这种停电的感觉每隔几分钟就会出现，这让我感到很虚弱。当马夏尔在比赛第 60 分钟打进球队的第四个进球时，我几乎没有办法跑过去跟队友们一起庆祝，这完全不像我。当我恢复知觉之后，一切又回到正常的状况。我小心翼翼地应付着这场比赛，做一些简单的动作。比赛已经没有悬念，我本应该要求被换下场，但这不是我的行事作风。我是曼联的队长，我要当好榜样。穆里尼奥在比赛第 78 分钟的时候已经用完了三个换人名额，所以我不能离开，让球队只剩下 10 人应战。我不断对自己说："我不知道自己出了什么问题，但我会没事的。"可惜我真的不行了，我又一次感到头晕，我站在那里，双手叉腰，情况更严重了，于是我把手放到膝盖上，弯下腰，直到头晕的感觉消退。比赛最后的 5 分钟，我都是在球场上走着完成比赛，我不想让自己成为累赘。伯顿打了一次反击，当我们夺回球权的时候，我尝试跑位接应队友的传球，结果我又一次感觉到浑身无力。整个身体显得很沉重，就像我的身体几乎要进入睡眠状态。我没有喘不过气，也没有感觉到疼痛，我只是失去了生机。我应该选择离场的，但是我的尊严迫使自己留在场上。真的很愚蠢。最后 1 分钟，我简单地动了一下，不是很用力，破坏了对方的一次传中，实际上，我担心自己会崩溃。我弯着腰，闭上眼睛，尝试让自己恢复过来。我站在我们的禁区边上，伯顿进球了，我几乎无法转身。我知道自己必须去看医生了，但是走了几步之后，我又恢复了正常。

在医务室，我对医生说："对阵雷丁的时候，我也有过同样的感觉，但这一次，持续的时间更长，感觉也要糟糕很多。"在我感到自己恢复正常之后，医生检查了我的心率。心跳的速度正在减慢，就像我从一次剧烈运动中慢慢恢复过来一样，但是医生注意到心跳的节奏并不规则，所以他把仪器连接到心电图机上并看了一些读数。"情况不太对劲，我需要用更先进的仪器给你检查一次。"我意识到情况挺严重的。医护人员冲向了老特拉福德的另一边,拿到其他仪器,帮我接好线。我躺在床上,队友们走进来询问我的情况,直到医生把他们赶走。

医生看着打印出来的检查结果,第二行的数据显示这是一种被称为"心房颤动"的病症。接下来的几个月,我听了医疗人员的详尽解释,我知道这意味着我的心脏顶部在不协调的情况下会发生异常收缩。这导致我的心脏在高强度环境下会受到影响,这也是我在对阵伯顿的比赛里多次感到疲倦无力的原因。

"我们要把你送到医院,做更多检查,还需要留院观察。"医生说。

"什么?医院?我不想小事化大。我现在感觉很好,医生。我能回家吗?"

"不,你不能。"

"好吧,我自己开车去医院。"

"不,你不能开车。"医生已经叫了一辆救护车。

"救护车?让它回去,医生。我的感觉很好。"我觉得没大问题。我只想洗个澡,然后回家。救护车开到球员通道口上,"我们可不想让别人注意到此事。"医生说。他知道外面有几百名曼联球迷,他们在护栏后面等着拿签名。我被抬上救护车,这是一辆老掉牙的救护车,所以至少不会引来关注。穆里尼奥走过来问:"一切还好吗?迈克尔?"

"是的,我没事,他们只是需要检查一下。"

"你还能再踢球吗?"

我笑了笑。"能,能。我没事的!"

"医生说你的心脏有点问题,你真的没事?"

"是的,我没事!"不过当穆里尼奥说完这句话之后,我开始意识到问题可能有点严重。

"好,那祝你好运啦。"

远离聚集在老特拉福德的球迷之后，救护车才打开蓝色的救护灯，驶向医院。我接受了更多的检查，见了更多的医生。我听到了他们的讨论。"这是房颤吗？""这是颤动吗？""他出现脱水迹象了吗？""这种状况可能不会再次发生了。"我的心跳很快就恢复正常，不需要接受特殊治疗。我在那里待了几个小时，补充水分，直到身体感觉良好才回家。我能参加训练和上场比赛，穆里尼奥的谨慎是可以理解的，但就像专家告诉我的那样，我能继续踢球，这让我感到高兴。在医学的角度看，如果一个年轻的、健壮和健康的人出现这样的突发状况，那是在可接受范围内的，不需对此过度担心或介入医疗，但是如果这种状况再次发生，那么就需要接受进一步检查和治疗。我也知道这种状况在运动员的身上更容易出现，因为他们的心脏长时间超负荷运作。来自美国的心脏病专家在季前赛期间对我进行了详细的心脏器官评估，证明我是完全健康的。医疗人员还是觉得进一步监测我的情况是明智之举。医生在我身上放置了一个小装置，连续四天记录我的心电图数据。医学专家同意我戴着这个装置恢复训练，为周六做客南安普顿的比赛做准备。我们不能草率了事，必须事无巨细，确保我真正具备踢顶级水平比赛的身体状态。如果这种状况再次发生，那么单纯的休养是无法解决问题或是带来任何的帮助。我再次感觉到一切正常。

"我可以坚持下去。"我说。

"你能担任替补吗？"穆里尼奥在第二天询问。他很谨慎，也很关心我的状况。"你不能操之过急，迈克尔。"

"我没事，我恢复正常了。"

在心脏出问题之后，我知道这听起来有些愚蠢，但是我坚信自己的判断，如果医生说我能踢，那么我就能踢。穆里尼奥还是非常担心，他去问医生："如果迈克尔踢球的时候，这种状况再次发生那会怎样？"

"那么他必须被替换下场，但这种状况也可能不会再次出现。"医生回答。做客圣玛丽球场，穆里尼奥把我放上替补席，我做了一些热身，可我感到有些提不起劲。第二天回到卡灵顿，我和比赛日的替补球员训练，这是在周末没有踢比赛的球员所进行的一次例行训练，时间不会太长，但是强度比较大。在4分钟的高强度训练之后，我突然感觉身体再次被抽空，失去了所有的能量。我感觉自己失去了生机，我直接去找场边的医生。

"医生，情况不太好。那种状况好像又来了。"当我出现这种状况，如果医学专家让我戴上一套设备来跟踪体征，那么事情就不会很简单。毕竟他们走路的时候不需要像我这样戴着一个复杂的检测仪器。在确诊为心律不齐之后，当我们走进医务室，我的心率又恢复正常了。我的心情很平静，因为我知道接下来肯定需要接受进一步的治疗。我接受了更多的检查，包括CT扫描，检查报告显示我的心脏组织没有出现异常。但是我们都很清楚，介入治疗是必须的。

第二天，我做的第一件事就是前往奇德尔，找到了亚历桑德拉医院的心脏科顾问尼尔·戴维森博士。接下来是更多的检查，还有更多的讨论。"不管它？""心脏射频消融术？"这是什么？戴维森是电传导治疗疾病方面的专家，因此他建议我再次接受检查，这次他通过刺激心脏肌肉来寻找病因。紧接着，他冷冻部分心脏肌肉来制造"短路"，手动制造心律不齐。他向我解释了检查的步骤，就是向心脏发送一个错误的电信号。我听着他的话，感觉自己像是一台快没电的老式收音机。对于其他病人来说，他们会服用β-受体阻滞药来控制心跳速率，但如果我想延续足球生涯的话，这条路是行不通的。我的回答是："赶紧开始吧，越早治疗，越早康复。"

在戴维森进行手术的前一个晚上，实验室里传回了我之前佩戴的那个检测仪器的检查报告。来自德国的古伊多·皮雷斯博士是布里斯托尔大学的心脏病专家，每年，他都来曼联帮我们做心脏器官的检查。在看到这份检查报告之后,他立马把其他医生叫了过来。他发现是某些因素致使我的心跳上升到每分钟 280 次。在此之前,我还以为最高的心跳频率不会超过每分钟 200 次,这引起了我的高度关注。皮雷斯、戴维斯和其他医生开始讨论最佳的治疗方式。他们告诉我,如果我的心脏上部出现心律不齐,也就是纤维性颤动,那对他们来说只是小问题,不值得担心的;但是如果是心脏下部出现问题,问题就会很严重,可能导致更危险的状况出现。

"明天我就给你做手术,"戴维森说,"我使用心脏射频消融术,之后只要我在这里,就会给你做详尽的检查。"

他转过身来对着我说:"这个治疗方案可能会出现两种结果。第一种是把心律不齐的问题解决掉。"

"那么另一种结果呢?"我问。

"那就是你的球员生涯就要到此结束了。"听到这样的结果,我当时仍是心平如水,现在回想起来,我可能是太冷静了。我没有担忧,也没有恐慌,我相信医生和戴维森,他们有能力把我的病治好。

说实话,这一刻结束球员生涯对我也没有太大的影响。我还能做些什么?我已经 36 岁。"向前看吧,这是必须要迈过的一道坎。"我对自己说。

第二天要做手术,我独自一人去亚历桑德拉医院。出发前,我对丽莎说:"别担心。"她负责把孩子带到学校,除此之外,她还能做些什么呢?要上手术台的这件事没有让我感到丝毫紧张。到了医院,戴维森说:"好吧,你想保持清醒,还是想睡个觉?"

"你让我睡着吧!最好是一整天!别让我保持清醒。"我其实不太喜欢医院和那些大大小小的注射器。路易丝出生的时候,由于胎位不正,所以我们不得不选择剖腹产。医务人员开始给丽莎涂碘酒,他们把屏幕抬起来,这样丽莎就看不到手术的过程。当时我就坐在旁边的凳子上,由于角度很低，所以我能看到手术的整个过程。之后我就摔倒了地板上，不省人事。当我回过神来，我就躺在那里开始大笑。医生赶紧过来摇着我的腿，询问我的状况："你还好吗？"医生和护士都围在我的身旁。丽莎也躺在那里问："你还好吗？"当时我已经完全失控。很奇怪，我不是害怕，只是这种感觉突然而至。直到现在，有时候接受血液检查，我会很正常；但有的时候，我会对医务人员说："我必须得躺下来。"因为我会做一些很搞笑的行为。记得小时候，有一次去抽血，他们把针扎进我的手臂，但是没能把血抽出来。他们转了几下针头，看着针头都要被弄弯了，还是不行。我这么说，真的没有夸张成分。

我的队友都知道我的这个小秘密，鲁尼就经常拿这件事来调侃我，他觉得这很有趣。每次聚餐，当我们谈到队友的孩子要出生的事情，鲁尼就会扯上我那次晕厥的经历。他坐在旁边偷笑，我只能无奈地回应："是的，我晕过去了！"我不介意他们这么干！可我对此又无能为力。这真的很奇怪。

过往接受手术治疗的时候，我先在手术室旁边的小房间内完成麻醉。在我失去知觉之后，才会被推进手术室。这一次，我是直接走进手术室，麻醉师在我的手背插了一根输液管，然后在我的手臂插了另一根输液管。接下来，他们把检测用的电线搭在我的身上，打开扫描用的显示器。我之前从来没有在清醒的状态下看到这些画面。在我的人生里，从来没有见到过这么多的电线。突然之间，我失去了知觉。在我苏醒过来之后，戴维森向我解释，他没有在我的身上找到不正常的电信号。

戴维森一直观察我的心脏底部的反应。他觉得可能是在我运动的过程中，肺部的四条主血脉一下子把血都输送到心脏，从而触发了心率不规则的状况。所以这一次，他决定把这四条主血脉四周的肌肉都冷冻起来。他选择一次性冷冻四条主动脉，而不是逐一排查。他用非常平静的语气向我解释，虽然这么做会导致心脏骤停，但这都是在他们的可控范围之内。

当戴维森开始冷冻程序之后,我的心脏就像被铁锤狠狠地打了一下,这种感觉已经超过我可以忍受的极限,我的整个身体仿佛在燃烧,心脏似乎也停止跳动。

"你不会有事的,"戴维森说,"我曾经给一名运动员做过同样的治疗,在心律恢复正常之后,他只用了三周的时间就可以重返赛场。你的情况稍稍复杂一些,所以恢复的时间也更长一点。"那时候,我巴不得赶紧离开医院,回到我那温暖舒适的家里。

我一直催促身边的护士:"应该可以了吧。让我回家吧。"直到夜晚11点,护士终于答应了我的请求。

"现在你可以回家了。"

手术之后,丽莎一直陪着我。当我们走到接待处的时候,我忽然感觉似乎有什么流到了我的脚下。我卷起裤脚,往下一看,是血!和往常一样,看到血液不断沿着我的大腿流下来,这让我有呕吐的感觉。"那种感觉又来了。"我想,"我又要晕过去了。"在此前的治疗过程当中,护士在我的腹股沟开了一个小口,她们从这里把电线插进我的体内,一直连到我的心脏。由于创口很小,护士没有缝针,原本想让它自行愈合。为了配合治疗,我还服用了稀释血液的药物。很显然,这个创口没能自愈,当我再站起来,双腿一受力,又开始流血了。

"丽莎,等一等。我坐下来,我们哪里都不去。"血一直在流,我只能躺在椅子上,然后把脚放到桌子上,阻止血液的流动。

"你的脸色都发白了。"丽莎说。

"丽莎,你得赶紧叫人过来。"

接待处异常安静,不过丽莎最后还是找到了一位护工。这位护工慢悠悠地来到我身边。他们最后给我找来了一张轮椅,把我推回到之前的病房里。

第十七章 心脏病患 | 293

第二天，我回家了，我满脑子都在想着戴维森说的三周时间。能够回家让我心情愉快，接下来，我开始康复疗程。那时候，我想得最多的就是在三周后重返赛场。好吧，我该怎么做才能恢复健康呢？计划是什么？第一步，在屋子里随意走动一下。下一步，什么时候才可以回卡灵顿碰碰球？什么时候我可以开始慢跑？什么时候我可以和体能教练一起到户外跑步？什么时候我才能回归正式训练？在我准备好再次参加正式比赛之前，我还要参加多少次球队训练？我迫不及待地想回到卡灵顿，和队友们待在一起，重新投入到这份我心爱的工作中。我喜欢有规律的生活，所以我真的不想出现任何偏差。我的身体还需要进一步的休整。在家里的第一天，我在脑海里把所有的计划都过了一遍，但是我的内心依然浮躁。非常幸运的是，戴维森和皮雷斯一直给我最好的照顾。

我开始不断地审视自己的身体状况，三周的时间真的足够吗？不可能。这太不切合实际了。有几天，每当我从沙发上站起来，我都会感到有点头晕。我的心脏跳动剧烈，这让我险些失去知觉。父母也赶过来照顾我，每当我们遇到紧急情况，他们总会出现在我们的身边。每当他们问起我的状况，我就会回答："这只是麻醉过后的反应而已，没事的。"从母亲的眼神以及她与父亲的耳语中，我能感到他们的担忧，他们知道我的身体状况确实不太好。我必须要安抚他们的情绪，所以我一直笑着说自己没事："我会在三周之后复出。"但是我知道自己不可能在这么短的时间内回归赛场，我不过想安慰他们罢了。

为了能在三周后重返赛场，我最初制定的计划是在第一周之后开始慢跑。但是在最初的两周时间里，我只能躺在沙发上，整个人感到虚弱无力，只能偶尔外出打一下高尔夫球。这个时候，皮雷斯对我说："只要你的心跳频率不再出现异常上升的情况，你就没事了。"

"在我打高尔夫球的时候，我肯定会心跳加速！"我回答。当我躺在沙发上的时候，路易丝和杰西经常走过来询问我的状况，他们还会问我什么时候可以参加比赛。"我很快就能上场比赛，只是腹股沟还有一点小问题而已。"为了不要吓着他们，我不得不这样对他们说。

有一个晚上，我去看路易丝的足球训练课，半场休息的时候，她让我从车里把她的饮水瓶拿过来。

"等我两秒，我去去就回。"

我慢跑过去，最多就是100米的距离。在我跑回去的时候，我的胸口感觉不太好。我什么都没有说，只是笑着鼓励路易丝在下半场的比赛中能够踢出更好的表现。这个疾病确实对我有很大的影响，我距离完全康复还有很长的路要走。第二天，我去了卡灵顿，尝试绕着球场慢跑，但是我做不到，因为我的心跳频率在直线上升。皮雷斯和运动学专家建议我在跑步机上训练，但是我只能跑出60%的状态，这时皮雷斯说："好吧，你要停下来了。"我的心跳频率只允许达到这个水平，再跑下去的话，恐怕又会超标。

"这种训练是毫无意义的。"我对皮雷斯说。之后，我做了10个俯卧撑，我的心跳频率又一次达到了临界点。

我很感激穆里尼奥，他给了我足够多的空间，没有向我施加任何的压力。他不会催促我赶紧回到赛场上，这让我心存感激。他或许在想，我有可能会宣布退役离队。"我已经承受了这么多的痛苦，不可能轻易放弃，我肯定会振作起来。"我知道穆里尼奥支持我，这一点对我来说是非常重要的。

慢慢，我的情况有了好转。10月7日，我带上父亲去曼彻斯特体育馆观看安东尼·科罗拉和里奇·伯恩斯的世纪对决。我喜欢科罗拉，他是曼联的铁杆球迷。不久前，他还参观过卡灵顿，我和他也有过交流。我正在康复疗程，正好可以利用这段时间来看这场拳赛。我为科罗拉感到紧张，因为我希望他赢得这场拳赛的胜利。现场气氛很热烈，特别是我们坐在内场。比赛很激烈，经过三四轮对决之后，我的心跳频率开始上升。我一开始觉得，可能是自己太紧张了。或许这种状况平常也会经常出现，只是没有引起我的重视。在第五轮和第六轮对决的中间休息时间里，我感觉身体有些发烫，所以我站起来想冷静了一下，但是马上感到一阵眩晕。我很快又坐下来，故作镇定，为了不让父亲意识到刚刚发生了什么，我不想让他担心。

到了第七轮和第八轮的比赛，我感觉自己的心都要跳出来了，我看着手表，默默数着心跳次数，我的动作很隐蔽，所以父亲没有察觉。由于我的手表没有秒针，所以得出来的数字也不完全准确。我一直在看着自己的手表，继续在数着心跳。这个时候，摄像机镜头一定是对准了我，因为我开始不停地收到朋友们发来的信息："你的手表坏掉了？"之后的几轮比赛，我的心跳频率稳定了下来，最后我恢复了正常。比赛结束的时候，我已经忘记了这些痛苦的经历。十二轮对决过后，科罗拉凭借点数优势，赢下这场比赛，当时我情不自禁地跳了起来，我为科罗拉感到高兴，但是这个剧烈的动作导致我再次感到晕眩。我做了几次深呼吸，让自己的身体状况稳定下来。之后，我去更衣室探望科罗拉的时候，情况又恢复正常了。

这件事让我感到忧心忡忡。我告诉了皮雷斯和戴维森，他们又做了更多的检查，然后安慰我说，这是治疗过程中出现的正常反应，不需要太担心。在拳击比赛过去了大概一周的时间之后，我才把这件事告诉父亲。我知道一切都正常，他不需要担心。

10月底，我想，那个所谓的"三周时间"早就过去了，但是我却丝毫没有回归的迹象。我在里奇·霍金斯的帮助下尝试做一些慢跑训练，他是专门负责指导我进行康复的运动学专家之一。起步阶段，我的感觉不错，然后突然之间——我就像被子弹击中了，无法再发力。

"里奇，我跑不动了。"那种感觉很压抑。就像是被困在泥潭里，无论怎样挣扎，就是无法动弹。有一天在卡灵顿，霍金斯和皮雷斯来看我的跑步训练，我没有跑得太快。不过霍金斯也在俱乐部里工作了很多年，他很了解我的运动能力。"里奇，我要放弃了。我不能再继续跑了。"我从不轻言放弃，但是这一次，我必须接受这种结果，我无法发力，我还远没有恢复到自己的正常状态。

在开车回家的路上，我想我在这里到底还能做些什么？我真的是太傻了吗？我原本就计划在2018年5月宣布退役，所以我在想，还剩下六个月的时间，我的心脏出现问题，现在距离回归赛场还有很长的一段路要走，我应该就此放弃吗？我从来不曾有过这种放纵自我的感觉。我可以任意支配自己的时间，没有足球的生活也向我敞开大门。

我对丽莎说："这就是没有足球的生活。"我看着路易丝和杰西参加体育锻炼。我喜欢在屋子周围闲逛，与丽莎以及孩子们一起享受天伦之乐，这才是一家人应有的样子。这些年来，丽莎一直和我在一起，我的日常生活总是离不开职业球员的背景。我也有想过自己与丽莎的关系。现在能够自由支配彼此相处的时间，才真正让我们觉得能拥有彼此。没有比现在这样更好的家庭生活了，路易丝和杰西总是在我的身边。我们可以做一些计划并付诸实际行动，我不需要等待球队的征召，然后去报道。我不需要考虑明天就要出发吗？还是不需要去？我会去老特拉福德看比赛。我很感谢那些曾经帮助我应对这个紧急状况的人。我告诉自己："现在是时候结束了。我曾与足球为伴，有过高光时刻。我热爱足球，但这就是生活。"真的就在那一刻，回首这段日子，我真的意识到自己的身体状况到底有多差。幸好在我的身边，有最好的医疗资源，我无法对皮雷斯、戴维森和他们的医疗团队表达出足够的感激之情。但我也不希望自己的球员生涯如此终结，毫无意识地躺在手术台上。我要用自己的方式来结束这一切，一切都遵从我个人的意愿。没有人能够理解一名职业球员面对退役时的那种沮丧和痛苦。我讨厌无所事事的感觉，让我恢复健康，让我再次上场——这才是我的足球之路。但是我所面对的这个问题，不仅仅是一次伤病。这是一个更为严重、关乎健康的身体问题，这不同于拉伤小腿肌肉或大腿肌肉的伤病。这种伤病已经上升到另一个层面。这次心脏出现问题让我对于自己的人生和职业生涯有了新的认识。

现在，我不再渴望着回到赛场上或是参加训练，因为我知道是时候停下来了。我只想着在赛季的最后几个月里能够回来，然后以一个积极的态度走到终点。我的队友们也十分支持我，他们经常来询问我的状况，有的人知道我是心脏出现问题，而俱乐部尊重我的请求，尽量把这件事情保密。除了个别挪威的网站，其他媒体都无法收到任何风声。虽然外面有一些流言蜚语，说我接受了心脏搭桥手术，之后还有人说我接受了体外循环心脏手术，因此对于曼联来说，要隐藏真相也并不困难。但是我一直无法参加训练，所以对我的疑问也就从未消停。

我需要佩戴测量心率的仪器，还有监控心电图的医疗设备，才能与体能教练单独训练。直到10月29日，我终于可以与球队合练了。虽然我还需要一段时间才能恢复到最佳状态，但是至少我已经取得进展，不需要佩戴医疗设备进行训练。11月中旬，医疗团队表示我的心脏状况良好，我要做的就是继续训练，进一步磨炼自己的竞技状态。就在这个时候，有关我的使用问题让穆里尼奥颇为头疼。所以我选择在11月24日发表了一份声明，对外公布了自己的身体状况。

我收到了很多问候。即使是那些在网上经常"黑"我的人也停止了对我的攻击！这些支持让我感动。人们原本猜测我只是遭遇一次普通的受伤，但是看到我的声明之后，他们才知道是心脏的问题，这让事情显得很有戏剧性，所以我才选择在恢复训练之后才对外发布声明。我只需要简单地回应："看，这也不是大问题。我已经痊愈了，现在也回来了。"发表声明之后，我觉得向路易丝和杰西说明真相是很重要的。尽管在这方面，我也是敷衍了事，我只是简单地告诉他们："我的心脏有点问题。"

能够再次和队友们一起训练的感觉真是太棒了，但是让我感到沮丧的是，不久后我又遇到了一个小问题，我的小腿神经出现强烈的痛感。正如他们经常说的那样："这就是老人家的小腿。"我又开始想，感觉自己在这里像是一个要被救济的人。我在开什么玩笑呢？我无法完成正常的球队训练。我真的想一走了之。我的球员生涯只剩下六个月的时间，但是距离回归赛场，我还有很长一段路要走。现在做这些到底有什么意义呢？

这是一段困难时期，但也让我清楚地意识到，自己是时候离开了。时光飞逝，我已经准备好迎接这个终点。我的内心很平静，如果可以的话，我还会以曼联球员的身份继续为球队做出贡献。只要球队有这样的需要，我也做好准备，那么我就会回来，穆里尼奥也同意了。在这件事上，我真的要感谢他、俱乐部和我的队友。我告诉自己："再来一次。"

经过两三次的恢复训练之后，我的小腿状况有了很大的改善。我努力训练，让自己找回比赛状态。2018年1月22日，穆里尼奥非常平静地对我说："你将在周五的比赛中上场。"那是足总杯对阵约维尔的比赛！时隔128天，经历了这么多的磨难之后，我终于回到赛场上！穆里尼奥的决定让我深受感动，因为我从来没有想过自己可以参加这场比赛。

"噢，好的！没问题！"穆里尼奥的决定让我整个人都感到精神抖擞。还有比这个更动听的话吗？当然，那就是路易丝和杰西在家里大喊："太棒了！爸爸回归赛场了！爸爸回归赛场了！"看来我的孩子们比我还要兴奋！看到他们如此欣喜，过去所承受的一切苦难都是值得的。

来到休斯公园，看到球门后面的曼联球迷，我感到很欣慰。即使在这场比赛过后，我就要退役，至少我可以亲手为自己的球员生涯画上句号，而不是用那段对阵伯顿时的痛苦回忆来作为我在职业赛场上的终点。做客约维尔的这场比赛，对我来说意义非凡，因为球迷们用歌声欢迎我的回归。你要知道，每当队内有球员遇到不好的事情，这里的每个人都会围绕在他身边，给他送上更多的支持，帮助他走出困境。曼联球迷在那个晚上给我的支持让我感到难以置信。赢下比赛之后，我走向客队球迷看台，向他们挥手致敬。在球门后面，有一个小孩，我把自己的球衣送给他。我从来不觉得，收获到曼联球迷的支持是一件理所当然的事情，但是在我即将要退役的时候，我想对他们表示出更真挚的谢意。我意识到，这可能是我最后一次以球员的身份出现在他们面前了。

我在球场上也很快就进入状态，甚至在比赛初段和主裁判有过一些争吵，因为我觉得自己遭到侵犯，主裁判却漏判了这个任意球。我的母亲在赛后特别提到这个场面："你又开始说脏话了，迈克尔，我看到你说脏话了。"我终于回来了。

第十八章　下一个挑战

在我复出的 11 天后，我们迎来了慕尼黑空难的 60 周年纪念日，俱乐部在老特拉福德举办了一系列的纪念活动，整个气氛显得特别肃穆。在活动现场，我被安排坐在查尔顿爵士的身旁，这让我感到十分荣幸。这场悼念活动所包含的意义已经大大超越了足球运动的范畴。哈里·格雷格就坐在我的身后，他已经很长一段时间没有回来了。我们的 U18 和 U23 的年轻队员，还有一线队的球员都来到活动现场。U19 青年队在贝尔格莱德，他们在游击队球场出席另一个纪念活动。在慕尼黑空难发生之前，巴斯比宝贝就是在那里踢了最后一场比赛。让我们的年轻球员了解慕尼黑空难在曼联历史中的意义是很重要的。后来在与他们中的一些人进行交流时，我知道他们对于能够参加这些活动也十分激动。把对这段悲惨历史的敬畏一代一代地传承下去是很重要的。随着悼念活动的进行，球迷在高喊"我们永不凋亡"。活动现场的气氛非常感人。天空飘着雪花，我们坐在那里像结冰了一样，这样的天气让活动现场平添了几分悲伤的气息。我和穆里尼奥一起献上花圈，然后大家合唱《与我同在》。整场活动显得十分庄重。我看到了有 4500 人来到老特拉福德向巴斯比宝贝致敬，还有欧洲各地的纪念碑，这再次提醒我，曼联是一家多么特别的俱乐部。

我知道自己作为职业球员，在这家伟大的俱乐部里的日子已经所剩无几。在我的余生里，我将坐在电视机前观看欧冠的比赛，过往的记忆浮现脑海，我很想继续在踢球。但是这一切终将成为过去。我的身体在提醒着我，我的双腿已经无法继续承受这样的考验。或许从表面上看，这样的迹象并不明显，但是我的确是有这种感觉。我的身体告诉我，是时候退役了。

那么接下来该做些什么？去上两个月的高尔夫球课程似乎很不错，然后是享受假期，之后再考虑下一步——感觉就像在赖床，总是慢条斯理地做着下一个动作，不想过早地离开自己的床。我见过一些球员退役后的处境并不好，特别是在刚开始的那几年，生活环境的巨变导致他们的婚姻出现危机。好像是说有大约40%的球员在退役后的几年里会离婚。对于这个话题，丽莎和我谈了很多。我们的婚姻关系非常牢固，我们很享受与彼此待在一起的时光。丽莎从来不会和我吵架，我们在一起的二十年里，可能只有三四次的意见分歧。如果有不好的状况出现了，我只保持安静，这可能对她来说是一个更糟糕的情况，因为她只是需要有人让她放松下来。和一跟筋的运动员生活是很难的。老实说，要融入我的生活对她来说是一个苛刻的要求。不过我们的婚姻关系没有受到影响，我们的关系坚如磐石。有些球员总是喜欢在夜里出去玩，或者一有时间就去打高尔夫球。我的私生活总是很自律，甚至可以说有点沉闷。丽莎经常会看着我，对我说："你能打起精神，生活得更快乐一些吗？生活里还有很多事情可以做。"丽莎理解我对足球的痴迷，她从来不会质疑我。她在日常的生活里总是配合我保持着自己的最佳状态，她为我牺牲了很多。我总是对丽莎无法得到她想要的生活而感到内疚。

她去了大学，想进一步提升自己的普拉提技艺，但因为我转会到曼联，她只好放弃了这一切。丽莎是一个了不起的女人，她很支持我。她陪着我经历了起起落落，一直在我身边。我是非常幸运的人，尽管有时候我会感到痛苦，但是有她在身边，能让这一切变得更轻松。丽莎有点像我母亲，很多时候她挺讨厌足球。

我是一个幸运的人。每个成功的男人背后都有一个坚强的女人，丽莎总能在我的身边，为我提供建议和想法。她了解我的内心，甚至在我自己还没有察觉的时候，她就知道我的情绪出现了问题，她有这种直觉。丽莎给我的爱和支持是很不可思议的，我们是一个团队，她允许我全身心地投入到自己的足球事业中去。尽管有时候，我会离开英格兰，跟着曼联去踢比赛，但是我回来之后，她从来不会把孩子们甩给我，对我说："轮到你了。我已经照顾了他们十天。"或者对我说："我们今晚出去玩吧，因为我很久没有见到你了。"她完全理解我的需要。她太无私，太有耐性了。我们是最好的伴侣，彼此相伴，共同分享那些最美好的时光，在一起相处二十年之后还能够保持这样的关系，真的是太棒了。

我喜欢孩子。我希望自己的生活里总能听到孩子们的欢声笑语。幸运的是，我们结婚后不久，丽莎就怀孕了。还有两周就要分娩的时候，医生发现胎儿的胎位不正，我们别无选择，丽莎只能接受剖腹产。我们收拾好衣物，早上7点出门口。看到护士抱着宝宝，听到她的第一声哭泣，那是一个美妙的时刻。生命诞生的奇迹让我感到非常震撼，我很关心她俩的状况，过了几分钟，我才意识到这是个女孩，我们有了自己的小公主。我剪断脐带时才发现，原来婴儿的脐带这么坚韧。我们花了一整天的时间都在盯着路易丝，享受着这份纯粹的喜悦。

到了杰西出生的时候，丽莎受了更多的罪。她的背部在怀孕5个月的时候就开始出现问题，导致她无法行走，只能躺在床上。她受了很多苦。这一次，丽莎还是要接受剖腹产，因为医生担心她的背部无法承受自然分娩的压力。我们还是不会太在意宝宝的性别。不过在杰西出生之后，我的生活真的是完整了。一个女孩，一个男孩，我还能要求什么呢？更重要的是，他们都很健康。路易丝刚满两岁，她穿着自己的护士制服，带着她的小急救箱去看杰西。

路易丝很喜欢骑马。几年之后，我们给路易丝买了一匹名字叫"里奥"的小马。这匹小马的旧主人是狂热的曼联球迷，所以她把这匹小马命名为"里奥"。这匹小马现在已经成了路易丝的宝贝。每次，她跳上马背，她就会感觉自己变身成为杰·塔特萨尔，这让她心花怒放。丽莎能为孩子们所做的事情令我感到惊讶，路易丝第一次上骑马课，丽莎根本不敢靠近那些马匹，但是她从头开始学习、梳理、喂养、照看，她愿意做任何事情帮助路易丝。路易丝甚至要我也去骑马！她很想我学骑马，不断唠叨着叫我去上课。我总是用踢球来做借口，我不想冒险。退役之后，当丽莎和孩子们在夏天出外度假的时候，我让安吉拉教我骑马，她拥有一个马场，还负责上课。我想保守这个秘密，然后给他们制造惊喜。为了路易丝，我想学会骑马。我上了五节课。当她回到家，看到我在骑马的时候，她真的是大吃一惊，为此，我留下了喜悦的泪水。像这样的事情总会触动着我的内心深处。现在和路易丝一起去的马厩成了我最喜欢去的地方之一。这里很平静，让我可以完全静下心来。我从来没有想过做这样的事情能让我平复思绪。看着路易丝和里奥的亲密关系，真的很神奇。她在马场里总是感到那么地满足和快乐。

作为父母，看着孩子一天天长大，在生活中不断成长，这是最美好的事情。路易丝对于马术的兴趣与日俱增，这令我自豪。她很风趣，也很随和，内心善良，除此之外，我还能看到她对于争取成功的坚定决心。我从来没有想过自己能拥有一个内外在都如此完美的女儿。

孩子们对我来说，意味着一切，他们是我的生命源泉。尽管他们的个性不同，但他们同样充满着爱心和对他人的关怀。带着杰西踢足球、打网球和打高尔夫球，能够和他共度这些美好的时光，这是无价的。和孩子们在一起能让我释放自己，逃离压力。

杰西的眼睛里闪烁着光芒，他得到了周围的人的宠爱。他并不顽皮，只是有很多小点子，他喜欢很多运动。他能坐下来看一整晚的高尔夫球、板球、橄榄球、F1……他侃侃而谈，记住所有的小细节。在这方面，他很像我。我也几乎关注所有的体育赛事。

高尔夫球和F1是我的兴趣，我对这两项运动非常着迷。我也一直很喜欢汽车。2014年，我买了一辆法拉利599GTO。真的很漂亮！拉风的造型，白色的轮毂。我真的很喜欢这辆车，开着这辆车令人感到肾上腺素激升，它更像是一辆赛车，而不是一辆公路车。但开着这辆车，同样会让我感到不安，开法拉利实在是太招摇了。有一天，我和丽莎在一起，我把车停在车库，我对丽莎说："你把这辆车开出去加油吧，我不想去。我的感觉不太好。"于是丽莎把车子开出去加油。我很少开这辆车，也许在大伙儿放假的时候，有那么两三次，我开着这辆车去训练。最后，我把它卖掉了。

我在曼联的一位朋友认识马克·韦伯，他曾经是红牛车队的车手。当他还在效力车队的时候，他邀请我们去看比赛。我认识了丹尼尔·里卡多，他也是澳大利亚赛车手，现在还是为红牛车队效力（截止2018年）。F1赛事对于细节的把控很不可思议的，赛车的整个生产过程让我很感兴趣，一丝不苟的工程师，整洁的车房和高效的技工。我喜欢这样的工作环境。通过F1赛事，我能感受到自己所欣赏的那种严谨和有序的氛围。

我和父亲、格雷姆，曾经在东北部的克罗夫特参加过赛车活动。我参加的是福特方程式比赛，赛车只有两个很小的座位，档位杆还是老式的，所以车里面显得有些拥挤。在赛道上，我过弯的时候摆动方向的幅度太大，我的车撞到墙上。幸运的是，我没有受伤。如果我受伤了，那么我就将给曼联带来麻烦了。当然，我从来没有想过自己会出现意外，更不用说是撞在墙上！

退役之后，我接到了马克·韦伯的电话。"你想去银石赛道跑一转吗？"那是必须的！F1赛道！两座赛车！F1大奖赛的周末！这是我一直以来的梦想。韦伯知道我多么热爱F1，所以他安排我在比赛日的早上10点去赛道里跑一转。老实说，我真的控制不了自己。我在早上9点就来到现场，还带上了父亲、丽莎、杰西和我的朋友米茨，米茨曾经在红牛车队担任过营销总监。工作人员给了我整套装备、赛车服、保护服和头盔，甚至还有赛车专用的鞋子。我必须接受一次快捷的医疗检查，以确保我的身体状况能够参与这项运动。帕特里克·弗里萨舍是驾驶员，我就坐在他的后面。我必须挤一挤才能坐进车子里面。车里的空间本来就很小，我的腿还很长，所以要坐进车里面就变得更困难了，舒适性就更不用考虑了。"让我坐进去就行了。如果有需要的话，我甚至可以弯曲身体，用膝盖顶着自己的耳朵！"工程师为我系好安全带，一条安全带绕过我的肩膀，另外一条安全带夹在我的大腿之间，这样就能把我固定在自己的位置上。安全带系得很紧！工程师的声音通过头盔里的对讲机传到我的耳中："我还没有完全系紧，这只是到75%的程度。绿灯亮的时候，我才会把它完全系紧。"

"噢，好吧！"

在我和弗里萨舍之间垫着一块板，他对我说："在我们急刹车的时候，它会防止你的颈部向前冲。"我坚信自己能够适应赛道上一切有可能发生的事情，我对他说："你可以靠着这块板。"由于我的脚已经伸到了弗里萨舍的下方，他每一次扭动方向盘，操控车辆转向的时候，手肘都会撞到我的膝盖。但我不介意。真的，快点让我上赛道吧！没有其他事情能比这样的经历，让我感到更加兴奋。足球只是我的工作。赛车带给我完全不同的刺激。我就像走进老特拉福德球场的曼联球迷，站在替补席边上，等待着登场。绿灯亮起，工程师为我盖上头盔，把安全带系得更紧，我甚至无法呼吸。我向杰西竖了一下大拇指，之后我感受到发动机转速在迅速提高，我们出发了。发动机的噪音真的很大。我感觉自己上了天堂。我们跟在扬森·巴顿的身后，他曾经是一名摩托车赛车手，他的赛车上还有著名主持人盖·马丁。一进入直道，弗里萨舍把油门踩得更深，那种噪声、压力和肾上腺素飙升的感觉是我从未有过的。弗里萨舍在暖胎，他让车子左右摆动。我的身体像是已经被压垮了，这个时候，我们还没有进入第一个弯道。我无法控制自己的身体，我感觉自己不能跑第二圈了，极限加速之后又要急刹车，车辆左右摆动的情况变得更加严重。我甚至觉得自己连第一圈也坚持不了。

我们想要在第二个弯道的内线超越巴顿的赛车，这才是的真正体验。我绷紧身体，准备着迎接在弯道急刹车带来的冲击。韦伯曾经警告过我，赛车会给车手带来巨大的冲击。真的太凶猛了！直到现在，我还想不明白为什么赛车可以在高速运转的情况下急速刹车。我一直看着仪表盘的数值变化——200、150、100，然后在一瞬间变成静止！幸运的是，我很熟悉这条赛道，所以我可以预测下一次冲击在什么时候到来。当我们急刹车的时候，我把所有力气都集中到双脚上，抱紧身体，这样我的头就不会撞到前面的挡板上。整个过程，我的笑声没有停止过。在马格特斯弯、贝克特斯弯和卡佩尔弯上飞驰的感觉真是太棒了。弗里萨舍在赛车进入惠灵顿直道之后全力加速，那种轰鸣声让人感到不可思议。我看到赛车场的主看台已经为比赛日做好了准备，这是我和F1赛车的一次最亲密的接触。

两圈赛道很快就结束了，我还意犹未尽，我还想再来一次。这是我做过的最美好的一件事。我终于能够亲身感受到赛车手在每个周末的比赛里会有怎样的经历，我对他们的敬意上升到了新的高度。在这里，我要向马克·韦伯、F1体验计划和倍耐力热圈计划表示由衷的感谢，是他们让我有了这样一次非凡的体验。

在我决定退役之后，丽莎和我讨论了很多关于未来的计划。我一直在想，为了家庭，自己在退役之后就从足球比赛中抽取出来。不过这个世界还是会照常运转，我希望从事教练的工作。2015年11月8日，在卡灵顿发生的一件事让我坚定了从事教练工作的信念。当时，斯特拉德维克递给我一份问卷，类似某种人格测试。"你想做这份人格调查报告吗？"斯特拉德维克问，"如果你从事教练或是管理层的工作，这份调查报告能给你带来很大的帮助。"

"好，我会完成这份问卷。"

在那些像是"描述自己"和"个人想法"的空格里，我写了很多东西。最终，报告里详细描绘了我的性格，真的准的离谱！"迈克尔是一个热心肠的人，有耐心，性格平稳，工作的时候非常有规律。"报告里接着写道："他喜欢深思熟虑，从而确保获得成功。如果迈克尔需要制定一系列的计划，他会进行周全的考量，非常注重细节。一旦把整个流程确定下来，他希望严格遵从这个流程并亲自执行。"这些点评就是我的真实写照。"他从帮助他人的过程中获得满足感，他喜欢为他人提供安全感，就像安保人员。"这一句话说到了我的心坎上。"在做出决策这方面，迈克尔总是小心翼翼，他会花时间跟进整个过程，从多个角度看待事情，降低意外发生的几率。"我真的不知道为什么这份报告可以对我有这么准确的分析！

看着这份报告，我意识到自己的未来就在足球教练的这个岗位上。正因如此，2017年底，当穆里尼奥邀请我加入到他的教练团队时，我感到受宠若惊。能与穆里尼奥一起工作，向他学习，这种机会非常难得。要知道，只有少数球员能够从球员成功转型为教练。穆里尼奥是一位赢家，他在比赛里总能快速应变，有着果断的执行力，能够近距离观察他的一举一动，让我获益良多。

2018年开始的两三个月，在从球员转型为教练的过程当中，我还是有些无所适从——是继续参加比赛，还是就此结束？无论观看比赛的角度，还是训练的方式，我都有了新的角色。看着队里不同的球员，我想自己该做些什么帮助他们呢？我享受与球员们一起工作的乐趣，尝试在球场内外帮助他们变得更好。这就是我现在面临的挑战,我希望用自己的想法和建议为他们提供有效的帮助。我已经不再考虑个人的问题。

5月1日,俱乐部举行了年度最佳球员的颁奖晚宴。"丽莎,你不用去了,这个晚宴已经和我没有太大的关系,你留在家里就好了。"我说。

"好吧,确实没有价值了。"她最初回应。不过在晚宴临近开始的时候,丽莎说:"你知道吗?我想我还是要去。"她的话让我有些惊讶,因为前两年她都没有出席。我们看完了所有奖项的颁发过程,到了最后,穆里尼奥让我走上舞台,给了我一个口哨,当时我就笑了。训练的时候,最大的问题就是找谁做裁判,因为球员总会抱怨裁判,所以工作人员都不愿意当裁判。这个工作绝对是吃力不讨好的苦差事,"这就是你明年的角色了!"穆里尼奥笑着说,"你必须去当裁判!"之后,穆里尼奥给了我一件教练服,上面有我名字缩写,他还给了我一些治疗头痛的药。

"这些东西,你明年都用得上!"我真的没有想到自己还能收到祝福的视频。大屏幕上,第一个出现的是鲁尼,他形容我在冷静地影响着这支球队,这句评语不错。接下来,埃文斯、奥谢、弗莱彻、斯科尔斯和费迪南德都向我送来祝福。然后是弗格森爵士,还有我的孩子们,他们居然也都出现在了大屏幕上,这令我不敢相信!杰西笑着说:"你好,父亲,你是我的英雄,你的传球真的是太棒了。"发自肺腑的一句话。路易丝也有话要说:"你让我追随了自己的梦想。当我感到失落的时候,你让我重新振作起来。"她能说出这样的话,她真的很坚强。我的心都快要融化了,我很感动,但我控制住了自己的泪水。成为他们的父亲,这令我充满自豪感。我看着丽莎,帮她擦干眼泪。凌晨12点30分,我们回到家,孩子们都已经睡着了。我巴不得清晨的阳光赶紧到来,这样我就可以向他们说声谢谢。

几天后,穆里尼奥说:"西汉姆还是沃特福德?"他这么说我就明白了。对阵西汉姆的客场比赛是在5月10日进行,在职业生涯起步的地方完成最后一场比赛，这是一个不错的选择，但是我更希望自己的最后一场比赛是穿上曼联的球衣，走进老特拉福德球场，这意味着5月13日在主场对阵沃特福德，将成为我的最后一个比赛日。为了打好这场比赛，我加大了训练的强度，因为我知道自己还远没有恢复到正常的比赛状态，我想让自己在告别战中表现得尽善尽美。我邀请了亲朋好友来到老特拉福德球场，还让路易丝和杰西陪我一起出场。俱乐部也很热心地为我的基金会预留了三个吉祥物的位置。

"我不想小题大做，所以你们就别搞什么列队欢迎的动作了。"我对队友说。我还把阿什利·杨带到一边，因为他是队里资历最老的球员之一，"阿什利，如果你听到风声，就告诉他们，别这样做，我对这些不感兴趣。"

"行，我知道了，我知道了。"杨回答。

杰基·凯是球队的私人助理，我也有跟她强调，"杰基，你能不能和伍德沃德说一下，让他别操心了。我已经举办了自己的纪念赛，还有年度最佳球员颁奖晚宴上的祝福视频，俱乐部为我做的一切。就别再搞这么多仪式了，不然人们会对我反感的！"杰基带回来了伍德沃德的回复："没问题。"当我在赛前准备走出更衣室，到球员通道里列队出场的时候，杨轻声对我说："你站在队伍的最后面等一下。"这是在干嘛？比赛快开始了！

"你这是什么意思，阿什利？"

"我们要列队欢迎你！"他很快就跑了，球员通道里只留下了他的笑声。

"你这是在开玩笑吗？"我迅速地想要从球员堆里穿过，走向队伍的前面。

"不！你留在后面！"他们在大喊。

"不，我要留在这里。"接下来，边裁走过来检查我们是否还带着首饰，这个时候，我才发现自己还戴着婚戒。

"瞧，我是有多长时间没有踢比赛了？"我一边说着，一边从那些已经笑破肚皮的队友们身边走过。回到更衣室，我之前已经把手表摘了下来，放在鞋子里。我经常把自己的婚戒和手表放在鞋子里。我把婚戒摘了下来，然后急匆匆赶回球员通道。杨在赛后对我说，这是一个最好的意外，可以阻止我走在队伍的最前面。

我最后一个走出球员通道，孩子们已经在那里等候，亲朋好友也都在看着我，我能做的就是尽情享受他们的掌声。我从来没有在比赛中踢得如此轻松。比赛的过程也不错，起码让我感到满意，我为马塔送上了一次助攻。他在进球之后跑向我，与我一起庆祝。比赛结束后，我拿起麦克风，感谢现场的每个人："我在这里有很多值得回味的记忆。这是世界上最好的俱乐部。"我还提到了老大脑出血的意外。

"弗格森爵士刚度过了极为困难的一周。"我的话音刚落，老特拉福德的所有观众就向弗格森爵士送上最真挚的祝福。当我最后一次以球员的身份回到更衣室时，我看到队友们在那件印有数字"464"的球衣上签字。"464"是我代表曼联参加比赛场次的总数。我举起自己的球鞋，拍了一张照片，发布在社交媒体上。一切都结束了。我关掉自己的手机，和家人们一起离开球场。很高兴在社交媒体上收到这么多网友的祝福留言。第二天，我看到的第一条信息是来自穆里尼奥的，他要和我谈论新一周的计划。掐指一算，我的退休时间还不到24个小时呢！

球员生涯结束了，教练之路才刚刚开始。球员时期的经历，让我对于足球教练这份工作早有准备。在球场上担任拖后中场的角色，让我能够思考场上其他位置的球员有怎样的需求，对于边锋或是前锋球员来说，他们想在球场上得到怎样的支援，或者是防守球员需要得到怎样的保护。我对于比赛有了更多的思考。

在转型为足球教练的过程中，能够继续与曼联的球员一起工作，让

第十八章 下一个挑战 | 311

我十分兴奋。我喜欢执教曼联的 U14 代表队，对于这些孩子来说，重要的是对他们的生活和球员生涯负责。作为职业球员，我一直很独立，不需要太多的人围在我的身边。那时候的生活环境也更单纯一些。而现在的职业球员会得到更多的帮助，是的，他们需要专业的助理，特别是协助他们用正确的方式管理自己的财务状况。我的想法是，我们需要在他们刚踏入职业足坛的时候就要给予他们所需的一切帮助，而不是为他们打点好一切，这样只会让他们产生依赖心理，年轻球员要逐渐意识到自己该怎样做才能生存下来。现在的足球世界涉及大量的金钱活动，尤其是在顶级联赛。电视转播费用激增，让有天赋的球员可以赚取巨额的收入。现在的职业球员得到了与他们实力并不相符的金钱回报，这不是球员的错，而是这项产业出现了畸形的发展势头。

金钱导致部分球员变质，我同意这个观点。你离开学校，在社会上打拼，需要立足于这个世界。如果在你只有二十岁或二十一岁的时候，你就成了百万富翁，那么你可能很快就失去前进的动力，甚至是连你自己也不会意识到这一点。对于年轻球员来说，薪金应该和他们的实际表现挂钩。但我知道，对于有天赋的年轻球员，俱乐部之间的竞争非常大，这导致我的这个设想永远不可能实现。总有人愿意挥舞钞票，因为他们希望得到最好的球员。但是我始终相信，工资与表现挂钩，这会让比赛变得更加精彩，也能够真正地帮助球员成长。

现在，我在一线队与穆里尼奥一起工作，也已经拿到了 A 级教练资格证。2019 年 1 月，我将前往圣乔治公园开始专业教练资格证的学习。我喜欢教练的工作。但是在管理球队方面，我还有很多东西需要学习。这将花费很多的时间和精力，同时也要看我是否能够得到更多的工作机会。在新的工作领域里，我要像球员时期那样继续努力工作。一名优秀的球员无法自动转型成为优秀的教练，我自然是懂得这个道理。但是我会竭尽所能，越过下一座高山。

附录一　我和太太的对话

丽莎：我还记得最早和迈克尔通电话，他想约我出去，我一直在推搪他。当我放下电话，我的母亲说："你不能这样做，你不能让这个人一直等待，这个做法不厚道。"我不想伤害他。他已经是我非常要好的朋友。所以我给迈克尔打电话说："几个星期之后，我就要开始中考了，我想好好复习，我没有时间交男朋友。我只想专心考试。抱歉。"

不过我们经常通电话，就是简单聊聊天。我的闺密们都说，她们知道我也喜欢他。几个星期之后，我改变了想法。于是在中考结束之后，在 5 月 9 日的那一天，我和他约会了。然后他在 7 月离开，要去西汉姆。那一刻真的令我心碎。他说："我不能等到放假才与你相见，但我会给你买机票的。"那时候，他的周薪只有 42.5 英镑，他省吃俭用，凑够钱为我买了廉价航空的机票，让我飞过去找他。我很兴奋。那时候，我们都没有手机。我常常躺在母亲的床上，靠在电话旁，他每周都会给我打电话。我们也经常给对方写信。天啊，我保留了他的全部信件，迈克尔也保留了我的所有信件。他还曾经为我写诗。在迈克尔回家的时候，我们会在他家或我家开派对。

我留在学校，完成了 A 级课程，然后我想，我会留在纽卡斯尔，完成自己的工商管理学位。我总想着穿上漂亮的西装上班或登上舞台！当我搬到南部之后，我尝试从事会计的工作，还参加了舞蹈和哑剧的演出。但是我知道，和一名足球运动员生活在一起，或许意味着颠沛流离的生活，我需要学会一种技能，无论我们到哪里，我都能用到这种技能。我选择了普拉提，是迈克尔教我做普拉提，他经常做这种运动来帮助自己从伤病中恢复过来。我曾经学过舞蹈，这让我有着不错的柔韧性，我可以利用这些知识去帮助其他人，不管他们的年龄有多大。最后，我们把车库改造成工作室。女士都很喜欢这项运动，做到某个动作之后，它能让你特别有满足感。在过去的生活里，我确实牺牲了很多东西，包括我的梦想，但我从来不会抱怨，一点都没有。迈克尔总是让我觉得我们就像是一个团队。我们的父母总说："迈克尔所取得的成就不只是他一个人的事情，还有你的功劳。如果没有你做他的坚强后盾，迈克尔做不到这么多的事情。"

迈克尔：我知道丽莎为我做出的牺牲。在2006年加盟曼联的时候，我要把这个决定告诉丽莎，却觉得很难为情，我无法对着她说："我们要去北部了。"因为她的普拉提练习班有了不错的发展，她交了很多朋友。去北部意味着她要远离家人和朋友。我不认为她为我所做的一切都是理所当然，在这种情况下，我还能做些什么呢？我们一起出发，丽莎开着她的车，我坐在我的阿斯顿马丁小汽车里，车里塞满了我的衣服。我再也没有回我们原来的房子里。丽莎跟着我在曼彻斯特待了几天，然后回去处理卖房子的事情，她把房子收拾好，我们的生活转移到了曼彻斯特。像这样的事情让我对她的感激之情绵绵不绝，没有尽头。

丽莎：在我们搬到曼彻斯特之前，我去看了2006年世界杯。当时我们在巴登巴登，我住进了特意为球员家属准备的酒店。

迈克尔：球员的家属住在布伦纳斯公园酒店，这很疯狂。球员休息的时候，可能去那里待一个下午，不过那里感觉就像"屠宰场"。外面围着一群摄影师，酒店里面也有很多记者。镇上有一家叫加里巴尔迪的酒吧，很多时候球员会在那里和自己的家人们见面。

丽莎：天啊！我打电话回家说："母亲！多带些衣服来！所有女孩都穿得光彩照人。我什么都没有。"在那里，我只认识凯利·祖克尔，她是乔·科尔的女友。我和谢丽尔·科尔也算是认识，少年时期，我曾经和她一起跳过舞。我不认识科琳·鲁尼，但我会和她还有其他女孩子打招呼。我和所有人都相处愉快。那时候的感觉就像我要偷偷溜去 H&M，有人想一起去吗？这就是为什么我们总是一群人一起出去的原因。在那里，我们要么一起行动，要么坐在酒店吃东西。我们也会去加里巴尔迪酒吧。但吓我一跳的是，接下来我就出现在了《太阳报》的头版，在加里巴尔迪酒吧里我和内维尔的太太一起举起大力神杯！我们没有做错任何事情。我们是球迷，我们和其他来看世界杯的英格兰球迷一样兴奋。有人把大力神杯递给了我们，让我们举起来，事情就是这样。那些人说他们也是从酒店来的，但是他们拍了照，我可不认识拍照的人。家里人打电话过来通知我："报纸上刊登了一些报道。"我当时就在想，这是什么意思，报纸上写了什么？我从来没有想过有人会刻意制造事端，然后在现场拍照。不过即使到现在，我还是不理解，为什么他们要拍照？从来没有女孩子被拍过这样的照片，在桌子上跳舞有什么不对？当我看到这张照片的时候，我当然很担心，想着迈克尔和其他英格兰球员可能很生气。所以我给迈克尔打电话，我问他："你生气吗？"他回答："没有，真的没有，你没做错什么。"只是想到自己可能做了破坏球队夺冠的事情。我感到羞愧。我们去那里是要给他们送上支持的。

迈克尔：这真的让我感到很伤心，因为对父母、格雷姆和丽莎来说，他们只是在那里享受这场世界杯盛宴，他们只是想来看我踢球。有人想拍照，这不是他们的错。丽莎接过了大力神杯，被拍了照。当你通过他们所描述的角度来看这件事，我能理解为什么人们觉得这种行为像一场闹剧。就像马戏表演，不是吗？这就是媒体，是媒体制造出来的马戏表演。

丽莎：事实上，完全不是那样一回事。突然之间，我们不能离开酒店。这太糟糕了。我们不敢露面，我们无论做什么事情都会被拍照。老实说，我没想到摄像镜头会隐藏在我们出没的每个地方，但事实却是如此。有一天，我去打网球，又被拍照了。到了最后，他们用摄像镜头包围了整座酒店。

迈克尔：世界杯之后……

丽莎：我们去了巴塞罗那，我在那里办了女生单身派对，来了很多人，包括了我的母亲和迈克尔的母亲。我们住在锡切斯，整晚都在跳舞，太疯狂了。

我们开始筹办婚礼的时候，我们住在伦敦，所以我们选择了莱斯特郡的斯泰普尔福德公园，那里刚好在伦敦和纽卡斯尔的中间。斯泰普尔福德公园真的是很美。

迈克尔：我和伴郎们住在一间别墅里。我们在高尔夫俱乐部吃了一顿饭，喝了几杯啤酒，回到别墅的时间大约是晚上 11 点 45 分。我记得自己躺在床上，马上就睡着了，我要好好休息，为明天的这个大日子做好准备。其他人继续去了酒店的酒吧里喝酒。第二天，我听说酒吧里有人在大声唱歌，而且唱得超级棒。

丽莎：我听到了！我的房间就在酒吧上面。我真的走了下来，对着他们说："严肃点，伙计们。我明天就要结婚了，你们能不能赶紧睡觉？"

迈克尔：很显然，丽莎生气了，后果很严重！到了第二天，他们肯定是死翘翘了！

丽莎：举行婚礼的那一天，一切都按照计划进行。我和迈克尔一起迈入婚姻的殿堂了！我准时来到怀蒙德汉姆村附近的圣彼得教堂。我一向很守时。我很兴奋，等不及要为自己的人生掀开新的篇章。迈克尔的现场发言很棒，虽然话不多，但他说得很好。

迈克尔：我只想感谢丽莎，还有我的父母，感谢他们一直以来为我所做的牺牲和给我的建议，说着说着，我就越说越多了。

丽莎：我们没有练习过婚礼上的第一支舞。我们选取的背景音乐是布莱恩·亚当的《我永远会在那里》。这首歌很好地表达出了我们当时的感受。整个夜晚，我们都没有离开对方。我们甚至没有离开舞池。整个婚礼知道凌晨3点才结束，我们还去了酒店的酒吧里继续唱歌。我的哥哥和我们一起唱了埃尔顿·约翰的《你的歌》。到了周日，我们又搞了一场烧烤派对。这真是一个完美的周末。

迈克尔：我在2017年第一次回到斯泰普尔福德，我和路易丝一起去了伯里，试骑马匹。我们家里有一张照片，照片里的丽莎穿着婚纱站在斯泰普尔福德的楼梯上，路易丝重现了这个场景。关于这场婚礼，唯一不好的事情是有人在酒吧的角落里用手机偷拍了一张照片，罗比·基恩把领带绕在头上，结果这张照片登在报纸上。我们的家人感到羞愧，这是谁做的？我们不可能把婚礼上发生的事情爆料给媒体。我们不会这样做，我很注重私隐。所以我们的家人觉得有人把这张照片卖给报社，这是很不尊重他人的行为。作为一个大家庭，我们也难辞其咎。尽管我不太在意，但是我的父母和丽莎都很生气，他们的性格都很保守。除了圣彼得教堂外的那张大合照之外，这是在我们的婚礼上唯一被媒体曝光的照片。

丽莎：我们结婚的那个周末，杰拉德结婚了，加里·内维尔也结婚了，所以这引发了媒体和电视台的高度重视。圣彼得教堂外来了很多媒体。我们同意在离开教堂的时候让媒体拍一张照片。

迈克尔：到了周一，我们就去度蜜月了。在波拉波拉的背风群岛待了一周，然后又在拉斯维加斯待了四天。鲁尼和科琳当时也在那里，所以我们一起出去玩。

丽莎：在波拉波拉的酒店房间里，我们接到了来自《镜报》的电话。

我不知道他们是怎样找到我们的。唯一的方法可能就是搜索我们预订的航班。"我们能对你们的婚礼发表一篇社评吗？"他们问。我挂了电话，还是觉得惊魂未定，感觉我们被人监视了，这种感觉太可怕了。我们做出了一个谨慎的决定，那就是在私人生活里尽量保持低调。或许很多人觉得迈克尔当时的行为有些不合时宜，因为我们拒绝了很多活动的邀约。我们有家人和朋友，这就已经足够了。我们和曼联老队员以及他们的太太们一起出去玩。这就是我们的社交，这样的氛围特别好，我们唱歌，没有其他人会来打扰。迈克尔不会招惹其他的女人，真的。我一点都不担心。对于这点，我也觉得很有趣，这很好。迈克尔是我的最佳伴侣，最好的丈夫。没有迈克尔，我一般都不去度假，特别是现在有了孩子——我只想着我们能在一起分享更多的美好时光。我能理解迈克尔对于曼联的忠诚。就像他所做的一切，他会百分百的付出。他非常职业。

迈克尔：丽莎形容我很冷酷。即使是我们赢球了，我也不会在家里跳来跳去。在我的内心里，我为自己有好的表现或是帮助球队赢下一场大战而感到自豪，但是我不会喜形于色，走过去对丽莎说："这场比赛多么棒啊！"我喜欢把这种感觉埋藏在内心里，没有比帮助曼联赢得胜利更好的感觉了。

丽莎：在学校的展示课堂里，路易丝和杰西展示了迈克尔的那块足总杯冠军奖牌，这让他们感到非常自豪。

迈克尔：我对丽莎说："我们不该让他们拿这块奖牌，因为这就像是一种炫耀行为。"

丽莎：我的意思是："让他们拿吧，这没什么大不了的，你没有在炫耀。"

迈克尔：我是担心其他人有这样的想法——他觉得自己是谁？最后，他们还是展示了这块奖牌，倒也没有出现任何负面的影响。

丽莎：路易丝和杰西去了学校的每一个教室。他们走上讲台，谈到了这块奖牌的故事。他们都热爱足球。

迈克尔：路易丝和杰西之前也有踏上过老特拉福德的草坪，拍过一些照片，也许当时的他们还是太小了，不记得我是如何赢得联赛的冠军。足总杯冠军对我和我的家人来说意义重大，我们在2017年赢得联赛杯的冠军之后，他们曾经来过我们的更衣室。当时，装备管理员正在收拾衣物。

丽莎：他们都很喜欢这些装备管理员，他们喜欢一起唱歌，所有曼联的歌曲。杰西有点人来疯。他们在唱迈克尔的助威歌。在温布利，我们三个人用自己最大的力气唱这首歌，然后装备管理员也加入进来，我们都在等着迈克尔。

迈克尔：我去接受药检，当时没有在更衣室。他们在药检室外等我，载歌载舞。然后装备管理员走了进来，我们拿着奖杯，继续在唱"今天早上醒来，感觉良好；曼联在我心中……"现在很多人都非常了解曼联的歌曲。当你为歌曲开个头，所有人都会跟着一起唱。孩子们都喜欢这些歌曲。就像是我们赢得足总杯冠军的那个晚上，凌晨2点30分，我们在伦敦的科林西亚酒店，杰西、路易丝，还有阿什利·杨的孩子，他们还在唱着曼联的队歌，在酒吧里围着奖杯跳舞。他们都是真正的铁杆球迷。路易丝站在椅子上，他们在唱着："我们是著名的曼彻斯特联队，我们要去温布利。"

丽莎：杰西还与乔治·贝斯特"同场竞技"呢！

迈克尔：杰西有时候会跟我一起去训练场。他见到了装备管理员和球队大厨。杰西喜欢他们，他们都是真正热爱曼联的人。杰西会和他们击掌。杰西尊重曼联，他和这里的每个人都相处得非常愉快。

丽莎：路易丝想要一双埃文斯的球鞋，她曾经很喜欢埃文斯，路易丝的球衣背面印着"DADDY"。

迈克尔：杰西很喜欢拉什福德。他有一双拉什福德的球鞋，他还有拉什福德、马夏尔和博格巴的球衣。杰西喜欢这些球员。如果他想踢球，我不会阻止他。对他来说，选择职业球员的这条道路会更加艰辛，将会一直受到外界的评判。这是巨大的压力。要和孩子们去公众场所会变得很困难，因为会遇到很多要签名的人。如果我和孩子们在一起，或者是我们在吃东西。我希望得到一些私人空间。

丽莎：迈克尔确实有练过他的签名！当我们出去的时候，总会有人聚集过来。来的人越来越多，我差点就被推出去，他们要和迈克尔合照。我问："你需要我帮忙拍照吗？"因此我拍了很多照片。

迈克尔：我告诉她不要这样做，但是她经常这么做。她还会对我说："来，笑一个！"有时候，我的情绪不太好，丽莎会对我说："天啊，你要振作起来，笑一笑吧！"

丽莎：我不喜欢和迈克尔一起去特拉福德中心。但是他会说："噢，我的天啊，我讨厌一个人去购物。我只能在塞尔福里奇百货公司里玩躲猫猫。我甚至要藏在衣架后面！"我只能回答："现在就去！"

迈克尔：我讨厌自己一个人去购物，我觉得很不舒服。人们会盯着我，有些人会跟着我。我会觉得厌烦："要签名吗？来吧。"但是有些人只会在我身边走来走去，我讨厌这样。我告诉你，我最不喜欢的是有人对着我，一边挥动手机，一边说"跟我的朋友打个招呼"或者是"跟我儿子打个招呼"。在我的纪念赛开始之前，路易丝曾经对我说："父亲，我真的不希望你退役。"2017年10月，在我住院的那段时间里，路易丝写了一张祝福卡给我，"父亲，继续工作，这样我们就不需要妈妈出去工作了。"

丽莎：迈克尔完全专注于足球，无论输赢，他的态度都不会改变。他能让自己的精神状态为下一场比赛做好准备，特别是在弗格森爵士执教的时候。如果曼联输了，我们不会在比赛结束之后出去玩，迈克尔认为这是不对的。如果有人看到他外出，迈克尔觉得他们会想，你没有正视自己的失利。我也会为此而感到失落。我看了他们在 2014 年对阵奥林匹亚科斯的那场比赛，他们输球了。迈克尔是一个好的榜样，输球之后，他总是第一个站出来应对那些折磨人的赛后采访，因为他总是能应对得体。那次我真的很生气，罗伊·基恩在电视台批评了迈克尔的采访，这令我感到很烦恼。

迈克尔：我对这些采访没有意见。输球之后接受采访不会令我感到厌烦。我们在欧冠十六强战的客场 0 比 2 输给了奥林匹亚科斯，我真的没什么好说的，真的。基恩批评我的采访太过敷衍了事，他还批评了球队的表现，这没什么大不了的。不过丽莎很在意，她做出了回应，发了一条推特。我甚至不知道丽莎在推特上说了什么。

丽莎：他就是在搞事情，兴风作浪，这就是我的想法，虽然我也不是真的觉得他在恶意搬弄是非。我甚至不认识这个人，我只是觉得迈克尔能接受采访，已经不容易，而且他应对得很得体。"对他公平点，"我心想，"这是很难做到的事情。"我在推特上向他"开火"。我真的很愤怒。噢，我的天啊，接下来的反应也太恐怖了！我无法相信人们的情绪会这么负面。

迈克尔：你感受到了社交媒体的力量，这很残酷！我可是一直在面对着这种生存环境！我当时坐在大巴上，丽莎给我打电话，她哭着说："我很抱歉。我不敢相信自己做了这样的事情，让你陷入困境。"我其实真的一点也不介意。

丽莎：于是，我删除了这条推特。我发了另一条推特，上面写着："抱歉。推特删了。我的情绪变好了。"我有三个晚上都没有睡好。我可做不了迈克尔的那份工作，因为我很容易杞人忧天。我讨厌成为名人，我讨厌说错话，我讨厌有人会觉得我做了什么坏事，我喜欢自我感觉良好，我真的没有任何的敌人。有人来敲我们家的门，是《每日邮报》的记者，他想见迈克尔。"噢，抱歉，他不在家。"我讨厌这样的事情。

迈克尔：丽莎是一位很棒的妻子，她不是物质主义者。即使在明天一切都会消失，我也不认为这会对她有太大的影响。

丽莎：也不是。我在这里是为了迈克尔和这个家。

迈克尔：她真的很棒，非常支持我。她与我一起经历了许许多多的起起伏伏，她一直都在那里。我真的很幸运。我们从来不争吵，不过丽莎的个性很要强，真的很要强。她对我说："我不能踢足球，我无法控制住自己。"她会被罚下的！她不会咄咄逼人，但如果我们在玩斯诺克或在游泳池进行比赛，如果我击败了她，她也会感到沮丧。我永远不会让她输，永远不会！丽莎说："我希望我能和你一样冷静！"我总是对丽莎未能拥有她想要的职业生涯而感到内疚。即使到了现在，如果丽莎觉得自己没有做出一些实事，她还是很郁闷。丽莎不是那种坐在房子里无所事事也觉得无所谓的人。她现在越来越多地参与基金会的事务，她在这方面做得很棒。为了让我踢球，她放弃了很多。丽莎还是很棒的母亲。

丽莎：迈克尔是最好的父亲，所有人都是这样说。他对每个人的孩子都很好，他与所有亲戚的孩子都相处得很好，他也爱他弟弟的孩子。

迈克尔：我喜欢孩子。我有一个美好的童年，所以我只想自己的孩子们也生活得开开心心。这些年里，我的家庭一直围着我的职业生涯在转悠，但是我们从来不会让这种生活环境妨碍孩子们的发展。抚养孩子的过程里有时候很疯狂，需要四处奔波，这就是为人父母要为孩子们做的事情。如果路易丝去参加马术表演，即使我和杰西在外面，我也可以在半个小时之内赶去现场，我要确保自己能在现场为路易丝加油助威。无论多远，我都会去。我愿意做出任何牺牲来确保自己赶到那里。这是我从自己的父母那里学到的。母亲带着我们坐三四个小时的巴士，无论父亲在什么地方，他都会开车过来看我踢球。我们会小心谨慎地为路易丝挑选最适合的学校，我不想揠苗助长，我们为她减压。当她感到舒服和快乐，她就能茁壮成长。

丽莎：我的母亲在沃尔森德和路易丝一起踩单车，路易丝对她说："我的父母能在这里长大，他们很幸运，他们可以做很多我们没有做过的事情。"生活在没有路的乡间小巷，为了安全起见，路易丝不能在外独自行走。我们经常谈到，在我们的成长过程当中，我们曾经拥有过的和那些不曾拥有的东西。我们努力让孩子们每天都生活得开开心心。我把他们带到中央公园，坐上大篷车——孩子们都很开心。我们很幸运，能够在很棒的地方度过一个个美妙的假期。对于孩子们来说，最棒的假期就是待在帐篷或大篷车里。这真是太棒了！我们总在6月找一两周的时间，一家四口去度假。这是一年当中，唯一的时间，我们一家人都能待在一起，迈克尔也在。这些日子对我们来说都很珍贵。我们几乎每晚都会在房间里请求早餐服务，因为迈克尔每天早上都会很早起来训练。他去健身室，然后在早上7点回来吃早餐，我们一家人一直待在一起。

我为路易丝和杰西而感到自豪。第一次参加家长会的时候，老师对我们说的第一件事，就是他们都很善良，也很有礼貌。这让我觉得，太棒了，我们尽了为人父母的职责。我们很注重孩子们的品行。"请"和"谢谢"，这些日常用语代表着尊重。我们在这方面的要求非常严格。现在的孩子拥有太多东西，路易丝不久前才得到了我的旧手机。我们不会让她玩 Instagram，杰西还没有手机。

迈克尔：如果路易丝和杰西在餐厅点餐的时候不说"谢谢"或"请"，我会很生气的。"那么你们接下来要说什么？""噢，谢谢！"如果孩子们点餐的时候，我刚好走开了，我回来之后会问服务员："他们有说'请'或'谢谢'吗？"服务员回答："有的,有的,他们很有礼貌。""很好，很好。"

孩子们有时候也会把我惹生气，就像一个按钮，他们按了下去，然后我就爆发了。很多时候，我努力让自己冷静下来，因为他们只是孩子。如果我对杰西说了些什么，他不回答我，然后我会再说一遍，突然之间，我就发火了。比如他的鞋子，杰西从学校回来，在家里脱掉靴子，我会说："你脱掉鞋子之后，能把它们放到鞋柜里吗？"

孩子们在一家小型的乡村学校里面读书，那里的孩子有着各种各样的背景。他们在这种环境里生活并不轻松，特别是几年前，当曼联表现得不好的时候，我能察觉到他们的情绪变化，特别是路易丝。她从来不会回家哭诉或抱怨，但是她有提到过，有人说了些不好听的话——你父亲是垃圾，他不应该踢球。这令我伤心。她不应该面对这种压力。她出现在了我们这个家庭的最前线。现在，我对路易丝和杰西说校园里可能发生的事情。老师不可能控制一切，有些孩子总会受到刁难。但从长远来看，只要熬过那些艰难的日子，对他们日后的成长带来帮助。

我可以应对这些情况。我已经习惯了被批评和生活在聚光灯之下。我不想让自己的孩子也遭受这些苦难，但有时候这种情况是不可避免的。他们要处理好这种状况，这确实有点强人所难。让他们陷入这种困境，我觉得内疚。这对他们来说真的不公平，但他们处理得很好。我敢肯定，他们能从中获益！

丽莎和我谈过未来。为了这个家庭，我觉得自己在退役之后会暂时离开足球圈，但是穆里尼奥邀请我当他的助理教练，这是千载难逢的好机会。

丽莎：我认为迈克尔会是一名很棒的教练。我从来没有想过他在退役之后就闲下来，他太爱足球了。我们当然希望迈克尔能留在我们的身边，但这就是工作。他需要这份工作，真的。迈克尔还能为球队做出很大的奉献。

附录二　我和父母的对话

林恩：在迈克尔20个月大的时候，一名保健员对我说："我觉得迈克尔的脚有些问题。"的确，我看到了他的八字腿，但他走起路来一点儿问题也没有。所以我想，如果以后他不使用尿布的话，走起路来可能更加自然。迈克尔被保健员带到医院进行检查，检查报告显示迈克尔的脚确实有问题。在保健员把这个消息告诉我之前，我一点儿心理准备也没有。他说："如果我们让迈克尔接受矫正手术的话，那么有很大的风险，接下来他的人生可能与轮椅为伴了。"这句话真的令我大吃一惊。我说："迈克尔不需要手术治疗。"尽管我很忧心，但迈克尔在10个月大的时候就开始学会走路了，在走路和跑步方面，他和其他孩子没有区别。如果我当时不带他去保健院，那么就不会有专家建议他接受矫正手术。这些年过去以后，当我们回想起他的职业生涯以及他所取得的成就，我们想，如果当初我们做了不一样的决定，后果会是怎样。如果迈克尔当时接受了手术，现在他会在哪？或许他就不会拥有这样一段职业生涯了。是的，他是八字腿，但是人无完人。

文斯：在我们把这件事告诉迈克尔之前，他从来没有想过自己的余生可能在轮椅上度过。我说："儿子，你能把球踢出一道弧线，是因为你的腿吗？在你主罚定位球的时候，你能让球有更大的弧线吗？"小时候，迈克尔的脚下总有一个球，不然的话，他就是在看足球比赛的路上了。我们经常在家里看伟大球员的比赛录像。乔治·贝斯特是我的英雄。在曼联做客圣詹姆斯公园的时候，我曾见过他本人，当时我就坐在纽卡斯尔的死忠球迷看台上。我看着贝斯特，心想，他是怎么做到的这些事情的？他是怎么独自一人过掉对方四名球员的？

林恩：那是在迈克尔上初中的时候。有一天放学后，他问："母亲，别的男孩子都会背一个运动背包，我可以背利物浦的运动背包吗？"我回答："你已经有'A队'的背包了，在你父亲收到工资之后，我们再看看吧。"第二天早上，他高高兴兴上学去了。同样是在放学以后，他向我问了一声好，然后把"A队"的背包放在了格雷姆的婴儿车里。迈克尔看起来有点郁郁寡欢。我们从学校一边走回家，一边在聊天，突然发生意外。当我从婴儿车拿起迈克尔的背包时，背带同时从两边脱落。我问他这是怎么一回事，他说："在学校里发现了意外。"我极力保持冷静，然后对他说："你是说，你和你的朋友故意把背带弄断的吗？""是的，妈妈，就是这样。那是不是说我就可以有一个新的运动背包了？""不，你现在必须要等更长的一段时间，才能有新的背包了。"我从来不会对迈克尔发火，我们继续走，就像什么事情都没有发生。他走进公园，与小伙伴们一起玩耍。他的父亲下班回来后，我们在喝茶的时提到了迈克尔的背包，迈克尔表示了歉意。在迈克尔像往常那样上床睡觉之后，我拿出针线，把背带与背包重新缝合起来。虽然在修补的时候，我被针扎到了手指头，但是缝合好之后，这个背包看起来就像新的一样。第三天早上，我带着迈克尔走路上学，他对我说："母亲，你今天会给我买一个新的运动背包吗？""不是今天，儿子。"

我从婴儿车的下面把背包拿出来，递给他，然后说："或许等你父亲拿到工资了，就会有新的了。"迈克尔没有因此而发脾气，这让我感到惊讶，他背上自己的背包，回到学校。在那个星期稍晚的时候，他确实得到了一个利物浦的背包,但是这完全取决于我们的意愿,而不是对迈克尔听之任之。在我们想起这个故事的时候,我感到有些愧疚。我真的有借此机会给迈克尔好好上了一课吗?是的,我做到了。当他得到新的背包之后,他格外地珍惜。

你要知道,当男孩子上中学以后,他们想做的就只有一件事——穿上学校校队的队服。每天早上,我们都讨论着同样的话题——他要把队服穿在校服里面。有一天,我生气了。我面无表情地打开迈克尔卧室的窗户,把他的整套队服都扔到花园里。迈克尔在大喊大叫:"不,不,这是我最喜欢的队服。"他马上跑到楼下,把草地上的短裤、袜子和球衣都捡起来。收拾完以后,我对他说:"你不要再这么做了。学校有着装要求。"虽然我没有让步,但是迈克尔的背包里总有一件球衣,在下午的体育课之后,他就会把球衣穿起来。这么一来,你可以说我们两人达成了折中的解决方案!

迈克尔的名气越来越大,13岁的时候,我们收到了BBC的邀请,他们希望让我们带着迈克尔参加他们的电视节目《Live & Kicking》。我们有些犹豫,因为我们不想揠苗助长。他本人倒不介意,他回答:"没有问题!"迈克尔不会轻易发脾气。但是这一次,在节目里,由于我没有把他的球鞋准备好,他生气了:"这些小事,你也做不好!"多么无礼!要怪就要怪迈克尔平时清理球鞋的时候,总搞得一团糟。这件事也成了我们这家人的笑料。如果文斯不在家的话,我会帮迈克尔整理球鞋。他在清理球鞋方面有一些小技巧,比如把防水油或凡士林涂抹在鞋底,这样在踢完球之后,灰尘就会自动掉落。

文斯:迈克尔好像没有别的兴趣爱好。无论是在沃尔森德男孩足球俱乐部,还是在学校、乡下,或是和谁在一起,他就是喜欢和小伙伴们待在一起,他就是喜欢踢足球。

林恩:随着年龄的增长,迈克尔在细节方面展示出自己与众不同的一面，不过他从来不会在其他孩子面前炫耀自己有多优秀。有些天赋异禀的孩子经常说："我能做到这个，我能做到那个。"让其他学校的孩子看起来低人一等。迈克尔绝不会干这种事。

文斯：如果迈克尔在校队或者沃尔森德男孩俱乐部青训队的比赛里踢了对手一个5比0，那么他在比赛里就会故意不进球，或者把球分给队友。

林恩：这就是我们教育迈克尔的处事方式。我们告诉他："你尊重他人，就会收获到他人的尊重。"迈克尔非常注重自己的品行。有时候，迈克尔在比赛里也说脏话，我可不喜欢这样。在家里，我们不会说脏话，从来不会。这就是我的修养，来自我在教堂的学习。我做过救世军，在那里粗言秽语和赌博都是禁止的。我穿着制服，所以我不喝含有酒精的饮料。文斯没有穿制服，所以他时不时喝一杯，这是完全可以接受的。每个人在比赛里都会说脏话，我只是不喜欢这种表达方式。迈克尔的两个孩子在这方面做得就很好。如果路易丝或杰西说了一句："噢，看在上帝的面子上吧！"，我会转身对着他们说："你再说一遍？"那么他们会说："我知道了，祖母，对不起。"在迈克尔还小的时候，他曾经也做过救世军。他不穿制服，这没问题，而我选择了穿上救世军制服，这是因为我敬佩救世军的创始人威廉·布斯。迈克尔读圣经，睡觉前他也做祷告。从格雷姆出生的第一天起，迈克尔就开始照顾他了。

迈克尔和格雷姆都知道如何经营自己的生活，他们懂得区分对错。虽然他们算不上完美，幸运的是，他们都有良好的价值观。在球场上，球员就是榜样，孩子们从小就会观察他们的一举一动。

文斯和迈克尔一起收看《比赛日》的电视节目。他会看得很晚。杰西曾经有一两次模仿球员吐痰的动作，我对他说："你的父亲可没有在比赛里吐痰。"但是他会回答，球员们都这么干。

文斯：无论你在球场上做什么，孩子们都会模仿。正如沃尔森德男孩俱乐部所说的那样："教练是管理者，父母只是旁观者。"如果有谁在球场外说垃圾话，那么他们会被劝退，或者是退后 100 米。有一个晚上，在沃尔森德的校园足球展览会上，他们的教练格拉汉姆先生问迈克尔："你的祖父是叫欧文吗？""是的。""嗯，我的父亲和你的祖父是同一级的。""不可能！""真的，他们一起赢得了很多荣誉，你的祖父是一名优秀的球员。"之后，迈克尔和我谈及此事。我知道，我的父亲是一位优秀的球员，但是他从未提起过这件事。大约在一周后，我收到了格拉汉姆先生的父亲的来信，他说："顺便提一下，迈克尔的祖父在 1938 年入伍。"这时，我对林恩说："看看我父亲的出生证。"我们看了一下日期，上面是 1920 年。战争是在 1939 年爆发的。迈克尔的祖父当时在"罗德尼"战列巡洋舰上。我有一张父亲的照片，他穿着短裤，旁边是一支大型机枪。当我在盖茨黑德以及达拉谟担任队长的时候，父亲会走到场边看我比赛，一言不发，直至比赛结束。然后他说："当你拿球的时候，改变一下方向。用内切带动对方边后卫，这样你们的边翼就有推进的空间了。对方的边后卫会被你们弄得晕头转向。"有趣的是，他说的这些比赛方式最终居然是通过迈克尔来完成了。

林恩：文斯的父亲最喜欢做的事情，就是看迈克尔到青训队踢球了。他在迈克尔 8 岁的时候去世了。我们多希望他可以长寿一点，这样他就能看到迈克尔成为杰出的职业球员。我们这个家庭有着很深的足球烙印，迈克尔的叔祖父约翰，曾经效力过米尔沃尔。

文斯：就在我们刚结婚的时候，我还在踢球。1979 年，我遭遇到大腿骨折的重伤，是双骨折，一位队友对我说："应该没什么大问题。"

林恩：他们把文斯留在前门。他独自一人，根本去不了医院。

文斯：我想这又会是一次沉重的打击。第二天早上，林恩叫来了救护车。我躺在救护车里，医护人员问："你的球鞋是多少码的？""你为什么这么问？""如果球鞋是九码的话，我可以拿走吗？因为你本赛季都用不上了。"现在我66岁了，还在踢球，就在男孩俱乐部。我还能给孩子们展示一两个假动作呢！迈克尔喜欢这个青训俱乐部。从5岁至16岁，他一直在这里踢球。但是在十三四岁的时候，他也经历过一段阵痛期，当时球探经常找上门来。不过大概过了六个月到一年之后，也就是在迈克尔十四五岁的时候，其他人的成长速度超过了他，他的表现不如之前亮眼，所以也没有球探再找上门来。迈克尔一直很优秀，但是在那个阶段，他的发展有些滞后。由于迈克尔在七月份才出生，相比于同龄人的成长速度，他需要花一点时间来追赶。之后，迈克尔发育了，球探也陆续回来了。有一家俱乐部甚至表示，如果迈克尔和他们签约的话，他们愿意帮助我们付清购房的抵押贷款。我的回答是："不。"

林恩：我告诉球探："我不会出售自己的儿子。"这件事我们隐瞒了很久，最后才让迈克尔知晓。"母亲，父亲，你们为什么不把这件事告诉我呢？如果可以把抵押贷款还清的话，那么我愿意去那家俱乐部。"我们回答他："不，你在那里得不到快乐的。"我们知道，有很多孩子之所以加入一家并不是最合适的俱乐部，那是因为他们为此而获得了特殊的利益，但是这些事情都与足球无关。迈克尔拒绝了很多球队的邀约。"我不喜欢阿森纳，因为我不喜欢他们的宿舍。"他不喜欢切尔西，因为他在那里弄坏了手表。纽卡斯尔开出的条件更特别，"我们会在抽屉里放一些东西（金钱或礼物）以供备用。"一名球探到访我们家的时候这样说。我回答："不，现在可以请你离开了，因为这不是我们的处事风格。"

文斯：不过我们都喜欢西汉姆，信任西汉姆。我们把迈克尔带到中央车站。每隔六周，他才回来一次。

林恩：哈里·雷德克纳普很不错，不是吗？当迈克尔第一次首发登场之后，他给我们写信："迈克尔的为人非常务实，脚踏实地。他来自一个优秀的家庭。"那时候，文斯和我在想："好吧，我们可不会经常获得这样的评价。"老雷德克纳普告诉我们，托尼·卡尔和彼得·布拉布鲁克——就是西汉姆派来照顾青训球员的两个人——他们告诉迈克尔："你不需要着急。顺其自然，你就会提升到一个新的水平。"

文斯：迈克尔非常喜欢西汉姆，最终也和他们签约了。和俱乐部签订第一份职业合同的时候，他只有17岁，还没有自己的经纪人。所以由我们出面，和俱乐部的青训发展总监吉米·汉普森进行谈判，那一次的对话令我感到意外："这个签字费，你们想要多少？"我呆呆地看着林恩。"签字费？"汉普森说："是的，关于这个签字费，你们想要多少？"大约想了五秒，我接着说："30000英镑。"这就是我最先想到的数字。汉普森接着说："等一等。"他走了出去。我开始想："我们能把这件事做成吗？这可是30000英镑啊！"过了10分钟，汉普森打完电话，又走了回来。他说："行，迈克尔会得到他的30000英镑。每个赛季初支付10000英镑，分三年付清。"我接着说："噢，好极了！"如果他们当时不主动问我们这个问题的话，我们就不会得到这笔钱。老实说，我当时根本没有这个概念。

林恩：从16岁开始，迈克尔就在西汉姆生活了，其实我当时还没有为此做好准备。他不在我们的身边，这确实让我感到有些难过。幸好他一直得到了很好的照顾。他先是住在弗莱彻夫妇的家中，这里的居住环境很不错，也有好的食物。这样，迈克尔终于可以不用吃垃圾食品了。其实他也没有吃太多的垃圾食品，不过在读高中的时候，他们在午饭时间总到大街上吃垃圾食品。当迈克尔的饮食有了保障之后，他自己也意识到，必须小心照顾好身体。

文斯：迈克尔原本可以更早接受职业足球的训练。那时候，他曾经去过英足总管理的优才学校。但是他在那里的感觉不舒服，所以他没有参加试训的比赛。我能理解为什么有些孩子不愿意离家太远。我15岁的时候，我曾经去了米德尔斯堡进行了六周的训练，他们把我们安排到预备队，而不是青年队。和我对位的球员是威利·马德伦——一名非常优秀的中后卫，他有实力入选英格兰代表队，可惜没能获得这样的机会，还有埃里克·麦克莫尔迪——他和贝斯特一起从北爱尔兰来到英格兰。他们的实力都很强，我在比赛里感觉有些吃力。如果我坚持的话，我或许能留在米德尔斯堡，不过我知道自己和那里的球员有差距，所以我回来了。

林恩：文斯总是努力工作。人们会说："你和文斯有了迈克尔这个儿子，已经很好了！"这时候，我说："请等一下。不要低估文斯对这个家庭所做的贡献，他一直在为这个家付出。"

文斯：我没能在本地获得一份工作，为了照顾林恩、迈克尔和格雷姆，我一直在核电站工作，先是去了欣克利角核电站——每周工作七天，没有休息，工作时间达到90个小时。我习惯了带着塑料包装的苹果烈酒回去！然后是塞拉菲尔德核电厂，那份工作很危险。我穿着预防伽马射线的工作服，如果我吸收的辐射量超标，他们就不允许我继续待在反应堆里工作了。除了工作，在迈克尔和格雷姆都还小的时候，我十分想念他们。有一天，我在280千米远的亨特斯顿B电站工作，那里距离埃尔郡比较近。那天晚上7点，迈克尔的青训俱乐部会在格兰德酒店里举行总结大会。通常来说，他们会让更年轻的球员先上台发言，所以我在下午4点就出发，7点30分来到酒店。但由于他们安排迈克尔第一个上台发言，所以我还是错过了他的表演。我只好开车回去，回到亨特斯顿。有几次，我离开工作岗位，开车去西汉姆看迈克尔的比赛，然后在深夜又开车回到工作的地方。

林恩：通常在周六，文斯还得出去工作。然后在周日的早上5点，文斯回来接我们一起去西汉姆。到了早上9点，我们在巴金的咖啡厅里吃早餐。

文斯：那里的伙计都知道我的名字，"你好，文斯，全英式早餐吗？""是的，快点拿上来！"

林恩：在格雷姆加入西汉姆之后，我们习惯了在 11 点就去查德维尔希斯，观看他在西汉姆青年队的比赛。许多球队邀请格雷姆，为他送上现金和合同，不过他选择了西汉姆："在他们眼中，我只是格雷姆，而不是迈克尔的弟弟。"他是这样告诉我们的。每当他去别的地方，周围的人就会说："看，这是迈克尔·卡里克的弟弟。"看完格雷姆的比赛之后，我们就去厄普顿公园，看迈克尔的比赛。然后开车回家，通常到家里已经是凌晨两点。紧接着，文斯又要开始为新的工作做准备。

文斯：在莫斯科，当比赛进入点球大战之后，所有人都站了起来。我还是坐在自己的座位上。站在我前面的观众并不多，通过人群中那条缝隙，我可以看到主罚点球的那个禁区里的情况。那种感觉就像是通过一条隧道在看着球门。刚好我能看到的那一个球门就是他们主罚点球的球门，林恩对我说："迈克尔要主罚点球了。"我回答："不，迈克尔不会踢点球，你肯定是看错了，应该是吉格斯或者其他球员去踢。""不，不，是迈克尔。文斯，冷静点。"我真的看到迈克尔走向点球点。"迈克尔，要命中球门啊，"我对自己说，"别打飞，别打在门柱上，别打高，要射中球门。如果点球被切赫扑出来了，那只能说对手扑得好，但是要射中球门。"他把点球罚进以后，我在想："感谢上帝。"当时，在我的脑袋里想到的第一件事情就是媒体无法因为他罚丢点球而批评他，他们现在只能批评其他球员了。

赛后聚餐的时候球员都一个接一个地站起来，只有斯科尔斯继续坐在自己的座位上。他们围着斯科尔斯，开始唱起来："保罗·斯科尔斯——他罚中了点球。"斯科尔斯马上回应："嘘。"斯科尔斯感到难为情，但是歌声却越来越大了。那么，谁是第一个出来领舞呢？弗格森爵士招手让查尔顿爵士走过来。他们走上舞台，身边还有凯茜女士和诺尔玛女士。这是一个特别的时刻——曼联夺得第一次欧冠冠军的四十周年纪念以及慕尼黑空难的五十周年纪念。凌晨 3 点，餐厅里只剩下炸鱼和薯条了。

到了凌晨4点，派对才算是真正开始。中午12点，我们就要赶到飞机场。

看到迈克尔主罚点球的时候，我确实为他而感到紧张。即使他们输掉比赛，也不会对我们带来任何的困扰。我告诉他："迈克尔，只要你把自己的工作做好，你付出了百分百的努力，那就够了。如果你们0比1被对手击败了，那就是输了。很简单，下一次踢得更好。"

林恩：我们一直支持迈克尔，但是自从他离开家以后，他就是一个非常独立的个体。但足球真的影响到我们一家人团聚，在几年前，我曾经对他说："现在我对足球已经感到厌烦了，我希望一切就此结束。"因为足球，迈克尔错过了生日以及家人相聚的时间。他失去了太多与家人相聚的时间。我们可以去看他们，和他们视频聊天，他们也可以回来，我们可以一起度假，但是现在，我们错过了这些事情。当然，我知道有一些工作比迈克尔的这份工作更糟糕。我的母亲患有老年痴呆症，她只能住在桑德兰附近的养老院里，记得在她80岁生日的那天，迈克尔刚好随队来桑德兰踢比赛。不过弗格森爵士对球员们说，由于他们在周二晚要踢欧冠比赛，为此他们在赛后就要立即返回曼彻斯特。"我们会去探望她。"我告诉迈克尔，"你看看能不能过来。"迈克尔本来有一个小时的时间来看望他的外祖母，他在7点30分就要启程回曼彻斯特，而他们的比赛是在6点30分结束。不过他最终还是选择了随队一起离开桑德兰。当时，家里的人都在，除了迈克尔。他就在我们的附近，却没能赶来。

文斯：这就是工作。就像是装配工、车工和焊接工一样。迈克尔经常说："父亲，来训练场，来卡灵顿。""好啊。"迈克尔经常把车停在训练场边上，车头朝着训练场的方向。我就坐在车里看他们的训练。弗格森爵士和球员们陆陆续续走出来，训练器材都会放好，大伙儿准备开始训练。弗格森爵士四处走走。我想我就不出去了。如果我现身了，和他们说话，我可能还要自我介绍。这不是我在这里该做的事情，这是他们的训练。我可不想弗格森爵士对着我问："你是谁？"这是迈克尔工作的地方。

林恩：我会走进沃尔森德，人们或许知道我是谁，但我从不主动告诉别人。我们就是这样保持一些距离。我们不想依靠迈克尔去过自己的生活。所有人都知道，我们以迈克尔为荣，但这是他的生活。

文斯：他为了自己的工作，一直在奔波劳累。

林恩：即使在假日，迈克尔也很在意自己的发型。他和丽莎、丽莎的哥哥、格雷姆和凯一起去伊比沙岛游玩的那几天里，他才会不打理自己的头发。新年期间，如果我们在家里，迈克尔或许会喝点酒，但是他还会梳理好自己的头发。

有时候，我们去看他们，如果迈克尔刚在客场打完比赛，我就不去了。我说："不，这是你的家庭时间。你需要一些家庭时间。"文斯常年工作在外，这让我深刻体会到一家人团聚的珍贵之处。所以我把这些时间留给丽莎。杰西会去迈克尔和丽莎的卧室，打开门看看自己的父亲是否在里面。杰西会说："我的父亲又出去了。"他会哭。路易丝就读的学校里，很自然有很多曼城或者曼联的球迷。路易丝有一次遇到几个小男孩，对方都是曼城的球迷，不过她没有胆怯，她说："好吧，你们支持曼城，我支持曼联，不过我们还是可以做朋友。"

对于这两个孩子来说，适应这样的生活环境并不容易。迈克尔吸引了太多的关注。迈克尔和丽莎在斯塔普尔福德举行婚礼，他们并没有把这场婚礼办成万众瞩目的名人活动。因为他们不想让自己的婚礼成为媒体的头条报道。迈克尔说："我不会这样做。"

文斯：德国世界杯期间，我们在巴登巴登的那段经历真是太荒谬了。有些记者甚至雇用当地的孩子，让他们骑着自行车满街上跑，如果他们看到有球员来到酒店，就跑去告诉摄像记者，摄像记者就会跑去拍照。我猜，这就是他们的工作。我和其中一名摄像记者聊过，他说："你好，文斯。我回去之后，我想给自己买一辆保时捷。""给自己买一辆保时捷？"他回答："我拍到了一张维多利亚·贝克汉姆的照片，这将是报纸的封面。"

林恩：在巴登巴登，无论丽莎到哪里，她感觉那里的人都想看她出糗。"我只是想出去溜达溜达。"她说。有一天，她感到很失落，因为在酒店附近有一个漂亮的公园，但摄像记者就躲在树下面。她还担心有记者会盯着她的房间，所以她把窗帘拉下来。有一天，她真的忍受不了，哭了起来。除了窥探球员家属的隐私之外，英格兰的记者也没什么可写了，英格兰球迷在那一届世界杯里没有做什么出格的事情，所以英格兰的记者只能把焦点放在球员的家属身上。和往常一样，我们和丽莎出去吃东西，年轻人留在酒店里开派对。整个气氛都变了样，就是因为四周有太多的监视者。有一天，我们来到了半山腰的城堡，那里是英格兰的训练基地。那里的风景很漂亮，但是无处不在的记者却让这里的环境变得很糟糕，我们有一种窒息的感觉。尽管只有我和文斯，两个人走在街上。记者还是跟着我们。有一次，内维尔的太太对我们说："回酒店的时候要小心，街上有一些乔装打扮的人。"的确，有一位女士来到酒店里，想和我们交谈。她本不应该出现在这里的。

文斯：内维尔警告过我们。"我已经遇到过这样的事情，当时我和桑德拉·贝克汉姆坐在一起，我们在聊天，那里有紧挨着的两张长椅。这时候，这个女孩走过来，她假装在看杂志，实际上是在偷听我们在聊些什么。"所以内维尔走开了，他说："桑德拉坐到别的椅子上，我跟在她的后面，继续坐在她旁边。我们打算看看这个人会不会继续跟着我们。"

林恩：我们也坐在内维尔的旁边，然后这个女人也站了起来，改换了装扮，这次她假装推着婴儿车，里面应该是一个玩偶吧。

文斯：第二天在露天广场上，我们和保罗·麦格拉坦坐在一起，他是杰拉德的挚友。麦格拉坦说："嘿，文斯，你肩膀上有什么东西？""你说什么？""看到那边的那位女士了吗？""看到了。""那就是昨天在酒店里跟踪你们的人。"我说："不是这个，她的发型不一样。""就是她。"麦格拉坦用手指弄了一个小方框，我们只看到她的脸孔："确实是同一张脸。"又是她。又有一天，我们来到主题公园，维多利亚·贝克汉姆要求公园的保安把摄像记者都拦下。"不，我们检查过了，他们都买票了，所以他们有权进入公园。"那里的工作人员这样回答。所以我们无论到哪里，都有一群人在跟着我们。

林恩：到了下一届世界杯，迈克尔在南非的世界杯之旅更痛苦，他没有上场的机会，杰西也刚刚出生。那年的2月，我的背部刚刚动了手术，我其实不应该去南非的。在最后一刻，我对文斯说："我们要去，迈克尔或许需要我们。"正常情况下，丽莎也应该和我们一起去南非，但是考虑到要照顾杰西和路易丝，她决定留在家里。

无法上场比赛让迈克尔感到很失望。迈克尔平常不会过多表露自己的情感，但是这一次，他忍不住抱怨："我不知道自己来这里要做些什么。我要回家，享受天伦之乐，回去陪着丽莎，看看我们的孩子。"在南非的那段日子是他的一个低潮期。他确实面对了很大的困难。

林恩：当迈克尔的心脏出现问题的时候，我们正在西班牙度假。我们看了曼联对阵伯顿的比赛，之后迈克尔给我们打电话："我在救护车上，正和队医一起去医院。""你说什么？""别紧张，母亲，别紧张，我没事的。"这可是心脏出现问题！他的心跳速率飙升到每分钟289次，甚至超过300次。"我们马上回来，"我对他说。"母亲，在你们回来之前我都会没事的。"迈克尔很独立，但我只想立刻回到他的身边，给他送上支持，不是吗？他说，"不，我很好。有丽莎陪着我。"回去之后，我们负责照看路易丝和杰西，丽莎可以陪着迈克尔。孩子们也知道自己的父亲生病了，但是他们从来没有在孩子们面前提过手术的事情。他们想保护自己的孩子，避免在他们年纪轻轻的时候就要承受他们不该承受的考验。

文斯：迈克尔告诉我们："赛季初，每个人，包括那些青训球员，每名球员都会接受体检。在上半场，我的感觉还不错，到了下半场，我开始感觉有些疲惫，于是我就去找了队医。"

林恩：这种突发的心脏疾病，可以引发很严重的后果，这让我感到心惊胆战。在那以后，我都没有心思去看比赛。我只关注着迈克尔的情况。

文斯：他有一段伟大的球员生涯。人们曾经问我："迈克尔会回到纽卡斯尔联队吗？"我确实想看到他身穿那件黑白相间的球衣。但是他在曼联所取得的成功，真的是无与伦比，当中就包括了2016年赢得的足总杯冠军。人们会说："足总杯已经失去了它的光芒。"你问问其他球员，真的，他们都会说自己希望拿下足总杯的冠军，因为那就是他们小时候梦寐以求的成就。

足总杯决赛的那一天，我们通常在早上9点就打开电视机，然后直到晚上9点才关掉电视机。所以说，赢得足总杯冠军是一个特别的成就。那场决赛之后，我们就在酒店里站着，迈克尔、丽莎和孩子们都回来了。"这是给你的，父亲，这是你的。"迈克尔说。"什么？""这是给你的。"他真的把那块足总杯的冠军奖牌给了我。他还把自己穿的那件比赛球衣给了我。离开迈克尔的视线之后，我真的哭了。我是一个坚强的男人，我不会哭，但是在这一刻，我真的无法控制自己的泪水。我太感动了。我后来还是把奖牌还给了迈克尔，让他妥善保管。我不能从他身上拿走这么宝贵的东西。不过迈克尔能这么做，真的让我太感动了。

林恩：2017年，我们参加了迈克尔的纪念赛。我带上了我母亲的一张照片，她在几年前去世了，还有一张文斯父母的照片。"我把祖父母和外祖母都带在身边。"我说。他们都会为此而感到自豪。我想说的是，我很享受这场纪念赛。在电视画面上,你可以看到我们欢天喜地的样子。杰西就坐在我们身后,当他的父亲进球之后,他表现得相当激动,我转过身对他说:"来做一个'Dab'的动作,来做一个'Dab'的动作!"

文斯:听着迈克尔在现场的发言,这让我们倍感自豪。完全是一次即兴的发言。他从来不打草稿,这都是他的肺腑之言。

林恩:有人告诉我们,一些平常不看足球比赛的人,他们看了这场纪念赛之后说:"我之所以看迈克尔的这场纪念赛,因为泰恩提兹(英格兰的一家独立电视台)转播了这场比赛。在比赛一开始,迈克尔的讲话真的很动人。"

文斯:格雷姆的登场让这一切变得更加特别。在西汉姆,他们曾经一起训练,却从来没有试过在一场正式比赛里同时上场。

林恩:格雷姆也感到十分自豪。他一直在训练,希望自己可以达到参加比赛的竞技状态。他的背伤很要命,但是他的意志很坚定。这是一个特别的日子,这也证明了迈克尔在他心中有着多么重要的地位。

文斯:迈克尔收到来自中国、波兰,还有世界各地的球迷信件。这些信件都会寄到卡灵顿,迈克尔带着一袋袋信件回到家:"父亲,母亲,你们可以帮我分类一下吗?"我带着四个大袋子回来,里面差不多有1000封信,这里只是他在六周的时间里所收到的信。信里面的内容通常是:"能给我一张签名照吗?"对了,对了,对了。有一封信是来自贝鲁特,"亲爱的迈克尔,我想邀请你来参加我的婚礼。我会把你的座位安排在我的爱人旁边。"这样的邀请很有趣!而且邮寄地址是在贝鲁特!有一次,我还看到了一个棕色的信封,用泡沫包裹着,我伸手进去,我简直不敢相信自己拿出来的是什么。那是我母亲祈祷用的书,里面还附上一封信:"亲爱的迈克尔,你的奶奶把这本祈祷用的书给了我,我保存了四十年,我想是时候物归原主了。"

林恩:在信里,球迷们形容迈克尔是"有史以来最好的球员",或者是对迈克尔说"我们爱你。"我们收到了很多中国球迷的信。女孩子喜欢给他寄礼物，一些小礼品、小糕点、寓意带来好运的小饰物。很多人没有在他的信里面放上一个写有回邮地址的信封，这也不是问题，或许那封信是一个孩子寄来的。很多人把球衣寄过来，想得到迈克尔的签名，却没有留下回邮地址。有些球迷花了70英镑买了这件球衣，印上"CARRICK"的名字，迈克尔签名之后，却无法把这件球衣寄回去。我对文斯说："这会让迈克尔背锅的，因为这些人会想已经把球衣寄给他了，最终却什么也得不到。"

文斯：迈克尔和一些伟大的球员合作过。在西汉姆对阵温布尔顿的比赛里，我和林恩亲眼目睹了迪卡尼奥在禁区边上做出了那记惊天动地的剪刀脚射门！辛克莱尔的传球，迪卡尼奥把球打进球门上角。当时我一下子就跳起来，惊叹道："他是怎样做到的？"我们遇到了很多优秀的球员，西汉姆有迪卡尼奥。到了热刺，这里有罗比·基恩。基恩组织球员们开圣诞派对，他们都盛装打扮。迈克尔穿着一套超人的服装。接下来还有斯科尔斯、C罗和鲁尼——迈克尔和他们合作的时候，他们都处在巅峰状态，他们都是世界级球星。我告诉迈克尔："有件事情，你可以大声地说出来，迈克尔，那就是你曾经与世界上最好的球员一起踢球，这是毫无疑问的。"

附录三　我和弟弟的对话

格雷姆：我们要把正确的价值观传递给那些聪明的球员，这些球员不仅善于运用自己的头脑，还会把自己的智慧运用在比赛中。我们需要这种球员，他们有欲望提升自己的比赛表现，积极回应对手的挑战，寻求更好的比赛状态，此外，他们利用自身的技术参与球队的进攻和防守，而不光依靠身体上的优势。我们需要把迈克尔视为榜样，让球员在有球状态下充满自信，并富有想象力，这就是最好的比赛方式。目前的情况是，孩子们缺少表现自我的机会，他们缺乏独自解决问题的能力，他们得不到正确的指引。培养球员不能只挑潜质最好的那一个，又或者是在场边阻止他们做各种各样的动作。为什么？因为如果是在这样的环境下培养出来的球员，他们只能在舒适的环境下踢球，一旦遇到压力，他们就会垮掉。当我在英足总担任教练的时候，我们花了很长时间，让孩子们的足球文化变得更积极，这是我们的责任，因为我们不仅是教练，还是他们的家长、老师、引路人。让迈克尔和我感到幸运的是，我们在沃尔森德和西汉姆的良好环境之下学习到了富有创造性和进攻性的足球。

我一直仰望着迈克尔，他是我的榜样。虽然我比他小四岁，但是我们亲密无间，现在也一样。小时候，我们不会经常打架。迈克尔不是那种喜欢惹麻烦的人。他很专一，有着强烈的竞争意识，也很固执，他在判断是非对错方面，有着自己的准则。当我们在花园里玩耍的时候，迈克尔总是胜利的一方。他小时候的身材就很修长，有着两条大长腿，不过他两只脚的技术都很好，他在球场上最惯常使用的招数就是扭动屁股，然后拉球过人。我最早的记忆是在沃尔森德的青训队，那时候的迈克尔，无论在草地上，还是在木地板上，他带球的时候都是健步如飞。

我想人们并不知道，迈克尔在面对生长突增和协调性缺失的问题时，花了多大努力才调整过来。那段时期对于他来说真的很艰难，特别是足球就是他想要的一切。

迈克尔：在学校里，我的成绩还算过得去，我通过了普通中等教育证书考试，不过格雷姆真的很聪明。他就像电影里的那个"肥佬教授"（一部美国电影）。我看着他的工作，然后在想，这些东西我完全不懂？他在细节的处理上真的做得很好。这就是为什么他能够成为英足总的一名优秀教练。

格雷姆：迈克尔做事更细腻，更有组织性。

迈克尔：我喜欢把一切打理得井井有条。丽莎煮饭的时候，我就去洗盘子。这样我坐下来吃晚饭的时候，我就不需要想着还要清洁厨具的事情。我和父亲很像，他甚至在你喝完东西之前就把杯子收走！所以丽莎总是对我说："你就快要变成你的父亲了！"

格雷姆：你的强迫症比我们的父亲更严重。

迈克尔：赛前，如果我在酒店房间里看到那里的小册子摆放很乱，那么我就会把它们整理好，放到一边。如果我把笔记本电脑或者 iPad 放到桌子上，恰好那里又有一台酒店配的小笔记本电脑的话，那么我就会把那台笔记本放到抽屉了，这样桌子就会显得更加整洁。一些小事也让我感到不自在。离开酒店房间的时候，我会把被单铺好，把电视和灯都关上，把毛巾都捡起来，不会随便丢在地板上。

格雷姆：你的比赛方式也是那样——简练而有条理。每一个环节都安排得井然有序。

迈克尔：如果我在看一场比赛，当中的一些小细节就会让我绷紧神经。"他为什么要这么做？"如果我要发一条短信，我要确保拼写正确，在需要的地方，我会用大写字母。如果没有做好这些事情，那么我就会感到不舒服。我刚拿到 A 级教练资格证书，但我还会想，自己的论文和发言没有做得很好。

格雷姆：就是这样。在你的日程表上面，我们可以看到你用各种颜色在那里做着标记！

迈克尔：是的！我曾经为自己做了一个八周的训练计划——英超比赛、欧冠比赛，我用不同的颜色把它们标记起来。一切都准确无误。在学校里，有些科目没有实用价值，但是写作课却让我感觉良好。这件事却经常被丽莎拿来吐槽。你在纸的一边画线条，然后再把同样的线条复制到纸的另一边，这样的对称性也会让我感觉很舒服。我很享受做这些有条理性的东西。有时候，如果我看到一本书在桌子的边上，我也要把它整理好。有时候，我一边在整理，一边问自己，我到底在做什么？但我就是停不下来。在更衣室里，有些球员把自己的运动装备随意地丢在地上。我会把它们放在板凳上或者收纳箱的旁边，这样装备管理员就不用弯腰捡了。我希望能减轻他们的工作量。这是我爱好整洁的习惯，也是对装备管理员的尊重。

格雷姆：直到我和迈克尔一起在西汉姆训练的时候，我才意识到他多么优秀。那是在 2004 年季前备战的某一天，当时他即将离队加盟热刺了，我 19 岁，他 23 岁。我们在闷热的天气里开始训练，迈克尔和我在同一队里，他担任中场，我担任前锋。迈克尔在 40 米远的地方送出了一记匪夷所思的长传，球准确地打在了我的胸部上，当时在我的一侧有对方的后卫雷普卡，迈克尔刻意地把球传到我身体的另一侧，这让我停球后可以直接面对球门来完成射门。太厉害了！所有人都目瞪口呆，随即响起热烈的掌声。迈克尔无法在英格兰队阵中获得重用，这点让我感到极为困惑。从2006年到2009年，有两个时间段，迈克尔明显处在欧洲顶级球员的行列之中，但英格兰队就是不为所动，到了2011年至2014年的这个时间段，同样的情况再次出现。迈克尔总说，或许自己要做得更好一点，然而即使是他变得更好，他还是不能继续留在"三狮军团"。我认为，英格兰队的主教练根本不信任他。这是一件憾事，相当遗憾。在曼联，迈克尔深受队友们的喜爱，这一点毫无疑问。在比赛里，迈克尔有一种独特性。即使有两三名球员过来逼抢，他也不会手忙脚乱。他利用自己的技术、节奏感和想象力解决问题。他的两只脚都可以在小范围内做出各种技术动作。他的抗压能力和控场能力，在其他的英格兰球员身上并不多见。他能够帮助球队控制比赛的节奏以及为球队带来更好的攻守平衡。迈克尔只会为球队做正确的事情。他能够与任意一名中场球员搭档，这是他的最大优势之一。他与斯科尔斯是一对最佳组合，真的太强大了。虽然要更多地与斯科尔斯分享球权，但是这不会对迈克尔造成困扰，他们之间有着很好的纽带，他钟爱这样的比赛感觉。迈克尔知道，无论何时何地，当斯科尔斯要球的时候，把球交到他的脚下，就能给球队带来最大的收益。

迈克尔：在我身边的那位可是天才！如果我不把球交给斯科尔斯，我自己也会生气的。

格雷姆：或许只有与斯科尔斯搭档的时候，迈克尔才不会主动掌控球权。斯科尔斯能够做这样的工作，迈克尔就有更多的跑动，为斯科尔斯创造空间，阅读比赛，做更多串联球队的工作。如果和其他球员搭档，迈克尔就会主动掌控球权。

迈克尔：我真的会观察身边的搭档，思考怎么样才能让我们彼此之间都能为球队做出最大的贡献。

格雷姆：迈克尔就是在不断地思考，这就是比赛所需要的东西。在看台上，我可以清楚地看到这一点。球迷喜欢看一些吸引人的动作，但是迈克尔所做到的事情更加实际——小范围里不停变换着自己的站位，利用跑动调动对手，让他们失去防守位置，为队友创造出更好的进攻机会，在球场上创造出更多的可能性和更好的时机——这些都是比赛的关键元素。但是我们的足球文化，比如和西班牙或者德国相比，我们不会看重比赛的一些基本元素——创造力和战术素养，不过当你拥有这样的综合能力，你才能够在球场上找到解决问题的方法。迈克尔在比赛里一直寻找解决问题的最佳方法。迈克尔的一些传球是别人做不到，因为其他人不像迈克尔那样能够找到解决问题的方法。他能从容应对压力，他具备这样的技术能力，他等待最佳时机的到来。如果后卫开始跑动，他会凭直觉把球传到球场的任何区域。我们经常讨论足球，我们对于足球的狂热，可能让我们的太太感到疯狂。我们的英式足球有这样的文化，我们强调要快速转移球，但是多几秒的控球，能让我们的比赛变得更有效率。

迈克尔有着很强的预判能力。除了节奏和速率之外，他还用一些快速或缓慢的传球来调动对手。他会在传球的时候加一些弧线，而不是直接把球传到队友的脚下，迫使接球的队员跑到球的某一侧，对于防守球员来说，问题就来了，是跟防还是不跟防？如果防守球员不跟防，接球的球员就能向前突进。如果防守球员被吸引过去，那么迈克尔就会跑去接应回传，然后按照他最初的设想，借着防守球员失去位置的机会，撕破对方的防线。要做到这一点，不仅要具备这样的技术，更需要有超凡的足球智慧。他还可以非常轻松完成快速传球，这一点也是难能可贵的。用传球打穿对方的防线，这是迈克尔的拿手好戏。要做到这一点，你需要选择最佳的时机和成功骗过对手的防守注意力。

迈克尔：这些不会成为比赛的亮点，也不会吸引球迷的眼球。人们不会刻意想："这个传球多么厉害！"这不过是一次正确的传球，最有效的传球。我从来不会为了掌声而传球。

格雷姆：那些所谓的"好莱坞式"传球的确很抢风头，但是这么做，背后的动机何在？你的传球应该是在那个瞬间里最好的选择，要能够破解对手的防守体系。只有能为球队带来实际意义的传球，才能算得上是好的传球。

迈克尔：比赛结束之后，格雷姆是我第一个能找到，和我聊球的人。事实上，他也是唯一的。他观察比赛的角度和我一样。我们一起经历了很多事情，尽管我们不住在一起，但是我们的关系依然很亲密。格雷姆是我能依靠的人，他一直在支持我。格雷姆的生活并不是一帆风顺，在二十多岁的时候，他就因为伤病早早结束了自己的球员生涯，但是他并没有因此而变得萎靡不振。在我的纪念赛里，能和他并肩作战，这让我觉得自己之前所做的所有牺牲都是值得的。那一天，相比之下，我更为他感到高兴。他在英足总开启了另一段成功的职业生涯，他在那里已经工作了超过 10 年，我为他感到骄傲。我们之间有着特殊的纽带，永远也不会被打断。

格雷姆和凯结婚的时候，我是伴郎，我当时就像是参加自己的婚礼那样高兴。他们深爱着彼此。他是我的弟弟（虽然他看起来更老成），看到他这么开心，我就心满意足了。在这里，我还要向凯致谢。格雷姆和凯特意把婚期安排在 6 月，那也是我在一整年里唯一可以确定出席婚礼的一段时间。他们总是把我放在第一位，不过令我感到愧疚的是，整个家庭的时间安排都必须要迁就我，就连庆祝生日也一样。他们肯定会想："这个家伙什么时候才退役呢？"

附录四　我和挚友的对话

史蒂文：好几年前，在迈克尔赢得欧冠冠军的第二天，他给我打了个电话。虽然他刚赢得了世界上最重要的一项俱乐部赛事的冠军，但除了开头的一句"恭喜"之外，接下来的谈话里，我们都没有显得太过激动。我们谈论得更多的是几天后在马略卡岛的相聚。我在那里待了一周的时间，尽管迈克尔刚刚夺得欧冠冠军，不过即使在我们见面之后，他也没有经常提起夺得欧冠冠军这件事。这就是迈克尔。我知道迈克尔几乎赢得了所有的冠军，他是曼联的队长，曼联是世界上最伟大的足球俱乐部之一，无论到哪里，他都有着极高的知名度，不过他还是保持着一颗平常心，不会改变。当人们发现我们是好朋友之后，我听到的最多的评论就是："他还能继续和你做朋友，真的是太好了。"我永远也不会真正理解他们为什么会这么说。因为对我来说，他就是迈克尔，就是这么简单。

有时候，他的生活会被分成两面：一面是足球运动员，在那里就只有足球，另一面就是迈克尔——我认识了二十多年的好朋友。与迈克尔的交流，与斯蒂芬、胡迪或格雷姆的交流没有区别。当然，我们免不了会说工作方面的事情，除非主动提及，否则他不会说关于足球的事情。因为他知道，我和斯蒂芬并不是狂热的足球迷。我们更喜欢在休闲的下午，欣赏一场激情四射的拳击比赛！

对于自己所做到的事情，迈克尔总是保持低调。每当他出现在电视屏幕上或是登上报纸头条的时候，他总是说自己不过是做了一些"足球的事情"。在他的生活里，足球占据了重要地位，除此以外，迈克尔依然有自己的生活。你会看到一些照片，有些球员在家里为自己弄一个奖杯储藏室，公平地说，他们确实值得为自己所取得的成就而感到自豪，也有权利展示自己所取得的成就。但是迈克尔不会这样做。在他的家里，我没看到有他展示的奖杯或奖牌。虽然有一些与足球相关的照片，但是更多的是与亲朋好友的合照。

在迈克尔的身上，还有一样与足球不太搭边的东西，他其实是一个很爱笑的人。这些年里，我们经历了许许多多的美好时光，当我们相聚在一起，我们无所不谈，现在回想起来，感觉我们还是在15岁的时候！记得有一次，我们和迈克尔一起看蒙特利尔大奖赛，那次经历真是难以想象。前一天，我还坐在自己的办公桌上，第二天，我就飞往蒙特利尔。接下来的几天，我们成为红牛车队的特邀嘉宾，走在维修站的通道上，与车手见面，在车库里观看赛车比赛。

最疯狂的是，赛事结束之后，我们还走到了颁奖台下面，享受了一次香槟浴。我们坐上一辆中巴，在赛道上转了一圈，拐弯的时候，由于车速太快，差点就翻车了！我当时心想，真的翻车也不赖，这是一个很棒的故事！在那里的最后一个晚上，我们都去了酒吧，酒吧里放了很多伏特加酒，台上有跳舞表演。结果酒吧失火了，为了保障迈克尔的人身安全，酒吧经理还让迈克尔躲在冰箱里。

这段经历真的是太刺激了，红牛车队的人为我们提供了最好的招待。我起初不清楚他们的安排，毕竟他们过往招待的都是达官贵人。这真是一个千金难买的周末旅程，我们真的很幸运，迈克尔能够和他们有这样的联系。有时候，我还是觉得这段经历真的太不真实了。

胡迪：迈克尔对他的朋友，还有他的发小，一直都很好。和待在沃尔森德的时间相比，他离家的时间更长，而我们一直留在沃尔森德。是的，他是一名优秀的球员，但是他首先还是迈克尔，这是最重要的。即使是随着他的足球事业的发展，他的付出越来越多，随着年龄的增长，我们都在成长，但他还是迈克尔。他还是会和我们在学校的草地上踢足球，还是会来到我们家里，和我们一起玩当年任天堂64位像素的游戏。他还是我们的一员——因为这就是真实的迈克尔。

这就是我的想法，回到那个24小时播放体育新闻，只有剃须产品赞助商和没有社交媒体的年代，足球运动员也就是普通的工薪阶层。他们在球场上能做到出类拔萃，这是我们无法做到的事情，除此以外，他们与我们无异。这正是他们的特别之处。我说的是米尔伯恩、麦克唐纳、加斯科因和希勒。我们不再拥有那样的球员了，因为世界已经改变。不过对于那些认识迈克尔或支持曼联的人来说，他们还是把迈克尔当成自己的家人对待。我和其他的小伙伴更幸运一些，因为迈克尔就是我们的朋友。坦白说，我知道迈克尔是一名优秀的球员，但他的为人更优秀。迈克尔、格雷姆、斯蒂芬和史蒂文，他们都是我两个孩子的教父，我只会选择他们。当我们在一起的时候，我们就像是一只手的五根手指，紧紧相连。我很想指出迈克尔的缺点，但是我做不到，因为他从来不会做一些不好的事情。他总能把事情做得尽善尽美。迈克尔很慷慨，很爱笑，无论你是否需要他，他都会出现在那里。

没有什么能让迈克尔变得手足无措，也没有事情可以动摇他，这和他的成长环境息息相关。首先是他的家庭，林恩和文斯都很务实，所以迈克尔和格雷姆都成为像他们那样的人。他们对待自己的孩子充满爱心、鼓励和人性。所以迈克尔和格雷姆能够实现自己的目标，同时他们一直记住那些帮助他们的人，从不忘本。

其次，就是迈克尔效力过的球队。在学校，我们的身边有一帮优秀的老师和教练，尤其是我们在西部学校的体育老师科林·麦基先生，他的激情和竞争意识感染了我们。他让你想要成为一个更好的人，一名更好的球员——直到现在，我依然想要感谢麦基先生，我知道迈克尔和当年的那些小伙伴们也有同样的想法。

第三，就是沃尔森德男孩俱乐部——尤其是我们参加的那项特别的五人制足球联赛。那个地方让迈克尔成为他最终的模样。由于比赛的场地很小，你有更多的触球机会，你必须踢得更加聪明。这是一个很好的舞台，因为很多人会关注你的比赛。你希望赢得胜利，而不只是参与比赛那么简单。虽然输球也不会受到惩罚，但你肯定不想输！这就是你的生活，你的朋友和家人都在谈论这里的比赛，所以你想的就是这里的比赛。这里的竞争氛围让你想成为最好的自己，如果你不付诸实际行动，你就会被淘汰。这里造就了迈克尔。

斯蒂芬：在大多数时间里，我会忘记了迈克尔是一位世界知名的球星。因为在我的印象当中，他就是和我一起长大的那个迈克尔。足球所带来的荣誉从未改变过迈克尔的个性。他总是高高兴兴地坐下来，和我们喝杯茶，聊聊天。有时候，你要刻意回忆，才会想起来迈克尔拥有伟大的职业生涯。

在我眼里，迈克尔就是那种说一不二的朋友，这就是我们这群在沃尔森德一起长大的孩子所拥有的感觉。当我们相聚的时候，感觉我们从未分离。除非你主动问迈克尔一些足球的事情或是他的足球生活，否则他不会主动说起这个话题。他会问我们过得怎么样，我们的工作或者是家庭的情况。我们还聊到那些旧时光，大家一起经历过的趣事。

从在沃尔森德的球场上度过了无数个小时，再到世界上最大的俱乐部，他在曼联实现了职业赛场上的大满贯——这个故事确实值得被记录下来。但是在我的心中，最值得被铭记的是：迈克尔是一个良师益友，一个优秀的人，他总是脚踏实地，从他的父母身上继承了良好的教养和品德。在他的整个足球生涯和家庭生活里，他都没有任何的改变。

这些年来，我们去过很多不同的国家，组织过很多的大型活动，不过对于迈克尔而言，那就是与亲朋好友的相聚时刻。我们不会组织那种喧嚣吵杂的派对，那不是迈克尔的作风。他就是我们中平常的一员。

迈克尔：史蒂文、胡迪和斯蒂芬是我真正的朋友。虽然我们的生活环境不同，也不能经常见面，但只要我们聚在一起，我们就像从未分开过一样。这样的守望相助与深厚友谊是很难坚持下来的，我们做到了。我们是一个关系密切的集体，格雷姆也是我们中的一分子。当我们相聚时，笑声总是停不下来。我们从未有过争吵，也不会对他人有所求。我们就是最好的朋友。我们通常可以坐下来，一聊就是好几个小时，大伙儿谈天说地，尽情歌唱，这里总是充满着欢声笑语。无论在蒙特利尔一级方程式大奖赛的工作间里，还是在本地的酒吧里，他们可以适应不同的环境，唯一不变的是，他们还是那个真实的自己。我爱他们。我在学校里找到了一生的挚友。

致　谢

在这里，我要感谢我的父亲和母亲，我的弟弟格雷姆以及他的妻子凯，他们坚定不移地守护在我的身旁。能够拥有路易丝和杰西，这么优秀的一对儿女，这正是我梦寐以求的。琼、道格、格伦、贾兹和格拉普斯的支持，对我而言意义非凡。我的朋友们一直在鼓励着我。我对沃尔森德男孩俱乐部以及所有遇到的教练心存感激，尤其是以下的几位教练：哈里·雷德克纳普给了我机会；亚历克斯·弗格森爵士始终信任着我，他极大程度地影响了我的足球生涯和生活；若泽·穆里尼奥帮助我走上教练之路。我还要感谢曼联球迷以及我的经纪人大卫·盖斯的支持。

最后，我要感谢《泰晤士报》的记者亨利·温特，他记录了我所有的想法；感谢文字编辑大卫·勒克斯顿以及布林克出版社的编辑马特·菲利普斯。我还要感谢编辑团队的其他成员：夏洛特·阿特耶奥、乔安娜·德弗里斯、卡蒂·格林纳韦以及艾米丽·拉夫。

丽莎始终陪伴在我的左右，与我一同经历了这段旅程的每一个台阶。我总是从她的帮助中获益良多，或许连她自己也没有意识到。过去的二十年，她的情感与智慧塑造了今天的我。在我说出"二十年"这个词的时候，感觉像度过了一段漫长的岁月，但说实话，也就弹指一挥间。这趟旅程让我们的关系变得更加紧密。能娶丽莎为妻，是我的荣幸，也是孩子们的荣幸。

纪念我的祖父母——欧文·温尼弗雷德·卡里克以及艾尔玛·托尔斯。